U0091560

故事荊門

郭強 主編

崧燁文化

目錄

二 人物故事

五 軍事故事

六 地名故事

九 美食故事

後記

前言

素有「荊楚門戶」之稱的荊門是一個盛產故事的地方,也是一個善講故事、愛聽故事的地方。這裡,歷史悠久,文化燦爛。厚重的屈家嶺文化彰顯出中華文明的曙光;璀璨奪目的楚文化孕育出中華第一縣;沉睡千年的郭店楚簡被譽為「中華第一書」;忠仁義勇、縱橫捭闔的三國文化,留下了諸多遺蹟;造型獨特又不失皇家氣派的明顯陵榮膺世界文化遺產。這裡留下了「篳路藍縷」「毀家紓難」「人生如寄」「慎終若始」「陽春白雪」「百步穿楊」「綠林好漢」等眾多的成語典故,一個個簡明、形象、生動的語彙,蘊含著一個個鮮活動人的故事,在荊楚大地久久流傳,發人深思,耐人尋味。老萊子言道、孫叔敖治楚、申包胥救楚、春申君合縱、關雲長掇刀、尉遲恭築關、陸九淵治學、季雨霖北伐、李濟之考古、張自忠抗日……許許多多的歷史人物或生於荊門、長於荊門,或學於荊門、成於荊門,為後人留下一個個可歌可泣的故事,不斷讓後人領略他們的風采,感悟他們的言行。

人們常說,歷史是昨天的現實,現實是明天的歷史。歷史不是我們的包袱,而是智慧的引擎;歷史不是藏著掖著的尾巴,而是耳聰目明的大腦。歷史更是一種文化,是一種價值觀。人們可以排斥觀點,但並不厭棄故事,故事是主體的投射和現實的映像,故事可以成為傳播地方文化的有效橋樑,好故事可以緩解牴觸心理,乃至助力溝通、增進感情,用故事說話不如讓故事自己說話。

隨著訊息社會的到來,文化軟實力越來越成為各地競爭的關鍵因素所在。過去人們常說皇帝的女兒不愁嫁,好酒不怕巷子深,現在觀念要變,要主動出擊,走出去宣傳,讓好故事、好聲音傳遍四方,得到共享。因此,我們力圖深入挖掘荊門故事,豐富地域文化內涵,做出一道獨具特色的荊楚文化快餐,用恰當的方式呈獻給大眾,將目光吸引到荊門來,為提高荊門在湖北中部崛起的形象添彩。我們深信文化外宣也是生產力,透過地方文化「走出去」,能帶動區域經濟的發展,帶動文化產業繁榮,或者更多。

　　各位編委帶著不斷審視的自覺，因勢而謀、應勢而動、順勢而為，努力突破現實（歷史）的侷限，不當「事後諸葛亮」，不放「馬後砲」，以客觀的、歷史化的態度正視故事的深度價值，在大局大勢中把握故事的主題和主線、主流和本質，力求深刻、生動、簡潔、活潑，觀照人的主體性和主觀性（需求、思想、感情、價值觀）。但由於水平有限，表述中難免有疏漏與不當之處，懇請見諒並指正。

編者

一 成語故事

▋篳路藍縷

「篳路藍縷」出自《左傳·宣公十二年》：「篳路藍縷，以啟山林。」篳，是荊、竹、樹枝之類；路，同「輅」，就是大車。篳路，是用荊竹樹枝編製成的大車，或者叫做柴車；藍縷，即「襤褸」，破爛的衣服。啟，就是開。意思是就地取材製成車子，穿著破衣服，去開發荒山野林，即艱苦創業的意思。

楚國原本是江、漢、沮、漳間的一個南夷小國，不受人重視。周成王時，周王室為賞賜開國功臣的後代而分封諸侯。當時分封的諸侯等級為公、侯、伯、子、男五等爵號，楚國的立國始祖熊繹被封為第四等爵號，稱為楚子，居住在荊山一帶，國都設在丹陽。周成王分封諸侯以後，在岐陽（今陝西岐山縣東北）盟會諸侯。楚子熊繹異常高興，因為這是楚國有史以來第一次以諸侯身份出席朝廷召開的盟會，於是他興致勃勃地按期赴會。

在舉行盟會儀式之前，諸侯們均散坐會場四旁。熊繹見會場佈置得整肅莊嚴，祭品豐盛，熱鬧非常，心中十分得意。頃刻，一位大臣逐一請各諸侯入席，各諸侯依次就座完畢，熊繹不見點到自己，心中著急起來。正在這時，另一個大臣攏來，對他說：「請速同東夷鮮牟國君到會場上安放蓍草（祭神用的香草）、木牌（用以標明天子和諸侯席次），然後再去看守大庭前的火炬。」熊繹一聽，以為是大臣找錯了人，連忙自我介紹說：「我是楚國諸侯啊！應該……」大臣沒等他講完就笑著說：「哈，哈，哈，我知道你是楚子，今日侯伯以上方可入席，你小小楚子，又是蠻夷之族，何以入席？這是天子之命，不得違抗，去吧！」熊繹的肺都要氣炸了，但在如此場合，不敢發作，只得忍氣吞聲地服從。

歸來後，他發憤圖強，「篳路藍縷，以啟山林」，帶領楚人在自然條件很差的荊山墾地。同時，用桃木做的弓，棘木做的箭向周王室進貢。楚人就是在如此艱苦惡劣的環境中邁出了奮發創業的第一步。熊繹之後，楚國的幾

代國君繼承先祖「篳路藍縷」的精神，發揚光大，奮力開拓，將長江、漢江、沮水、漳水之間的地域牢牢控制在手中。《左傳》記載：「江漢沮漳，楚之望也」，荊門地域成為楚國的核心地區。

經過數百年的艱苦奮鬥，在風雲變幻、群雄逐鹿的春秋戰國時期，楚國的疆土不斷擴大，財富日益增多，軍事力量不斷增強，後來居上，春秋中期就問鼎中原，成為諸侯霸主。及至戰國時期，滅國六十餘，疆域隨之席捲半個南中國，成為「地方五千里，帶甲百萬，車千乘，騎萬匹，粟支十年」的聲勢煊赫的東方第一大國。楚文化更是被推向輝煌和極致，與中原文化比肩而立，競趨爭先。楚國歷經數代人的奮力開拓，終於成就了「楚地千里，飲馬黃河，問鼎中原」的霸業。楚人之所以能變弱小為強大、變落後為先進，創造出博大精深、風格獨具的楚文化，「篳路藍縷」的艱苦創業精神，無疑是其中的重要因素之一。楚國的發展史，可以說就是一部「篳路藍縷」的創業史。

▌毀家紓難

「毀家紓難」出自《左傳·魯莊公三十年》：「秋，申公鬥班殺子元，鬥谷於菟為令尹，自毀其家，以紓楚國之難」。指不惜捐獻所有家產，犧牲自我，幫助國家減輕困難、解救國難的行為。其近義詞有精忠報國、捨身為國，反義詞有損公肥私、自私自利。

公元前 677 年，楚文王熊貲因病去世，太子熊囏繼承王位，任命文王的弟弟子元擔任令尹（相當於宰相）。子元自恃掌握了兵權，根本不把熊囏放在眼裡，氣焰十分囂張。公元前 665 年，子元為了取悅楚文王的遺孀息媯，輕妄地對鄰國（鄭國）發動戰爭，但卻無功而返。子元為非作歹的行為終於引起了公憤。申公調集軍隊包圍王宮，經過慘烈的戰鬥，將子元繩之以法。

子元死後，斗谷於菟被任為令尹。當時，國家貧弱，郢都的民房幾乎都被戰火燒燬了，到處是一片狼藉，百姓流離失所，境況十分悽慘。子文毅然決定毀家紓難，把自己所有的家產都捐獻出來，幫助國家渡過難關。他的這一舉動使當時動盪不安的局面得到了有效的控制。

後來，「毀家紓難」這一典故，用來表示傾盡家產以解救國難。這個詞背後所包含的愛國主義精神感染著一代又一代後人，並成為整個中華民族內在的優良品質，支撐著中華民族屹立於世界民族之林。

愛國主義是一種心與心的凝聚，一種偉大力量的凝聚，一種偉大情感的凝聚，是對自己生長的國土和民族所懷有的深沉的依戀之情。這種感情在歷史的長河中，經過千錘百煉，無數次的激發，最終能被整個民族的社會心理所認同，昇華為愛國意識，因而它又是一種道德力量，它對國家，民族的生存和發展具有不可估量的作用。

五千年的中國歷史，經歷過無數次抵禦外侮的鬥爭，有多少民族英雄，志士仁人，毀家紓難，克服重重困難，為之拋頭顱、灑熱血，捍衛中華民族的尊嚴和獨立，保衛國家的統一和完整。

驃騎將軍霍去病以「匈奴未滅，何以為家」的豪情，率領八百驍騎深入敵境數百里，把匈奴兵殺得四散逃竄，漠北之戰，封狼居胥，大捷而歸。

愛國詩人陸游將自己對國家深沉的愛化作經典詩句，「僵臥孤村不自哀，尚思為國戍輪臺」「一身報國有萬死，雙鬢向人無再青」，給後人留下豐厚的精神遺產。

碧血丹心文天祥將自己滿腔愛國情懷全部濃縮在「人生自古誰無死，留取丹心照汗青」的詩句之中，至死不渝。

……

他們是愛國主義精神的典範，理應得到全體中華兒女由衷的敬仰、永遠的銘記。

國家是保衛公民利益的最外部的一道屏障，中國歷史上有過多少國破而民生凋敝的教訓！當今世界正在發生著多少國破家亡的悲慘事件！

中國之大，歷史之長，唯有強大的愛國主義，才能保障其不斷、不裂、不毀。

一鳴驚人

「一鳴驚人」，最早出自《韓非子·喻老》：「雖無飛，飛必沖天；雖無鳴，鳴必驚人。」比喻平時沒有突出的表現，一下子做出驚人的成績。近義詞：一舉成名、一炮而紅、一步登天。

該成語源於楚莊王勵精圖治，振興楚國，成就霸業的故事。

公元前 613 年，楚成王的孫子楚莊王新即位，做了國君。晉國趁這個機會，把幾個一向歸附楚國的國家拉了過去，訂立盟約。楚國的大臣們很不服氣，紛紛向楚莊王提出要出兵爭霸權。

無奈楚莊王不聽那一套，白天打獵，晚上喝酒，聽音樂，什麼國家大事，全不放在心上，就這樣窩窩囊囊地過了三年。他知道大臣們對他的作為很不滿意，專門下了一道命令：誰要是敢勸諫，就判誰的死罪。

有個名叫伍舉的大臣，實在看不過去，決心去見楚莊王。楚莊王正在尋歡作樂，聽到伍舉要見他，就把伍舉召到面前，問：「你來幹什麼？」

伍舉說：「有人讓我猜個謎，我猜不著。大王是個聰明人，請您猜猜吧。」楚莊王聽說要他猜謎，覺得怪有意思，就笑著說：「你說出來聽聽。」伍舉說：「楚國山上，有一只大鳥，身披五彩，樣子挺神氣。可是一停三年，不飛也不叫，這是什麼鳥？」楚莊王心裡明白伍舉說的是誰，於是說：「這可不是普通的鳥。這種鳥，不飛則已，一飛將要沖天；不鳴則已，一鳴將要驚人。你去吧，我已經明白了。」過了一段時期，另一個大臣蘇從看楚莊王還沒有動靜，又去勸說楚莊王。

楚莊王問他：「你難道不知道我下的禁令嗎？」蘇從說：「我知道。只要大王能夠聽我的意見，我就是觸犯了禁令，被判了死罪，也是心甘情願的。」楚莊王高興地說：「你們都是真心為了國家好，我哪會不明白呢？」

打這以後，楚莊王決心改革政治，一下子廢除了十項弊政，興辦了九項新政，殺掉了五個民憤極大的大臣，提拔了六個有才能的人擔任要職。同時，製造武器，操練兵馬。當年，就收服了南方許多部落。第六年，打敗了宋國。

第八年，打敗了陸渾（在今河南嵩縣東北）的戎族，一直打到周都洛邑附近，問鼎中原。

後來，楚莊王又請了一位楚國有名的隱士孫叔敖當令尹（楚國的國相），將楚國治理得更加強大，先後平定了鄭國和陳國的兩次內亂，打敗了中原霸主晉國，成為春秋霸主。

我們在稱讚「一鳴驚人」的楚莊王的時候，更應該明白這是他厚積薄發的結果。

楚莊王是個聰明人，他「三年不飛」，就像非洲草原生長的尖茅草。尖茅草在最初的半年裡，幾乎是草原上最矮的草，只有一寸高，但半年後的三五天內，便能長到一米六至兩米的高度。緣由是在前六個月裡，尖茅草不是不長，而是一直在長根部，紮根地下超過 28 米。雖然楚莊王在前三年中，似乎什麼也沒做，只管吃喝玩樂，但從結果看，他是在養精蓄銳，認真觀察，瞭解國情，明辨忠奸，掌握第一手資料，等待時機，一朝聽政，效果驚人。

這也從另一個側面告訴我們，我們在仰望星空的同時，更要腳踏實地。有進取心、不滿足現狀沒有錯，錯的是好高騖遠、急功近利。只有打下堅實的基礎，我們才能夠走得更遠。尤其是青年人，一定要樹立求真務實的工作作風，深深地紮根基層，和廣大人民群眾在一起，從群眾中來，到群眾中去，才能在群眾工作中汲取豐富的養分，學會做群眾工作的真本領。

時代鑄就英雄。楚莊王的時代早已過去，但他的人生之路，至少還啟示著今天的我們：「一鳴驚人」並非遙不可及，只要你有勇氣去堅持，有信心去實踐，有毅力去征服，成功就在不遠處。

沒有毫無道理的橫空出世，只有有備而來的一鳴驚人。

▌螳螂捕蟬 黃雀在後

「螳螂捕蟬，黃雀在後」出自西漢韓嬰《韓詩外傳》，「臣園中有榆，其上有蟬，蟬方奮翼悲鳴，欲飲清露，不知螳螂之在後，曲其頸，欲攫而食之也；螳螂方欲食蟬，而不知黃雀在後，舉其頸，欲啄而食之也；黃雀方欲

食螳螂，不知童挾彈丸在下，迎而欲彈之；童子方欲彈黃雀，不知前有深坑，後有窟也。」

這個成語諷刺了那些只顧眼前利益，不顧身後禍患的人。對鼠目寸光、利令智昏、不顧後患這類人提出警告。也比喻有人一心想暗算他人，卻沒想到有人卻在暗算自己。也可以說只為利益，將有報應。近義詞：鷸蚌相爭，漁翁得利。

這個成語是荊門先賢孫叔敖當楚國令尹時，為勸諫楚莊王而講的一個故事：

楚莊王意欲出兵討伐晉國，其決心已定並對大臣說：「膽敢諫言者，一律殺無赦！」對此，時任楚國丞相的孫叔敖冒死進言說：「臣聽說，因為害怕被鞭笞而不敢向自己父親進言的人，絕不是孝子；而因為害怕被誅殺而不敢向大王諫言的人，也一定不是忠臣。臣聽說過這樣一個故事，花園的榆樹上有一只蟬正要飲點露水，卻不知道它身後有只螳螂；螳螂要捕捉蟬，卻不知道有只黃雀在後面等著要啄自己；而黃雀要啄食螳螂，卻不料有個孩童在樹下正準備用彈弓打它；孩童要打黃雀，卻不知道他的腳前有一個大坑，身後也有危險。這些都是只顧眼前利益，而置將來於不顧的例子，不僅是昆蟲如此，我們人也一樣。」

楚莊王聽出了故事中的真諦，於是接受孫叔敖的勸諫，偃旗息鼓，避免了這場征戰。

同樣，在國外流傳著這樣一則寓言故事：

一位美國人、一位俄羅斯人和一位猶太人同時被關押在監獄行刑。一日，監獄長告訴他們，可以滿足他們每人一個願望。於是，這三人絞盡腦汁想著提出什麼願望。一番思考後，美國人說：「我想要1萬美元，這樣我在這裡可以買更多物資了。」俄羅斯人緊接著說：「我太懷念喝酒的感覺了，我想要30箱伏特加。」那位猶太人思索了片刻，說道：「我只需要一部可以與外界溝通的電話。」於是，監獄長滿足了這三個人的要求。三年後，美國人最早出獄，然而此時的他早已花光那1萬美元，身無分文。緊接著俄羅斯人

又刑滿釋放，由於飲酒過量，此時的他得了肝硬化，拖著一副病恹恹的身體走出了監獄大門。最後出來的是那位猶太人，他感激地對監獄長說：「謝謝你為我提供的那部電話，這三年來，我每天都與外界聯係獲取我需要的資訊，我的生意不僅沒有倒閉，反而增長了 4 倍。為了表示感謝，我要送你一輛勞斯萊斯！」

無論是流傳千年，婦孺皆知的典故，或來自不同土壤的故事，我們能看到，真理不分國界。那就是，能不能放眼長遠，預見未來，對於一個力求成功的人來說，無疑是非常重要的。正所謂「明者遠見未萌」，只有那些有遠見卓識，知迂直之計的人，才能真正捕捉機遇。

與此相反，倘若只精於眼前之利，而不懂得抬起頭看到更長遠的未來，則無異於「一葉障目」。殊不知，這樣的現有利益也許給你帶來不可挽回的損失！

因此，在我們做出選擇決策之前，一定要謹防「黃雀在後」「彈丸在下」的潛在風險。

▌綵衣娛親

「綵衣娛親」典故源於春秋時期隱士老萊子生性至孝的故事。

《初學記》卷十七引《孝子傳》曰：「老萊子至孝，奉二親，行年七十，著五彩褊衣，弄雛鳥於親側。」《藝文類聚》卷二十引《列女傳》曰：「老萊子孝養二親，行年七十，嬰兒自娛，著五色采衣，取漿上堂，跌僕，因臥地為小兒啼，或弄烏鳥於親側。」魏晉時期的類書《蒙求》之中也有「老萊斑衣，黃香扇枕」的記載。

春秋時，老萊子隱居在蒙山（今荊門象山）。他非常孝順父母，對父母體貼入微，千方百計討父母的歡心，是中國「二十四孝」之一。

為了讓父母過得快樂，老萊子特地養了幾隻美麗擅叫的鳥讓父母玩耍。他自己也經常引逗鳥兒，讓鳥兒發出動聽的叫聲。父親聽了很高興，總是笑著說：「這鳥聲真動聽！」老萊子見父母臉上有笑容，心裡非常高興。

老萊子其實也不小了，年過七十。一次，父母看著兒子的花白頭髮，嘆氣說：「連兒子都這麼老了，我們在世的日子也不長了。」老萊子害怕父母擔憂，想著法子讓父母高興。他專門做了一套五彩斑斕的衣服，走路時也裝著跳舞的樣子，父母看了樂呵呵的。

一天，老萊子為父母取漿上堂，不小心跌了一跤。他害怕父母傷心，故意裝著嬰兒啼哭的聲音，並在地上打滾。父母還真的以為老萊子是故意跌倒打滾的，見他老也爬不起來，笑著說：「萊子真好玩啊，快起來吧。」

老萊子如此大的年紀，還一直不忘孝順父母，取悅父母，他的孝順故事讓人感動。

此後，「綵衣娛親」作為兒女盡孝道的典故廣為流傳。「綵衣娛親」在後世的引用頗廣，尤其是在宋代之後，此典故的變體形式十分豐富，有「斑衣娛親」「戲綵娛親」「萊子斑衣」等。

「綵衣娛親」的典故千百年來為人們所傳頌，正是中華傳統孝文化的體現。「德為成事之本，而孝為入德之門。」一個想要成就大事業的人必須具備良好的道德品質和修養，而一個人是否有優良的品德，首先要看他是否以孝為先為重。所以說「百善孝為先」，一個不知道孝敬父母、長輩的人，很難想像他會熱愛祖國和人民，會有所作為，有所成就。

孝道已成為中華民族繁衍生息、百代相傳的優良傳統與核心價值觀。孝，不但是為人立身之本，家庭和睦之本，而且是國家安康之本，社會和諧之本。早在周朝，就有敬老尊賢的「鄉飲酒禮」活動；歷代皇宮中，常有皇帝親自主持的尊老禮儀；在民間，每逢花甲、古稀之年，都有隆重的敬老儀式。孔子說：「先王有至德要道，以順天下，民用和睦，上下無怨。」何也？「夫孝，德之本也，教之所由生也。」在這裡，孔子一語道破了先代帝王使天下人心歸順、人民和睦相處的奧妙，就在一個「孝」字。

中國正處在由傳統走向現代化的轉型期，伴隨中國改革開放的步伐，舊的道德規範與社會主義市場經濟不相適應的矛盾正日益碰撞、磨合，重塑與重建具有中國特色的現代道德文化體系和體現時代精神的倫理精神，是中國

人所面臨的道德選擇。傳統孝道文化中倡導的重根源、主入世的精神，對加強中華各民族齊心協力進行社會主義現代化建設，起著溯宗歸祖和凝聚性的作用。

我們作為孝文化的傳承者，就得身體力行，親自實踐它，這樣不僅對自己的父母有益，對自身有益，也對下一代子女有益，這樣薪火相傳的人類美德，是千秋有益的。只有把「孝」字落實了，家庭才能幸福，作為社會細胞的小家庭和諧幸福了，那麼咱們這個社會一定會健康、和諧、持久地良性發展下去。

「綵衣娛親」除了孝敬供養父母之外，還有豐富的內涵和外延意義。比如：本典故除了弘揚孝道，也還蘊含著養生之道。當時老萊子年已七十矣，算是高壽了，仍能裝扮成嬰兒來使父母高興，可見其本身也是非常樂觀開朗的人。這也從側面說明，人要長壽就得保持良好的心態，心胸開朗，樂觀豁達。所以，說到「綵衣娛親」典故的時候，我們在看到其形容人十分孝順的意義的同時，也不要忽略保持樂觀心態來增益壽命的含義。

▌人生如寄

成語「人生如寄」最直接的出處是曹丕的詩《善哉行》：「人生如寄，多憂何為。今我不樂，歲月如馳」。人的生命短促，就像暫時寄居在人世間一樣，發那麼多愁做什麼。真正讓我不開心的是時光飛馳而去啊。近義詞：人生若寄。

比曹丕《善哉行》要早的樂府詩集《古詩十九首》中用精練、質樸的語言同樣抒發了對「人生如寄」的感嘆，如「人生天地間，忽如遠行客」「人生寄一世，奄忽若飆塵」「人生忽如寄，壽無金石固」等。我們可以從這十九首詩中，看到漢末社會思想大轉變時期文人個人意識的覺醒，看到他們對短暫人生、對死亡的思考以及對生的尊重和欲求，看到他們由此衍生出或苦悶傷感，或及時行樂的人生觀。

　　曹操也有「對酒當歌，人生幾何！譬如朝露，去日苦多」的感慨。他對「人生如寄」的理解不同於《古詩十九首》表現出的頹廢放蕩思想。他「對酒當歌」，希望透過建功立業，透過選擇責任與榮譽來超越死亡對人生的限制，重建人的尊嚴，他表現出的是「周公吐哺，天下歸心」的寬廣胸懷和豪邁氣魄，借此抒發自己求賢建業、統一中原的雄心壯志和政治抱負，展現出奮發有為的價值觀。

　　作為曹操的兒子，曹丕進一步發展曹操對人生的感慨，「蓋文章，經國之大業，不朽之盛事。年壽有時而盡，榮樂止乎其身，二者必至之常期，未若文章之無窮」，把「立言」而不是「立功」作為超越死亡的不朽盛事。

　　曹操父子對待人生、對待自身價值態度，比漢末文人更加理智，更加磅礴大氣。他們能夠取得成功，能夠流芳百世，與他們積極向上的人生態度是分不開的。

　　後世很多學者圍繞「人生如寄」也有著眾多的人生感悟。如東晉詩人陶淵明的「人生若寄，憔悴有時。靜言孔念，中心悵而」，南宋理學家朱熹的「人生如寄，何事辛苦怨斜暉」，近代著名學者梁實秋先生的散文集《人生本來如寄》等。

　　事實上，「人生如寄」思想的出處最早可追溯到春秋戰國時期道家思想的肇始人之一老萊子。《屍子》引《老萊子》說：「人生天地之間，寄也。寄者，故歸也」。人生活在世上，只是寄居罷了，既然是寄居，總是要回歸大自然的。所以老萊子消極避世隱居，躬耕於蒙山（今荊門象山）之陽，楚惠王親自上門請他出仕，他覺得與他宣揚的道家思想不相符，沒接受楚惠王的邀請，逃到長江以南，最後不知所終。

　　道家經典中，有個詞叫「旅歸」，常指人的生命，這是個比喻，比喻生是暫時的，就像旅途反歸家鄉；而道是永恆的，就像自己家一樣。有學者認為這些是佛教的輪迴思想。實際上，佛家輪迴說以因果為理論基礎，道家有自然科學的影子，有辯證法的因素和無神論的傾向，崇尚自然，提倡道法自然，順應自然，與佛教輪迴思想決然不同。

　　「人生如寄」說到底就是要敬畏自然，因為大自然給予我們生命，並且讓我們延續生命、享受美好。大自然是神奇的，她以博大的胸襟孕育了世間萬物；大自然是無私的，她像母親一樣哺育萬物，卻從來不求回報；大自然也是脆弱的，她經不起人類對她肆無忌憚的破壞和蹂躪；大自然有時又是不可抗拒的，她一旦發怒，人類和萬物在它面前又是那樣渺小，如同一粒塵埃那樣任憑她隨意拋卻。其實，古人所說的「天」就包含大自然的力量，因而「畏天命」也有敬畏自然的成分。人類依靠自然生存和發展，有時候也要同自然做鬥爭，但是我們絕不能違背自然規律，甚至為了自身的發展破壞自然。如果是那樣，我們將會受到大自然的懲罰，毀滅的將是人類自己。

　　道家思想中的「人生如寄」是一種世界觀，更講求人類社會與自然的和諧共處，講求可持續發展，這一點恰恰對現代社會有著很強的現實指導意義。迄今近三百年的工業文明以人類征服自然為主要特徵，在人類取得前所未有的輝煌成就的同時，也遭遇到了前所未有的社會和生態危機。要解決這個危機，只能從中國的傳統文化中去汲取營養，去創新發展。荊門作為老萊子的隱居之地，道家思想的發源地，更應該帶頭踐行可持續發展的理念，成為生態文明建設的率先響應者和實踐者。

▌上善若水

　　「上善若水」出自《老子》：「上善若水。水善利萬物而不爭，處眾人之所惡，故幾於道。居，善地；心，善淵；與，善仁；言，善信；正，善治；事，善能；動，善時。夫唯不爭，故無尤。」意思是說：最善的人好像水一樣。水善於滋潤萬物而不與萬物相爭，停留在眾人都不喜歡的地方，所以最接近於「道」。最善的人，居住最善於選擇好的地方；內心善於保持沉靜而深不可測；待人善於真誠、友愛和無私；說話善於恪守信用；為政善於精簡處理，能把國家治理好；處世能夠善於發揮所長；行動善於把握時機。最善的人所作所為正因為有不爭的美德，所以不會招致怨恨。

　　先哲們正是在「江漢沮漳」之地，透過對江、河、湖、澤，乃至對自然降雨、溝渠灌溉的思考和冥想，孕育出道家學說，形成了《太一生水》這種

探究宇宙本原的思想，找到了對生命基本原則和社會倫理價值的理解，得到了《郭店楚簡·老子（甲）》中「江海之所以能為百谷王者，以其善下之」的認知。

在中國早期哲學思想中，很多哲學先賢都將水作為哲學本喻，如沙洋縣紀山鎮出土的《郭店楚簡·太一生水》就是目前所知的最早的宇宙生成論。「太一藏於水，行於時。周而又始，以己為萬物母；一缺一盈，以己為萬物經」。「太一」即為「道」，它藏於水中，與水融為一體，透過水生成萬物、滋養萬物，成為萬物的創造者，是萬物生息、繁衍的主宰。

水的哲學意義，並不隻影響於古代，水文化裡所蘊藏的知識和所引發的啟示對於我們現代人和社會同樣有著重大的意義，也為我們如何正確理解和把握中國哲學的真諦，提供了一條便捷之路。

在現實萬物中只有水「幾於道」，具備了「上善」的特質。生活中，人往高處走是為常理，可水卻大異其趣，往低處流。水不僅甘處其下，與世無爭，而且隨物賦形，順勢趨時，隨遇而安，無慾無己。它納百川而不厭其多，收細流而不棄其小，「以其不爭，故天下莫能與之爭」。它能「不行而知，不見而明，不為而成」，因而最能體現「道」的精神，故曰「上善若水」。「上善若水」，是道家的人生態度，也是道家所倡導的處世哲學。

水造福萬物，滋養萬物，卻不與萬物爭高下，這才是最為謙虛的美德。「不爭」指不爭功、不爭名、不爭利。老子以水「利萬物而不爭」的品格來教育人們要效仿水的不爭精神，做到「為而不爭」。老子以水育人，說做人就要像水一般，做一個默默無聞、無私奉獻的人，雖然做了許多的好事，但依然能夠保持「謙下」的美德。

「柔」是道家處世哲學的一個重要特徵，而水集「柔」於一身，突出體現了道家貴柔的思想。水，至柔也，金，至剛也；水能穴之，金有損而水無損，是攻剛強者，莫之能勝於柔弱也。普天之下沒有哪一種東西比水更柔弱了，而攻擊堅強的東西，沒有什麼能勝過它。「滴水石穿」「抽刀斷水水更流」都說明了此觀點！

　　柔是水的本性，也是人的本性。「人之生也柔弱，其死也堅強」，故「堅強者死之徒，柔弱者生之徒」，弱之勝強，柔之勝剛。這裡所謂的「柔弱」，並不是通常說的軟弱無力的意思，而是其中包含有無比堅韌不拔的力量。「柔」體現在人性上便是一種韌性，只有具備韌性的人，才能屈能伸、遊刃有餘。人生退一步，則海闊天空，所以，正是柔韌才表現了人格中的真正力量。

　　水為至善至柔至無形，無論外力如何變化，水則永遠順勢而為，不予抗爭，但萬物規律剛不可久，盈不可守，一旦外力減弱，水則銳不可當，洶湧而至。在道家看來，水的柔弱只是表面，它遇石則繞、遇堤則停、入渠而順，它永遠都只卑下地向著低處順勢流去，好像不懂表現、不懂逆反。然而，它也並非無能，更非甘願受人擺佈。它只是在沉默中積蓄力量，當它的承載超出它的極限，你會看到，它將無所畏懼地釋放出它驚人的力量。它能在瞬息之間沖壞毀堤，將山川夷為平地，也能以弱小之身憑著堅定的毅力滴穿磐石，無所不能，縱是任何堅強的東西都無法阻擋它力量的爆發。

　　人生如水，就要做到謙退，禮讓，堅韌，能屈能伸。

▌大器晚成

　　「大器晚成」一詞出自《老子》：「大方無隅，大器晚成，大音希聲，大象無形」。原意指鑄造越大的器皿（如鼎、鐘）越晚成型，現喻指能擔當大事的人要經過長期鍛鍊，成名往往較晚。

　　《增廣賢文》中有這樣一段話：「鈍鳥先飛，大器晚成。」意義很顯然，即便你先天不足，但只要如同鈍鳥一樣以勤補拙，同樣可以有所成就，同樣可以到達輝煌的頂峰。前半句是前提，後半句是結果，「大器晚成」一詞的含義得以淋漓盡致的表述。

　　中國有句老話「太公八十遇文王」。姜太公年輕時曾在商都朝歌（今河南淇縣）宰牛賣肉，又到孟津（今河南孟津縣東北）做過賣酒生意。他雖貧寒，但胸懷大志，勤苦學習，始終不倦地研究、探討治國興邦之道，以期有朝一

日能夠大展宏圖，為國效力。直到暮年，終於遇到了施展才華之機。姜尚在輔佐周文王期間，為強周滅商制定了一系列正確的內外政策。周文王死後，武王姬發繼位，拜姜尚為國師，尊稱師尚父。周朝建國之後，姜尚因滅商有功，被封於齊，都城營丘（今山東臨淄市臨淄北）。

　　大器晚成的故事還有很多。晉文公重耳 62 歲回國即位成就霸業；黃忠 72 歲斬殺魏國身經百戰的守將夏侯淵，位列蜀漢政權的五虎上將；吳承恩 50 歲開始寫《西遊記》，後來因故中斷多年，直到晚年辭官回到故里，才完成這部流芳百世的作品；齊白石 56 歲後開始大膽突破自己，轉變畫風，從此聲名大振……這些鍥而不捨的大器晚成者無一不讓後人敬重和稱道。

　　當然，在我們推崇人們要自強自立永不放棄的時候，其實我們還應知曉「大器晚成」這一成語最初的本義。

　　我們知道老子哲學思想的一個重要部分就是強調「無為」。「大方無隅，大器晚成，大音希聲，大象無形」這四個排比句中，「大方無隅」表述的意思是：方正的東西，儘管都有四個棱角，即方則有隅，但在老子看來，極大的方正則沒有了邊與角，它無須以四隅來表徵它的存在。「大音希聲」也具有同樣的思想：音的存在是因為發出了聲，而極大的音，我們感受到的反而是無聲無息。「大象無形」的意義也同樣如此，極其大的物體，又何必在乎它的具體形狀。

　　然而唯「大器晚成」從字面上看，表述的則是截然不同的另外一層含義，儘管結構上與另三句並列，但意思卻迥異。因為所謂「晚成」，其本質還是「有成」或「有為」，僅只有時間上的先後差異，這顯然有悖於老子「無為」的哲學思想。

　　對於「大器晚成」的釋義，很長時間以來，學術界就一直沒有停止過探討。清代學者呂種玉在《言鯖》中指出：「大器晚成，非也。道德原來乃大器無成，其義甚精。晚成之說，後人相沿襲耳。」呂種玉的意思是，「大器晚成」原本是「大器無成」，只有如此才可精準表達老子的思想，只是後人搞錯了，以訛傳訛。

呂種玉對學術的考證頗為嚴謹，但卻未得到學術界的普遍認同，這是因為一直沒有得到實證。而到了 1972 年，在湖南長沙馬王堆漢墓中出土的《老子》乙本中，我們可以清楚地看到，在「大器晚成」對應的位置，寫的是「大器免成」。雖然與呂種玉考證出的「大器無成」在字面上有差別，但「免」與「無」的含意是一樣的。

1993 年，在沙洋縣紀山鎮出土的《郭店楚簡·老子（乙）》又比馬王堆漢墓的版本更接近原貌，簡本中既非「大器晚成」，也非「大器免成」，而是寫成「大器曼成」。有學者認為，先秦時期的「曼」字即「無」之意。至此可以認為，「大器晚成」一詞演變至今日的成語，實為謬誤流傳。

目前，「大器無成」一說得到學術界越來越多學者的肯定。中國語言學會理事董蓮池教授的觀點最有代表性，他認為，「大器晚成」與下一句「大音希聲」連在一起，應該這樣翻譯：大器之人看上去好像無所成就，大的音響聽起來反而沒有聲音。

實際上，就算是「大器晚成」，也不能將其中的「晚」理解為時間概念。東漢許慎《說文解字》稱，「晚，莫也。」清人段玉裁注稱：「莫者，日且冥也」。意思是白天就要結束了，可引申為太陽「沒了」，沒了就是「無」。

「大器晚成」作為約定俗成的成語，流傳至今至少有兩千多年了，它體現的勵志的正能量是毋庸置疑的。但我們在讀道家經典著作《老子》的時候，則應該正確理解該詞彙在另一層面上的內涵。

大巧若拙

「大巧若拙」出自《郭店楚簡·老子（乙）》：「大巧若拙，大成若詘，大直若屈」。是指真正聰明的人，不顯露自己，從表面看，好像很笨拙的樣子。近義詞：大智若愚。

拙道，即天道，大巧若拙，體現了崇尚自然的中國哲學思想。人的一生必然會追求巧。巧，即技巧、技能。老子所說的巧，卻不是一般的巧，一般

的巧是憑藉人工可以達到的，而大巧作為最高的巧，是對一般巧的超越，它是絕對的巧、完美的巧。大巧就是不巧，故老子以「拙」來表達。

老子為什麼將笨拙的狀態作為最高、最完美的巧？這涉及老子關於天工和人為關係的思想。老子認為，最高的巧，就是不巧，不巧之巧，可以稱之為「天巧」，自然而然，不勞人為。從人的技術性角度看，它是笨拙的，沒有什麼「技術含量」。但從天的角度看，它又蘊含著不可踰越的美感，它是道之巧，有純全之美。

武俠小說裡面越是厲害的功夫，越是大巧若拙。獨孤求敗的劍很有意思：利劍無意，軟劍無常，重劍無鋒，木劍無滯。當他用重劍的時候，已經橫行天下了。這個重劍看上去非常笨拙，但正是因為笨拙，反而沒有太多的弱點。射鵰英雄傳中的郭靖，看上去木頭木腦，但他卻學會了高深的功夫。

在老子看來，一般意義上的技術之巧，其實是真正的拙劣，是小巧，是出自人心機的巧。有心機即要偽飾，偽飾即不能自然，如果說它有什麼巧的話，也是局部的巧、矯情的巧。這樣的巧是對自然狀態的破壞，也是對人和諧生命的破壞。

日常生活中，我們常常可以看到，一些很有學問和修養的人，表面卻顯得笨拙、愚鈍，既不與人鉤心鬥角，也不用心算計。而那些只有一點小聰明的人卻正好相反，他們長於鉤心鬥角，雞蛋裡挑骨頭，沒事找事；更喜歡察言觀色，見縫插針，無孔不入。

所以，大巧若拙，強調的是素樸純全的美，自然天成，不強為，無心機，不造作，樸素而不追求浮華。拙，在老子看來，就是素樸。素樸而天下莫能與之爭美。

守拙的哲學，是一種存在之道，它促進了中國人關於人的存在狀況的思考。許多成大事者，在成就之前都有韜光養晦的歷史，善於避讓那些暗伏殺機的身邊人，無不以弱者的形象俟機以動。

戰國四君子之一魏信陵君廣結天下豪傑，廣保天下賢才，「士以此方數千里爭往歸之」，擁有足以與魏王抗衡的政治實力，「諸侯徒聞魏公子，不

聞魏王」，魏王也不得不讓他三分。可是他「謝病不朝，與賓客為長夜飲，飲醇酒，多近婦女」，以降低人格的方式減輕魏王的戒懼。

三國時期的劉備當聽到曹操「今天下英雄，惟使君與操耳」的論斷後，笨拙地嚇掉手中的筷子，才沒讓曹操窺出破綻。楊修多次顯擺碾壓曹操的智慧，最後讓曹操所忌，找個理由把他處死了，這也許是外智而內愚的典型案例了。

「難得糊塗」應該算是「大巧若拙」的一大表現。人生在世，不應該對什麼事都斤斤計較，該糊塗時就糊塗，該明白時就明白。

毛澤東在點評二十四史時，對北宋名相呂端「小事糊塗，大事不糊塗」十分讚賞。呂端在北宋太祖、太宗、真宗三朝做官，在日常生活和個人名利上，他心胸豁達從不計較。別人傷害他，他從不放在心上。他淡泊錢財，朋友有難，慷慨解囊。宦海沉浮數十年，從不為升官而驚喜，也不為降職而喪氣。真正做到了「小事糊塗」。

但是，每遇軍國大事，呂端從不糊塗，立場堅定，是非分明，行為果斷。保安軍抓住了叛將李繼遷的母親，原本要斬首示眾。呂端知道後，上書太宗，認為這樣只會更加激怒李繼遷，於國家十分不利。宋太宗依照呂端之計，刀下留情，善待李母，以李母繫住李繼遷心，使其投降。宋太宗逝世後，在皇位繼承上，呂端是非明確，態度果斷，幫助太子登基即位，從而避免了一場宮廷權力之爭。

在中國歷代王朝中，無論是明君還是賢相，凡能安邦治國者，皆推崇「大巧若拙，大智若愚」。為人處世，齊家治國，玩弄小聰明者，只能陷入「聰明反被聰明誤」的怪圈，而只有遵循「大巧若拙，大智若愚」，才能成就大事。真正的智者不顯山不露水，胸懷坦蕩，胸襟豁達，容可容之事，不為煩惱所憂，不被人事所累，同時明白大道理，在原則性問題上絕不姑息養奸，待時而動，清醒於內，糊塗於外。所以，大巧若拙，大智若愚，非拙非愚而為大巧大智也。

知止不殆

「知止不殆」出自《郭店楚簡·老子（甲）》：「名與身孰親？身與貨孰多？得與亡孰病？甚愛必大費，厚藏必多亡。故知足不辱，知止不殆，可以長久。」名聲與生命哪個更值得親近呢？生命與財物哪個更值得稱讚呢？得到與失去哪個更令人擔憂呢？過分愛惜名聲就要付出很大耗費，過多貯藏財物其損失也就越慘重。懂得滿足也就免受屈辱，懂得適可而止也就免遭危險，這樣才可以使自身得以長久平安。

人活世上，如何對待功名利祿？或者說如何認識權欲、物慾和名望地位？不管你是否願意，這都是擺在每個人面前必須回答和踐行的問題。

著名畫家黃永玉曾寫過一副諧聯，上聯：「房間三間，站也由我，坐也由我」；下聯：「老婆一個，左看是她，右看是她」。清代著名畫家、「揚州八怪」重要代表人物鄭板橋也寫過一副對聯：「室雅何須大，花香不在多。」從名人墨寶的字裡行間，可以感悟到他們的人生哲理，一派幽默愜意，滿是知足自得。

32歲就不幸罹患癌症的復旦大學教師于娟在病榻旁寫了一篇《為啥是我得了癌症》的文章。其中寫道：「從前拚命熬夜，拿了無數個證書，讀了幾個碩士和博士學位，當時很榮耀，但現在有什麼意義？」她提醒我們：「在生死臨界點時，任何買房、買車的需求都是浮雲。有時間好好陪陪孩子，多和愛人在一起，把買車的錢給父母親買雙鞋。」

可口可樂公司總裁布萊恩·戴森在美國「9·11」事件後也說過一段讓人深思的話：「想像生命是一場不停向空中拋擲5個球（工作、家庭、健康、朋友和心靈）的遊戲。工作是橡皮球，失手落下還會彈回來，但家庭、健康、朋友、心靈是玻璃的，一旦掉落就永遠修不好了。」

在追逐名利、成就的路上，許多人一路狂奔，期盼百尺竿頭更進一步。但過度追求某樣東西往往會忽略其他更重要的東西，這很可悲。只有懂得知足、知止、平衡，才真正掌握了生命的藝術。

　　「知止」，就是適可而止。如果說「知足」講的是如何對待私慾名利，那「知止」就涉及性命攸關了。不知止，如同開著車一路狂奔而不懂得剎車，最後的結果必定是車毀人亡。故老子說：「知止不殆」，知道適可而止就不會有危險。

　　中國有個俗語：紅得發紫。這是大圓滿境界，一直被認為是個褒義詞。但是，當一個人全身都是紫色的時候，是什麼狀態？接下來就是發烏、發黑，離死也就不遠了。紅得發紫，就是過了，過猶不及，所以「事遇機關須退步，人逢得意早回頭」，一定要適可而止。

　　「知足」是跟過去比，知今天好；「知止」是審時度勢，調整方向。知足者足，知止者有；知足者樂，知止者智；知足者淡然靜好，知止者進退自如；知足者取之有道，知止者行之有度；知足是一種生活態度，知止是一種處世境界。

　　「知足不辱，知止不殆」，斯人已去，大音猶在。兩千多年前老子的哲人才思，伴隨著那悠揚鐘聲，至今仍迴蕩在深邃無盡的蒼穹之上。

▌慎終若始

　　「慎終若始」出自《郭店楚簡·老子（丙）》：「慎終若始，則無敗事矣。人之敗也，恆於其且成也敗之」。意思就是：做任何事情，一定要始終如一，持之以恆，到最後還應該像剛開始的時候那樣慎重對待，那麼才不會出現差錯。一般人做事，常常是在其快成功時卻失敗了。近義詞：慎終如始。

　　大凡人們辦事時，容易虎頭蛇尾，開始時認真、細緻、謹慎、嚴肅，久後則是敷衍、馬虎、粗心、草率。這樣，往往辦不好事情。故「慎終若始」這個成語告誡人們辦事應有始有終，始終如一，這樣才不致把事情辦糟，這是很有教育意義的。

　　這觀念很容易為人理解，卻很難有人做到！正如《老子》第七十章中所說：「吾言甚易知，甚易行。天下莫能知，莫能行。」有人說：「這件事情

我知道該怎麼做啊，只是沒做到而已！」但既然是沒做到，這「知」也就成了假的，不是真「知」了。

為什麼會這樣呢？其實究其根本，還是人的私慾在作怪。絕大多數的人，在立定目標要做成某事時，不管自己承認與否，其根本目的往往還是為了「名」「利」二字。既然是這樣，經過一定程度的努力之後，或者是自以為已經經過了千辛萬苦，該歇口氣，享受一下了；或者是覺得前景還是渺茫，不想再作如此艱苦的付出，於是自然而然地停下前進的腳步。等到回過頭來，看清已經行過九十步，還僅僅只差十步，卻已是後悔莫及了。

就為官從政而言，有的領導幹部當小官時兢兢業業，但隨著官位的升遷，就忘乎所以，高高在上，生出驕氣、惰氣、官氣、暮氣，私心重，膽子大，最後鋌而走險，滑向犯罪深淵；有的領導幹部因為之前有了不錯的「成績單」，便「鬆口氣」，「歇歇腳」，放低了境界追求，放寬了用權邊界，放鬆了約束標準，「一篙鬆勁退千尋」，難敵誘惑、折戟沉沙；有的領導幹部年輕時尚能嚴格要求自己，臨到要退休卻守不住晚節，以權謀私，聚斂錢財，結果翻身落馬，落得個身敗名裂的下場，善始惡終，既誤了自己又負了民心，更是成為人民、歷史的罪人，引人深思。

「靡不有初，鮮克有終」，對於領導幹部來說，要嚴格要求自己，築好安全防線。行得正，才能走得穩；要求嚴，方能幹成事。這就要求我們各級領導幹部都要始終以嚴肅的態度、嚴格的要求、嚴明的紀律律己，如臨深淵、如履薄冰，常懷慎獨之心，始終保持清醒的頭腦、敏銳的政治鑒別力和絕對忠誠的政治品質，保持強烈的自我約束力和抗誘惑的能力，手腳乾淨，堅持底線，時時警戒、處處慎思、事事篤行，帶頭踐行社會主義核心價值觀，帶頭執行廉潔從政各項規定，以內在的「定力」，加強自身建設，面對富貴貧賤威武考驗，面對大風大浪考驗，都能穩住內心「禮義之錨」，清白一生、清廉一世。

領導幹部之外的其他人，如開展科學研究的專家、學者，投身經濟浪潮的企業家，正在進行一場外科手術的醫生，乃至於在運動場上的運動員，不也都應該「慎終若始」嗎？

▋至樂必悲

「至樂必悲」出自《郭店楚簡·性自命出》。比起「至樂必悲」，大家更熟悉的成語是「樂極生悲」。指人往往因高興過度而頭腦發熱、得意忘形、動止失矩，結果不慎發生意外，惹禍上身，變喜為悲。近義詞：物極必反；反義詞：否極泰來。

《史記·滑稽列傳》中記載，戰國時期，齊威王不理朝政，經常通宵沉溺在酒色中，很多諸侯趁機侵擾，國家處於危亡之際。大臣們誰也不敢規勸，只是幹著急。齊國有個叫淳於髡的人，他說話詼諧善辯，喜歡用隱語、微言諷諫威王的過失。

有一次，喜好飲酒的齊威王問淳於髡的酒量，淳於髡回答：「喝一鬥也醉，喝一石也醉。」齊王不解其意，淳於髡解釋道：「在不同場合、不同情況下酒量會變化，但不論哪種場合下，結果無外乎是『酒極則亂，樂極生悲，萬事盡然』。任何事超過了一定限度，就會走向反面。」淳於髡的一席話說得齊威王心服口服，接受淳於髡的勸告，從此不再無度飲酒。

這段話，本是淳於髡借用在不同場合人的酒量也不盡相同的道理勸解齊王戒酒遠色的，說的是凡事不可太過的道理，過則會走向事物的反面。他的「酒極則亂，樂極則悲」的結論，不僅有深刻的哲學意義，也飽含著極深的現實啟示。

在生活中，樂極生悲的事也不鮮見，清代小說家吳敬梓的《儒林外史》中就寫有這樣的故事：範進老來中舉，喜事一件，結果他因高興過度而瘋了，還是胡屠戶一巴掌才把他打得清醒過來。

1982 年在智利舉行的世界盃足球比賽上，老球迷路易斯看到本國的球隊踢進一球時竟高興得狂笑起來，結果當場興奮死亡。

2000 年 10 月 14 日，河南鶴壁市兩位老太太因看了某電視臺的綜藝節目 100 期回放而情緒激動，結果分別誘發了腦溢血和心肌梗死，一位經搶救脫險，一位不治而逝……

可見，樂極生悲古有之，今有之，中國有之，外國亦有之，說明它是客觀存在的現象，具有普遍的意義。

從生理上講，人的大腦中存在著主管快樂和痛苦功能的兩個神經中樞。它們是緊密相連的近鄰，相互之間的距離不足半毫米。平時它們之間互相配合、互相約制，共同控制著人體情緒的平穩。當快樂或痛苦中任何一方的刺激表現強烈時，就會越過邊界騷擾到對方，使對方的功能表現出興奮來，出現高興過度的人反流眼淚、痛苦過度的人而發出傻笑的反常現象。這種刺激越強烈，給對方造成的影響也越大，樂極生悲、悲極見樂的事自然就發生了。

同樣，除樂極生悲外，其他情志（怒、憂、思、悲、恐、驚）也同樣不能超出本位的正常範圍，必須在合理的限度內活動，倘若表現出過度、過分的活躍，比如「路怒症」「抑鬱症」，就可能走向極端。

人在縱情尋樂之後，隨之而來的往往是莫名其妙的空虛傷懷，推之不去、避之不開，因為歡樂和惆悵本來就首尾相連。所以莊子在「欣欣然而樂」之後感嘆：「樂未畢也，哀又繼之」。真正的喪親之痛，不在喪親之時，而在合家歡宴，或睹舊物、思亡人的那一瞬間。人只有在生命的愉悅中才能體會真正的悲哀。人在悲中不知悲，痛定思痛是真痛。

由此說來，在人生起起落落、生活悲歡離合、情緒喜怒哀樂的起承轉合過程中，人要學著科學適度地用好「平衡術」，把握好「度」，科學地調控心態，有意識地平衡情緒，不喜怒無常，讓人捉摸不透，不冷若冰霜，拒人千里之外，要保持一顆健康向上、充滿樂觀的平常心。

隔牆有耳

「隔牆有耳」出自《郭店楚簡·語叢（四）》：「言有苟，牆有耳」。《管子·君臣下》也有：「牆有耳，伏寇在側。牆有耳者，微謀外泄之謂也。」最直接的出處是清代小說《孽海花》：「又誰料知己傾談，忘了隔牆有耳，全灌進了楊雲衢的耳中。」它既是一句成語、民諺，又是一句醒世警言，勸告

人們說話要注意，隔著一道牆，也會有人偷聽，凡事要觀前察後，耳聽四方，以免禍從口出。

歷朝歷代，圍繞保密與泄密發生了許多發人深省的故事，或謹言慎行、防患未然，或裡應外合、朋比為奸。

漢成帝時的尚書令孔光就是一位保密意識非常強的官員。他執掌機要十多年，深受信賴。當時，皇上和臣子們議事之地稱為「溫室殿」。一次孔光回家，家人問他：溫室殿前種的什麼樹？他卻嘿嘿一笑，並不作答。後來，人們就用「不言溫室樹」作為官員嚴守機密的代名詞。而唐德宗時的「喜鵲」竇申卻因經常故意泄露官員任命決定而落得被杖死的悲慘下場。

在科技高度發達的今天，國家安全、商業機密、個人隱私無不受到高端科技這只「耳朵」的威脅。

美國政府倚仗自己所掌握的核心技術和全球互聯網基礎設施，直接從包括微軟、谷歌、雅虎、Facebook、PalTalk、AOL、Skype、YouTube 以及蘋果在內的這 9 家公司服務器蒐集訊息，持續不斷地對外國政府、企業、個人進行大規模、有組織、有預謀的網絡竊密和監聽活動。德國總理梅克爾的手機因遭受美國國家安全局監聽，導致大西洋兩岸爆發激烈外交衝突。

傳媒大亨梅鐸擁有的《世界新聞報》，因竊聽眾多名人、政治家、軍人，甚至倫敦地鐵爆炸案遇難者家屬的電話而引起公憤，受到向來捍衛新聞自由的英美政界人士的強烈抨擊。原因就在於，這些行徑不僅牴觸了法律，違背了新聞倫理，衝破了社會公認的道德底線，還侵犯了西方人最為重視的隱私權。

在當今大數據時代背景下，從一張快遞單上，很快就能獲得你的手機號、姓名、住址以及購買物品清單等。在這樣防不勝防的環境下，個人無力保障自身訊息安全，大數據讓所有人成為透明人，因為大數據不只是數據量大，還包括數據維度多，數據混雜，透過對數據的交叉印證，就可以精準確定一個人的訊息。

當前，大數據已經為數據統計、事實挖掘提供了強有力的技術支撐，比如「表哥」楊達才的落馬，「九五至尊局長」周久耕的落馬，都與來自低層的民眾監督以及網民對大數據的挖掘有關，再結合反腐政策要求，兩頭一圍截，就可以落到實處。

未來，大數據會更加滲透我們的日常生活。保險公司可以透過汽車全程記錄我們的駕駛習慣，為你提供個性化服務；醫院會透過網絡掌握你的生活習性、飲食習慣、健身指數；智慧手機會自動調用通話記錄、簡訊、地理位置、網購數據、消費習慣、行為軌跡。……

現在社會，我們在享受使用科技帶來的便利，同時要付出被科技監控的代價，要付出逐漸失去隱私的代價。

隨著大數據時代的發展，隱私會消失。

這是個「隔牆」肯定「有耳」的時代。

你做好應對的準備了嗎？

「可言不可行，君子不言」「可行不可言，君子不行」。說了，做不到的事情，不要說；做了，不能對外說的事情，不要做。這恐怕是應對「隔牆有耳」的最好辦法吧。

名列前茅

「名列前茅」一詞出自《左傳·宣公十二年》：「蒍敖（孫叔敖）為宰，擇楚國之令典，軍行，右轅，左追蓐，前茅慮無，中權，後勁。」近義詞：首屈一指；反義詞：名落孫山。

楚國令尹孫叔敖輔政期間頒布一系列條例，著手進行軍事改革，規定在軍隊行軍時分為前、後、左、右、中五個方陣。其中，前軍士兵在行軍中要拿著茅草當作旗子，在遇到敵人或者緊急情況時，要舉起茅草向後面部隊發出信號，以提高警惕，及時應變；右軍主要以將軍車騎為指向行軍；左軍則主要順著茅草的方向前進；中軍主要制定、實施戰略計劃；後軍則由精銳部

隊組成，負責壓陣，五軍分工明確，各司其職。孫叔敖的這套軍事制度，使得楚國軍隊組織嚴密，大大提升了作戰能力。

一次，地處晉、楚兩國交界的小國鄭國抵禦不住楚國的進攻。晉國大將荀林父出兵援鄭，路上收到消息：鄭國已被楚國征服，楚軍也已撤兵。於是，荀林父召集部將商議，認真分析了晉、楚雙方的形勢後，提出：「戰事既然已經結束，楚軍也已撤退，我們不如就此收兵。」這一主張得到了大將士會的贊同，他分析說：「素聞楚軍組織精細，前鋒戒備森嚴，中軍工於指揮，後軍實力充足，我軍切不可輕敵！」不料，副將先縠卻擅自領兵追擊楚軍，最終被楚軍打敗。

時至今日，「名列前茅」一詞由最初的作戰部署，逐漸演變為優秀拔尖之意，人們也早已習慣以「前茅」來比喻名次排前的人，與「獨占鰲頭」有相通之意。細細思考，「名列前茅」本身含義中所蘊含的分工與協作的智慧，似乎更能讓我們從中獲益。

有這樣一則故事：白雪皚皚的冬季，一群狼在曠野上尋找獵物。由於積雪太厚，為了能夠保存體力，狼群通常會採取一匹接一匹單列行進的方式，隊伍的頭狼負責開路。之所以保持這樣的隊形，原因在於，為了在厚厚的雪地中開闢道路，需要消耗頭狼巨大的體力。經過一段時間的行走，頭狼體力透支後，便會讓到一邊調整休息，由身後的狼自動補充上來接替頭狼的位置，透過如此分工協作，狼群的整體實力和戰鬥力得以保存。

有著「中國式管理之父」之稱的曾仕強對於「分工」提出過獨到的見解：「中國人不分工則已，一分工馬上有三不管地帶……分工是一種罪惡，是一種陰謀，因為不分工的時候大家做事非常有樂趣，一分工就完全沒有樂趣了。使得工作很單調，使得工人沒有技術。但組織能使沒有技術的工人生產出非常技術的東西。所以今天不能單打獨鬥，所以組織是必要的分工。如果不能合作，你就不要分工。」

這不禁又讓人想到另外一則故事：一個年邁的富翁僱用了四名傭人，這四個傭人分別負責老人的衣、食、住、行。一天，富翁坐在火爐旁的座椅上取暖，漸漸地，他感覺渾身發熱，口乾舌燥。到了中午，富翁已經頭暈的無

法站立，請來醫生一看，原來是爐火溫度過高導致的併發症。醫生好奇地問：「既然有這麼多傭人，為什麼不讓他們給你搬動座椅呢？」富翁說：「他們四人是各自有分工的，今天負責搬動座椅的傭人請假啦。」醫生聽完哭笑不得。

現實同樣如此，一個高效的團體，離不開科學的分工與高效的協作。分工是責任的分解，協作則是在共同目標下的合作。正如「名列前茅」一般，好的分工可以讓我們行軍有序，好的協作是我們戰無不勝的重要法寶。

▍百步穿楊

「百步穿楊」出自《戰國策·西周策》：「楚有養由基者，善射，去柳葉百步而射之，百發百中。」楚國的養由基擅射，能百步內射中柳葉。比喻擅射者，也形容箭法或槍法十分高明。近義詞：百發百中、彈無虛發；反義詞：無的放矢、無一中的。

據《荊門直隸州志》記載，春秋時代的養由基是楚國名將，他的故居古嶺北二里養家坪就是現在的沙洋縣拾回橋鎮古林村。

養由基從小練成一手好箭法，能在百步之外準確地射中楊樹葉。當時還有一個名叫潘黨的勇士，也擅長射箭。一天，兩人在場地上比試射箭。比賽的靶子設在五十步外，那裡撐起一塊木板，木板上畫出一個紅心。潘黨拉開強弓，一連三箭都正中靶心，博得圍觀的人一片喝彩聲。養由基環視一下四周，說：「射五十步外的紅心，目標太近、太大了。咱們還是比賽射百步以外的楊樹葉吧。」說罷，他指著百步外的一棵楊樹，叫人在樹上選了一片葉子，塗成紅色作為靶子。接著，他拉開弓，「嗖」的一聲射去，結果箭頭正好貫穿這片楊樹葉的中心。在場的人都驚呆了。潘黨自知沒有這樣高明的本領，但又不相信養由基箭箭都能射穿樹葉，便走到那棵楊樹下，選擇了三片楊樹葉，在上面用顏色編上號，請養由基按編號次序再射。養由基走到樹下，看清了楊樹葉上的編號，然後退到百步之外，拉開弓，連發三箭，分別射中三片編上號的樹葉。這樣一來，圍觀的人們大聲喝彩，潘黨也心服口服。

　　百步穿楊反映出的是對自己技藝精雕細琢的工匠精神，是在長期實踐中凝聚形成的精益求精、精緻極致、務實嚴謹、專注專一的可貴品質，以及對自身職業技藝的敬畏和信仰。

　　細究「百步穿楊」，首先包含著廢寢忘食、不捨晝夜的「痴迷」心態。「書痴者文必工，技痴者藝必良。」唯有用心專一，才會潛心鑽研，鑽到極處，才能獲得成功。正是因為王羲之錯把墨汁當醬吃，才成就了他在書法界的「書聖」地位；正是因為有蘇秦、孫敬痴迷於讀書，才會有頭懸樑、錐刺股的故事激勵著一代又一代人。痴迷才會令人「今天做了明天還想做」，而不是「今天做了明天還得做」，這就是事業和職業的區別，態度決定一切。當前，有些人產生了「幹多幹少一個樣」的錯誤思想，工作「推、等、靠」，做事「庸、懶、散、慢」，這實際上是精神狀態出了問題。

　　「百步穿楊」還包含著對技藝標準絕不降格以求的「嚴格」要求。「不空不松，從嚴以終」，「嚴格」體現在詩句中對每個字、每個細節的高標準上，於是有了賈島、韓愈「推敲」佳話的流傳；「嚴格」體現一代又一代研究人員和技術工人精雕細琢、精益求精的工作中，體現在對工藝品質的不懈追求，規範地完成好每一道工藝上，於是有了「嫦娥奔月」「蛟龍入海」的中國精造奇蹟。我們開展工作也是如此，任何決策也好、規劃也好、措施也好，要使其具有科學性、全局性、前瞻性、適用性和長遠性，就要透過反覆論證、認真研究和集思廣益才能定案。我們只有時時刻刻以精雕細琢、精益求精的態度對待工作，才能真正落實好、服務好、發展好肩上的事業。

　　「百步穿楊」也包含著腳踏實地、耐心專注、不走捷徑的「實幹」精神。「空談誤國，實幹興邦」，因為實幹，太行山區貧困縣的人民，憑著自己的雙手，經過 10 年艱苦奮鬥，在巍巍太行的崇山峻嶺中修建起 1500 公里長、舉世聞名的「人工天河」——紅旗渠；因為實幹，中國從新中國成立之初一個毫無工業基礎的農業國，發展成門類齊全的工業大國，從中國製造，到中國精造，正在邁向中國創造。做任何事，只有穩紮穩打、步步為營，樹立功成不必在我的理念，俯下身子做那些打基礎利長遠的工作，才能取得長遠的

成效。如果一味貪大求洋，必然會出現大量「形象工程」「面子工程」，最終只會敗壞形象、辜負期望、影響事業發展。

「百步穿楊」背後反映出來的精神面貌和品質，正是我們當代人要學習、繼承和發揚的。在當前，經濟進入新常態、發展進入深水區、改革進入攻堅期，每個人身上更應具備這種精神品質。我們每個人只要不忘初心，堅持不懈，克服浮躁，耐心專注地投入到工作之中，我們的民族、我們事業就一定會走向復興、走向輝煌。

捨命之交

「捨命之交」來源於劉向的《列士傳》：「六國時，羊角哀與左伯桃為友，聞楚王賢，俱往仕，至梁山，逢雪，糧盡，度不兩全，遂並糧與角哀。角哀至楚，楚用為上卿，後來收葬伯桃。」近義詞：羊左之交、生死之交。

清乾隆《荊門州志》記載，身居北方燕國的左伯桃，慕名投靠求賢若渴的楚國，路上與羊角哀不期而遇，共同的志向使他們結伴而行。當他們南行至今荊門五里鋪一帶時，正值數九寒冬，二人缺衣少食，死神步步緊逼。為了能到達目的地郢都，與其兩人皆凍餓而死，不如成全一人。左伯桃便將所帶乾糧衣物全交與羊角哀，讓其獨自赴楚，自己則藏於樹洞之中，饑寒而亡。羊角哀到楚國，官至上大夫，將此事稟楚王，楚王聽後深受感動，下令禮葬左伯桃，羊感左為友情而死，也不願獨活，自刎於左墓前，留下一段「捨命全交」的千古佳話。

楚人為了紀念羊角哀和左伯桃，在今沙洋縣五里鋪西草場南合河口修建羊角寺紀念他們。同時，後人將捨命之交與管鮑之交、知音之交、刎頸之交、膠漆之交、雞黍之交、忘年之交、生死之交一起組成「八拜之交」，來形容最高境界的朋友之情。

人生在世，朋友是必不可少的。明代蘇浚在《雞鳴偶記》中把朋友分為四類：「道義相砥，過失相規，畏友也；緩急可共，死生可托，密友也；甘言如飴，遊戲徵逐，昵友也；利則相攘，患則相傾，賊友也」。真朋友是為

義而來，「假朋友」是為利而來；真朋友和你是交流，「假朋友」和你是交易；真朋友是一筆財富，「假朋友」是一枚「炸彈」。

交友一定要交真朋友，交「無用」的朋友，這裡的「無用」是指無功利之用。交友重在思想砥礪、知識互補、情感撫慰、怡情悅性。所以平等是友誼的天平，正直是交友的信符，奉獻是交友的真諦。唯此才能兩心相通，心靈得洗滌，感情葆純真，情感深似海，齊心幹事業，共同創佳績。

好的朋友就是一面鏡子、一個參謀、一個同伴。當你疑惑時他可以給你智慧，當你困難時他可以給你力量，當你痛苦時他可以給你溫暖，當你失誤時他可以給你提醒，當你沮喪時他可以給你鼓勵。多交富有正直心、正義感、講原則、講黨性的朋友，可以感悟自己的道德，深悟自己的是非，昇華自己的思想，使自己的心理一直保持健康。

現在社會上各種各樣的潛規則越用越靈。本該清爽、規矩的交往關係，染上了很多銅臭味、市侩氣，有的以權交友、有的以錢交友、有的以色交友，為的是互利、互保、互用，使肝膽相照成為奢談，忠言諍友不見蹤影。最後的結果必然是：「以勢交者，勢傾則絕；以利交者，利窮則散」。

《開元天寶遺事》中記載的張象不肯「依冰山」的故事就能印證這個結論。當時楊貴妃之兄楊國忠權傾天下，不少人趨之若鶩。進士張象不但不去攀附，還對別人說：「爾輩以謂楊公之勢，倚靠如泰山；以吾所見，乃冰山也。或皎日大明之際，則此山當誤人爾。」楊國忠倒臺之後，「樹倒猢猻散」也就是不言而喻了。

「蓬生麻間，不扶自直；白紗入緇，不染自黑」。在與人交往過程中，要謹慎交友、冷靜交友、從善交友、擇廉交友，「友也者，友其德也」。朋友不在多，而在「真」，交幾名品格高尚的益友，提高自己的精神境界，如伯牙、子期之交；交幾名富有學知的朋友，增強自己的智慧，如陳重、雷義之交；交幾名敢於批評自己的諍友，修正自己前進的方向，如呂岱、徐原之交。還要多交一些布衣朋友，能傾聽群眾的呼聲；多交一些英模朋友，以榜樣的力量激勵自己保持革命本色。

　　和朋友相處，最為重要的是要有一顆清明之心，對朋友之言聽之有鑒，對朋友之托思之而行，對朋友之事處之有章，對朋友之才秉公而用，切不可為關係所累、親朋所擾、私情所困，去放棄原則，違規犯紀，走入歧途。做到對上尊重但不阿諛取巧，對下關心但不結黨營私，對同事真誠但不以利相交，自覺做到有境界地交往，遠離功利、勢利、唯利之交；有底線地交往，遠離違規、違紀、違法之交；有品位地交往，遠離低俗、媚俗、庸俗之交，讓同志之情、朋友之誼回歸本真。

優孟衣冠

　　「優孟衣冠」是與孫叔敖相關的又一成語，出自《史記·滑稽列傳·優孟》。優孟，春秋時期楚國王宮藝人，擅長滑稽諷諫，其人並非姓優，而是姓孟（「優」是古時戲劇工作者的一種稱呼）。

　　史籍記載：楚國丞相孫叔敖一生，為官清廉，雖處相位多年，從無一錢入私門，家無餘財。優孟聽說孫叔敖死後，其妻、子生活貧苦，於是借來孫叔敖生前衣冠穿戴好，模仿他的音容笑貌去見楚莊王。見到優孟，楚莊王大驚，以為是孫叔敖復生。優孟說：「想當初孫叔敖夙夜奉公，為楚國稱霸殫精竭慮，但死後妻、子窮無立錐之地，落魄到靠打柴為生，真讓人寒心！」優孟這番話使楚莊王深受感動，於是賜封孫叔敖的兒子寢丘（今河南省沈丘東南）之地四百戶，以奉其祀。

　　如此一來，後世之人便把假扮他人的行為稱為「優孟衣冠」，有時也指登場演戲。優孟其人也因其善於模仿，表演生動逼真，被有些人稱作中國最早的演員，「優孟衣冠」也被看作中國戲劇的源頭。

　　時光荏苒，相較於木工行業奉魯班、醫藥世家尊扁鵲，這位兩千多年前優秀的表演藝術家似乎已經被大多數人遺忘。所幸對於戲劇界來說，「優孟衣冠」是舞臺上生、旦、淨、末、醜稱之於世的代名詞，「舞臺方寸懸明鏡，優孟衣冠啟後人」成為梨園之人的警語。有道是「三五步走遍天下，六七人百萬雄兵」，這正是「舞臺小天地，天地大舞臺」的縮影。

　　然而，縱觀中國歷史文化傳統，「戲子」一詞被賦予貶義由來已久。對於「戲子」而言，一朝登臺便意味著身份地位，抑或人格品質上被予以了雙重否定，即便是胡適、劉半農、錢玄同這些新文化的先驅們對於「京劇」這類傳統戲劇的反感也是一邊倒。

　　1918 年，魯迅在《新青年》發表的《隨感錄三十五》中說：「什麼叫『國粹』？照字面看來，必是一國獨有，他國所無的事物了。換一句話，便是特別的東西。但特別未必定是好，何以應該保存？譬如一個人，臉上長了一個瘤，額上腫出一顆瘡，的確是與眾不同，顯出他特別的樣子，可以算他的『粹』。然而據我看來，還不如將這『粹』割去了，同別人一樣的好。」在魯迅看來，京劇這些「國粹」就彷彿人臉上的毒瘤，實有割除之必要。

　　同樣，對於戲曲舞臺，魯迅在幾篇雜文中反覆強調，整個中國實際上就是一個大舞臺、就是一個大戲場，在這個戲場中每個人都是雙重身份、雙重角色。一方面在這個舞臺上表演，另一方面又坐在下面看表演。表演和看表演的兩種身份、兩種角色，在每個人的身上都時刻發生著轉化。每一個人的優孟人生最後便締造出了一個龐大的「謊言帝國」，「表演」和「說謊」成為多數中國人的基本生存方式之一。

　　當然，對於任何一個人物、事物的評價和理解，我們絕不能脫離孕育它的時代背景，新文化運動中激昂的號角為彼時彼刻的文化視角賦予了獨特內涵，在這一點上，我們應當客觀地看待。

　　新時期下，文化軟實力日漸彰顯，文化自信成為中國崛起的精神支柱。對於中國傳統戲曲而言，其「戲亦載道」的精神作用更值得彰顯。

　　反觀「優孟衣冠」，在詞義流變中逐漸走向了意的反面，與「西貝貨」（「西貝」組合為「賈」，而「賈」與「假」諧音，通「假」）畫上等號。然而，當我們追根溯源，還原歷史時，真相讓我們幡然醒悟，優孟感懷孫叔敖賢能，感傷人走茶涼，於是本著人性之真，恤孤憐貧，憑藉爐火純青的演技，不讓賢臣遺屬傷心，誰又能不說原本的「優孟衣冠」實乃真善美的彰顯呢！

▌小不忍 敗大勢

「小不忍，敗大勢」出自《郭店楚簡·語叢（二）》，與「小不忍，亂大謀」含義相近，指小事情不忍耐，就會敗壞大事情，勸說人們要從大局著眼，對小事要忍耐。類似的箴言警語還有：「忍得一時之氣，免得百日之憂」，「忍一言風平浪靜，退半步海闊天空」。

忍讓，是一種心底無私的美德，它以寬廣的胸懷去容納人、團結人、感化人。「千里家書只為牆，讓他三尺又何妨」，將鄰里之間互不相讓的爭執化解為握手言和、真心實意的謙讓。

忍讓，是一種榮辱不驚的修養，它面對榮辱毀譽，不驚不喜，心靜如水。韓信能忍胯下之辱，成為開疆拓土的大將軍；勾踐臥薪嘗膽，實現「三千越甲可吞吳」的抱負；司馬遷忍辱著述，完成「史家之絕唱，無韻之離騷」。

忍讓，是一種大智大勇的表現，它不計較一時的高低，眼前的得失，而是胸懷全局，著眼未來。藺相如寬容大度、深明大義，廉頗勇於改過、知錯就改，成就「將相和」的千古美談。

忍讓，更是一種韜光養晦的崛起，它是一種哲學，是一種智慧，是一張一弛，是為了更大的進步。低頭需要勇氣，抬頭需要實力！中華民族在復興的道路上，砥礪前行，走上強國之路，發展之路，隨著國家的富強，經濟的強盛，上合組織開始重建國際政治經濟新秩序，「一帶一路」開闢出實現共同繁榮的合作共贏之路。

在中國文化中，有一種「愛面子」的價值觀，讓很多人認為忍一時、退一步會丟面子、掉底子，下不來臺，將面子固化為一種思維、一種理念、一種心態、一種文化。這種面子思維反映到思維層面留下的心理詬病積重難返，其他實質性事情都可求其次，而面子成為一些人的首要考慮和首選價值。

兵敗烏江的西楚霸王項羽，「籍與江東子弟八千人渡江而西，今無一人還，縱江東父老憐而矣王我，我何以面目見之！」項羽為了面子，無顏見江東父老，拔劍自殺。倘若他渡過烏江，重整旗鼓、捲土重來，歷史又將是一種怎樣的結局呢？

　　清朝的慈禧太后，在國難當頭時，為了自己六十大壽，可以截留海軍建設資金。最終自己的面子沒保住，國家和民族的面子更沒保住，結果是丟臉逃難、割地賠款、喪權辱國，成為被釘在恥辱柱上的歷史罪人。

　　愛面子、要面子在社會上是一種普遍存在的毛病，面子在一些人頭腦中根深蒂固，有人糊裡糊塗地成了面子的奴隸，願意與面子糾結一生一世。在鄉里市井江湖，為了某個人、某個家族、某個團夥的面子，會相互打得頭破血流，記上幾代人的冤仇。不管事情的實質如何，不管事情的是非曲直，不管付出的代價多大，只管到頭來有沒有面子。

　　很顯然，這種面子只是一種世俗時弊和得不償失的虛榮，只是一種顯擺張揚和缺少自信的浮功。人的生命途中，坎坎坷坷，再所難免，大門小門，都要透過。我們在幹事創業、待人接物中，要學會變通，既要懂得昂首挺進，也要懂得側身彎腰，一味地只有「我輩豈是蓬蒿人」的輕狂，很可能落得被人掃地出門的結局。

　　能忍能讓真君子，能屈能伸大丈夫。

▌陽春白雪

　　「陽春白雪」出自宋玉《對楚王問》：「客有歌於郢中者，其始曰：《下里》《巴人》，國中屬而和者數千人。……其為《陽春》、《白雪》，國中屬而和者不過數十人。」比喻高深的、不通俗的文學藝術，是高雅藝術品和高潔雅士的喻稱。毛澤東在《在延安文藝座談會上的講話》引用了此典故：「現在是『陽春白雪』和『下里巴人』統一的問題，是提高和普及統一的問題」。

　　《陽春白雪》，原為古琴曲，本分二曲：《陽春》《白雪》，只是在入歌之後，便合成了一曲《陽春白雪》。後世琴譜，又分之為《陽春》《白雪》二曲。《陽春曲》，《樂府詩集·清商曲辭》解釋為：「《陽春》所從來亦遠矣。」《樂府解題》稱：「《陽春》，傷也。」《白雪曲》，《舊唐書·樂志》載：「《白雪》，周曲也。」西晉張華《博物誌》載：「《白雪》者，昔太帝使素女鼓五十弦瑟曲名也。」太帝，即舜帝。

定型的《陽春》《白雪》曲，又傳為晉國音樂家師曠所作，一說楚國大琴師劉涓子所作，《樂府詩集》引謝希逸《琴論》說：「劉涓子善鼓琴，制《陽春白雪》曲。」楚人巫現神祀成風，遍國歌樂成習，於是《陽春白雪》的入歌，就在楚國完成了。楚頃襄王時，郢中出了莫愁女，她善歌舞，又得屈原、宋玉的指導，於是成就了《陽春白雪》的歌樂佳章，且推向了民間。

從此，歷秦、漢、三國、兩晉、南北朝，《陽春白雪》經久不衰，在全國流傳。儘管文人填詞多有不同，但樂曲風格卻一直未變。至唐朝，發展到了頂峰，高宗顯慶二年（公元 657 年），樂官太常呂才審定曲譜，解《陽春白雪》題稱：「《陽春》，取萬物知春、和風澹蕩之意；《白雪》，取凜然清潔、雪竹琳瑯之音」，將《陽春白雪》的意境進行了進一步的美學昇華。並以唐高宗御製《雪詩》十六首入歌，教習傳唱。據載，武則天唱過《陽春白雪》，唐玄宗貴妃楊玉環也唱過《陽春白雪》。

至宋朝，《陽春白雪》傳唱、演奏於教坊司和瓦舍、勾欄。元朝時，中國影響最大的聲控劇種——崑腔的形成和發展，也受到了《陽春白雪》的影響。據《中國戲曲通史》記載：崑腔即崑山腔，是元朝顧堅「發南曲之奧」而產生、明朝魏良輔革新而發展的。顧堅「離崑山三十里，居千墩，精於南詞，善作古賦……與楊鐵笛、顧阿英、倪元鎮為友」（魏良輔《南詞引正》）。顧堅在度定崑山腔時得到了此三人、特別是楊鐵笛的大力幫助。楊鐵笛，名叫楊維楨，工詩、擅長樂府，吹一手好笛子，自號「鐵笛道人」，「當酒酣耳熱，呼侍兒出歌《白雪》之辭，君自倚鳳琶和之，坐客或翩翩起舞」（明宋濂《楊君墓誌銘》）。崑腔以橫笛為主樂器伴奏，與楊鐵笛有密切的關係，自然也與《陽春白雪》有密切的關係了。到清末，李芳園根據 1860 年《閒敘幽音》琵琶曲抄本中所載的《春景陽和》《錦園十憩》等，並殿以尾聲，成十一段，總名之為《陽春古曲》。

由於年代久遠，《陽春白雪》的真本辭曲，已難見蹤影了。但因為《陽春白雪》的聲名遠播，而使得《陽春白雪》的內涵，逐朝逐代不斷進行著衍變和延伸，甚而進入了山水城郭，乃至尋常百姓家。

鐘祥靈地雅附，因此典故而有了陽春臺、陽春亭、白雪樓、白雪亭、聽雪樓等諸多名勝。陽春臺和白雪樓，還被國務院寫進了第三批國家歷史文化名城《簡介》之中。另，古有陽春門、陽春書院，今有陽春大街、陽春廣場、陽春大酒店、陽春服飾超市等等。以「陽春白雪」命名的餐飲美食，則有陽春酒、白雪面等等。至於書畫珍玩，以「陽春白雪」為名者，就更多了。

歷史發展的軌跡告訴我們：《陽春白雪》縱和寡，天下畢竟多知音。

▌曲高和寡

「曲高和寡」出自宋玉《對楚王問》：「是其曲彌高，其和彌寡」。指曲調高深，能跟著唱的人就少。比喻知音難得，也比喻言論或作品不通俗，能瞭解的人很少。

戰國末年，楚國的頃襄王經常聽到有人說宋玉的壞話，於是就把宋玉召來，當面問他：「先生恐怕是有一些行為不夠檢點的地方吧？不然，為什麼各個階層都有人對你不滿呢？」

聰明的宋玉一聽這話，知道大事不好，災難就要臨頭了，趕緊伏在地上，誠惶誠恐地說：「是的，大王說的也許都是事實。但我還是請大王能夠寬恕我的罪過，容我把話說完。」

頃襄王答應了宋玉的請求，宋玉就講了一個故事：

在先王的時代，有位歌唱家來到楚國的郢都，當他開始演唱通俗歌曲《下里》和《巴人》時，有幾千人聚在一起隨聲和唱；接下來他唱起了民謠《陽阿（e）》和《薤露》，這時能跟著和唱的還有幾百人；最後他唱起了高雅歌曲《陽春》和《白雪》，這時還能跟著哼哼的就只剩幾十人了；而當這位歌唱家將五音的美妙發揮到了極致，創造出了一種悠揚婉轉、令人陶醉的意境時，仍能欣賞和跟唱的就只有幾個人了。請問，這是什麼原因呢？它說明歌曲越是高雅深奧，能跟隨和唱的人就會越少。

故事講完之後，宋玉偷眼看了一下頃襄王的神情，只見他若有所思，頻頻點頭。宋玉心裡有底了，於是更是放開膽子，高談闊論起來。

所以，在鳥類中有鳳凰，在魚類中有大鯤。鳳凰振翅高飛，可達九千里雲天，那些在籬笆間跳躍的小鶯，又哪裡能像鳳凰一樣知道天高地大呢？大鯤清晨從崑崙山腳出發，中午來到渤海灣的碣石處曬太陽，傍晚又到孟諸湖去歇息，那些只會在小水塘裡打滾的小鯢，又怎麼能像大鯤這樣探測江闊海深呢！其實，豈止是在鳥類中有鳳凰，魚類中有大鯤，人類中不也有一些特殊的人物嗎？他們美好的思想和行為都超出於一般民眾之上，那些凡夫俗子們，又怎麼可能理解我的所作所為呢？

宋玉的這番辯解，終於使頃襄王改變了對他的看法，並因此而避免了一時的禍患。後人用曲高和寡比喻一個人的清高，或是文藝作曲高雅晦澀，世間凡夫俗子難以理喻。

雅，並不是脫離群眾的曲高和寡，不論哪種文藝類型都不能高高在上、孤芳自賞，而應該以群眾喜聞樂見的形式展現給群眾，讓人民群眾在欣賞高雅藝術的同時提高審美情趣，增強藝術鑒賞水平。透過這種方式，達到豐富群眾文化生活、提高民族文化素養的目的，這也是我們所有文藝工作者的職責所繫。俗，應該是通俗易懂，平易近人，最大可能地貼近群眾生活，反映群眾身邊的人和事，從群眾中來到群眾中去，而不是為了迎合少部分人低級的娛樂趣味而使作品或節目變得低俗不堪、俗不可耐。

時代和群眾呼喚雅俗共賞的文藝作品。文藝工作者只有將雅與俗有機地結合起來，才能創作出更多被群眾稱頌，具有社會傳播力、藝術穿透力和恆久生命力的佳作。

▌空穴來風

從鐘祥市蘭臺中學南門進入校園，拾百餘級臺階而上，即登蘭臺之頂。蘭臺之宮遺址尚存。其中有一尊大理石座基漢白玉雕像。此雕像即楚國侍臣、楚辭名家宋玉。基座鐫刻的文字，是宋玉名作《風賦》。仔細品讀，便見其中一句：「枳句來巢，空穴來風」。這即是空穴來風的出處。

「空穴來風」原義為有了洞穴才有風進來，比喻消息和傳說不是完全沒有根據的，現多被誤用來指消息和傳說毫無根據。近義詞：無中生有、捕風捉影。

話說當年，楚頃襄王在蘭臺宮遊玩，由宋玉、景差陪同。一陣風颯颯吹來，頃襄王敞開衣襟迎著吹來的清風說：「這風好爽快呵！這是我與百姓共同享受的嗎？」宋玉回答道：「這只是大王享受的風，百姓怎麼能與大王共同享受它呢！」

頃襄王說：「風是天地間流動的空氣，它普遍而暢通無阻地吹送過來，不分貴賤高下，都能吹到。現在你卻認為只有我才能享受它，難道有什麼理由嗎？」宋玉答道：「我聽老師說，枳樹彎曲多杈，就容易招引鳥來作窩。有空洞的地方，風就會吹過來。由於所依託的環境條件不同，風的氣勢也就不同了。」

頃襄王問道：「那風，最初是從哪裡生成的呢？」宋玉答道：「風在大地上生成的，從青翠小草尖上興起，逐漸擴展到山谷，在大山洞口怒吼，沿著大山坳，在松柏林下狂舞。疾風往來不定，形成撞擊物體的聲音；風勢迅疾飄揚，猶如怒火飛騰，風聲如雷，風勢交錯相雜。飛沙走石，大風摧樹折木，衝擊森林原野。等風勢逐漸平息下來，風力微弱，四面散開，只能透進小孔，搖動門閂了。風定塵息之後，景物顯得鮮明燦爛，微風漸漸向四面飄散。所以使人感到清涼舒暢的雄風，就飄動升降，凌越高高的城牆，進入深深的王宮。它吹動花草，散發香氣，在桂樹和椒樹之間往來迴旋，在疾流的水洄上緩緩飛翔。於是風吹拂水上的荷花，掠過蕙草，分開秦蘅，吹平新夷，覆蓋在初生的草木之上，它急劇迴旋衝擊山陵，致使各種芳草香花凋零殆盡。然後風就在院子裡徘徊，向北吹進宮室，上升到絲織的帷帳裡，進入深邃的內室，這才成為大王的風了。所以那種風吹到人身上，其情狀簡直清爽得很，清涼的冷風使人為之感嘆。清清涼涼的，既能治病，又可解酒，使人耳聰目明，身心安寧，這就是所說的唯大王所有的雄風呀！」

頃襄王說：「你對這件事解說論述得太好了！那麼老百姓的風，是不是也可以說給我聽聽呢？」宋玉回答說：「老百姓的風是從冷落偏僻的小巷中

忽然颳起來的，揚起的塵土，煩躁憤懣地迴旋盤轉，衝擊空隙，侵入門戶。颳起塵沙，吹散灰堆，攪起汙穢骯臟的東西，揚起腐爛的垃圾，歪歪斜斜逼近用破甕口做的窗戶，一直吹到百姓住的草屋裡。所以那種風吹到人身上，其情狀簡直令人心煩意亂，憂鬱苦悶，受到悶熱之氣，得了濕病，使人內心愁昔，生病發燒。風吹到嘴唇上就生唇瘡，吹到眼睛上就使得眼睛紅腫，受風得病後使人嘴巴抽搐，咬牙吮啞、大叫，陷於半死不活狀態。這就是所講的老百姓的雌風呀。」

　　風沒有生命，本無雄雌之分，但王宮空氣清新，貧民窟空氣惡濁，這乃是事實。作者從聽覺、視覺、嗅覺對風的感知不同，生動、形象、逼真地描述了「雄風」與「雌風」的截然不同，反映了帝王與貧民生活的天壤之別。前者驕奢淫逸，後者悽慘悲涼。寓諷刺於描述之中，意在言外。孰知等級森嚴的封建社會又哪裡會有「寡人所與庶人共者」之風呢？只有在當今清明盛世，才有一切的自然美景和改革發展的成果真正實現與人民共享。

▌驚弓之鳥

　　成語「驚弓之鳥」語出《戰國策·楚策四》，指受過箭傷的鳥。比喻受過驚嚇的人遇到類似情況就會惶恐不安，心有餘悸。

　　戰國時，六國欲聯合抗秦。趙國謀士魏加到楚國拜見春申君黃歇商談此事，見面後問道：「貴國可有合適的人選？」黃歇回答：「我等已經商議，準備派臨武君擔任主將。」

　　聞言，魏加心想：臨武君曾被秦軍大敗，定會對秦軍心有餘悸，怎可擔當主將？然而，出於外交策略考慮，又不便直說，於是對黃歇說：「我年輕時愛射箭，我給您講個故事吧。」

　　有個叫更贏的射箭能手。一天，他和魏王正在一起休息，忽然看見有一只雁在天空中飛。他對魏王說：我不射箭，只拉一下弓，這只雁就會掉下來。說著，他左手托弓，右手拉弦，只聽「砰」的一聲，那只雁就應聲墜落下來。

魏王很奇怪，他對魏王說：這是一只受過傷又掉隊的雁。因此它聽到弓弦響聲後，就拚命地向上飛，一使勁，傷口裂開，就掉了下來。

聽完故事，黃歇覺得好生有趣。魏加趁熱打鐵，說道：「目前的臨武君也是驚弓之鳥，他剛剛被秦國大敗，兩軍對壘之時看到秦軍一定會有畏懼之心，請他做抗秦主將一事，還望您能考慮再三。」春申君深受啟發，同意了魏加的提議。

千百年來，世人一直將這隻鳥當作笑柄來談論，但若深思，現如今的我們又何嘗不是這只驚弓之「鳥」呢？

2014 年 3 月，新華社接連報導兩則新聞，引人深思。

一則消息內容大致如下：3 月 14 日，成都春熙路有人喊「聽說砍人了」，群眾紛紛從商場四處奔散，但最終未看到任何砍人場面和傷害者，卻導致不少商家關門歇業。事後，經新華社記者與成都警方核實，該消息不實。

第二則消息：3 月 15 日上午 8 時 30 分許，廣州沙河大街某服裝城的保安抓獲一名小偷，該小偷突然大喊：「有人砍人！」引起周邊群眾四處逃散。

我們身處在一個逐步扁平化的社會，人們的日常生活在社會各領域、各層次、各方面之間聯繫越發緊密。這種協調性與緊湊性，在顯示出其強大效力（生產力、消費力）的同時，也不可避免地呈現出極其脆弱的一面。正因為社會分工、合作的存在，恐慌的心理便無法被地域、階層、文化所切割，而會透過傳統媒體、網絡媒體、自媒體的傳播、互動形成一種集體性的心理預設。

這種集體的社會性恐慌有百害而無一利，不要以為哪個人可以置身事外，其實大家都是心理受害者。長此以往，大家的心理負擔將會更加嚴重，甚至造成恐慌性疾病。

從宏觀上講，公眾對於公共場合的安全隱憂是真實存在的。當導火索被證實為假消息，公共背景卻真實存在，謠言絕不會自動消失，而只可能是換一個地方繼續爆發。所以，在社會化大背景下，要完全解決這種社會性恐慌，幾乎是不可能的。政府、社會、媒體有義務在危機產生時，及時公佈權威訊

息，糾正訊息謬誤，重塑公眾的集體記憶，剷除滋生謠言的深厚土壤，及時切斷導火索，防止謠言的擴散。

作為個體而言，我們在聲討政府公信力缺失，質疑新聞媒體作風不嚴謹、不求真的同時，是否該捫心自問，我們口口聲聲說著的「謠言止於智者」到哪裡去了？時刻保持審慎態度，不跟風，不信謠，不傳謠，恐怕才是我們不再淪為「驚弓之鳥」的根本。

▌五合六聚

「五合六聚」最早見於《史記·春申君列傳》：「天下五合六聚而不敢救，王之威亦單矣」，比喻屢次聚合到一起。

史料記載，其時秦國大敗韓、魏兩國，為進一步擴張勢力，秦昭王下令聯合韓、魏出兵攻打楚國。危難之際，春申君黃歇臨危受命出使秦國，上書秦君：

縱觀天下，當屬秦、楚兩國最強。聽聞大王要攻打我們楚國，這就好比兩虎相鬥，結果必有一傷，這樣倒是便宜了其他小國。既然如此，大王不如與我楚國結盟，實現強強聯合。再者，大王一定知道物極必反的道理。現如今，秦國國土廣袤，占據著西、北疆域，這是自古未曾有過的。經過這些年的征戰，雖然天下經過五次聯合而相集的六國諸侯，卻不敢互相救援，可見大王威勢之高。

臣以為，當此之時，大王切不可仗著國富兵強以武力征服天下諸侯國，否則恐招致禍患！想當初，智伯只看見攻伐趙襄子的好處，卻不料反在榆次遭到殺身之禍。吳王夫差只看到進攻齊國的利益，卻沒有想到在干隧被越王勾踐戰敗。這兩個國家，都是建樹過巨大功績的，卻因為一味貪圖眼前的利益，結果換得了後來的禍患。詩中不是說「大武遠宅而不涉」嗎？照這麼看，楚國才是秦國的友邦而那些鄰國才是大王要預防的敵人！況且，大王您仔細想想，韓、魏兩國低聲下氣地請求您攻楚，他們真的是這麼想嗎？要知道，這些年秦國可沒少給他們帶來災難啊！他們兩國有多少人是死在秦軍的刀

下，就連韓、魏兩國國君的家人也是秦軍的刀下鬼，他們怎麼會不怨恨大王您呢！再說了，大王如果要出兵楚國，您想怎麼走呢？恐怕得向韓、魏兩國借道吧？如果真是這樣，秦兵只怕是有去無回了！相反，如果此時秦、楚聯合，這些問題都不會存在，大王稱霸指日可待！

黃歇的上書遞到秦王手中，秦昭王看後茅塞頓開：「如此甚好！」立即下令收兵，轉而與楚國結為盟友。

讀完這篇洋洋灑灑的上言書，驚嘆之餘更是佩服至極。相比於「五合六聚」這個成語從此傳諸後世而言，我們更應看到從中所展現的春申君黃歇之外交才能。正應了《文心雕龍》裡所說的那句「一人之辯，重於九鼎之寶；三寸之舌，強於百萬之師。」這便是說的古人合縱連橫的大智慧。

春秋戰國時期，中國社會正值群雄爭霸的多事之秋，以此孕育出諸如蘇秦、張儀、子貢、範雎這樣一批善於外交的雄辯之才，他們「翻手為雲，覆手為雨」操縱著天下局勢。「合縱連橫」也成為當時各國間開展軍事、外交的重要手段。強大的秦國也正是因為有著一批優秀的縱橫家，幫助其破壞六國合縱，使得六國相互孤立，最終被各個擊破，完成統一中國的大業。

鬥轉星移，穿梭至今。當今時代，全球化浪潮已讓地球融為一體，我們已不再需要依靠窮兵黷武來尋求富強之路。近些年，「反全球化」的聲音不絕於耳，當此之時，古人留給我們的「合縱連橫」之策更顯現出無窮的大智慧。

無論是企業間縱向、橫向一體化形成的「1+1 ＞ 2」的競爭優勢，還是國與國之間「求同存異」的外交之路，乃至於中國的「一帶一路」倡議，我們都看到了「合縱連橫」的創新運用。當然，時移世易，當年的金戈鐵馬已不復存在，新時代的國際關係產生新的時代內涵：構築一個政治上互信、經濟上融合、文化上包容的人類命運共同體。而在這個「五合六聚」的共同體中，我們終將收穫更多的合作成果。

▌如醉初醒

「如醉初醒」出自明代馮夢龍《東周列國志》：「黃歇如夢初覺，如醉初醒……」像酒醉才醒一般，比喻過去一直糊塗，剛從沉迷中醒悟過來。近義詞：如夢初醒。

戰國四公子之一的春申君黃歇，盡心輔佐楚考烈王振興楚國。然而，楚考烈王在位已久，卻無一子，黃歇為此遍求可孕之婦，最終不能解決這一難題。黃歇眾多門客之中，有個名叫李園的人，將自己的妹妹李嫣獻給了黃歇。不久之後，李嫣便懷有身孕，於是說服黃歇將自己送入宮中獻給楚王，一旦日後其子做了楚王，可保黃歇周全。聞言，黃歇如夢初覺，如醉初醒，感嘆道：「人們常說『有智慧的女人勝過男子』，你就是這樣的女子啊！」於是，黃歇採納了李園的計謀，同時也為自己埋下了禍根。

撥開歷史的塵埃，如今的人們已不再關注「如醉初醒」的背後那段不可告人的秘密，而更多的是將其賦予了褒義色彩，並以此來提醒自己和人們，切勿故步自封，而應博采眾長，虛心聽取意見，這樣才能遇到醍醐灌頂般的夢醒時刻。

毛澤東同志曾在多個場合選擇用兩個歷史人物——劉邦、項羽來闡述自己的觀點。

在讀《史記》時，毛澤東在《高祖本紀》中批語：「項王非政治家，漢王則為一位高明的政治家。」他認為，劉邦之所以成為一名「高明的政治家」，主要原因就是他善於納諫。

《史記·酈生陸賈列傳》中有個故事：這一日，劉邦兵伐鹹陽的大軍來到了高陽，駐紮下來。當地狂生酈食其雖有經天緯地之才，然未遇明主，無處施展。今見劉邦率軍來到，他要試探一下劉邦，是否有平定天下的雄心和廣納賢才的胸懷，於是酈就到大帳求見劉邦。一入帳內，酈見到沛公正坐在床邊讓兩個女僕洗腳，便長揖不拜，問沛公：「你想幫助秦國攻打諸侯還是率領諸侯破秦國呢？」沛公怒罵酈食其：「你這小子，天下久恨無道秦，怎麼能助秦國攻打諸侯呢？」酈食其就指責沛公：「你既欲除無道秦，就不應該

坐在床邊見長者！」於是沛公急忙整衣而起，以禮相待，請酈食其上座。最後，在酈的輔佐下，劉邦攻下齊國七十餘城，可謂立下了汗馬功勞。

歷史告訴我們，楚漢之戰，結果劉邦勝了，項羽敗了，不是偶然的。

正如古希臘哲學家蘇格拉底曾經一再告誡他的門徒：「我只知道一件事，就是我什麼也不懂。」換言之，這位偉大哲學家的智慧源泉除了向歷史學習、向書本學習、向他人學習，別無他物。於我們每一個人而言，多承認自己的「無知」，坦言自己的「無知」，才能告別自己的「無知」。

▌當斷不斷 反受其亂

「當斷不斷，反受其亂」最早出於司馬遷《史記·春申君列傳》：「語曰：『當斷不斷，反受其亂』。春申君失朱英之謂邪。」

史載，考烈王無子，趙人李園欲獻其妹給考烈王而不得，遂獻於春申君。此事知之者無幾。不久，李園妹懷孕，李園兄妹與春申君一道瞞天過海，將李園妹獻於考烈王，生一子，立為太子。李園恐事情暴露，密謀致春申君於死地。春申君幕僚朱英多次提醒春申君提防李園，春申君不以為然。待考烈王死後，李園果然派人刺殺了春申君。對此，司馬遷評價春申君說：當斷不斷，反受其亂。這個典故也用來告誡人們，遇事當機立斷者往往能抓住機遇；而那些優柔寡斷、當決不決、躊躇不前的人，則會錯失良機。

《史記·淮陰侯列傳》中有雲：「騏驥之跼躅，不如駑馬之安步。」這句話是蒯通遊說韓信時的勸言，大致意思是說，即使是再駿的馬匹，如果徘徊不前，反倒不如一匹穩步向前的劣馬。

《三國演義》中，各路群雄角逐，最終曹操獨占鰲頭，建立魏國，真的只是因為他智慧超群，謀士眾多？恐怕不見得。熟讀《三國演義》之人大概都知曉，曹操之所以能成為一代梟雄，關鍵還在於他的善斷。在這一點上，孫權、劉備二人與曹操還是有著一定距離的。

當然，在眾多的三國人物中，要說起優柔寡斷的代言人，還有一人不得不提，那就是袁紹。

公元 200 年，袁紹率十萬之師討伐曹操。曹操早已熟知袁紹心性，於是利用他優柔寡斷的特點，出兵攻打占據徐州的劉備，以解後顧之憂，為全力迎戰袁紹做足準備。而袁紹一方，其帳下謀士早已提出要趁曹操攻打劉備之機，從背後進攻，勝算不可謂不大，但這一提議最終沒有被袁紹採納。直等到曹操打敗劉備之後，袁紹才發起攻勢，這場戰役的結果必然是以袁紹失敗告終。

曹操的謀士郭嘉曾將他與袁紹進行對比，認為袁紹是「多謀少決」，而曹操則是「得策輒行」。正如英國文藝復興時期作家、哲學家培根所說：「謹慎毫無用處，除非再加上果斷。」毛澤東也曾在多個不同的場合把袁紹作為反面典型來教育幹部：袁紹這個人多謀寡斷，有謀無斷，沒有決心，不果斷，結果兵敗於官渡。所以有謀還要善斷。

鄧小平曾與幾位中央同志談話時說：「當斷不斷，要誤事。看準了的，積極方面的，有利於發展事業的，抓著就可以幹。」此外，在多個場合，鄧小平同樣表達過這一觀點：「我就擔心喪失機會。不抓呀，看到的機會就丟掉了，時間一晃就過去了。」可見，善斷是幹事創業的關鍵一步。

做大事的人，不要受細小的事情所羈絆，做事情要果斷，遲疑不決是成大事者的致命弱點，付諸行動是最可貴的。機會難得也容易喪失，時機失去了就不會再來。任何人無論自身條件如何，只要有毅力，腳踏實地，一步一個腳印努力向前，都會有所收穫。那些臨事而迷，左顧右盼，徘徊不前者，即使自己條件再優越也不會成功。

再回到事件的主角，一代名相，功勳赫赫的春申君黃歇，叱吒風雲的一生最終結束在這「當斷不斷」之中，「功崇惟志，業廣惟勤；惟克果斷，乃罔後艱」這句古語，倒似為他的一生做好了註解。

▍綠林好漢

「綠林好漢」出自範曄《後漢書·劉玄傳》：「王莽末，南方饑饉，人庶群入野澤，掘鳬茈而食之，更相侵奪。新市人王匡、王鳳為平理諍訟，遂推

為渠帥，眾數百人。於是諸亡命馬武、王常、成丹等往從之；共攻離鄉聚，臧於綠林中，數月間至七八千人」。綠林好漢泛指結夥聚集山林之間反抗政府或搶劫財物的有組織集團。綠林好漢多受儒家影響，忠義等思想為其精神原動力。近義詞：殺富濟貧、綠林豪客；反義詞：打家劫舍、綠林大盜。

在王莽新朝之前，「綠」字只有「lù（律）」一種讀音。綠林起義發起於現京山縣綠林山，起義軍號稱「綠林軍」，其方言讀音為「lù lín jūn」，因為這次起義的影響大，涉及面廣，所到之處的民眾都跟稱「綠（lù）林軍」。後來，這一特有的文化現象就被文字學家輯錄到歷代字典中，形成一字兩讀。

在中國傳統文化中，綠林好漢一直具有兩重性，一是肯定綠林起義，承認綠林好漢的歷史功績；一是占山為王、搶劫財物的群盜股匪。這也正說明了綠林中人良莠不齊，順應歷史潮流的，就會受到百姓的稱頌，欺凌弱小、搶劫錢財的，就會受到百姓的唾棄。

從綠林起義可以看出綠林文化的根基，從《水滸傳》這本古典名著可以看到綠林文化的延續。綠林文化是一種俗文化與雅文化相結合的複雜的文化體系，它既有形而上的政治利益的表現特徵，也有形而下的民間綠林好漢人格崇拜的思想體系。同時它的思想淵源又是儒、道、墨三家思想結合的產物，表現出多樣性的文化特徵。這種文化上的多樣性，導致上自帝王將相，下到販夫走卒，都有著仗劍江湖、快意恩仇的綠林豪俠情結。

魯迅在北京的故居是一座四合院。魯迅在這裡寫下了著名散文詩集《野草》、小說集《徬徨》中的大部分作品，雜文集《華蓋集》《華蓋集續編》，以及《朝花夕拾》《墳》中的大部分文章，總數達 200 多篇。這些文章如一發發重磅炸彈，令反動政客和御用文人既害怕又仇恨，他們咒罵魯迅為「學匪」，魯迅便借綠林好漢的典故，將自己的書房起名為「綠林書屋」。

在兩千年的歷史演進過程中，綠林好漢體現出五個方面的特點，亦即「綠林精神」。

一是忠。王匡、王鳳作為軍中首領，沒有自立為帝，而是擁立劉邦九世孫劉玄為帝。體現出綠林好漢忠誠的愛國、報國之心。二是義。綠林好漢疏

財仗義，每攻下一座城池，都要開倉濟糧，在民眾中建立了很高的威望。三是信。綠林好漢以和為貴，團結民眾，追求信仰，樹立威信，他們用「信」來團結多路起義軍。四是武。綠林好漢常年堅持習武練兵，有高超的武功，致使他們在反莽的戰鬥中所向披靡，無往而不勝。五是勇。綠林軍領導的昆陽之戰是中國以少勝多的著名戰役，體現出綠林好漢驍勇善戰，勇往直前的英雄豪氣。

縱觀綠林起義的過程，我們真切地看到它推動了歷史的前進，「綠林好漢」在國內幾乎家喻戶曉，在國際上也是頗具影響。用現代經濟學的觀點來看，這是一個知名品牌，是一筆巨大的無形資產，有著十分厚重的含金量。而作為綠林起義策源地的荊門市京山縣，如何有效地開發和利用綠林文化，是一個值得研究的課題。

▎言過其實

「言過其實」一詞出自《三國志·蜀書·馬良傳》：「先主臨薨，謂亮曰：『馬謖言過其實，不可大用，君其察之。』」比喻說話誇大，同實際不符。近義詞：誇大其詞、名不副實；反義詞：恰如其分、名副其實。

三國時，東吳孫權使詐殺害了關羽，對此劉備悲憤不已，出兵伐吳，想替關羽報仇，不幸兵敗退居白帝城。此時的劉備因憂憤至極而病倒，將不久於人世。於是臨終召諸葛亮前來託孤，談及馬謖時特意囑咐道：「朕觀此人，言過其實，不可大用，丞相宜深察之。」事後，司馬懿出兵攻打街亭，馬謖主動請纓迎敵作戰，諸葛亮最終被其「我自幼熟讀兵書，頗知兵法，豈一街亭不能守耶」給說服。

這場戰役中，沒有打仗經驗的馬謖，自以為熟讀兵書，不聽王平的勸告，堅持要在山上紮營，結果倒是給自己做了個牢籠。戰役的結局正如劉備生前所料，失守街亭，最終令諸葛亮揮淚斬馬謖。

於馬謖其人而言，言過其實導致千古大錯，實在讓人痛惜。於諸葛亮而言，其「言」「實」不分，同樣難辭其咎。因此，悔恨不已的他不得不「行咎自責」「自貶三等」。

前車之鑒，後事之師。諸葛亮不惜以斬殺大將換來的歷史教訓，卻並未真正讓後人警醒，尤其在新聞媒體傳播方面，正可謂「既能幫人，也能壞事」。

言過其實的報導在「大躍進」時期並不少見。1958 年 8 月 13 日《人民日報》關於「畝產萬斤」報導：

「湖北省麻城縣的早稻生產又放異彩。根據湖北省、黃岡專區和麻城縣三級早稻高產驗收團聯合查驗證實，這個縣的麻溪河鄉建國第一農業社，在一點〇一六畝播種『江西』早種子的早稻田裡，創造了平均畝產乾穀三萬六千九百五十六斤的驚人紀錄，截至目前，這是中國早稻大豐收中放射出的大批高產『衛星』中的『冠軍』，它比安徽省樅陽縣石馬鄉高豐農業社及本縣平靖鄉第二農業社先後創造的早稻高產紀錄高出一倍以上。」這種「高指標、瞎指揮、浮誇風」的泛濫，導致了隨後幾年國民經濟比例的大失調，並造成嚴重的經濟困難。

至今讓人記憶猶新的一則 1988 年 4 月 11 日的「金霧」報導中，本是一場風沙瀰漫、黃塵蔽日的「沙塵暴」，卻硬是被寫成了一場美麗的邂逅：「首都北京今天長時間地沐浴在金色的濃霧裡，因為耀人眼目的陽光被阻遮，這裡所有的人和物都沉浸在金色的寂靜的海洋之中……」多麼美好的景色，多麼愜意的享受！大有今後「金霧」越多越好的勢頭。這一報導不但言過其實，還故弄玄虛，災當喜報，理所當然地受到了讀者的批評。

看到這些消息，不禁又讓人聯想到一則笑話。一個品性不良，不務正業，老是花天酒地的男人死了，他太太平時雖恨他入骨，但也不免含悲在靈前謝客。祭奠儀式上，妻子聽到朋友在念祭文時，有一段竟是：君性純厚，品性兼優，贍家教子，濟富扶貧，無不愛戴。於是便低聲問兒子：「你快去看看，棺材裡躺的是不是你爸爸？」正如著名財經評論員牛刀的那句「我不唱讚歌，只說人話」所要表達的那樣，讚歌唱多了，總會飄到天上，我們所見到的終究只是浮華背後。

　　當然，言過其實的市場絕非僅此而已，在一些黨員幹部身上「不嚴不實」的問題不同程度存在，有的甚至比較嚴重。對此，習近平總書記明確指出：「敢不敢堅持實事求是，考驗著我們的政治立場，考驗著我們的道德品質，始終是領導幹部黨性純不純、強不強的一個重要體現……堅持實事求是，就能興黨興國；違背實事求是，就會誤黨誤國。」

　　若不如此，誰又能斷言「失街亭」的一幕不會重演？

二 人物故事

▍忠君愛國的斗子文

斗子文（約公元前 700 年—公元前 600 年），又名斗谷於菟，故里在今京山縣境內，是春秋時期楚國掌握軍政大權的令尹（相當於丞相）。有治國安邦之才、文韜武略之謀，他輔佐楚王，把楚國治理得國富兵強，為楚國的強大和北上爭霸，做出了突出的貢獻，而且為官廉潔，處事公平，不徇私情，留下了「毀家紓難」的美名。

《左傳·宣公四年》記載了斗子文不平凡的出生。斗子文為楚國公族若敖氏後代，是䢵國國君之女與楚若敖之子鬥伯比的私生子。對於貴族之家，不是光彩的事，於是斗子文一出生就被遺棄於荒郊澤地。沒過幾天，䢵國國君正好圍獵於此，見一母虎蹲於前，一陣箭雨射去，哪知母虎紋絲不動，繞前細視，見母虎正喂乳一個嬰孩。帶回嬰兒，交與夫人，告知奇事，才知原本是自己的外孫，國君滿心歡喜，認為被母虎餵養過的孩子必有一番大作為，便細心撫養，並取名斗谷（乳汁）於菟（老虎），意思是「虎乳育的」。

武漢東湖的磨山景區的雕塑——「虎乳子文」。雕塑有一隻老虎把左後腿抬起，旁邊有一小孩半跪在老虎的左側，雙手托著虎腹，嘴裡含著母虎的乳頭。雕塑的內容表現了關於「子文」的傳說。

斗子文從政後非常勤勉，《戰國策》記載他「未明而立於朝，日晦而歸食；朝不謀夕，無一月之積」。每天天不亮就上朝辦事，天黑才回家；朝不保夕，沒有一月的積蓄。當時國家有難，他不惜「毀家紓難」，捐出家產緩解國家危難，自己卻家徒四壁，甚至到了有上頓沒下頓的地步。成王聽說後，既感動，又心疼，每天早上為他預先準備好香噴噴的臘肉和乾糧，上朝後別急著匯報工作，先吃完早餐再說。這一做法，後來被歷代楚王遵循不逾，成為一條不成文的制度，一直延續下去。成王每次為他增加俸祿，他總是避而不受，直到成王停止給他增祿，他才返回朝廷任職。

有人對鬥子文說：「人活著就是求個富貴，但你卻逃避它，為什麼呢？」《國語·楚語下》記載了他的回答：「夫從政者，以庇民也。民多曠者，而我取富焉，是勤民以自封也，死無日矣。我逃死，非逃富也」。當政的人是庇護百姓的，百姓的財物空了，而我卻得到了富貴，這是使百姓勞苦來增加我自己的財富，那麼我離死亡也就不遠了。我是在逃避死亡，不是在逃避富貴啊！多麼清醒，多麼睿智，多麼振聾發聵！古往今來，又有多少人真正明白其中的道理呢？

鬥子文有個堂弟，倚仗有子文這個大官，在外邊胡作非為。一次他在集市上買東西，不但不給錢，反而把賣東西的農夫打倒在地，被當時負責司法的廷理抓了起來。審問的時候，犯人囂張地說：「我是令尹鬥子文的堂弟，你們敢把我怎麼樣？」廷理聽說這犯人是令尹的堂弟，嚇出了一身冷汗，趕忙命令手下人把犯人釋放。

廷理放了犯人，覺得立了大功，連忙整理衣冠，興沖沖地去報告鬥子文。鬥子文聽完匯報責備說：「楚國之所以設廷理一官，就是用來維護國家法令的。正直的官員執行法令，靈活而不違背原則，堅決不損害法律。現在你擅自釋放犯法的人，就沒有維護國家的法律，秉公辦事。難道我當令尹就是為了讓自己的家族享受特權嗎？你身為廷理連這點道理也不懂！你想，我身為令尹，協助楚王治國，有人對我嚴格依法行事有意見，但我並不因此而拋棄法律，赦免那些違法的人。現在我的這個堂弟明明是犯了法，你卻為了照顧我的面子把他放了，這不是在全國人面前展示我的私心很重嗎？掌握一國之權柄，而被人在背後罵我私心自用，這樣活著還不如死了的好。」他命令手下把堂弟抓起來交給廷理。

楚成王聽到這個消息，連鞋也顧不上穿，光著腳就見子文，說：「我找了個徇私枉法的人當廷理，惹你生氣了，特來向你道歉。」於是罷免了這個廷理，更重用子文參與宮中大事。國人聽說這事後說：「有這樣公正無私的令尹，我們還擔心什麼呢？」

子文對楚成王說：「國家之禍，都是因為君弱臣強所致。建議凡是百官世祿田邑的收入都要交一半給國家。」楚成王採納了這個建議，傳令百官執

行，子文以身示範，除先要本家族人執行外，還親著布衣上朝，家中無一日的積蓄，使楚國的財力大為增強。

子文的任職曾三上三下，但他毫不介意，都能以平常心對待職位的升降。他選賢任能，推舉有才能的鬥氏子玉當令尹，並以自己為政的經驗幫助新令尹輔佐楚王。

鬥子文任令尹長達 27 年之久，其高風亮節和治國方略，使楚國得到大治。這是他道德情操高尚，智慧才能傑出的生動體現。《論語·公冶長》記載：子張問曰：「子文三仕為令尹，無喜色；三己之，無慍色。舊令尹之政，必以告新令尹，何如？」子曰：「忠矣。」他為相的突出特點是：立功，不顯山露水；用權，必掌握分寸。真正做到了功高不震主，權重不輕君。因此，君臣配合默契，關係十分融洽。

▍第一循吏孫叔敖

孫叔敖（約公元前 630 年—公元前 593 年），又名饒、艾獵，楚國人，祖居在今沙洋縣拾橋鎮孫家山。善理政、善治水。司馬遷在《史記·循吏列傳》中將其列為第一人。其父蔿賈，是楚國王室掌管軍事的司馬，孫叔敖年輕時跟隨父親治理水患，並領導修築了中國歷史上著名的期思陂水利工程，是當時有名的治水專家。

公元前 600 年的楚國，內憂外患、國力不濟，加之水患不斷，民不聊生。這使得當時的楚莊王一連數日愁眉苦臉，夜不能寐。一天，當時的令尹虞邱子前來拜見莊王，說：「我王莫愁，臣可為您推薦一位良才，可助楚國雄霸天下」，此人便是孫叔敖。

楚莊王五十三年（公元前 601 年），孫叔敖出任楚國令尹。上任後，孫叔敖著手的第一件大事就是為改善郢都水運交通新修運河。「孫叔敖激沮水作雲夢大澤之池也」。他引發源於湖北荊山南流入長江的沮水，與流入漢水的揚水相接，使江、漢之間得以溝通，稱為雲夢通渠（又稱「揚水運河」），是目前所知中國最早的運河。

揚水運河是當代最大人工運河——引江濟漢工程的前身。引江濟漢工程全長 67 公里，其中有二分之一在沙洋縣境內，工程總耗資 60 億，將武漢、襄陽和宜昌三個經濟區域透過水路聯成一體，兼具水利、交通運輸、防洪、灌溉、生態補水、文化旅遊等功能，對沿岸經濟發展具有極大的帶動作用。

揚水運河的修築，使楚國占盡了漢江水利之便，不僅溝通江漢之間航運，且可灌溉兩岸農田，促進了楚國的農業發展，為楚莊王爭霸中原奠定了物質基礎。後人稱讚：「孫叔敖治楚，三年而楚國霸」。

孫叔敖新修水利、衷心輔楚的同時，還十分注重法制建設。一天，楚國的一名官員子弟與百姓爭地，並將百姓一家三口殺死。聽聞此事，孫叔敖勃然大怒，下令將兇手緝拿歸案。然而，讓他為難的是，兇手竟是舉薦他的伯樂虞邱子的獨子。為了維護綱常法紀，孫叔敖下令將兇手斬殺於鬧市。事後，他登門謝罪，說：「國老，您是舉薦我的恩人。明知如此，我還是將您的獨子殺了，我對不住您啊！」說罷，虞邱子老淚縱橫，道：「你秉公執法不徇私情，這才是公平啊！」

孫叔敖任職期間，還善於創新方式方法。據《史記·循吏列傳》記載，楚國人喜歡乘坐小輪子、矮車廂、低底盤的馬車。孫叔敖指出這樣的乘車習慣不利於馬匹奔馳，一旦兩軍開戰，也不利於軍隊作戰。這一建議被莊王採納，並要立即下旨命楚國人民將車子改高，然而卻被孫叔敖制止，勸諫道：「政令最忌朝令夕改，這樣會讓百姓無所適從。不如增高門檻，乘車人都是有身份的君子，他們不會頻繁下車，自然會將車子改高。」楚莊王聽取了孫叔敖的建議，過了半年，上行下效，很好地解決了車馬改造的問題。

在孫叔敖的輔佐下，楚國國力日漸強大。楚莊王認為本國的貨幣太輕，於是下令鑄成大幣。一天，一位專管市場的官員對孫叔敖說：「現在國內市場交易沒了秩序，百姓們都不願留在這裡做買賣了。」聞言，孫叔敖只道：「不必多言，我現在就設法讓市場恢復原狀。」幾日後，孫叔敖拜見莊王勸諫說：「先前鑄大幣，錢幣比以前重了很多，這樣給百姓和商人的生活、交易帶來很多不便，長此以往社會無法安定。臣請求大王下令恢復舊幣。」莊王認識到問題的嚴重性，於是下令恢復舊幣，三日後，楚國國內市場又恢復原貌。

　　孫叔敖一生為官清廉，生前多次拒絕楚莊王的封賞，以致離世之後，家徒四壁，妻兒無立錐之地。同時，他的治國方法蘊含智慧，善於在變通中應對複雜局面，所以後人發出了「楚莊王有了孫叔敖，豈愁不霸」的感嘆！

百步穿楊養由基

　　養由基（公元前 7 世紀—公元前 6 世紀），又名養繇基，祖居荊門古嶺北二里養家坪（今沙洋縣拾回橋鎮古林村），春秋時期楚國大夫，中國歷史上著名的神箭手。自小就很會射箭，雙手能接四方箭，兩臂能開千斤弓，《呂氏春秋》記載他一箭射在石頭中，「矢乃飲羽」。「百步穿楊」「百發百中」「萬箭穿心」成語皆因他而有。

　　養由基一生先後輔佐楚莊王、共王、康王三代君主，為楚國爭霸立下了汗馬功勞。其人其事在《史記》《戰國策》《左傳》《東周列國志》中均有記載。

　　公元前 606 年，楚國令尹鬥椒造反，有人將養由基推薦給楚莊王。莊王見他年少英俊，是個將才，便當面考他，叫他射一只蜻蜓，要活的，不得射中要害，「基援弓而射，拂其左翼」。楚國有只白猴十分機靈，沒有一個射箭手射得著，莊王叫養由基試一試。養由基箭搭上弓，還未扳開，那白猴就知道這回躲不過了，抱著樹身驚恐、絕望地哀叫。養由基扳開弓，一箭射去，就把白猴射了下來。

　　莊王十分滿意，便派養由基去和鬥椒決一死戰。養由基來到清河橋頭，向對方喊道：「鬥賊，你一向自誇箭術高超，咱們來比三箭吧！」鬥椒見狀，以為養由基膽大妄為，大笑：「你說話可當真？就依你言，我們三箭定勝負！」並且接著說：「比箭可以，但要我先來。」話音剛落，鬥椒彎弓搭箭，使出全力對著養由基射出一箭，不料這第一箭卻被養由基撥落水中。鬥椒吃了一驚，再射一箭，養由基身體一蹲便躲過了第二箭。見前兩箭都未射中對方，鬥椒心中開始浮躁，射出第三箭，卻被養由基用口將箭鏃咬住。

　　輪到養由基反射三箭了。只見他拉弓如滿月，大喝一聲：「令尹看箭！」。鬥樾椒聽得弓弦一響，急忙往一旁躲閃，不料卻是個空。養由基笑道：「我只是試一試弓，箭不曾射出呢！」說罷，大喝「看箭！」，未等鬥樾椒反應過來，這一箭已正中他腦門，鬥樾椒當場斃命。楚軍將士乘勝追擊，莊王擊鼓督戰，一舉將叛軍殲滅。自此，養由基有了「養一箭」的美稱。

　　《左傳·成公十六年》記載，晉、楚鄢陵之戰時，「及戰，射共王，中目。王召養由基，與之兩矢，使射呂錡，中項，伏弢。以一矢覆命。」晉軍將領呂錡射中楚共王的眼睛。楚共王很憤怒，急喚神箭將軍養由基速來救駕。養由基聞喚，慌忙馳到，身邊沒有帶箭。楚共王於是抽出兩箭交給養由基，讓他為自己報仇，射殺呂錡。養由基一箭射中呂錡的脖子，呂錡伏在弓套上而死。養由基拿著剩下的一支箭向楚共王覆命，從此養由基名震楚國。

　　《東周列國志》記載了養由基的死因。晉楚爭霸期間，晉國為了打擊楚國，在楚國後背上插了一刀，扶助南方新興的吳國來抗衡。傳授吳人車戰步戰等陸戰之術。吳楚之戰中，養由基請命上前線殺敵立功。楚康王說：你年紀不小了，衝鋒陷陣的事還是留給年輕人吧！養由基怒道：將軍戰死戰場是幸事。我堅決要求上陣殺敵，雖死不恨！養由基此時不知吳軍已從晉國學到陸戰之術，被吳軍四面包圍困於垓心，乘車將士，皆是江南射手，萬矢齊發，萬箭穿心，養由基死於亂箭之下。死前驚呼：「吳人也精於車戰！」

　　荊門市市標就是參照養由基的弓箭而設計，樹立在城東高速路入口處。

疑為老子的老萊子

　　老萊子（約公元前 599 年—約前 479 年），楚國人，春秋晚期著名思想家，「道家」肇始人之一。晚年曾隱居於蒙山（荊門象山）。遺著有《老萊子》16 篇（一說 15 篇），漢魏時亡佚。僅有少數言論在《子書》《戰國策》等書籍中有所收錄。

司馬遷在《史記·老子韓非列傳》記載：「或日老萊子，亦楚人也，著書十五篇，言道家之用，與孔子同時雲」。這為老萊子可能是老子留下一個疑惑。至於兩人是否為同一人，這是個千古之謎，荊門也有人撰文論證老萊子就是老子。

荊門地域古稱「郢縣」，現存司馬遷《史記》宋代刻本中關於老子裡籍描述為：「老子者，楚郢縣屬鄉曲仁裡人也」。這是證明老萊子是老子的一條線索。

老子和老萊子確實有不少相同之處：1. 都與孔子生活在同一時代；2. 都是孔子的老師；3. 都是隱士；4. 都是楚國人；5. 都言道家學說，並且思想觀點驚人的相似；6. 都是長壽老人，老了後都不知所蹤。當然也有不少不同之處，莊子、司馬遷以及後世的很多史學家均將他們兩人分開來描述的。

《莊子·外物篇》記載了老萊子教育孔子的故事。

有一天，老萊子的弟子出去打柴，見到一個人，回來告訴老萊子：「弟子剛才見到一個人，上身長，下身短，伸著脖子，駝著背，耳朵貼到後腦。不知道是個什麼樣的人。」老萊子說：「是孔丘，要他來見我」，由此可見，老萊子是熟知孔子的，弟子一說相貌特徵，他就知道是孔子來了。

孔子來見老萊子的時候，有點趾高氣揚。老萊子教訓他：「去汝躬矜與汝容知，斯為君子矣。」意思就是說丟掉你自以為是的毛病，才能像君子的

樣子啊。孔子聽了，如醍醐灌頂，連忙「揖而退，蹙然改容」，恭恭敬敬地請教老萊子：「業可得進乎？」，我的事業能夠有所成就嗎？

老萊子嘰裡呱啦地把孔子教育了一番，最後總結說：「反無非傷也，動無非邪也。聖人躊躇以興事，以每成功，奈何哉？其載焉終矜爾！」翻譯成白話文：「違反事物的本質規律是要受到損傷的，躁動不安的心是會生出邪念的。聖人做事從容應對，總是能成功，為什麼呢？因為聖人有知識有文化，還丟掉了自以為是的毛病啊！」「反動」這個詞，最早的出處就在這裡，當時還是分開的兩個字，沒形成一個詞。老萊子對「反動」的理解，比我們現在「反方向運動」的解釋要有內涵得多。

從老萊子留在世間的隻言片語可以看得出來，老萊子主張「清靜為天下定」，以「道」修身，從而達到「天人合一」的理想境界，最終達到天下大治。這一思想對後世的影響深遠，歷代清官無不以清廉恬靜為修身治國之道。

荊門人的骨子裡受老萊子的影響很深，偏向穩健保守，知足常樂，守成有餘而創業不足。當然，受社會大環境的影響，現在很多荊門人都開始湧動起一顆躁動不安的心。改革開放三十多年，物質生活得到極大豐富，可人與人之間的關係卻越來越疏遠，社會各種矛盾凸顯，人們感到非常的困惑，紛紛去向先賢們學習，去尋求心靈的寧靜，希望從傳統文化中得到慰藉，令自己的內心找到真正的歸宿感，這也是這些年傳統文化熱起來的根本原因。這為我們宣傳道家思想，宣傳荊楚文化，打造荊門文化品牌提供了一個很好的契機。

就現有的史料而言，誰也解不開老萊子是不是就是老子這個謎，但是借疑造勢很有必要，對發展荊門的文化旅遊產業很有幫助。

老萊子隱居的象山，自然景觀獨具特色，因其外觀像兩條彎彎的眉毛，隋朝時曾有「娥眉山」的別稱，老萊子山莊就坐落在「眉心」之中，山腳下有惠、蒙、龍、順四泉和文明湖，是荊門主城區的生態核心、城市「綠肺」和天然氧吧，歷來是文人墨客的流連之地。

秦漢以前，象山叫蒙山，應該與老萊子躬耕於此，道家思想啟蒙於此有關係。到了宋朝，為了紀念儒家心學思想的創立者陸九淵在此從政講學，改為一直沿用至今的名字——象山。

象山作為道家思想的啟蒙之地和儒家心學思想的實踐之地，人文景觀和自然景觀相得益彰。目前，象山正與東寶山一起以「讓健康走進山林，讓歷史重賦活力」為主題，著力打造國家 5A 級風景名勝區、華中最大的城市山地公園、華中最長的山地綠道、華中最大山地海綿示範地、華中最大的國學教育基地。

我們相信，老萊子及其道家思想必將成為撬動荊門文化旅遊產業發展的一個支點，象山在傳統儒道文化和現代生態文明的相互輝映下，必將煥發出新的光彩。

全楚第一功臣申包胥

申包胥（約公元前 540 年—公元前 450 年），又名王孫包胥，春秋時期楚國大夫，傑出的政治家、外交家。愛國愛民的忠良賢臣，被譽為「全楚第一功臣」。京山縣城東申公嶺為申包胥故里，據明朝嘉靖年間編寫的《京山縣誌》記載，申公嶺上有「申大夫廟」，後毀。新中國成立前京山縣城曾一度命名為包胥鎮。

《左傳·定公四年》記載，「初，伍員與申包胥友。其亡也，謂申包胥曰：『我必覆楚國。』申包胥曰：『勉之！子能覆之，我必能興之。』」申包胥與伍子胥是好友。伍子胥為報楚王殺其父兄之仇，含恨投奔吳國，途中遇好

友申包胥，並對申包胥說：「我欲報楚王殺我父兄之仇，你的意見如何？」申包胥說：「我若同意你報仇，便是對楚王的不忠；若不同意你報仇，便是對朋友的不義。」伍子胥表示：「我一定要叫楚國覆滅。」申包胥說：「頂你！但是你能叫楚國覆滅，我一定能叫楚國復興。」二人由此分道揚鑣。

申包胥沒有責備伍子胥，沒有阻止伍子胥實現自己的「孝」，還為伍子胥加油鼓勁，謂「勉之！」既是對伍子胥報仇行為的認同，也是對伍子胥能力的認同，更是對伍子胥的勉勵。

但是他沒有因為與伍子胥的友情而忘記對國家的忠誠。「子能覆之，我必能興之」表明申包胥將對國家的忠誠視作「大義」，勇於肩負報效祖國的使命。申包胥選擇先對伍子胥「勉之」，而不是為國家除掉後患，再「我必能興之」，這充分體現了申包胥內心的矛盾與坦然，對朋友、對國家都是執著的熱情。可見，申包胥公私分明，不因為國家做了無道之事而去做出賣朋友、為虎作倀的不義之事，也不因為朋友的復仇行為合情合理而忘記自己對國家的責任。

楚昭王十年（公元前 506 年），吳王用伍子胥之計策攻陷楚國，攻占了楚都郢。國破家亡之際，申包胥以復興楚國為己任，「跋涉谷行，上峭山，赴深溪，游川水，犯津關，蹠蒙籠，蹶沙石，蹠達膝曾繭重胝，七日七夜，至於秦庭」。秦哀公沒有立即接見他，於是「依於庭牆而哭，日夜不絕聲，勺飲不入口七日。」倚靠在宮廷牆旁，茶水不進，放聲痛哭七天七夜。

秦哀公深受感動，親賦《無衣》，發戰車五百乘，遣大夫子滿、子虎救楚。吳國因受秦楚夾擊，加之國內內亂而退兵，楚國光復。昭王重賞申包胥，申包胥拒受，並說：「我這樣做是為了國君、社稷，不是為了我個人。」為逃避昭王賞賜，不惜謝仕歸隱。這種淡泊名利、功成自退的高風亮節名垂青史。

申包胥死後，家鄉人為了祭奠他，在申公嶺上建造了申大夫廟，後又稱太申廟。廟裡塑造了一尊六尺多高的申大夫神像，取名「東嶽大帝」，神像表面用高麗銅一寸多厚包金，價值連城。1938 年 8 月 29 日，日寇數十架飛機狂轟濫炸京山，申包胥塑像遭劫難。日軍想用汽車把塑像拉回日本，一天強迫 30 多個民夫抬了五六次，都沒能抬上車，日軍發怒：「苦力的不幹活，

良心大大的壞。」對民工又打又罵。民夫門大喊：「菩薩上車，救我們的命！」說完就把塑像抬上了車，可是金菩薩太重，汽車怎麼也開不動，日軍不得不把菩薩掀下了車。之後京山人們說：「申包胥死了幾千年還愛國，不願到日本去！」

在國家和民族處於最危難的時刻，申包胥置個人生死而不顧，挺身而出，力挽狂瀾，精忠報國的精神影響深遠。春秋末之範蠡，戰國之藺相如，漢之張良、蘇武、嚴光，三國之管寧、諸葛亮，兩晉之嵇紹，唐之顏真卿，宋之岳飛、文天祥，明之於謙、史可法、戚繼光、鄭成功，清之林則徐，民國之秋瑾等等，都是中華民族的優秀人物。在他們身上，深刻地體現出了驚天地、泣鬼神的愛國家愛民族的精神和情操。中華民族歷經五千年風風雨雨能自強不息，繁榮昌盛，正是因為這種精神能世代相傳，深深植根在每一個中國人的心間。

▎豪傑之士陳良

陳良，字仲良。儒家八派之一「仲良氏之儒」學派的代表人物。戰國時期楚國人，故居在京山永興鎮。永興鎮舊稱「陳良鄉」。

《清史稿》載，道光八年（1828年），湖北學政王贈芳曾上奏朝廷，呈請世代祭祀陳良。清光緒版《京山縣誌》記載的京山籍易本烺《京山竹枝詞十七首》雲：「陳良豪傑古鄉親，障挽狂瀾賴此人。千載高風誰得似？蒼松卓立老龍鱗。」並註：邑東南四十里為陳子山，山麓古碑題「楚陳良故里」。

　　2011 年，永興鎮南莊村發現了「楚陳良故里」「筆冢」兩塊殘碑。其中「楚陳良故里」殘碑長 60 釐米、寬 51 釐米、厚 11 釐米，僅中間存「楚陳」二大字，兩旁存 146 小字，所記載的內容是為陳山正名，標題是《二陳山辨》，因當地人把「陳山」誤呼為「程山」之故。今陳山海拔 53 米。「筆塚」碑破損呈梯形，長 90 釐米、上底寬 73 釐米、下底寬 30 釐米、厚 8 釐米。傳陳良在家鄉設館授徒時，曾將學生寫壞的毛筆集中埋於一塚，故名。

　　孔門有「三千弟子」、七十二賢人之說。孔子去世後，弟子們傳播他的學說，在戰國時期形成儒家八派。《韓非子·顯學》記載：有子張（顓孫師）之儒，有子思（孔汲）之儒，有顏氏（顏回）之儒，有孟氏（孟軻。一說為子思弟子，與孟軻同名，字子車）之儒，有漆雕氏（漆雕開）之儒，有仲良（陳良。一說仲梁子）之儒，有孫氏（即荀子，尊稱為荀卿，漢時稱為孫卿）之儒，有樂正氏（即孟子弟子樂正克；一說曾子弟子樂正子春）之儒。其中仲良氏一派之仲良，據梁啟超《先秦政治思想史》中推測，可能是楚國人陳良。郭沫若在《十批判書·儒家八派的批判》中認為「仲良氏之儒……或許就是陳良的一派……他是有門徒的，陳相、陳辛，事之數十年，足見他在南方講學甚久，門徒一定不少的。以年代言，屈原就應該出於他的門下」。郭沫若還在《屈原研究》中進一步指出：「屈原或許是儒家陳良的弟子。」

　　《孟子·滕文公上》記載：「陳良，楚產也，悅周公、仲尼之道，北學於中國，北方之學者，未能或之先也，彼所謂豪傑之士也。」陳良出生在楚國，信奉周公、孔子的學說，到北邊的中原地區學習，北方的學者沒有能超過他的，他稱得上是傑出人物了。

　　由於陳良出生在南方，有南方楚國文化背景，又曾在北方的齊魯地區留學過，在思想上就有儒道結合的特點。1993 年在沙洋郭店楚墓中出土的楚簡文章正好有儒道思想結合的印跡，中國社科院歷史所研究員姜廣輝認為：「郭店一號楚墓的墓主極有可能是陳良。」「楚懷王太子橫，在公元前 328—公元前 299 年為太子。可以說他是太子的老師。」中國社科院研究員李存山博導推測楚簡的作者是「仲良氏之儒」，即陳良。

　　804 枚 13000 餘字的《郭店楚簡》，涵蓋了先秦文化史的方方面面，出土了十三篇文章，除了《老子》《緇衣》兩篇一直流傳於世，《五行》一篇在長沙馬王堆有出土，其餘的自從秦始皇「焚書坑儒」之後，就再也沒人讀到過。其意義完全可與西方出土的《死海古卷》相媲美。《死海古卷》裡有 2000 多年前的《聖經》，和現在版本的《聖經》出入很大，引發了西方學術界的大討論。郭店楚簡裡有 2000 多年以前的《老子》殘本，和傳世本《老子》出入也很大，引發了東方學術界的大討論。

　　傳世本《老子》提出「絕聖棄智」「絕仁棄義」，所以我們一直認為儒道思想是對立的。但是《郭店楚簡·老子》對應位置是「絕智棄辯」、「絕為棄慮」，根本沒有提到要絕棄掉「聖」「仁」「義」，這和儒家思想不衝突。由此說明春秋戰國時候的道家、儒家並不是對立的，它們是相互借鑑、相互學習的，只是因為所處地域環境不同，導致研究方向不同罷了，儒家側重於人與社會研究，道家側重於人與自然研究。《郭店楚簡》中儒道結合的思想，極有可能就是儒門八派之一「仲良氏之儒」的思想。

　　遺憾的是，被孟子評價為傑出人物的陳良，有兩個背叛師門的弟子陳相、陳辛，在陳良死後，「師死而遂倍（背叛）之」，放棄了儒術，跑去學諸子百家中的農家思想，也就是當農民種田去了。

帥氣的辭賦家宋玉

宋玉（約公元前 319 年—約公元前 262 年），字子淵，號鹿溪子。鐘祥郢中人，另一說法為宜城人，鐘祥、宜城兩地相鄰，行政區劃因朝代更替而經常發生變化，因此兩種說法均無錯。鐘祥有宋玉宅、宋玉井的遺址。宋玉是中國古代四大美男之一，有「美如宋玉，貌比潘安」俗語流傳。

宋玉作為楚國辭賦家，在楚頃襄王手下任文學侍從，是屈原詩歌藝術的直接繼承者。所作辭賦甚多，如：《九辯》《招魂》《風賦》《高唐賦》《神女賦》《登徒子好色賦》《對楚王問》等等。在這些作品裡面，只有《九辯》被確認是他所作，其餘均有疑義。下里巴人、陽春白雪、曲高和寡、宋玉東牆等成語或典故皆出自這些作品。

我們一般描寫秋天都是描寫它豐收的景象：金秋時節，秋風颯爽，丹桂飄香，碩果纍纍。而宋玉的《九辯》是中國文學史上第一篇情深意長的悲秋之作，全文 255 句，開篇第一句話：「悲哉，秋之為氣也！蕭瑟兮，草木搖落而變衰」，把淒涼的晚秋景色描繪得細膩工致，一下子就把人帶入心緒飄浮的悲愴心境之中。以此來抒發自己懷才不遇的心情以及不與世俗同流合汙、堅守個人志節的思想情懷：「處濁世而顯榮兮，非余心之所樂。與其無義而有名兮，寧窮處而守高」。

宋玉借悲秋將人的情感映射到自然界，很能引起失意的封建文人的思想共鳴，這種將景和情交融在一起描寫的手法自然貼切，在楚辭與漢賦之間，起著承前啟後的作用。屈原是楚辭文學的代表人物，宋玉是賦體文學的開山鼻祖，賦體文學在漢代得到發揚。楚辭、漢賦，唐詩、宋詞，元曲、明清小說，各領風騷數百年。

自《九辯》之後，在中國文學中，「悲秋」開始成為詩文家喜愛的題材，此後歷朝歷代的詩詞中，悲秋之風始終瀰漫不散，產生了許多動人的作品。如漢武帝劉徹《秋風辭》中「秋風起兮白雲飛，草木黃落兮雁南歸」，雄渾壯闊，慷慨悲涼；魏文帝曹丕《燕歌行》中「秋風蕭瑟天氣涼，草木搖落露為霜，群燕辭歸雁南翔」，淒涼哀怨，悲天憫人；南唐後主李煜《相見歡》

中「無言獨上西樓，月如鉤。寂寞梧桐深院鎖清秋」，滿腹愁苦，強壓心頭；柳永《雨霖鈴》中「多情自古傷離別，更那堪冷落清秋節」，詞風婉約，別恨離愁；南宋吳文英《唐多令》「何處合成愁，離人心上秋」，更是說出了「愁」與「秋」的內在關係。

正是因為《九辯》有著悲秋題材的原創性功勞，所以歷代學者將《九辯》與屈原的《離騷》相媲美，後人多以「屈宋」並稱，可見宋玉在文學史上的地位。

宋玉不僅文采好，口才也很好，面對楚頃襄王的質疑，他憑著三寸不爛之舌巧妙化解。楚大夫登徒子在頃襄王面前打宋玉的小報告，說宋玉人長得美，又很好色，要楚王不要隨便把宋玉帶到後宮去。頃襄王聽了後心中沒底，把宋玉叫來質問，於是有了《登徒子好色賦》這篇文章，宋玉在文章中為自己辯解：

天下最美的女人就住在我隔壁，這個女的怎麼美法呢？增一分太長，減一分太短；塗粉太白，擦胭脂太紅。眉毛像鳥的羽毛，肌膚像白雪，細腰白齒，嫣然一笑，可以迷倒陽城、下蔡兩個城池的男子。就是這樣一位美女趴在我家牆頭偷窺了我三年，我都沒搭理她。大王啊，你再看看登徒子的老婆，一頭亂髮，走路一瘸一拐，還是駝背，身上長瘡。登徒子卻跟她一連生下五個孩子。大王你說，我和他誰更好色？

頃襄王心想登徒子連醜女人都要，更不要說美女了。這樣被宋玉一忽悠，兩千多年來，全中國人民都以為登徒子是好色之徒了。

其實大家可以思考下，一個女人趴在牆上看一個男人看三年，是個什麼樣的女人？花痴啊！誰敢要？再看登徒子的老婆，既操持家務，又撫養 5 個孩子，典型的賢妻良母，登徒子當然要。這兩種女人，前者是花瓶型，後者是持家型。由此看來，楚頃襄王是個沒主見的人，難怪從他開始，楚國就走向末路了。

宋玉才華橫溢，他的才華全部表現在楚辭歌賦上，文學成就足以令人高山仰止。但在為人上，卻恃才自傲，不善與人相處，用現代的話來講，叫情

商不高，這恐怕也是歷代清高文人的通病。從《登徒子好色賦》看得出來，他跟同事關係並不和睦，所以30歲左右時遭人嫉恨，被貶放逐。他這種性格，即使讓他得到張儀、蘇秦那樣的機會，恐怕也完成不了「合縱連橫、謀通六國」歷史使命。這一點，又是我們應當從他身上汲取的教訓。

春申君黃歇

黃歇，戰國時期楚國貴族，楚考烈王時期楚國令尹（宰相），封春申君，與戰國時期齊國孟嘗君、魏國信陵君、趙國平原君並稱「戰國四公子」。關於黃歇其人生於何地？葬於何地？一直眾說紛纭。其中一種觀點認為，春申君黃歇，生於沙洋長湖之濱，葬於沙洋縣後港鎮黃歇村。黃歇村現有黃歇冢遺存。

青年時期的黃歇博聞廣識，深受楚頃襄王的賞識，官至左徒（主管決策諮詢及外交事務的官職）。一次，黃歇奉楚王之命出使秦國，並與太子熊完作為人質滯留於此。幾年後，楚頃襄王病重，為防止王位被其他王子覬覦，黃歇向秦王提出放太子完回楚的要求。情勢緊迫，正當秦王決心未定之時，黃歇將太子完偽裝成楚國使臣的車馬伕，逃回楚國，自己卻留在秦國以死擔責。事發後，秦王聽從丞相範雎的建議，將黃歇遣返楚國。

楚頃襄王病逝後，太子完繼位，這就是歷史上的楚考烈王。新登基的楚王感念黃歇救主之功，拜其為令尹，封春申君，賜淮北十二縣。數年後，淮北地區因為與齊國毗鄰時常有戰事發生。為便於治理該地，黃歇主動獻出自己在淮北的封地，請求楚王將自己改封到江東地區，這裡以前是吳國的廢都，也就是現在的上海、吳縣、湖州一帶。當然，這裡也成為黃歇施展政治抱負的一方之地。

相傳，那時的江東地區，河流泥沙淤積，河床過高，導致水患頻發，百姓苦不堪言，於是，黃歇立志要根治水患。在他的帶領下，歷經數載，先後成功治理了東江、婁江、吳淞江。當地百姓為了紀念黃歇治水之功，將三江交匯處喚作「申」，將東江命名為「黃浦」「歇浦」，把這條養育江東人民的母親河叫做「黃浦江」，此名沿用至今。此外，由於黃歇深得民心，因此

當地許多地方都被以其姓命名。例如，浙江吳興的黃浦、江蘇江陰的申港。僅上海一地，就有諸如申江、黃浦區、黃申路、春申村等，春申君黃歇的影響力可見一斑。

在國與國之間合縱連橫上，黃歇擁有卓越的外交政治才能。公元前 257 年，趙國都城邯鄲遭秦國圍困，危急之下，趙國丞相趙勝前往楚國求援。楚王棄秦楚兩國盟約不顧，命黃歇率兵救援，最終聯合韓、魏、燕等國擊退秦兵，解了邯鄲之圍。次年，楚王再次命黃歇率兵北征魯國，並於第二年成功滅魯，楚國實力重新振興。

然而，福禍相依，事業如日中天的黃歇卻為自己埋下了禍根。

楚考烈王即位後，一直為沒有兒子這件事發愁，春申君也為此深感憂慮。恰逢其 3000 門客中，一名叫李園的趙國人，此人十分有心計，將自己的妹妹李嫣獻給黃歇。不久，李嫣有孕。此女趁機說服黃歇，將自己獻給楚王，二人的兒子將來做了楚王，可保大家周全。聽言，黃歇恍然大悟，並將這一瞞天過海之計付諸實踐。果不其然，李嫣入宮不久，便產下一子，這個男童也順理成章地成為了王位繼承人，李園也因此「得道升仙」。事成之後，工於心計的李園擔心有朝一日黃歇洩露真相，惹來殺身之禍，於是暗地裡豢養了一批殺手，意欲殺人滅口。

一日，黃歇手下的一位叫做朱英的門客對黃歇說：「您可知什麼叫做『養虎為患』嗎？」黃歇回答：「願聞其詳。」朱英接著說：「李園真小人也，他一定會殺你滅口，不得不防啊！」黃歇聽完不以為然。公元前 238 年，楚王病重，朱英再次對黃歇說：「當此之時，您要立即除掉李園才是！」黃歇聽後說：「李園一介書生，何況我於他有恩，他必定不會以怨報德的！」朱英聞言，見黃歇不肯聽自己的勸諫，知道禍事不可避免，於是隱遁於市。

17 天後，楚王駕崩，黃歇與李嫣之子繼位，是為楚幽王。果如朱英所言，李園在楚王病逝的當天就早已在宮內埋下殺手，待黃歇入宮弔喪之時將其殺死。下令砍下頭顱，拋在宮門之外，並將黃歇一家滿門抄斬。

觀黃歇一生，其雄才偉略令人稱道，大文豪蘇軾贊曰：「宏才偉略，大度深思，三千朱履，百萬雄師，名列四杰，聲振華夏。」然而，他的人生終點卻又是悲劇收場，唐朝詩人杜牧有詩雲：

烈士思酬國士恩，春申誰與吊冤魂？

三千賓客總珠履，欲使何人殺李園？

讀來令人唏噓。

白眉馬良

馬良（187年—222年），字季常，三國時期襄陽人。馬氏兄弟五人，其餘四人依次為伯常、仲常、叔常、幼常。兄弟五人都很有才學，尤以馬良見長，加之馬良天生有著兩道白眉，所以鄉里有諺語稱：「馬氏五常，白眉最良」。沙洋馬良鎮因其而得名。

馬良年少之時，求學於沙洋內方山。由於他勤奮好學，飽讀詩書，因此那時的馬良便已上知天文下知地理，醫技農獵無一不曉。東漢建安十四年（公元209年），劉玄德擔任荊州牧，占據荊州。為完成蜀漢大業，劉備廣招賢士，馬良經人舉薦，劉備賞識其才華，任命他為從事。公元221年，劉備稱帝，封馬良為侍中。

不久，東吳孫權親率大軍進犯蜀國。一日，劉備正於殿中召集文武大臣商議對策，一位探馬來報稱，武陵地區彝族部落聽聞東吳犯蜀，便欲趁機作亂，伺機而動。如此一來，蜀國腹背受敵，情勢危急，劉備聽聞焦急萬分。

此時，一旁的馬良說道：「我們不妨先去武陵地區，說服彝族部落與我軍一同對吳，這樣一來，我們不僅可以一掃後顧之憂，又能增加抗擊孫權的力量，勝算不可謂不大。」劉備聽聞，沉吟道：「辦法是不錯，可是聯絡彝族需通彝人語言，我軍之中哪裡有這樣的人！」馬良答道：「主公放心，屬下少時在內方山求學，幸得一高人指點，精通彝人語言。屬下願走這一遭，請主公下令！」劉備聽後仍不放心：「素聞彝人野蠻，又戒備森嚴，你如何

進得去？」馬良回答：「主公放心，屬下自有辦法！」劉備大喜，立即下令馬良赴武陵聯合彝族。

於是，蜀軍行至武陵駐紮下來，由馬良隻身一人前往武陵彝族中最大的一個部落。正當馬良行走在叢林間，忽見叢林中有人影出沒，他心知定是部落武士埋伏在樹林之間，便停下腳步用彝語喊道：「勇士，我是天朝劉皇叔派來見你們大王的，還請帶我一見。」話音剛落，只見幾位壯士從林間跳出，警覺地拿著武器。馬良鎮定地說：「我是天朝派來的特使，速去通報你王。」

其中一位武士冷笑一聲回答：「我們不知道什麼天朝，只知道外人不得來犯！」話音未落便舉茅向馬良刺去。面對這意料之外的變故，馬良鎮定自若地說：「我是天朝派來的使者，自有神靈幫助。你們若是無禮，定遭雷擊。」話音剛落，突然一聲炸雷響徹天際，驚得兩個武士頓時倒地，滿臉是血。馬良見狀，在附近立即採摘了幾棵野草，搓碎後敷在武士臉上，他倆傷口處的疼痛頓時消除不少。

身處大帳內的部落首領聽聞，覺得驚訝，便立即召見馬良。見到馬良，部落首領先聲奪人道：「昨晚劉玄德率大軍壓境，今早你又隻身上山，前倨後恭，意欲何為？」馬良答道：「我受劉皇叔囑咐，是來與貴族化干戈為玉帛的。」部落首領一陣大笑：「你說化干戈為玉帛，我看無非是想不費一兵一卒侵吞我彝族罷了！當今天下三分，曹魏最大，即便如此，他曹操也不敢有這野心，你們卻敢大軍壓境……」

馬良聽聞此言，知道這位部落首領背後一定有高人參謀，便欲激他一番：「大王切莫誤會。我朝與貴邦素來友好，望大王明鑒，莫聽小人讒言！況且，大漢擁有四海疆土，劉皇叔絕無吞併之心。此番前來，實欲共商討賊之策。」

此話剛落，便有一位老者走出，厲聲對馬良說：「休得離間我彝族！大王，請速下令斬殺此人！」馬良大笑：「我馬良為了天下太平而來，死有何懼！」聽得馬良其名，這位老者急忙讓刀斧手住手，問道：「先生果真是馬良？」細細詢問之下才知道，這位老者本是漢族人，因躲避迫害才逃至彝族。他素仰白眉馬良的大名，只是並未謀面。

經此一番，部落首領也改變了原先的態度，並答應了蜀軍的聯合之策，劉備之師也得以集中兵力，一舉擊退了來犯的孫權。

可以說，白眉馬良是劉備蜀漢政權的股肱之臣之一，現今成都武侯祠裡的文臣廊中便有其一席之地，供後人瞻仰。陳壽《三國志》中雲：「董和蹈羔羊之素，劉巴履清尚之節，馬良貞實，稱為令士，陳震忠恪，老而益篤，董允匡主，義形於色，皆蜀臣之良矣。」

綠林好漢王匡、王鳳

王匡（？─公元 25 年）、王鳳（？─？），王莽新朝末年綠林起義軍首領，均為新市（今湖北京山東北）人。新莽末年，他們領導了中國歷史上第二次農民大起義，並於公元 23 年推翻了王莽新政，建立起更始政權，史稱「綠林起義」。王匡、王鳳作為此次農民大起義的領袖而彪炳史冊，「綠林好漢」也成為一條膾炙人口的成語。

西漢末年，王莽篡權，階級矛盾異常尖銳，加之自然災害連年不斷，民不聊生，小規模農民起義不斷發生。天鳳四年（公元 17 年），荊州一帶大旱，人們成群結隊進入山野沼澤挖荸薺、野菜充饑。王匡與王鳳所居的新市（今三陽鎮境內）因沼澤地甚多，引來了不少求食的災民。他們常常為了採食而相互爭鬥，甚至與官府發生糾葛。王匡、王鳳生性耿直，豪爽俠義，經常出面為災民評理諍訟，深得饑民信任，被推舉為渠帥（大帥），卻被官府誣衊為「聚眾造反」，橫加鎮壓。王匡、王風帶領饑民揭竿而起，奮起反抗，上了綠林山（今大洪山南麓許家寨一帶），發動了中國歷史上第二次農民大起義。幾個月時間便達到七、八千人。起義軍號稱綠林軍，這次起義史稱綠林起義。

小打小鬧，朝廷可以睜隻眼、閉隻眼，真發展成大勢力，那就不能不管。公元 21 年，新莽荊州牧率領兩萬軍隊，妄圖一舉殲滅綠林軍。王匡、王風率軍迎擊，大敗官軍。《後漢書》記載：「遂攻拔竟陵（今天門市），轉擊雲杜（今京山縣）、安陸（今安陸市），多掠婦女，還綠林中，至有五萬餘口，州郡不能制。三年，大疾疫，死者且半，乃各分散引去。」打了那麼多地方，

搶了大量的財物和女人，導致饑民們趨之若騖地去投靠，回到綠林之中，形成五萬人規模的起義隊伍。官兵已經奈何不了他們。他們在綠林之中，開山造田，過著自給自足的生活。兩年後，起義軍中發生大瘟疫，死了兩萬多人，由此也可看出，王匡、王鳳的組織能力、管理能力有所欠缺。為了生存，只好兵分兩路，走出綠林。

走出綠林的起義軍，與春陵軍兵合一處，所向披靡，王匡的威望進一步得到提升，可是他思想保守，缺乏劉邦的魄力，不敢自立為王。公元 23 年元月，推舉劉玄為皇帝，號稱「更始」，王匡封為「定國上公」，王鳳封為「成國上公」。

綠林軍對王莽軍隊的戰鬥中，最值得一提的就是昆陽之戰。昆陽之戰是中國歷史上著名的以少勝多的戰例，王莽軍主力 42 萬圍攻昆陽，王鳳帶領八千多義軍堅守，42 萬對 8000，唾沫星子都能把他們淹死。怎麼辦？乘著王莽大軍還沒圍上來，偏將軍劉秀（就是後來的漢光武帝）率 13 輕騎突圍救援，王鳳帶兵堅守城池。

42 萬大軍天天攻城，「積弩亂發，矢下如雨，城中負戶而汲」。弓弩亂發，箭下如雨，城中人背著門板才能打水。堅守近一個月，劉秀帶來 1 萬救兵。王莽大軍的主帥剛愎自用，下了道死命令：「敕諸營皆按部毋得動」，各營將士只許看、不許動。「獨迎，與漢兵戰，不利，大軍不敢擅相救」。劉秀帶來的敢死隊一個衝鋒下來，41 萬人就看著主帥帶的 1 萬人被沖散。

綠林軍內外夾攻，「莽兵大潰，走者相騰踐，伏屍百餘裡」，再加上天公作美，突然之間狂風暴雨、驚雷震天、飛沙走石、江河暴漲……結果是 42 萬大軍就這樣沒了。昆陽之戰敲響了王莽政權的喪鐘。

此時，王匡率軍也攻下洛陽，10 月攻破長安，殺了王莽，徹底推翻了王莽政權。劉玄定都長安。封王匡為「比陽王」，王鳳為「宜城王」。

劉玄當了皇帝后，重用舊貴族，王匡、王鳳遭到排擠，一些農民將領被殺害，王匡率部分農民將領投奔赤眉軍，聯合反攻長安，推翻了劉玄政權。

劉秀在昆陽大捷後，乘機壯大了自己的勢力，殘酷鎮壓了農民起義軍，於公元 25 年 6 月稱帝。王匡被劉秀的部將宗廣殺害。

至於王鳳，自打在長安被更始帝賜封之後，史書上便沒有了他的記載，或許他回到湖北老家，隱居起來了吧。

王匡、王鳳領導的綠林起義是繼陳勝、吳廣起義之後，中國歷史上第二次大規模農民起義，席捲全國，推翻了王莽政權，打擊了豪強勢力，掃蕩了奴隸制殘餘，推動了社會歷史的發展。農民起義軍前後堅持鬥爭達十年之久，在中國歷史上寫下了光輝的一頁。

▌荊門三鳳

在北宋的時候，荊門城內出了三個了不起的大人物，人們稱之為「荊門三鳳」。

當時荊門的知軍大人孫鏞，為官清正，廉潔奉公，教子有方，深得民心。他在東寶山南邊建了一所「東山書院」。孫鏞的三位公子孫何、孫僅、孫侑和很多荊門的小孩都在這裡上學。

大公子孫何十歲識音韻，十五歲撰寫文章能引經據典，尤以文學、經史馳名，與當時著名學者丁謂齊名，歷史上合稱「孫丁」。相傳孫何、丁謂同時參加科舉考試，孫何中頭名狀元，而丁謂榜列第四，丁謂頗有點不服氣。宋太宗幽默地說：「甲乙丙丁嘛，既然姓丁，中第四名也不冤枉，有什麼好怨的！」

孫何很有真知灼見，他的一些治國安邦建議很受皇帝賞識。鹹平元年（998 年），孫何向宋真宗獻「任人唯賢」的《五議》，即皇帝應選派有膽略的文職大臣執掌兵權；世家子弟應送入太學接受教育，貧窮家庭的優秀書生應由州、縣推薦任用；禁止花錢買官祿，恢復考試錄用制度；推行鄉飲的賓儀制度，尊重讀書人；按才能任命官員，不應憑恩典照顧提拔升級。真宗對此深表贊同。鹹平二年（999 年），孫何再次上奏，改革人事制度，裁汰冗餘官員；調整國家職能部門，把三司所轄的部門和機構歸還給戶部，逐步

恢復六部，各司其職。這些建議被真宗採納。同年冬，孫何隨同真宗巡視大名府（汴京的門戶，今河南、河北的交通要塞）。途中，真宗向孫何諮詢邊防局勢和對策。孫何列舉當時軍隊、政府腐敗，將帥無能，守關統帥貪生怕死，邊將守城輕敵等一系列弊病。真宗十分嘉許，並根據孫何建議，將守關邊將傅潛以抗敵畏縮不前和貽誤軍機的罪名給予懲處，流放房州。

景德元年（1004年），孫何奉旨回京任太常禮院士，執堂三班院。又嘉升為知制誥，賜金腰帶，紫蟒袍。孫何因操勞過度，身染疾病，英年早逝，年僅四十四歲。孫何一生篤古好學，著有《兩晉名賢贊》《宋詩十二篇》《〈春秋〉意》《尊儒教儀》《駁〈史通〉》《西桓集》及《孫何文編》四十卷。有《讀杜子美集》等存世。《宋史》為其列傳。

二公子孫僅，北宋大臣，孫何的大弟。孫僅少時勤奮好學，在荊門東山書院攻讀時，與其兄孫何聞名一時，宋真宗鹹平元年中進士，點為甲科狀元。兄弟先後中狀元，震動荊門地區。

景德元年（1004年），北宋與遼國媾和結盟，互派和平友好使者，宋朝首先派孫僅為「國母生辰使」，前往遼國為蕭太后祝壽。孫僅嚴於律己，施政於無為而治，被封為刑部員外郎，主管審刑院，爾後封為諫議大夫和集賢院大學士，理政開封府，又封為左諫議大夫，官至給事中。

孫僅待人接物採取中立態度，遇事容忍，不與人爭論，謙厚溫和，受到朝廷以及朝野人士推崇。孫僅對儒學造詣頗深，他的著作被輯錄為《孫僅文集》五十卷；另輯有《甘棠詩集》流傳，其中《題李德裕荊門蒙泉詩碣》《詠惠泉》《勘書堂》堪稱名篇；其《驪山詩》上下篇是出任陝西轉運使時所作，被宋代文學大師歐陽修收入《歸田錄》，其中有「秦帝墓成陳勝起，明皇宮就祿山來」的佳句，暗喻宋真宗等封建帝王不順應時代潮流，勞民傷財大造宮室陵墓，會導致叛亂。

三公子孫侑，為北宋良臣名儒之一。孫侑少時聰明伶俐，讀書一目十行，對經史子集、上下古今、倫理道德的悟性很高。大中祥符年間（1008年—1016年）中進士。孫侑官至殿中丞，著作頗豐。明天啟年間（1621年—

1627 年）有孫侑文集流傳，荊門州尚有刊本。崇禎戰亂，散失殆盡，清初文學界、史學界人士嘆惜不止。

三兄弟同被列為荊門鄉賢，並稱「荊門三鳳」。翰林大學士王禹偁感嘆：「天地間的鐘靈秀氣，全部聚集到荊門孫家。」

湖湘學派開創者胡安國

胡安國（1074 年—1138 年），字康候，號青山，謚號文定，學者稱武夷先生，後世稱文定公。福建崇安人。是兩宋之際著名的儒家學者和經學家，是湖湘學派的開創者和奠基者。

1097 年，胡安國參加科舉考試，被宋哲宗欽定為探花。不久，被任命為「江陵府學教授」，此「教授」不是學術職稱，是官職，管教育，相當於市教育局局長。據胡安國長子胡寅《先公行狀》記載，胡安國本想大展宏圖，可惜生的時代不好，北宋晚期，朝政奢侈靡費，派系之爭鬧得厲害。胡安國對官場的這種做派和伎倆不適應，找了個理由，說母親身體不好，要行孝道，辭了官，在荊門的漳水邊蓋了房子，種種田，看看書，寫寫文章，過著平平淡淡的生活。這文章一寫不打緊，寫了三十年，寫出篇宏偉巨著——《春秋傳》。

他寫《春秋傳》的目的是為了「尊君父，討亂賊，辟異說，正人心，用夏變夷（用華夏思想去影響不開化的邊遠民族）」，以「撥亂世而反正」，借解釋《春秋》而「托諷時事」。胡安國在《春秋傳》中多次引用《禮記》中「天下為公」之言，他認為孔子作《春秋》，目的在於推行「天下為公」的大同世界，近代康有為的《大同書》、孫中山「天下為公」的思想和胡安國一脈相承。到了元明兩個朝代，《春秋傳》成為欽定的科舉用書，想參加科舉考試，就必須讀這本書。

按照胡氏家譜記載，胡安國在 1124 年舉家遷到荊門漳水邊，1132 年離開荊門，定居湖南湘潭。本來胡安國是準備在荊門長期居住下去的，並且已經將幾個兒子落籍荊門，也就是將戶口遷到了荊門。

可是那個時候，荊門是次邊之地，是抵抗金兵的第二道防線，所以地方上的治安很亂，有一天，流竄作案的盜匪們把他家洗劫一空，然後一把火把房子燒了。一家人沒了著落，正好有個學生是湖南湘潭人，邀請他到湖南湘潭去，於是胡安國舉家搬離了荊門。在離開荊門的時候，胡安國寫了一首詩《將移居別荊門諸公》和荊門的朋友們告別：

卜得湘山好結鄰，移家又出鼎湖濱。

交深未敢拋知己，老病其如欲避人。

一柱貫頭分手去，仲宣樓下別情真。

春帆肯問南天路，為煮清泉試味新。

荊門在元、明兩代曾建有「三賢祠」紀念三位聖賢之人，其中一位就是他。

胡安國到了湘潭後，開辦碧泉書院，廣收門徒，開創了湖湘學派。胡安國死後，他的次子胡宏（1102 年—1161 年，字仁仲，號五峰，人稱五峰先生）繼承父志，把湖湘學派推向了一個全新的發展時期。胡宏曾師從楊時（成語「程門立雪」的主人翁），一生立志專做學問，不求功名利祿，寫就一部非常著名的儒學著作《知言》。秦檜曾寫信請胡宏出來做官，胡宏在回信中有這樣一段話，值得我們品味：「杰然自立志氣，充塞乎天地，臨大事而不可奪。有道德足以替時，有事業足以撥亂，進退自得，風不能靡，波不能流，身雖死矣，而凜凜然長有生氣如在人間者，是真可謂大丈夫！」表現了他不阿奉權勢，不隨波逐流，只願做一個有道德、有大節、有助於治世的堂堂正正大丈夫。

湖湘學派的學術思想，直接淵源於宋代程朱理學的開創者程頤、程顥，所以程朱理學在湖湘學派中占據學術的主導地位。同時，湖湘學派也有自己的特點，一是重經世務實，不空談心性，反對迂腐的儒學學風，主張「通曉時務」，「留心經濟」，強調實踐。二是不存門戶之見，抱兼容並蓄態度，對陸九淵的心學派、陳亮事功學派並不一概否定，而是互為取捨。如「性，

天下之大本也」的性本體論體系，主張人性是根本，就兼容了「二程」的理本論與陸九淵的心本論思想。

湖湘學派的這些思想對湖南的人文教化和道德風尚有深遠影響。經過近千年的延續、傳承、積澱，在近代造就了一大批改變中國歷史的人物，如「師夷之長技以制夷」的魏源、「禁大言以務實」的曾國藩、「我自橫刀向天笑」的譚嗣同、「一手締造共和國，洞庭衡岳生榮光」的黃興、「問蒼茫大地，誰主沉浮」的毛澤東。現代湖南學者認為，在他們這些人的骨子裡都有著湖湘學派學術思想的基因。

可惜，歷史的偶然讓胡安國在荊門的家，被人一把火給燒了，他的思想沒能在荊門地域傳承下來。

易學大師朱震

朱震（1072年—1138年），字子發，世稱漢上先生，理學家，沙洋人。是元明兩代荊門「三賢祠」中供奉的三賢之一。後人在沙洋漢江大堤邊建有「漢上書院」紀念他。

朱震比胡安國大2歲，可能都曾在荊門居住過的原因，他和胡安國的關係很好，胡安國到湘潭後，朱震曾去碧泉書院看望胡安國。其間，胡安國寫了一首詩《奉次朱子發禊飲碧泉》送給朱震，這首詩收錄在《全宋詩》中，詩中有句話體現了他倆的友誼：「杯盤草草情逾厚，淡話平平味更長」，有種「君子之交淡如水」的味道。

朱震在55歲之前做的官不大，歷史上的記載不多。後來，好幾個人向皇帝舉薦他，其中就有胡安國，說他「學術深博，廉正守道」。高宗皇帝趙構聽後，親自召見朱震，問《易經》《春秋》這些學問上的事。朱震結合自己多年的研究和體會，應答如流，讓趙構十分滿意，馬上提拔朱震為禮部員外郎，兼川陝荊襄都督府詳議官。這件事也反映了一個千古不變的道理：「機會總是垂青於有準備的人」。

當時荊門是次邊之地，年年打仗，連胡安國這樣有社會地位的人都不得不搬到湖南去，其他的普通老百姓就更不用說了。所以為避戰亂，荊襄一帶人煙稀少，但是「荊襄之間，沿漢上下，膏腴之田七百餘裡」，荒廢了又很可惜。於是朱震上書高宗，提出了中興的穩妥之計。「選良將領部曲鎮之，召集流亡，務農種穀，寇來則御，寇去則耕，不過三年，兵食自足。又給茶鹽鈔於軍中，募人中籴，可以下江西之舟，通湘中之粟。觀釁而動，席捲河南，此以逸待勞，萬全之計也。」這種把荊襄作為復興基地，發揮荊襄地理優勢，伺機收復中原的戰略構想，頗得趙構欣賞，龍心大悅，在短短兩年之內，朱震被授予了八個官銜：秘書少監、秘書少監兼侍講、承議郎、起居郎、資善堂贊讀、中書眾舍人兼資善堂翊善、朝散郎、左朝請郎。

1131 年，江西贛州爆發農民起義，並迅速壯大，趙構擔心事態擴大，不可收拾，打算派大軍前往鎮壓。朱震上了份奏章：「使居官者廉而不擾，則百姓自安，雖誘之為盜，亦不為矣」，老百姓淪落為強盜，其實是被貪官汙吏逼的，如果選派清正廉潔的人去管理，老百姓自然就會安分守己，即使有人煽動他們造反，也不會有人響應。在他的建議下，高宗吩咐新上任的太守，將各級官員的名冊上報，發動老百姓檢舉貪汙受賄和胡作非為的貪官汙吏，凡經查屬實的，一概罷免，凡有政績者，從優獎勵。這樣，長達三年的農民起義被朱震的建議化干戈為玉帛了。

朱震學問高，能力強。1135 年，趙構把他任命為贊讀，和範沖一起教導輔佐建國公趙瑗，趙瑗就是後來的孝宗皇帝。在朱震和範沖的教導下，孝宗皇帝后來成為南宋最有作為的皇帝，追封岳飛為鄂國公，追奪了秦檜的官爵，在治國上還比較有方，專心理政，使南宋出現「乾淳之治」的小康局面。

朱震在學術上的成就主要表現在對《周易》的研究上，寫了很多專著，後人把這些著作合稱為《漢上易傳》。著作中的《易》圖很多，開創了後代易圖研究的先河，有利於對《易》的理解。《四庫全書總目提要》說朱震的易學是「以象數為宗，推本原流，包括異同」。歷代研究《周易》分為象數與義理兩大流派。朱震側重於象數易學的研究，主要是透過圖例研究卦的變化，系統十分龐雜，涉及天文、曆法、音律、倫理、哲學、占測等內容，漢

唐以來的諸派易學是他易學研究的重要淵源，同時他又能融會貫通，博采眾家之長，自成一派。

朱震小時候曾在荊門城區東寶山上的東山書院讀書，東山書院是中國較早書院之一，由北宋荊門知軍孫鏞修建，上下五千年，中國科舉考出 592 名文狀元，東山書院就有 2 個，由此可見東山書院出人才。大家不妨到東寶山上去多走走，去感受一下東寶山的毓秀靈氣，說不定荊門又會多出幾個高考狀元呢。

百世大儒陸九淵

陸九淵（1139 年—1192 年），字子靜，號象山，江西金溪人，南宋哲學家，儒家心學思想的創始人，被後人尊稱為「百世大儒」。是元明兩代荊門「三賢祠」中供奉的另一位聖賢之人。

陸九淵和著名的理學家朱熹同一個時代，比朱熹小九歲。朱熹曾師從胡安國侄子胡憲學習 7 年，主張透過博覽群書和對外物的觀察來啟發人內在的修養；陸九淵認為應「先發明人之本心然後使之博覽」，也就是「心即理」，要先激發人的內在修養，然後再博覽。兩人在對德育和智育的認識上觀點不一致，於是就有了中國哲學史上著名的「鵝湖之會」。

1175 年，朱熹和朋友呂祖謙在江西鵝湖寺遊玩的時候，呂祖謙寫信邀請陸九淵和他的哥哥陸九齡來相會，交流交流感情，切磋切磋思想。

見面的第一天，陸九淵就賦了一首詩：「墟墓興哀宗廟欽，斯人千古不磨心。涓流積至滄溟水，拳石崇成泰華岑。易簡工夫終久大，支離事業竟浮沉。欲知自下升高處，真偽先須辯只今。」大致意思就是：人只要看到廢墟墓地就會有悲哀之情流露出來，見到宗廟就會有欽敬之心，這悲哀欽敬之心是人所共有的本心。涓涓細流匯成蒼茫大海，拳拳之石可以壘成泰山。易簡質樸直達本心的為學之道才是永恆的大事業，支離旁索的學問之道只會因為沒有根底而浮沉不定。要知道從低向高的求學之道才是正道，真真假假要在今天辯個清清楚楚、明明白白。

這詩寫得鋒芒畢露，陸九淵後來也意識到自己當年年輕氣盛，甚是浮躁。在這首詩裡，陸九淵認為自己開創的心學思想是「易簡工夫」，可以永恆長久，為人們普遍接受；而朱熹的理學則是所謂「支離事業」，且浮沉不定，難以為人掌握。朱熹聽完這首詩後，立時「失色」「大不怪」，極不高興，想我堂堂理學正宗，怎能由你小輩如此來說？兩人當場不歡而散。

之後的第二天、第三天，雙方辯論了十多個問題，最大的分歧還是在「為學之道」上，朱熹認為人要博覽群書，以此來逐漸提升自我的修養，也就是「道問學」，在求學中去提升道德修養。陸九淵認為人要「先立乎其大」，「發明本心」，把人自身的良知先激發出來，也就是「尊德性」，把人的道德本性放在第一位。

從鵝湖之會開始，儒家學說中就出現了以陸九淵為代表的心學流派。到明代經過王陽明發揚光大，成為明清以來的主要哲學思潮，對近代康有為、梁啟超、郭沫若、陶行知等學者都有很大影響。直到現在，培養學生按「德、智、體、美、勞」，把對學生的德育排在首位。考核幹部按「德、能、勤、績、廉」，把德排在第一位。習近平總書記指出「以德修身、以德立威、以德服眾，是幹部成長成才的重要因素」。

陸九淵不僅在中國學術史上首創了心學思想體系，還以其所學和所悟的儒家德治觀念實踐於地方的政治活動中，創造了「荊門之政」奇蹟，成為地

方長官「躬行」的榜樣。1191 年，陸九淵出知荊門軍，為荊門做了很多實事，按王心田老先生的統計，有 28 件之多。

最為首要的「荊門之政」是什麼呢？象山先生說：「必也正人心乎！」他在城西象山東麓搭建茅廬，「講學於此」，以道德正人之心，「聽訟於此」，以律法明人之倫，使荊門的社會風尚逐步好轉，到後來，每個月的官司也不過只有兩三起了。

他為荊門做的第二件大事就是修了荊門城。荊門是次邊之地，北面支援襄陽，南面捍衛江陵，東面守護隨州、鐘祥，西面扼守宜昌，荊門固，四鄰才有依靠。20 天時間把土城牆修了起來，總共花費三萬緡錢，使荊門人從此由「鄉里人」變為了「城裡人」。

陸九淵還改革稅收弊端和不合理的體制，「罷三門引」，取消三道稅收關卡，外地的商人紛紛到荊門來做生意，荊門的稅收大增；取消一些不合理的官員迎來送往的制度等等。凡此種種，創造了「荊門之政」的奇蹟。

陸九淵在荊門做了一年零四個月的知軍，操勞過度，在 1193 年年初，病死在荊門知軍任上。出殯的時候，送葬者達數千人。荊門人愛戴他！建陸夫子祠紀念他，把荊門蒙山改稱為象山，現在有像山大道、象山社區、象山中學等一大批以他名字命名的地名、學校、道路。

按已故陳楚雲先生的話說，就是：歷史給了荊門一個陸象山，這是對荊門的恩賜，荊門成就了一個陸象山，這是對歷史、對哲學的一大貢獻，也是荊門的一大驕傲。

▋嘉靖皇帝朱厚熜

朱厚熜（1507 年—1567 年），出生鐘祥，明憲宗之孫，明孝宗之侄，興獻王朱祐杬之子，明武宗的堂弟。明朝第十一位皇帝，年號嘉靖，後世稱嘉靖皇帝。

朱厚熜的父親朱祐杬是王爺，按說朱厚熜繼位也只能當王爺，但是明武宗朱厚照死後無嗣，明武宗的母親張太后和內閣首輔楊廷和一商量，決定按照「兄終弟及」的祖訓，由近支皇室、武宗堂弟朱厚熜繼承皇位。

朱厚熜當皇帝時，只有15歲，但是少年老成，有主見。剛到北京，大臣們和他抬槓，要他從邊門進紫禁城。他不幹，我是來當皇上的，必須走正門，不讓我走正門，我回去當自己的王爺去。僵持一天，他勝了，走正門進了紫禁城。

當皇帝的第六天，以內閣首輔大臣楊廷和為首的大臣們再次和他抬槓，開始了長達三年半的「大禮議」之爭。

大臣們紛紛上奏摺，大意就是，您現在是皇上了，以後只能叫孝宗皇帝朱祐樘為爹，而親爹朱祐杬只能叫叔叔。這比現在「證明你爹是你爹」還要狗血。

朱厚熜雖然年紀小，但他不是苕（荊門方言：意思為傻子）啊，皇帝當得連親爹都不能認，心裡憋屈，還不能發火。一個15歲的孩子，放現在也就是個初中生，不遠千里跑到北京去，為了大明王朝的繁榮和富強，承擔起一個小孩子承擔不起的責任，還人生地不熟的，商量的人都沒有一個。怎麼辦？

只有委屈自己，放下皇帝的架子，和楊廷和講事實、擺道理、套近乎，用恭維語氣吹捧楊廷和，表揚他的豐功偉績，甚至還給一些大臣賞賜黃金。但是，不管怎麼說好話，大臣們不為所動。現在已經不是講道理的時候了，這件事件背後的本質是誰說了算的問題，大臣們如果贏了，那以後朱厚熜就只是個傀儡皇帝。

這個時候，朱厚熜算是到了「山窮水盡」的地步。

大家在以後的工作、生活中一定要記住，往往「山窮水盡」的時候，就會出現「柳岸花明」。在一個群體中，總會有些不得志的人。大臣中也有這樣一群人，他們揣摩到了小皇帝的心理。張璁就是其中之一，他上了份奏摺，力挺皇上。理由是：皇上來北京是繼統，不是繼嗣。是來繼承正統皇位的，

不是過繼給上一任皇帝當兒子。上一任皇帝是他堂兄，當兒子不就亂了輩分嗎？即使按你們這些大臣說的，是給上上任皇帝當兒子，那不是又把上一任皇帝給抹殺掉了嗎？

朱厚熜一聽啊，高興，有理有據有節。再加上朱厚熜的親媽也從鐘祥來到北京，力挺兒子，不行的話，這皇帝也不當了，我們娘兒倆還是回鐘祥去。這樣一來，大臣們不得不作出讓步，尊朱厚熜的爹興獻王朱祐杬為興獻帝。大家注意，不是興獻皇帝，沒有「皇」字。朱厚熜想不想加這個字？想，但不能加。楊廷和說，你要是加的話，我就辭職。朱厚熜剛當皇帝，地位不穩，楊廷和辭職了，誰來給他處理國家事務呢？兩人都以辭職相互威脅。所以沒加「皇」這個字，這是雙方鬥爭之後，一個折中的選擇。

到了嘉靖三年，朱厚熜的地位基本穩固。那批力挺他的大臣再次上書要求重新議禮。楊廷和又以辭職相威脅，朱厚熜這一次批準了。楊廷和辭職之後，200多名大臣跪在紫禁城裡，集體抗議。朱厚熜大怒，該抓的抓，該打的打，當場打死17人，之後有580多人受到入獄、奪棒、貶官、戍邊等處罰。從此再也沒有官員敢非議皇帝的意見，皇帝依然年輕，但是他的無上權威已經沒人再敢質疑。從毫無根基的藩王到雷霆萬鈞的帝王，嘉靖皇帝的角色轉變非常出色。

皇權鞏固後，朱厚熜在他統治前期，英明苛察，做了很多大事，開創了嘉靖中興的局面。政治上整頓朝綱，推行新政，裁抑司禮監的權力，撤廢鎮守太監，嚴肅監察制度，嚴分廠、衛與法司職權，吸取前朝宦官當權亂政的教訓，對宦官嚴加管束，中央集權得到復興和加強。經濟上嚴革貪贓枉法，勘查皇莊和勛戚莊園，還地於民，鼓勵耕織，重新整頓賦役，賑濟災荒，極大地緩解了當時激烈的社會經濟矛盾。軍事上征剿倭寇，清除外患，整頓邊防。這期間，「資本主義」開始萌芽，文化和科技空前繁榮，「天下翕然稱治」。

後來，朱厚熜為了能夠永遠統治天下，迷戀起了丹藥方術，想長生不老。出於煉丹的需要，命令宮女們每天清晨採集甘露兌服參汁以期延年，致使宮女們苦不堪言，上百名宮女病倒。

　　到了 1542 年，宮女們忍無可忍，以楊金英為首的幾名宮女，在一天夜裡摸進朱厚熜寢宮，來到床邊。楊金英伸出顫抖的手，拿起繩子，套到了嘉靖的脖子上，打了一個結，一個死結。死結是勒不緊的，所以朱厚熜沒被勒死，但也讓他受驚過度。這就是歷史上罕見的宮女弒君的「壬寅宮變」。

　　經此事件之後，朱厚熜移居西苑，設醮煉丹，養生修道，二十餘年不上朝。導致嚴嵩專國二十年，吏治敗壞，殘害忠良，許多功臣、直臣遭殺害、貶黜，邊事廢弛，「南倭北虜」成為明朝的禍患。

　　隨著朱厚熜年齡增大，加之長期服用有砒霜、水銀、雄黃、硃砂的丹藥，身體每況愈下。1567 年 1 月 23 日，駕崩於乾清宮，年 60 歲。

█經學大師郝敬

　　郝敬（1558 年—1629 年），字仲輿，號楚望，晚明時期著名的經學家、思想家，京山宋河人。郝敬墓位於京山縣孫橋鎮附近。

　　郝敬在《生狀死制》一文中記載，他母親生他前做了一個夢，「夢大蛇若龍，嚙其左胠入於腹遂妊」，這是王侯將相、鴻儒巨匠出生時的吉兆，《明史》也記載，郝敬「幼稱神童」，這些都預示著郝敬必將會有一番大的作為。

　　當然「天將降大任於斯人也，必先苦其心志，勞其筋骨」，《明史》記載郝敬年輕時，「性跅弛，嘗殺人系獄」，性格放縱不羈，曾經因殺人被投入監獄，受盡皮肉之苦。

　　關於「殺人」一事，《生狀死制》記敘得更加詳細，「鄰有病叟，與家奴善，過而飲食之。醉飽，一夕暴亡。」現代人一般都能猜到，這個「暴亡」的「病叟」生前應該有高血壓之類的心血管疾病，大量飲酒後，誘發腦出血而亡。看來「病叟」的家境很殷實，不然也不會得高血壓這種現代病。按現代法律，郝敬家的用人參與勸酒、敬酒、喝酒，肯定脫不了關係，但是死者家屬提出「訟奴不如訟主」「不賂我輩，得免乎？」，很有點強詞奪理、威脅的意思，指望靠著殷實的家境，靠著人多勢眾，找郝敬這種大戶人家多要

些賠償。郝敬「聞而诮之」，同對方理論、對罵，「逢其怒，其黨峰起」，言語不合，打起來了，最後對方「誣告余殺人」。

幸好有他父親執友、京山老鄉、陝西提學副使李維楨幫忙，郝敬免除了牢獄之災。

出獄後，郝敬隨李維楨去了陝西。人生的經歷和寄人籬下的生活使他成熟了，發奮讀書，以求功名，32 歲進士及第，當了知縣，政績頗佳，升任戶部給事中，成了京官。

那個時候是明朝晚期，貪官汙吏很多，山東有個稅監叫陳增，貪汙腐敗，被人舉報，皇上沒加陳增的罪，卻把舉報人削職為民。郝敬上了個摺子，說皇上「處陳增一事，甚失眾心」。批評皇上不注意方式方法，令皇上惱羞成怒，奪俸一年，貶下去當知縣。一年的工資沒有了，京城也不能待了。據《明儒學案》記載，郝敬到江陰當知縣以後，「不為要人所喜」，任滿考核時被評為「下下」之評，末位淘汰，又要「再降」官職。

七品芝麻官不能當了，47 歲的郝敬乾脆辭官不做，回家隱居起來，閉門謝客，一心一意做學問。郝敬對自己的人生目標重新定位後，獲得巨大成功，完成兩部巨著：《九部經解》166 卷，洋洋灑灑 167 萬字；《山草堂集》，內外兩篇共 152 卷，多為雜論以及史學、文學評論等著作。35 年勤學苦思、筆耕不輟，著作數量之巨，價值之高，涉獵之廣，令人嘆為觀止。

明清之際著名思想家黃宗羲對郝敬的經學成就評價極高：「明代窮經之士，先生實為巨擘」。經學就是研究儒家經典著作的一門學問。郝敬用 15 年時間，對《易》《書》《詩》《春秋》《禮記》《儀禮》《周禮》《論語》《孟子》等九部儒家經典著作逐一註解，批駁宋明理學中「偏上遺下」的空疏、玄虛之弊，強調回歸經典，通經致用，利用經典解決現實問題，暗合了明末批判思潮，具有開創之舉。

與儒家思想中理本論、心本論、性本論不同，郝敬主張氣本論，他認為「氣即理之實處」「天地之間惟氣，人身亦惟氣，人與天地相通亦惟氣」，既然人、事、物就是氣化的實物，那麼天理與人欲、心與身就應該相互依存

而統一，不應該「拋卻人事，單講心性」。正因為如此，郝敬在繼承王陽明「知行合一」思想的基礎上，倡導「先行後知」，強調行在「知行合一」中的價值和地位，唯有付諸行的知才能成為真知。用現在我們常說的一句話來解釋，就是「實踐是檢驗真理的唯一標準」，鄧小平同志「摸著石頭過河」理論同郝敬的思想不謀而合。

明清學者們在認同他經學大家地位的同時，卻不認同他的這些學術思想，「其說多與先儒異，蓋敬之解經，無不以私意穿鑿」。認為郝敬的思想很多都與儒學先輩的思想不一樣，是他個人的一己之見，穿鑿附會的東西。加上他自己避世的生存方式，在家裡閉門謝客，又不帶學生，導致了他思想傳播的侷限性。同時，明末清初又有一批同樣有思想的大家出現，如黃宗羲、顧炎武。於是他的學術思想漸漸就被歷史所掩埋。令人欣慰的是，近幾十年來，大陸、日本、中國臺灣有大批學者開始關注、研究郝敬的學術思想，隨著研究的深入，他的思想必將因為順應時代潮流而散發出新的生機與活力。

郝敬還是位書法家，他任浙江縉雲縣知縣時，刻在仙都風景區懸崖上的「鐵城」兩字，寬 3 米，高 6 米，是國家重點文物。

康熙重臣周培公

周培公（1634 年—1702 年），本名昌，字培公，掇刀麻城人，是康熙皇帝的重要謀臣之一，官至參議道、登萊道。國家圖書館藏有其孤本詩集《長征草》《即次吟》以及文集《從征紀事》。

周培公是遺腹子，在父親周化龍去世四個月後才出生。十歲時，李自成農民軍打到荊門一帶，他的母親孫夫人殉難而死，周培公落魄無依，吃百家飯，穿百家衣。長大後，成為州卒小吏。不久，因為人機警，獲一地位顯赫的朝廷高官賞識，帶進京城，隨後進入內閣擔任供奉。

1674 年臘月，吳三桂發動「三藩之亂」，策動陝西提督王輔臣在北方反叛呼應。王輔臣進駐平涼城，勢力擴展到幾省區。清廷損兵折將，一時平定不了王輔臣的叛亂。

　　1676 年，康熙任命圖海為大將軍，統轄陝甘征討大軍。周培公隨軍出征。大軍西出潼關時，周培公向圖海呈上一份《平涼策》，獲得圖海賞識，收為幕僚，授參議道銜。

　　在《平涼策》中，他向圖海認真分析當時的形勢後提出，陝西關中地區是天下脊樑，吳三桂這次造反不及時從雲南取道四川進取陝西，而盤踞在湘鄂之間與荊襄官兵對峙，實在太不會算計。現在，王輔臣起來造反，舉足輕重，但他的反叛，是情勢所逼和捨不得高官厚祿，這好比盲人渴望重見光明，又恰似半身不遂者企求站立行走。如果朝廷派個能說會道的人前去勸誠，王輔臣必然會懸崖勒馬，投降朝廷。這樣也就用不著興師動眾與他們硬碰硬了。圖海聞周培公之言，正中下懷，可是眼前並無合適的人可派。

　　王輔臣手下參將黃九疇、布政使龔榮遇（周培公奶娘龔嬤嬤的兒子）與周培公均是同鄉，曾屢勸王輔臣歸降，王輔臣一直舉棋不定。他們設法將內部情況寫成文字，用蠟丸封閉，密送周培公。周培公利用這一有利條件，自告奮勇，主動請纓，願冒死進城勸降，說：「如果前去說服了王輔臣，那是大學士的福分；如果遭到不測，自己則死而無怨。」

　　周培公以看望親戚龔榮遇的藉口，混進平涼城。由龔榮遇引見給王輔臣，陳述利害，傳達圖海招撫之意。王輔臣擔心捲入「三藩之亂」背叛朝廷，已無退路，提出保命、保軍、保官、保境的條件，並派一副將隨周培公出城，面見圖海，表示願意歸順。

　　圖海聞聽此事後十分高興，星夜趕寫奏本送至京城。「上許之。乃假冒參議道，賚詔往撫」。圖海命周培公攜帶康熙敕詔，再次進城撫慰。王輔臣派龔榮遇率士民代表出城，向圖海獻平涼名冊，其子王吉貞及總兵等上繳吳三桂投遞的函札及「平遠大將軍印」「陝西東路總管將軍印」各一枚，接受清廷招撫。

　　平定王輔臣陝甘叛亂，不僅解除了朝廷的重大威脅，而且剪除了吳三桂在西北的羽翼。朝廷對參戰的漢將分別論功行賞，委以重任，多方鼓勵和獎賞，使他們忠心耿耿為朝廷效力。周培公對獎賞只有一個請求：母親孫氏以父死殉節，望皇上能為母請旌。

　　圖海不忘周培公的功勞，特奏請康熙升任周培公為山東登萊道，對周培公母親孫氏予以嘉封。

　　1676 年，康熙皇帝念周培公「為母捨身之孝，為國忘軀之忠」，誥封其母孫氏為貞烈恭人，加贈夫人銜，其父封贈為朝烈大夫，加贈中奉大夫銜。康熙皇帝御批祭文，規定了祭祀規格，命布政司堂上官分守武昌道參政吳毓珍辦理。

　　如今，在周培公老家掇刀麻城官堰村周家祠堂和周培公父母墳塋四周，還散落著一堆碑碣、石羊、石馬、石獅、石像、石人、石坊構件等石物。

　　周培公在家守孝三年後，便上任「山東登萊道」，攝布政使，主要負責海防事務。因與總兵官意見不合，難以繼續共事，僅在任三年，罷官回到荊門家鄉。

　　1690 年，西北蒙古族首領噶爾丹率眾叛亂。賦閒在家的周培公仍不時關注朝廷政事，聞訊後連忙趕寫平叛「條呈」，向康熙皇帝建言平亂之策。

　　周培公因電視連續劇《康熙王朝》而名聲大噪。民間傳說周培公中過舉人，康熙賜其進士出身，任過盛京（今瀋陽）提督，製作並進獻《康熙皇輿全覽圖》等，應當出自小說、電視劇，於史無證。

　　縱觀周培公一生，主要做了兩件大事，一是勸降王輔臣；二是為母親請旌。這兩件事，用兩個字便可概括：忠、孝。

▌大清賢臣胡作梅

　　胡作梅（1653 年—1718 年），字抑齋，沙洋縣李市新城人，康熙十七年（1678 年）鄉試得中戊午科舉人，1682 年（康熙二十一年），進京會試得中壬戌科進士，授任翰林院檢討，負責國史編修工作。胡家兄弟四人，老大胡作梅、老二胡作相、老三胡作柄、老幺胡作楫，都以文學聞名，時人稱之「荊門四胡」。胡作梅年輕時在文學界就享有盛名，曾與三位胞弟及鐘祥才子李蘇、李蓮等組織金河詩社，在荊襄一帶盛極一時。

康熙四十八年（1709年），京城發生了一樁大案，北京皇家府庫存糧被盜。經過一番調查，案件終於水落石出，罪犯是京城人氏張三等十多名饑民。刑部立即對此案展開審訊，擬判張三等人死刑，並押送死牢待秋後問斬。

時任刑部尚書的張廷樞經過認真審訊後，認為此案中判處張三等人死刑刑罰過重，於是主張改判充軍。康熙皇帝得知消息後勃然大怒，認為張廷樞的行為有違國法，於是下令將其打入天牢。見到皇上態度如此堅決，加之大臣們都善於揣摩聖意，於是滿朝文武幾乎一邊倒地認為張廷樞改判錯誤，應該接受懲罰。

在這緊急關頭，時任國子監祭酒的胡作梅挺身而出。他詳細整理審訊記錄，謄錄全部供詞，上書皇帝。收到奏摺後，康熙即刻召見胡作梅。他向來賞識胡作梅的才情，知其剛正不阿，心想若是強壓，胡作梅定會寧為玉碎不為瓦全，於是笑道：「胡愛卿，近日可有佳作？對了，你最近正在督辦山東收糧一事，可有心得呀？」聰明的胡作梅當然深知皇上此話的用意，忖量片刻，吟《收糧》詩一首：

輸挽連年苦，馳驅莫計程。

尚須愁耗蠹，何忍問餘贏。

有備儲攻守，無欺答聖明。

迂儒司出納，越俎敢談兵。

康熙聽完，深感胡作梅一片忠誠可對天，於是下令將打入天牢的張廷樞立即釋放，官復原職。同時，對於張三等人改判充軍。

胡作梅任少詹事期間，京城九門提督是滿洲正黃旗人，深受皇帝的寵愛，平日裡就愛欺凌弱小。一次，這位九門提督向京城一位做布匹生意的商人收保護費被拒，一怒之下便誣告這位商人通匪，將其打入死牢。

這件事傳入胡作梅耳中，一身正氣的他將調查瞭解到的真實情況寫成奏摺，上書給皇帝。康熙命刑部徹查此案，真相水落石出後，這位深受皇上恩寵的九門提督被貶為草民。

康熙五十年（1711 年），胡作梅出任禮部右侍郎兼翰林院大學士，隨後兩年，出任浙江、江西等地，擔任科舉考試主考官。康熙五十三年（1714年），轟動一時的科場舞弊案使幾個監考官掉了腦袋。而此時的胡作梅卻平步青雲，因此招致一些心懷不軌之人的怨憤。於是，有人聯名上書，聲稱胡作梅與舞弊案有牽連，並從中貪汙受賄。為公平起見，康熙下令將胡作梅停職審查。

然而，刑部一查數日卻毫無結果。康熙深知胡作梅是被人誣陷，想予以重新起用，於是傳胡作梅入宮交談。見面後，兩人絕口不提舞弊案，只談詩詞。康熙道：「聽聞愛卿近日又有佳作，能否吟來清清朕的耳朵？」聞言，胡作梅知道皇帝已對外界流言深感厭煩，是給機會讓自己吐露心聲，於是一番思量後，賦《清風來故人》詩一首：

習習風依竹樹生，颯然秋氣蕩懷清。

開軒一掃塵囂靜，移榻全消契闊情。

我在羲皇高臥處，人來環珮乍搖聲。

披襟一笑還傾倒，偏向疏簾愛晚晴。

聽完，康熙哈哈大笑，已察才子之心，於是將胡作梅官復原職。

康熙五十八年（1718 年），胡作梅病逝於新疆、西藏平叛途中。朝廷因其功績卓著賜予隆重葬禮，其墓位於故鄉沙洋縣李市牛蹄橋。康熙因感念一代賢臣，親自撰寫祭文，表彰其生平貢獻。

▌大德州牧舒成龍

舒成龍（1700 年—1771 年），字御天，清代河北任丘人。

乾隆八年（1743 年），舒成龍走馬上任荊門知州。正趕上康乾盛世，國泰民安，舒成龍抓住這個社會穩定的大好時機，大刀闊斧地對荊門城市進行了一系列建設和改造，使荊門迎來了歷史上一次少有的經濟繁榮。舒成龍是荊門歷代知州中政績最卓著的一個，他在荊門當「一把手」，一當就是 12 年。

在這 12 年裡，他「建署衙，修州志，興學校，立三倉，創二閘，四起堤工」，為了荊門人民安居樂業，嘔心瀝血。

舒成龍上任伊始，發現荊門因戰亂，沒有一部完整的州志留傳下來，立即組織人員修著荊門州志，以供後世查閱。這部荊門州志前後共花了九年時間才修定完稿。舒成龍親自為志書寫了總序和 36 篇小序，重點地方加注按語，撰寫詩文 11 篇（首）。最難能可貴的是，乾隆十五年（1750 年），由於舒成龍治理荊門州政績卓著，乾隆皇帝兩次召見，升任他為廣西平樂府同知。因《荊門州志》沒有編寫完成，他奏請繼續在荊門為官續修州志，而不去廣西就任。加上荊門百姓的聯名挽留，朝廷只好同意舒成龍申請，僅在吏部掛同知官銜。20 世紀 50 年代，毛澤東同志看了這部志書後，認為是荊門修的最好的一部志書。

「倉廩實，而知禮節」。舒成龍積極調動農民的種糧積極性，改革田賦政令，廢除原有的包攬徵收田糧的裡書制，印刷交稅清單《易知由單》，分發給農民，既通俗易懂，又避免農民上當受騙和被勒索。他在各鄉里設立正副鄉約和地保，褒揚好人好事，打擊鄉霸刁民，宣講鄉規民約，使社會風氣和習俗逐漸好轉。

在舒成龍到任前一年，漢江荊門段的鄭家潭河堤被洪水沖垮，沙洋地段上上下下全部遭災，民不聊生。舒成龍一到任，便舉全州之力，將沙洋官堤築高加固，另新增小江湖月堤一道，石磯十座和排水閘兩座。還將白鶴寺舊堤與青家村的民堤統一加固合修，提高抗洪能力。同時在沙洋碼頭置救生渡船。堤防修好之後，保障了「湖地糧田八萬餘畝」。對於鄭家潭決口淹沒的民田七十餘頃，舒成龍請求朝廷永遠免徵稅賦，解除民困。

水患解除後，他在荊門城裡修建州豐倉，在沙洋修建沙洋倉，在後港修建後盈倉，在各鄉建了 8 座社倉，方便老百姓交公糧。同時，在州豐倉旁修建常平倉，在災荒年，透過常平倉減價出貨，平抑糧價，達到救災的目的。囤積的大量糧食，極大地提高了應對災荒的能力，確保了荊門百姓的生活安定。

　　舒成龍同時將治事重點放在啟迪民智方面。他認為官員效忠國家，民眾孝順父母，是「天人之道」。為弘揚先賢，尊重賢能，培育人才，他帶頭斥資，大力興辦公益事業。

　　興築社稷壇、先農壇，重修孔廟學宮。在荊門城西修建老萊山莊、孝隱亭，以紀唸著名道家創始人之一、二十四孝之首老萊子。擴建陸夫子祠、講經臺，以紀念南宋理學家、教育家、荊門知軍陸九淵。評選鄉賢，祀奉歷代名儒，如荊門「三孫」、「二朱」、楚國名相孫叔敖等。先後在荊門州城、沙洋鎮、馬良山修建龍泉、漢上、內方三座書院，紀念先賢朱震、馬良的同時，選送優秀子弟課讀。

　　此外，舒成龍恢復和興建了「三臺八景」：鳳凰臺、講經臺、讀書臺、霖蒼甘雨、老萊山莊、龍泉十亭、西寶曇光、唐安古柏、南橋塔影、帶河金蝦、長春丹井。建蓋養濟院、育嬰堂等慈善機構，維修荊門城垣，修葺城隍廟、驛站，修建南門文運橋、西門來龍橋、後港聚仙橋等，深得群眾擁護。

　　舒成龍為了荊門的建設奔波忙碌，沒有一天空閒。他在荊門 12 年，「視百姓如家人父子」，他使荊門人民在物質文明建設和精神文明建設上獲得了雙豐收，荊門人稱他為「大德州牧」。為官一方，得此四字評價，足矣！

　　乾隆二十年（1755 年），吏部升任他為湖南衡州知府。在他調離荊門時，「紳士軍民數萬人焚香阻道，垂涕稱觥，攀輿不得行，三日始出境」。荊門士民沿途擺設香案餞行，官轎停停走走，走走停停，三天后才在依依不捨的人群中離開荊門地界。荊門民眾為紀念這位大德州牧，為其建立紀念祠堂。

　　乾隆三十五年（1771 年），舒成龍卒於故里，終年 71 歲。

▍國民黨元老彭養光

彭養光（1873—1946 年），字臨九，鐘祥客店人。

1906 年加入反清革命組織日知會，與同鄉趙鵬飛一起借聯絡感情、促進地方公益為名，組織安郡公益社，作為日知會外圍組織，彭養光任社長。

日知會丙午之獄時，被捕的張難先、季雨霖等九名骨幹本來是要被殺頭的。彭養光為營救他們出了很大力氣，他親自跑到北京，找吳祿貞向肅親王活動，再加上清政府中有些人也認為應該「勿殺黨人，免增滿漢惡感」，於是這 9 名骨幹一個都沒被殺。在去北京的路上，他曾賦詩一首：「日月逝兮，不復回，蒼生溺兮，我心悲，余兮，余兮，安適歸，將挾天下兮，以雄飛，士其從我游兮，風雲以昌際會，金石以壽鬚眉」。他的慷慨激昂，在武昌轟動一時。

1909 年他到東北投靠吳祿貞。1910 年轉赴四川，與在川湖北黨人共謀革命，次年參加四川反清武裝起義。武昌首義後，彭養光回到湖北，任都督府參議。1912 年當選國會議員。宋教仁遇刺後，他積極反袁，在國會提出彈劾案，被湖北省議會除名，後又多次共謀倒袁，均遭失敗，與趙鵬飛、詹大悲、季雨霖等 40 餘人被通緝。在一次追捕中，彭養光逃到日租界一商店中，警方將大門緊緊堵住，他從後窗戶縫中逃走。

不得已逃亡日本。1914 年，加入中華革命黨，奉孫中山之命，在長崎主持黨務工作。1915 年，孫中山指派他回國，在武昌成立中華革命黨分部。袁世凱死了以後，彭養光重新當上國會議員。1917 年護法運動開始，彭養光南下參加廣州國會非常會議。

1922 年黎元洪復任總統，有一天，參眾兩院聯合開會，黎元洪帶領全體內閣成員前往祝賀。會議還沒正式開始，彭養光就揚聲高呼，語驚四座，他說：「法律問題還沒有解決，議長怎麼就召集開會？黎元洪高唱統一，現在請問一下國會本身統一了沒有？吳景濂醉心權力，不能逃罪，黎元洪也要負連帶責任！」他這麼一吵，頓時會場亂成一片，在一片謾罵聲中，黎元洪居然還能堅持把賀詞唸完。看來要當一名合格的政客，臉皮是一定要厚的。黎元洪是興高采烈而來，敗興而去。

1923 年曹錕賄選總統，彭養光一紙訴狀把曹的幫兇告上檢察院，告他們損害國家財產。隨後，他和 20 名湖北籍議員聯合簽名發出《鄂籍旅滬國會議員通電》：「北京賄選已成，國家體面何在？議會尊嚴何在？余等忝列議席，頗知自愛，人禽之辯不敢不嚴。未能激江漢以滌濁汙，唯有何面目以見父老！」曹錕對他恨之入骨，安排人把他秘密逮捕，受盡皮肉之苦。國會專門為此召開緊急會議，提出質問，彭養光才得以釋放。

「二七」慘案發生後，彭養光和其他 4 位議員一起對吳佩孚屠殺工人事件提出彈劾案。

由這幾件事來看，彭養光是一個敢於面對權貴的人，是一個敢講真話的人，國會議員還是當得很稱職。

1924 年底，孫中山應邀北上，彭養光和汪精衛等三十多名政要到天津迎接。末代皇帝溥儀也在天津，擔心孫中山對他有不利的言行。彭養光受孫中山派遣，親自上門安撫溥儀：「中山北來，於彼毫無危險，彼今為一平民，在法律上亦應受保護」。透過彭養光的細緻勸導，溥儀才得以心安。

1925 年 3 月 12 日，孫中山去世。3 月 14 日，彭養光按照國葬條例第一條第一項「有大功勞於國家」之規定，在國會提出孫中山先生國葬案。3 月

19 日，段祺瑞政府核準。但國民黨人拒絕了段祺瑞政府的這項安排，以國民禮制安葬孫總理，以示平等。

孫中山逝世以後，彭養光曾在段祺瑞政府中參政，1929 年做過鐘祥縣長，1931 年赴南京任立法委員，1933 年被推為中央國醫館副理事長，被聘編輯國民黨黨史。

彭養光是一個有著民族大義的人。他在孫中山身邊工作時，認識了日本首相犬養毅。「九一八事變」後，彭養光專門寫信給犬養毅，信中申斥了日本的軍國主義，反對日本對中國的武裝侵略。抗戰期間，彭養光參加國民外交協會，這個協會由一些像他這樣有一定社會地位和政治地位的人物組成，他們創辦《國民外交雜誌》，以宣傳抗日救國主張，極力宣傳抗日。彭養光經常以國民黨元老的身份參與一些集會、動員活動，「所在演講禦侮，振奮民氣，愛國之忱，老而彌篤」。

1945 年，彭養光被國民政府授予「景星勳章」。1946 年 9 月 24 日病逝。104 字遺囑，無一句涉及私事：

「抗戰勝利之後，和平建設之時。余甚望全國同胞，團結一致，相愛相助，本天下為公之遺訓，以期三民主義之實現，決不可顛倒是非，爭奪權力，重苦吾民，動搖國本，只要大家一念覺悟，不難立進大同之域，此餘生平之志，亦國父在天之靈所欣慰者，伏枕陳辭，諸祈察納。」

中國現代教育改革先驅李廉方

李廉方（1878年—1959年），原名步青，字福廷，號蓮舫。京山曹武人。15歲中秀才。

1902年春，李廉方作為官派留學生，與黃興、李書城等31名同學一道留學日本弘文學院，李廉方主修教育。那時，梁啟超等人主張君主立憲，實行改良，在留學界及國內影響甚大。弘文學院的學生每天晚上上自習的時候就討論立憲和革命的問題，李廉方的思想逐步由改良派轉變為革命派。1903年春，他和革命派的湖北同學一道創辦了《湖北學生界》雜誌，這是辛亥革命時期，留學生中最早以一個省的名字命名的雜誌，也是「留學界中創辦最早、影響最大的革命刊物之一」，創辦這份刊物的目的就是「以世界知識及民族主義喚起內地學生覺醒」。後來，《湖北學生界》改名為《漢聲》。

因為李廉方鬧革命鬧得太凶，不到一年，就被清政府「電召回鄂被逐」，公家出錢讀書的資格被取消，還被趕出湖北省。等風聲過後，他又偷偷跑回武昌，居住在花園山孫森茂花園。「此園實際上已成為秘密的革命機關」，「遠自東京，近自上海，莫不互通聲氣」，「凡以後留學東西各國者十之八九曾到是處」，聚會的目的「一面在於開通士子之知識，一面在更換新軍之腦筋」，就連黃興也曾經居住這裡宣傳革命。不久，「花園山聚會」被清政府察覺，骨幹分子被遣散，李廉方再次「被逐出省」。「花園山聚會」雖然被遣散了，但是它開了湖北革命組織的先河，就如星星之火，迅速成為燎原之勢，隨後不久就有了科學補習所、日知會等各種革命組織。

1906年，李廉方又潛回武漢從事教育工作，在講課中有意傳授一些新思想，學生也都能理解。他利用自己公開的身份，暗中從事革命活動，為革命同志提供了許多方便和幫助。日知會丙午之獄時，他親自寫信讓彭養光帶到北京找關係。保釋季雨霖，李廉方也從中進行斡旋，透過京山老鄉曹進向黎元洪擔保，再加上其他人出面做工作，季雨霖才被保釋出來。

武昌首義成功後，李廉方因長期從事反清革命活動，功勞很大，被推舉為軍政府首席秘書。任職不到一個月，到季雨霖的安襄鄖荊招討部隊當了軍事顧問官，他「曉暢軍事，走筆如飛，重要電稿多出其手」。當時，招討部隊每到一個地方，出佈告安民的時候，同一個內容都是要寫三份一起貼出去

的，一份白話文，一份當地方言，還有一份是寫給當地江湖人士的，很是煩瑣。正因為有此經歷，民國成立以後，李廉方成了「國語運動」的倡導者和實施者。

1912 年 5 月，李廉方代表湖北出席全國臨時教育會議。當時會上有個關於中華民國國慶日的提案，擬定了三個日期供選擇：清廷下詔遜位之日、袁世凱就任大總統之日和「南北議和」之日。李廉方當即提出了反對，另外提出了武昌首義這個日子，並且指出，美國、法國這兩個共和國的國慶日都是定在首義日。他的這個提議得到與會代表四分之三的贊同，後經國會透過施行。於是，10 月 10 日成為中華民國國慶日，被稱為「雙十節」。

辛亥革命後，李廉方一直從事教育工作，當過教員，任過教育廳長，做過大學教授。其本人也說：「余夙治教育學，專究國民教育，尤致力於教材研究。」因生活樸素，廉潔奉公，老百姓贈送給他「廉潔四方」的匾額，他這才把名字「李步青」改為「李廉方」。

1932 年，他在河南開封致力於小學教育的研究與改革，寫成《改造小學國語初步課程方案》《最經濟的合科教育法》等論文，創造出「廉方教學法」。「廉方教學法」是指在小學低年級識字教學階段不採用課本，大量使用卡片，其核心以攻克文字難關為基礎，將語言與常識統一教學，激發學生興趣，提高學習效果，所以「廉方教學法」又叫「卡片教學法」，還稱「合科教學法」。1933 年秋，此法在開封大花園和杏花園兩所小學實施，取得預期效果，用兩年半時間完成當時教育部規定的初級小學四年所學課程。此教學方法目前仍在小學低段教學中廣泛應用。

對「廉方教學法」，著名教育家黃炎培、俞子夷曾撰文介紹並高度評價，該法被譽為「國人自創教學法」的首個代表。李廉方也因此被稱為「中國當代教育改革家」。臺灣教育學者徐珍和司琦在《教學方法演進》(1974) 和《中國國民教育發展史》(1981) 中均稱：「廉方教學法最大貢獻，尚不在經濟教育年限，而在革新過去中國教學之弊病，而創一種適合國情的教學法。」

抗戰勝利後，作為辛亥革命的見證人和參與者，李廉方利用業餘時間寫成《辛亥武昌首義記》（上、下兩卷），敘事頗為翔實可信，所收資料是其他書所沒有的。該書成為現在研究辛亥革命的重要史料。

武漢解放前夕，與張難先、李書城等發起成立湖北人民和平促進會，支持國內和平，反對內戰，並帶頭發起贊成中共八項和平條件的簽名運動。1949 年 9 月，應邀參加第一屆中國政治協商會議。中華人民共和國成立後，歷任中央文化教育委員會委員、中南軍政委員會委員、中南教育部副部長、湖北省人民政府委員、省政協副主席等職。

解放初期，京山縣政府準備將他的故居作糧站使用。李廉方得知此訊息後，專門給家鄉寫信：「若將我的房子用於教育，我鼎力相助。若挪作他用，我將收回產權。」於是地方政府利用他捐出的 1 棟 500 平方米祖傳瓦房，創辦了鄧李小學。

李廉方前半生致力於革命，後半生致力於教育。他在從辛亥革命到新中國成立的歷次時代變遷中，始終站在正義的進步的立場上。他的這種政治敏銳性和洞察力，很是值得我們後輩敬佩和學習。

國民黨元老孫鏡

孫鏡（1882 年—1958 年），又名孫鐵人，京山縣新市鎮人。青年時擅長詩文，聞名鄉里，人稱才子。曾先後受聘於查家祠堂和多寶學堂教書，求學者絡繹不絕，他是中國現代文壇巨匠聶紺弩的啟蒙老師。1902 年，清朝最後一次考秀才時，與同鄉劉英相識，結為知己。1908 年，劉英從日本回國時，將《革命軍》等進步刊物縫在衣服裡帶回來送給孫鏡，他深受啟迪，毅然加入共進會。從此，孫鏡利用自己當老師的身份積極宣傳革命，介紹了很多同鄉加入共進會。

1911 年 10 月 12 日，孫鏡參加劉英領導的永隆河起義響應武昌起義。第二天，按劉英的指示，孫鏡跑到京山縣城，憑著三寸不爛之舌，曉以大義，說服知縣陳中孚起義，憑他一己之力，兵不血刃，京山光復。湖北軍政府成

立後，任職監察處。黃興任戰時總司令時，曾參贊戎幕。後來任同盟會鄂支部幹事。

1913 年「二次革命」時，孫鏡在劉鐵的部隊任秘書，起草檄文聲討袁世凱的罪行，義正詞嚴，震動武漢。失敗後，逃亡日本，學習政治經濟。孫中山聽說湖北申討袁世凱的文章是孫鏡所寫，對他很是賞識，資助他完成了在日本的學業。

1914 年，孫中山整頓黨務，在日本創建中華革命黨，專門把孫鏡留在黨本部，參與機要工作，幫助居正、田桐處理黨務。

1917 年，追隨孫中山南下廣州參加護法運動，任軍政府內政部僉事。1919 年，中華革命黨在上海改組為中國國民黨，孫鏡依舊在黨本部任職，協助黨務部長謝持辦理海內外黨組織事宜。1923 年，孫中山改組國民黨，他認為「只有改進黨務，恢復以前革命黨的精神，才能有勝無敗」。在這種情況下，孫鏡被任命為黨務部副部長、代理部長，整頓海內外國民黨組織。由此可見，孫鏡是很受孫中山器重的。

1924 年 1 月，孫鏡參加國民黨一大會議，當時參會人員總共只有 165 人，在會上確立了「聯俄聯共扶助農工」的政策，進入國共第一次合作時期。國民黨改組後，重心移至廣州。孫鏡留在上海環龍路四十四號國民黨上海執行部工作，一面建立、發展組織，一面組織上海執行部平民教育委員會，從平民教育運動入手開展工作。平教委員會推薦孫鏡、鄧中夏、毛澤東三人為常務委員。從 1924 年 5 月國民黨上海執行部部分工作人員合影照可以看出，當時孫鏡的地位比較高。

前排左起：鄧中夏、喻育之、孫鐵人、茅祖權、張繼、胡漢民、汪精衛、謝持、□□□、向警予；

中排左起：□□□，周頌西、韓覺民、葉楚傖、王荷波、□□□、何世楨；

後排左起：劉伯倫、毛澤東、向昆、沈澤民、□□□、葛健時、羅章龍、惲代英、邵力子、周佩箴。

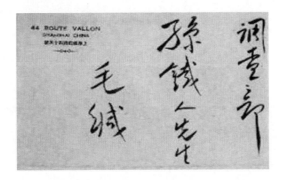

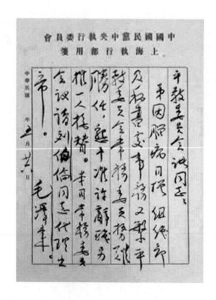

毛澤東幹了幾個月後，向孫鏡遞交了辭職信：「平教委員會諸同志：弟因腦病日增，組織部及秘書處事務又繁，平教委員會常務委員勢難勝任，懇予準許辭職，另推一人接替。本月常務委員會議請劉伯倫同志代理出席。毛澤東 五月廿六日」。

1924 年 6 月，黃埔陸軍軍官學校成立，孫鏡在上海負責第一、二期學員的招生考試工作，並直接評閱試卷。京山人聶紺弩、劉明夏、金亦吾都是經他手招進黃埔軍校。就荊鐘京這三個地方而言，京山的黃埔學員相對來說要多些，並且大多是加入的國民黨，這和孫鏡的影響不無關係。

1928 年，孫鏡任湖北省政府秘書及省黨部常務委員，參與「清黨」。他和彭養光一樣，都是堅定的國民黨追隨者，在國民黨和共產黨之間，他們始終站在國民黨一邊。當然，他也搭救過共產黨人，辛亥元老、京山人王守愚的兒子王巽章是名共產黨員，1927 年在武漢被捕，就是由孫鏡保釋出來的。

1929 年之後，孫鏡被邊緣化，退出了國民黨的決策層。開始從事新聞工作，常以「片雲」「寒鶴」「尖鳳」等筆名，發表文章。1935 年，進入國民黨中央黨史史料編纂委員會任編纂。一直從事國民黨黨史研究。1949 年，聶紺弩曾多次勸他留在大陸，孫鏡覆函已有靜觀時局之意，終因受人裹脅而匆

匆赴臺。1954 年因腦血管硬化，臥床達四五年之久，於 1958 年 2 月 23 日去世。

█ 熱心教育的萬人傑

萬人傑（1888 年—1946 年），字正耀，號俊夫，荊門市漳河鎮周集村人。青年時期的萬人傑，深受孫中山先生革命思想的影響，追求真理，追求進步，勇敢站在時代前列，於桑梓率先剪去長辮。這種不惜殺頭，堅決擁護孫中山革命主張的抗清舉動，遭到父親萬直齋先生嚴厲斥責，一氣之下他便離家出走，流落宜昌，寄居三游洞。

家中得知萬人傑在宜昌的一些情形，母親和親眷都規勸其父親，讓他快些回家，父親雖有悔意，但終未答應。無奈，萬人傑的母親和親眷暗中籌措了一些資金，托族叔萬慶華送往宜昌。萬收到這筆資金後，當即用作盤纏前往武漢求學。兩年後，畢業於兩湖礦業學校。

1914 年前後，北洋軍閥統治時期，武昌城內先後開辦了湖北省第一師範學校、湖北省立第二中等學校，萬人傑曾先後在上述學校任教員。大革命失敗後，他又經劉春霖（荊門人）介紹，到武昌文學小學（原武昌文學書院，此時為美國人主辦的教會學校）任教師。因他擅長英語，教學又十分認真，深得校董會信任，一年後他被聘為校督（校長）。不久，文學小學更名為文學中學，萬人傑繼任校長。

1937 年，「七七事變」不久，日機狂炸武漢，文學中學被迫停辦，萬人傑返回故里。在返鄉途中，他親見大批流亡青年和桑梓子弟輟學，心情十分沉痛。為育才救國，到家不久，便和胞弟萬德生到當陽育溪鎮和賙濟安先生一道創辦陽明中學。1939 年，他返回家鄉再與胞弟萬德生等鄉塾協商，以萬家宗祠為基地，興辦私立荊門「求實中學」。雖經他申報，獲準省教育廳備案，但辦學經費仍無來源。為籌措足夠的資金、聘任教師和添置教學用品用具，他毅然與胞弟各捐糧田 50 石租稞，作為開辦基金。

1940 年荊門淪陷前夕，求實中學實際成了荊鐘南宜特委活動和聯絡的中心。學校除了開設中學的各門基礎課程外，就是在地下黨的領導下，堅持宣傳團結抗日救國、反對分裂投降等進步思想，積極培養學生的愛國之心和仇日之情。在當時物質條件極為困苦的情況下，萬校長帶領師生種糧、種菜、養豬、養魚，不到一年，全校實現自給自足。1939，學校已開辦了三個教學班，有學生近百名。荊門、當陽、鐘祥、沙市、江陵等鄰近的青年也來該校就讀。

1940 年 6 月，日軍攻陷荊門，求實中學被迫停辦。萬人傑雖暫時隱居鄉里，但他卻一直奔走四方，團結廣大愛國志士仁人，共赴國難，積極支援抗戰。

1942 年，日軍採用軟硬兼施的辦法，企圖誘騙他出任日偽荊門縣長，萬人傑借養病為由當即拒絕。後雖經日偽再三威脅，但他始終不曾屈從。

1943 年農曆正月，萬人傑冒著生命危險，帶著子女，星夜逃脫敵人的嚴密監視和封鎖，在陳繼恆、蘇建中的掩護下，到達城北劉猴集。日軍得知萬人傑逃離老家後，氣急敗壞，將其房屋焚燬，並嚴刑拷打他的侄兒萬顯達，又將其侄兒萬顯堯捉去處死。

萬人傑到城北，仍未改變熱心教育的初衷。1943 年 8 月，國民黨荊門縣政府在劉猴集附近的羅家沖興辦荊門中學，他被聘為校長。同年，日軍大肆騷擾城北，他不得不帶領師生，歷經艱辛，將學校從羅家沖遷至白廟，再遷至崇山峻嶺的仙居寺。抗戰勝利後，萬人傑又和全體師生一道，幾經周折，將學校從一百餘裡的仙居古寺搬回荊門城關（現龍泉中學）復課，萬再次被聘為校長。1946 年初，萬人傑責成他的四弟萬德生恢復求實中學，並任校長（學校辦至 1949 年解放）。同年 3 月，他被選為國民黨縣政府臨時參議長。5 月中旬因赴武漢述職，兼送幼子顯環赴漢治病，途經天門皂市時，所乘汽車因輪胎爆炸而翻車，萬人傑不幸罹難。

萬人傑的一生是熱心教育的一生，也是舉步維艱的一生。他為人謙遜，秉性公正，熱愛教育，治校有方，為國家培育了不少人才，是荊門教育界的知名人士，深受人們崇敬。

密教高僧持松

　　持松大師（1894 年—1972 年），俗姓張，法名密林，字持松。沙洋縣青泥村人，是中國近代著名的密教高僧。法師懂日文、梵文，善詩詞，兼工書法。著作包括顯密二部，共有二十六種。

法师法相

　　密教發源於印度佛教。其根本經典是《大日經》和《金剛頂經》。宣揚「即身成佛」，可以透過手結契印（身密）、口誦真言（口密）和心作觀想（意密）這「三密相應」來實現，所以，密教也叫真言宗、瑜伽宗。密教從印度傳到中國，從中國傳到日本，在日本發揚光大。中國的密教在五代十國的時候就已經失傳。

　　持松大師 17 歲投沙洋鐵牛寺出家，27 歲接觸密教，一生「六次為法，忘軀東渡，可與鑒真媲美」（真禪法師語），前三次是在新中國成立前，主要是學法及購買法器，後三次均為新中國成立後去日本訪問交流。鑒真是傳佛到日本，持松是把失傳的密教傳回中國。

　　1921 年，大師第一次東渡日本，既節儉又刻苦，節儉的只有一條褲子，連替換的都沒有。在短短兩年時間裡，不但學會了日語，還學到了密教真義，被授予六十四世灌頂傳法阿闍黎位。

　　回國之後，持松大師在武昌洪山寶通寺開壇講法。剛好那個時候，湖北遭受大旱，眾人請他設壇祈雨。有友人為他擔心，這雨可不是說下就下的。

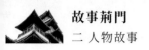
持師說，要使人相信密教，咒術也是爭取信眾的一個方法，不順勢去掉信眾心裡的懷疑，不讓大家見識密教法術的神奇，又怎能樹立起密教的威望呢？

據民間傳，持松大師身穿黑衣，腳踏黑襪黑鞋，設壇上座莊嚴修法，祈雨七天。蒼天開眼，佛祖顯靈，修到第三天的時候，嘩啦啦，傾盆大雨從天而降。一時間，武漢名流居士百數十人，紛紛灌頂受法，一般善男信女受灌頂者數千人，盛況空前。

隨後好多年，好些名人都向他請教佛法。如吳佩孚請他講《金剛經》；他為張學良將軍灌頂受戒；蔡元培帶十多個學生聽他講《楞嚴經》，兩人一起探討哲學和宗教大意，持松還專門寫了《哲學與宗教》一文贈送給蔡元培。

1935 年，賀龍帶領紅軍攻克沙洋，當時持松正好在老家，他賦詩一首讚頌紅軍：「誰知驟雨狂風勢，為迎降龍伏虎人」。

1939 年，日本侵略軍攻陷上海，持松法師在上海聖仙寺閉門學佛，謝絕一切外交。1941 年，日軍聞悉持松大師德高望重，曾多次東渡日本參學而且精通日文，於是千方百計拉攏持松法師，想請他出任日偽上海市佛教協會會長。

面對日本侵略軍的要求，持松法師毫不屈服，堅決拒絕一切合作。日本侵華駐軍總司令宮河田大佐與青幫頭子等人多次約請法師見面洽談，都被法師以有病推卻掉。有一次，日軍派來的人賴在寺中一連三天不走，但最終還是沒有能夠見到持松法師，結果來人只得悻悻而歸。持松大師是高僧，和日本的和尚們有著千絲萬縷的聯繫，日本人又信佛，日偽政府也不敢用強，這樣糾纏了三個多月，最後只好作罷。持松法師這樣不屈不撓，表現出了崇高的民族氣節。

同時，持松大師利用他在佛教中的地位，保護了一批不願做漢奸的中國人。比如有個江蘇人楊俊生，早年是同盟會員，在日本留過學，學的是船舶技術，回國後辦了船廠，是個民族資本家。抗日戰爭爆發後，他的船廠被日本人霸占。漢奸周佛海曾受汪精衛之托，請他出任汪偽職務，楊俊生鄙夷地訓斥說「佛海，佛海，你下海了，可不要再害別人」。日寇邀他出任江南造

船所所長，他藉口「皈依佛門，不問世事」予以拒絕。為表示決心，毅然拜持松為師，參禪唸經去了。

1949 年，國民黨敗退臺灣時，專門在臺修建寺廟，請持松大師過去任主持，他說「此土彼土，同一淨土」，就是說大陸和臺灣是同一片清淨之地，我在哪邊待著都一樣。新中國成立後，持松大師先後任上海靜安寺方丈、上海佛教協會會長、中國佛教協會常務理事，多次率團出國交流中外佛教文化，周總理稱其為「真和尚」。

1972 年的一天，持松法師突然對弟子們說：「我生已盡，所作已辦，梵行已立，不受後有」。不久，安詳圓寂。圓寂前寫了首禪語：

滿月皓空，星光互攝。

入我總持，莊嚴圓密。

法爾如是，無生無滅。

如何理解，靠讀者自己用心去悟了。

▌中國考古學之父李濟

李濟（1896 年—1979 年），字受之，後改濟之。人類學家、中國現代考古學家、中國考古學之父。前後發表考古學著作約 150 種。

李濟出生在鐘祥市中果園街雙眼井邊上的一戶讀書人家，他父親給他取名叫「李順井」。11歲時，跟著父親去了北京，從此再也沒回過故鄉。15歲進入清華學堂學習，自己改名為「李濟」。

22歲赴美留學。留美期間，李濟和那位「揮一揮衣袖，不帶走一片雲彩」的徐志摩關係很好，兩人曾住一個寢室，李濟給他父親的信裡說：「同住徐君甚喜講良知之學，篋中攜有陽明全集，每值課暇則出而共相磋磨，心身獲益良匪淺矣，是亦客中之奇遇也」。

27歲獲得哈佛大學哲學博士學位，這是中國人獲得的第一個人類學博士。博士論文題目叫《中國民族的形成》，共20多萬字。著名哲學家羅素在《中國問題》一書中曾直接引用了這篇論文中的兩大段文字：

「……拼音字文化最發達的地方，也是最易於發生動盪起伏的地區。西方國家的歷史就不斷重複這種現象。希臘人的盛衰就表明了這一點，羅馬的盛衰也表明了這一點，阿拉伯人的盛衰又重複了這一點。他們的文明也像希臘人和羅馬人一樣缺乏穩定性。由於拼音語言過於飄忽流動，不能指望它作為保存任何穩定思想的工具。使用這種語言的民族，其人民的思想感情或可比作瀑布和激流，但卻不能比作汪洋大海。他們的思想比別的民族豐富，但別的民族的人卻不像他們那樣動不動就放棄自己的一些有價值的觀念……」

漢語作為象形文字，「保護著中國的文明已達四千餘年之久。漢語正如它所體現的精神一樣是穩定的，充實的，優美的。當然，究竟是這種精神產生了這種語言，還是這種語言促進了這種精神，問題還有待研究。」

羅素認為從李濟的論文中「得到了某些頗有啟發的見解」。羅素的這番引用和讚賞使一個名不見經傳的青年學子李濟「一下子出了名」。

李濟學成之後就回到中國，他後來回憶說：「那時的留學生，沒有一個人想在美國長久地待下去，也根本沒有人想做這樣的夢。那時的留學生，都是在畢業之後就回國的」。由此可見那時候的青年人真的是非常愛國，都急切地想把在國外學到的知識回報自己的祖國。

　　回國後的李濟意氣風發，按他自己的話說就是「好像初出籠的包子似的，總帶了些熱氣」。先是在南開大學任教，後來到清華大學任教，是清華大學國學研究院 5 位導師之一，梁啟超、王國維、陳寅恪、趙元任和李濟，前四位被聘為教授，李濟年輕，才 29 歲，被聘為講師，主要教授人類學，工資和教授一樣多，一個月 400 塊大洋，待遇也和教授一樣，有單獨的辦公室。多年後，著名學者楊聯陞曾在詩中稱頌這五位大師：「梁王陳趙李，大師能互影。任公倡新民，靜庵主特立。寅恪撰豐碑，史觀揚正義。元任開語學，濟之領考古。後賢幾代傳，屈指已難數。」

　　1926 年，李濟主持了西陰村仰韶文化遺蹟的發掘工作，成為第一個挖掘考古遺址的中國學者，他被譽為「中國考古學之父」。之前曾有外國考古學家邀請他一起組團在中國考古。他明確提出：在中國的田野考古工作，必須與中國考古團體合作；在中國發掘出來的古物，必須留在中國。外方代表最後嘆服，「你的條件，我們知道了。我們可以答應你一件事，那就是絕對不會讓一個愛國的人，做他所不願做的事。」李濟先生的國際地位和國際眼光並沒有使他在愛國、在維護國家權益上做任何的讓步。

　　1930 年，李濟主持濟南龍山鎮城子崖遺址發掘，他讓龍山文化呈現於世人面前。如今，仰韶文化和龍山文化已成為中國遠古歷史的標誌性術語，許多對考古學一竅不通的人也都耳熟能詳。只不過，大多數人對他卻是聞所未聞。

　　1928 年至 1937 年，他主持了震驚世界的河南安陽殷墟發掘，塑造了中國考古學學術體系的雛形。20 世紀 50 年代至 80 年代，大陸與臺灣考古學領軍人物，如夏鼐、尹達、高去尋、石璋如、尹煥章與趙清芳等都曾接受他與梁思永的指導與訓練，並參與殷墟的發掘工作。延續近 10 年的安陽殷墟考古，使殷商文化由傳說變為可信的歷史，並由此將中國的歷史向前推移了數百年。直至今日，它依舊被視為人類文明史上最重大的發掘之一。

　　抗日戰爭時期，李濟護送國寶南遷，條件十分艱苦。這些成績成就了李濟前半生的聲名。1949 年初，他隨著他前半生挖掘出土的陶片、銅器和人頭骨等一千餘箱文物，去了臺灣。

李濟是個純粹的學者，他一生經手發掘、保存、研究的文物無數，到他去世後，人們清點遺物，在他家裡沒發現一件文物古董。他追求的是「獨與天地精神往來的快樂」。

李敖曾寫過一篇文章叫《一個學閥的悲劇》，文章中極盡刻薄之能事：「李濟三十一歲起就做學閥，八十四歲才在武俠小說中死去。他壟斷學術，自己不研究也不給別人機會，『安陽發掘報告』有始無終，『中國上古史』計劃拖延不做」。但在文章的最後，李敖也不得不承認李濟是臺灣「最後一個迷人的重量級的學閥」。

李濟人生最輝煌的一頁是在殷墟，此後，考古學家和他發掘的遺址天各一方，路途迢迢。隔海相望殷墟，心中是怎樣一番滋味？1956 年，在他的故鄉，發現了新石器時期的屈家嶺文化，身不能回大陸的李濟，心中是否牽掛著故鄉的考古？

▌文豪聶紺弩

聶紺弩（1903 年—1986 年），原名聶國棫，筆名紺弩、耳耶、悍膂、臧其人、史青文、甘努、二鴉、澹臺滅闇、簫今度、邁斯等，詩人、作家、編輯家、古典文學研究家。京山人，京山紺弩中學因他而命名。

由於他的文學根底紮實，信筆寫來，旁徵博引，借古諷今，揮灑自如，他的雜文風格酷似魯迅，為文壇所稱道，夏衍說他是「魯迅之後雜文第一」。有《紺弩小說集》《紺弩散文》《聶紺弩雜文集》及《中國古典文學論集》。

1921 年，聶紺弩受老師孫鏡介紹加入國民黨。1924 年，聶紺弩考入黃埔軍校二期，與陳公培、鄭介民、周逸群同學，結識了周恩來。他老婆周穎和周恩來、鄧穎超的關係很好，周恩來稱他為「妹夫」。1926 年，黃埔畢業後，考入莫斯科中山大學，與張聞天、鄧小平、伍修權、蔣經國等國共兩黨的一大批高級幹部是同學。雖然聶紺弩交友遍及國共兩黨高層，但他對權力有一種戒備心理，無意仕途，自由散漫慣了，周恩來說他是「大自由主義者」。用他的話來說，就是「一場冬夢醒無跡，依舊乾坤一布衣」。

1932 年，經胡風介紹加入左聯，成為魯迅的忠實弟子，魯迅逝世時，他是扶棺者之一。

1934 年，經京山老鄉吳奚如介紹加入中國共產黨。

1938 年，與丁玲假扮夫妻到延安，曾與毛澤東同桌吃飯，共同交流。他對毛澤東的談吐很欽佩，毛澤東談話的時候「不威脅人，不使人拘謹，不使人自己覺得藐小；他自己不矜持，也不謙虛，沒有很多酬話，卻又並不冷淡。初次見面，談起來就像老朋友一樣。似乎真把你當作一個朋友，似乎真在聽你講，而自己又很坦率地發表意見」。

1938 年 8 月，經周恩來介紹，聶紺弩到新四軍工作，與儒將陳毅相識。陳仰慕其才，二人常秉燭夜談，詩經楚辭、唐詩宋詞。他們探求意境，切磋格律，相互唱和，抒發胸臆。

在共產中國成立前，他在香港《文匯報》擔任總主筆，和梁羽生成為棋友，經常為了和梁羽生下棋而不回去寫稿。共產中國成立後，擔任人民文學出版社副總編輯。1957 年，被打為「右派」。

聶紺弩研究《三國演義》《紅樓夢》《金瓶梅》《水滸傳》，造詣頗深。書畫家黃苗子將四部書各取首字，書成「三紅金水之齋」贈予聶。「文革」時，造反派闖入聶家抄家，見「三紅金水之齋」匾額，遂質問聶紺弩：「此

匾何意？」聶暗想，如果告知實情，無疑雪上加霜，招致皮肉之苦，靈機一動，機智地回答：「三紅者，思想紅、路線紅、生活紅是也。」眾人相覷，接著質問：「金字何意？」聶答：「金字，為紅寶書上之金。」「水為何意？」眾人又問。那時江青已被稱為「文革旗手」，聶輕聲回答：「水，為『旗手』江青『江』之偏旁，因為『尊敬』，不敢妄寫，唯有以『水』代之。」眾人聞言，面對匾額，目瞪口呆。有人惱羞成怒：「你是什麼東西，也配羨慕旗手。」說罷，砸碎匾額。聶無奈，唯有扼腕。

聶紺弩思維敏捷，獨具慧眼，在驚人之語中，有深刻，有調侃，也有偏頗。「文革」期間時常發些議論和牢騷，被有心人告了密，形成了材料，被判無期徒刑。

《往事並不如煙》裡記載了他出獄的戲劇色彩。1976 年，正巧一批被特赦的國民黨戰犯要出獄，當時有幾個已老死在獄中。在朋友的幫助下，聶紺弩憑著黃埔二期的資歷，混在其中被釋放出來。也就是說聶紺弩是「以老共產黨員的身份進的監獄，以老國民黨的名義出的牢門；以現行反革命的罪行抓進去，以歷史反革命案情放出來」的。鄧小平對聶紺弩知根知底，聽了他的這段出獄經歷，哈哈大笑著說：「黃埔學員嘛，算什麼軍警特？」從此，再沒人拿他出獄的事說事了。

1986 年 3 月 26 日，下午 4 點 25 分，聶紺弩終於走完了他的人生旅程，溘然長逝於北京協和醫院。據說，在這一天，他對守候在床邊的夫人周穎說：「我很苦，想吃一個蜜橘。」周穎剝了一個蜜橘給他。他一瓣一瓣地把蜜橘全吃了下去，連核兒都沒吐。吃完後，他說：「很甜，很甜。」接著，就睡著了，睡得又香又沉，再也沒醒過來。

三 英烈故事

▌辛亥革命先鋒季雨霖

　　季雨霖（1881 年—1918 年），沙洋縣高陽鎮人。20 歲當兵，不久，就被保送到將弁學堂學習軍事，畢業後，派任湖北新軍第十六協第三十一標第三營督隊官（相當於副營長）。

　　1904 年參加反清秘密組織——科學補習所。1906 年 3 月，參加日知會。同年年底，同盟會在江西、湖南發動萍瀏醴起義，孫中山派人來湖北聯絡日知會響應，結果被內奸告密，抓了九個主要領導人，季雨霖就是其中之一，歷史上稱為「日知會丙午之獄」。在獄中，季雨霖受盡酷刑，遍體鱗傷，關押一年多後，他在軍隊中的領導和同僚向黎元洪求情，被保釋出獄。出獄以後，季雨霖身無分文，在革命同志的支助下，先後到東北、四川從事革命活動。

　　聽到武昌首義成功的消息，季雨霖日夜兼程，趕回武昌，來到城門下，戒嚴，不讓進。「季雨霖遞入名片。城內歡呼，奔走相告：『季大人回來了！』」黎元洪馬上任命他為標統（相當於團長），率領部隊支援漢口，與清軍角逐於一街一巷，無休無懈，不食不眠。10 月 31 日的戰鬥中，季雨霖被「一彈由胸洞背」，身負重傷，「睹者色變，公無懼容也」，堪比關公刮骨療傷之

神勇。當時槍彈威力不大，殺傷力不強，又是洞穿傷，沒打到要害。「十多天后，傷口癒合，派為軍政府一等軍事顧問官」。

漢陽保衛戰時，軍政府中有識之士提出：「應急派兵溯漢北上，號召中原豪傑。然後北出宛洛，西通關陝，出奇制勝，掩其不備，此萬全之策也。」意思就是要北伐，這樣才能鞏固首義的戰果，牽制由北南下的清兵，減輕武漢的壓力。季雨霖被任命為安襄鄖荊（安陸、襄陽、鄖陽、荊門）招討使。招討、招討，聽話的就招撫，不聽話的就討伐。

1911 年 11 月 20 日開始北征招討，到 1912 年 3 月 25 日季雨霖返回武昌覆命，歷時一百二十五天，征程 1800 公里，攻克了漢水流域的 32 個城鎮，兵力從幾十人擴大到一個師，計有陸軍 11376 人，水師 824 人。季雨霖的部隊被改編為鄂軍第八師，季雨霖任師長，授陸軍中將銜。當時的《民權報》對他的評價非常高：「君固革命提倡之先鋒，民國創造之偉人。」

1912 年 3 月 31 日，季雨霖致電孫中山，向他明確指出南北議和的危害。認為「袁賊狡詐，別有企圖。……縱然即一心求和，亦當分途北伐，海陸並進，使敵軍不敢妄動，然後和局可成。」這就如同 1945 年的上黨戰役一樣，和談可以，先打，打贏了再談，這樣才對我有利，才能為我贏得更多的籌碼。可惜，季雨霖的這一真知灼見未得到應有的重視，以致辛亥革命的成果最終被袁世凱這個竊國大盜輕易篡奪。功虧一簣，令人捶胸頓足。

南北議和之後，袁世凱當上民國大總統，他認為湖北的軍隊太多，指使黎元洪將鄂軍 8 個師縮編為 3 個師，季雨霖被下崗，成了光桿司令。在湖北的革命黨人，要麼被收買，比如孫武；要麼被遣送出去留學，如陳雨蒼到日本去學醫；要麼像季雨霖一樣被排斥；甚至有一些被直接殺害，在湖北最先被殺的三人中有一位就是荊門人祝制六。祝制六是個很有組織才能的人，先入日知會，後入群治學社。為把軍中益智社人員吸收到群治學社中來，他就把自己的職務讓給益智社的同志，他這種不求官只求對革命有利的行為倒是很讓人欽佩。

1913 年 3 月，宋教仁被暗殺，「二次革命」開始，孫中山、黃興親自寫信給季雨霖，信上說「大憝未除，必滋後患。……吾黨同志，務當振奮精神，

重新努力」。於是季雨霖在武漢多方面聯絡舊有軍隊，秘密組成「改進團」，旨在「改進湖北軍政，繼續革命事業」。不久被黎元洪偵破，季雨霖被迫逃到上海。沒過多久，黃興又派他潛回武漢組建「參謀團」，帶回來的 20 萬大洋被一個日本商人給騙去了 15 萬，剩下的 5 萬不夠招兵買馬，僅聯絡在沙洋的劉鐵帶兵起義，失敗後東渡日本，在東京加入孫中山組織的中華革命黨。

季雨霖是從民族大義上去做這些事，但是從黎元洪的角度來看，黎元洪在日知會丙午之獄的時候救過季雨霖，安襄鄖荊招討使也是黎元洪給季雨霖任命的，只不過因為工作的需要，才讓季雨霖臨時下了崗，沒想到季雨霖一而再，再而三地造反，所以黎元洪對季雨霖痛恨入骨，撤銷了他陸軍中將的軍銜和師長的職務，全國通緝，懸賞告示指出：「能生獲季雨霖，賞銀 10 萬」。如此還不解恨，黎元洪組織軍法處舉行缺席會審，判處季雨霖絞刑。絞樁都釘好了，人一捉拿回來馬上處死。還專門預留了一間牢房給季雨霖，並且要求每天按時送牢飯。

風聲過後，季雨霖從日本潛回東北進行倒袁活動。當時，北京、上海、漢口的各報紙經常有關於「亂黨」首領季雨霖的消息，季雨霖成為叱吒一時的風雲人物。直到袁世凱死後，大赦政治犯，季雨霖才恢復官銜，結束漂泊生涯。

1917 年，護法運動爆發。季雨霖回湖北組建湖北護法聯軍，他在軍閥黎天才部隊搞組織發動工作時，中下級官兵們推舉他為湖北護法聯軍西路司令。因黎天才投靠了北洋軍閥，季雨霖被黎天才派心腹從沙洋綁架至鐘祥。1918年 2 月 11 日，也就是農曆大年初一，在拘留室中，季雨霖被亂槍打死。他為辛亥革命流盡了最後一滴血，犧牲時年僅 37 歲。

▌辛亥志士劉英、劉鐵

劉英（1881 年—1921 年）、劉鐵（1888 年—1915 年），京山永隆鎮劉家榨人。兩人是一個家族的兄弟，家族比較富有。1905 年，兄弟倆東渡日本留學，劉英學政治經濟，劉鐵學軍事。在日本，他們結識了孫中山，加入了

同盟會。1907 年，劉英和一部分同盟會會員認為同盟會「行動舒緩」，不重視在長江流域起義，因而倡議另行組織一個革命團體——共進會。1908 年，劉英作為骨幹成員，回湖北參與組建湖北共進會。劉鐵在東京加入共進會後，於 1909 年回湖北協助劉英工作。

　　他們回家鄉後，積極活動，利用家裡的錢購買武器，爭取清兵，聯絡會黨（即江湖人士）。1910 年，黃興來到劉英家裡，待了一個星期，詳細瞭解劉英起義的準備情況。這年夏天，劉英被湖北共進會推舉為副都督，負責指揮漢水流域軍事。到 1911 年，他們在京山發展義軍 1000 人。9 月，共進會、文學社在武漢開會部署武昌起義，劉英在會上慷慨陳詞：武昌發難，自必樹義旗於漢江中上游，以抵擋襄鄖之敵，誓與諸君共存亡！

　　1911 年 10 月 12 日，劉英家鄉永隆河收到武昌首義的消息，京山清軍管帶（相當於營長）同樣收到了消息，想設鴻門宴宴請劉英，準備先下手把劉英除掉。劉英將計就計，欣然前往，清軍管帶沒想到自己身邊的人早已被劉

英策反，全成了革命黨人。吃飯的時候，管帶想拔槍射殺劉英，結果被邊上的人一拳把槍打飛，接著另一人拿出一把匕首把這個管帶給刺死了。這個管帶可以說死得冤枉，死不瞑目，因為沒人幫他。劉英當即宣布起義，清軍士兵群起響應，永隆河起義爆發。這是全國繼漢川起義後，第二個響應武昌首義的地區。

隨後，起義軍勸降了京山知縣，京山光復；攻占了天門縣城，天門光復。起義軍迅速發展到 5000 人，編為兩個標（團），劉英任第一標標統，劉鐵任第二標標統。劉鐵率部支援漢陽。劉英率部擊退襄樊巡防營的攻擊後，占領潛江，攻克監利。清政府派馮國璋率領大軍反撲武漢，劉英率大軍回師東進，與馮軍主力鏖戰於龜山、赫山之間。京山子弟兵犧牲甚眾，但成功牽制了馮國璋部，為各省義師相繼舉事贏得了寶貴時間，為「陽夏之戰」立下了不朽功勳。

季雨霖北征開始後，劉英、劉鐵部整編為一標，劉鐵任標統，合併到北征序列，劉英任招討使行署軍政處長。

南北議合後，劉英任國會議員。劉鐵任季雨霖第八師 33 團團長，先後駐防漢陽、荊門、沙洋。國會中，議員之間的鬥爭也是很激烈的，經常發生爭論，有一次劉英激動過度，順手拿起桌上的硯臺砸向和他爭論的對手，頓時對方臉上鮮血直淌，墨跡斑斑。可見，國民黨在國會上打架歷史是十分悠久的，從劉英那個時候就開始了。

「二次革命」開始後，黎元洪為了拉攏劉鐵，授予劉鐵少將軍銜，劉鐵說：「不討袁何以泄普天之憤，黎元洪可謂心勞日拙，輕量天下士也。」黎元洪也太輕看天下的仁人志士了。隨即劉鐵擴軍三個團，在沙洋宣布獨立，通電討袁。他是「二次革命」時期，湖北地區唯一的一支討袁武裝，堅持一個多月，孤立無援，寡不敵眾，戰敗，劉鐵不得不解散部隊，自己化裝跑到上海。黎元洪發出通緝令：「如有拿獲該逆劉鐵或當場擊斃者，均賞銀 3000元；密報蹤跡因而拿獲者賞銀 1000 元。」後來又奉袁世凱的令將賞銀加價到 10000 元。劉英也因在武漢反袁被通緝，於是兩人再次東渡日本，參加孫中山組織的中華革命黨。

　　1914 年，劉鐵回國在上海法租界聯絡革命黨人，為倒袁做準備。1915
年，在住所製造炸彈時，因助手吸煙不慎引起爆炸，劉鐵手被炸傷血流如注，
被聞聲趕來的巡捕逮捕。又一起因吸煙引起的爆炸，和武昌首義前夕漢口革
命黨總部爆炸的原因一模一樣。

　　袁世凱為了剷除異己，出賣國土，以擴大租界範圍為代價，要求法領事
引渡劉鐵。孫中山先生聞訊，電請法國友人營救，也可能因為法領事覺得得
到一塊地比放一個人划算，劉鐵被引渡。1915 年 7 月 31 日，被殺害於上海
西炮臺，年僅 26 歲。

　　袁世凱死了以後，國會恢復，劉英仍為國會議員，曾提出籌建海軍的議
案。護法運動興起後，隨孫中山南下，參加非常國會，任大元帥府參議。
1921 年，劉英在武漢進行倒王活動，驅逐鄂都督王占元，叛徒告密，被捕。
9 月 5 日，在武昌閱馬場遇害，遺體被同鄉陳登高收殮埋葬。廣州革命政府
為劉英舉行了隆重追悼會，頒發家屬撫卹金 3000 元；孫中山親筆諭示「一
俟大局底定，舉行公葬」。可惜大局一直沒有安定下來，新中國成立後，京
山縣人民政府完成了孫中山的這條指示，在縣烈士公園建了劉英遺冢和劉英
亭，供後人瞻仰。

　　劉英的兒子劉明夏，是黃浦一期學員。在黃浦軍校讀書期間，加入中國
共產黨。以國民革命軍第 11 軍 24 師 71 團團長身份參加南昌起義。1928 年
在瓊崖領導工農武裝鬥爭。1929 年他脫離中共黨組織，投向國民黨。抗日戰
爭初期，任國民黨第 14 軍 94 師少將師長。1941 年，在中條山戰役中，戰敗
被俘，生的慾望讓他選擇做了漢奸。在 1951 年春的「鎮壓反革命」運動中
被處決，給他父親的一世英名塗抹上一絲汙痕。世事變化，令人感嘆；一念
之間，讓人嘆息。

▌早期工人運動領導人張華

　　張華（1895 年—1929 年），字冠軍，學名張中冕，別名張子余、張萍化，
鐘祥洋梓人。

1911 年，張華赴武漢求學。當時的武漢正處於疾風暴雨的前夜。革命團體和進步書刊如雨後春筍般湧現，民主思想廣泛傳播。張華在進步思想的洗禮中，逐步認清了中國社會貧困落後和愚昧的本質。

1915 年 5 月，張華東渡日本，考入早稻田大學攻讀法律。留日期間，張華與周恩來、李大釗結識，在他們的影響和幫助下，接受了馬列主義。為了廣泛閱讀社會科學書籍，更好地研究社會、革新社會，他刻苦鑽研，很快就精通了日、英、俄三國文字。

1921 年 2 月，張華以優異成績學成回國後，來到武漢，他先後擔任日本人辦的《湖廣新報》主筆、《日知新聞報》總編輯和湖北全省工團聯合會機關報《真報》的編輯。這期間，張華憑著進步青年的激情和勇氣，以其犀利的筆鋒，抨擊時政、針砭時弊、揭露社會、喚醒人民，為廣大勞動大眾的鬥爭鳴鑼開道、吶喊助威。

1921 年 9 月，中國勞動組合書記部武漢支部在武昌成立。張華和包惠僧、項英、施洋等成為支部成員。

1922 年夏，張華加入中國共產黨。10 月，湖北全省工團聯合會成立，張華受聘擔任顧問，並當選為工團聯合會最高權力機構——聯席會議的執行委員，成為武漢工人運動的領導人之一。

1923 年，張華參加了震驚中外的京漢鐵路「二七」大罷工。在鬥爭中，張華面對敵人的殘酷鎮壓，與罷工工人生死與共，血肉相連，同帝國主義、封建軍閥展開了英勇的鬥爭。2 月 6 日，張華和林育南、施洋、許白昊等人率領各工團及各界群眾組成的慰問隊，高擎「支援京漢鐵路工人兄弟」的旗幟，雲集江岸，舉行慰問大會。張華、施洋等十餘人在大會上發表演說，慷慨陳詞，痛斥反動軍閥的罪行，熱情讚頌京漢鐵路的偉大鬥爭，表示堅決支持京漢鐵路工友，誓為罷工工人的後盾。會後，張華等率領 15000 名工人群眾，舉行了聲勢浩大的遊行示威。遊行隊伍手執旗幟，高喊口號，浩浩蕩蕩向租界進發，巡捕軍警均不敢阻擋，充分顯示了中國工人階級的強大威力。

2月7日，敵人對罷工工人實行血腥鎮壓，共產黨員林祥謙等壯烈犧牲，張華繼續領導工人鬥爭。他和一部分工會領導人及工人轉移到漢口諶家磯河畔開會，研究對策。大批軍警聞訊趕來。張華等臨危不懼，沉著機智地登上一條小木船，神態自若地和大家哼著湖北小曲，扮成游江客人，慢慢溯江而上，黃昏時，安全到達招商局碼頭。第二天，湖北全省工團聯合會機關報《真報》報館被查封，張華受到通緝。他隻身到漢口大蔡家巷13號鐘祥籍進步人士範漢卿先生家隱蔽。11日，他在範先生的掩護下，乘開往上海的「江華」號客輪東下。

到達上海後，他很快同其他同志組建京漢鐵路總工會暨湖北全省工團聯合會駐滬辦事處，於2月14日在《北京學生聯合會日刊》上公開向全國發表宣言，揭露反動軍閥慘殺罷工工人的罪行，呼籲各界聯合會向軍閥發動總攻擊。接著，張華參與起草了《「二七」事件》一文，於2月19日，以辦事處的名義在上海《民國日報》的《覺悟》副刊上發表。該文以萬餘言篇幅，詳細公佈了「二七」事件的真相。張華還與郭聘伯、林育南等人編寫了《二七工仇》，更詳細地記敘了「二七」大罷工的經過。

3月上旬，辦事處特派張華、周無為等人乘海輪赴廣州向孫中山先生請願，並沿途向各軍事長官陳述原委。「非得主持正義之實力派起而大張撻伐，不足以伸冤憤而獲安全。」3月23日，湖北督軍公署發佈訓令，公開通緝張華等17名罷工領導人。

1924年5月，張華受中共中央派遣，赴蘇聯學習。

1926年秋，北伐軍攻打武漢，張華奉命回國。武漢國民政府成立以後，張華擔任國民政府軍事委員會交際處主任。

1927年，蔣介石在上海發動反革命政變後，武漢革命形勢急轉直下。張華受黨的指示，在中共湖北省委工作，領導地下黨的工作和工人運動。根據中共「八七」會議精神，他先後把共產黨員李相九等人介紹到譚平山的第二十軍工作；派遣共產黨員曹景周、劉傳熙等到河南收編地方武裝，建立革命軍隊。

1928 年冬，張華隨黨的機關遷到漢口小夾街的一座小樓上。由於叛徒告密，中共湖北省委計劃在除夕之夜組織漢口工人暴動，遭到敵人的破壞。

1929 年 2 月 26 日夜，張華等八人在漢口小董家巷 8 號 3 樓召開地下黨負責人會議，因叛徒田秉忠告密，27 日拂曉，張華等八人被國民黨武漢警備司令部逮捕。

在獄中，張華經受了嚴刑拷打，堅貞不屈，並憤怒痛斥蔣介石、汪精衛背叛革命的無恥行徑，無情揭露國民黨反動派胡宗鐸、陶鈞梁的反革命嘴臉，表現了共產黨人剛毅頑強、大義凜然的英雄氣概。胡、陶惱羞成怒，下令將張華槍殺。

1929 年 3 月 2 日，張華與一齊被捕的八位同志，光榮犧牲，年僅 34 歲。

1947 年 1 月 17 日，在延安交際處為慶祝徐特立 70 壽辰舉辦的雞尾酒會上，周恩來在聽取了李相九關於張華烈士犧牲情況的匯報後，說：「應該把張華同志的革命事跡整理出來，要對黨、對人民、對他的後代有一個交待」。

▌甘灑熱血肖玖成

肖玖成（1895 年—1941 年），京山縣人，革命烈士。

土地革命戰爭時期，肖玖成以行醫為名，從事共產黨地下聯絡工作，幫助南山和北山的紅軍傳送情報。抗日戰爭時期，他除了積極從事地下工作外，還在官橋西面的黃家祠堂辦了一所私塾，從事教育工作，對學生進行抗日救國的教育活動，培養激發學生的愛國思想情感。

不久，他擔任抗日救國除奸隊長，白天教書，晚上從事革命活動。有一次，黃家岑的大地主黃熙楚（當時國民黨的大隊長）帶兵到三合公社周花子岑搶奪人民的財物，魚肉百姓。肖玖成知道後，帶領游擊隊戰士前往打擊匪兵，將黃熙楚及匪軍團團圍住。肖玖成對黃熙楚大聲說道：「今後只許你抗日，不準你在鄉里橫行霸道。你如答應我的條件，就放你回家，否則不會有你的好處。」黃熙楚迫於人少力薄，勉強答應了肖玖成的條件。帶匪兵狼敗逃竄。黃熙楚回家後，偷偷將槍支埋在孤窪堰。第二天深夜，肖玖成帶著幾個精悍

的隊員，把槍挖了出來。後來，黃熙楚投靠日本人，當了日偽大隊長，把肖玖成看成眼中釘，多次向日寇通風報信，並說肖玖成是共產黨的重要人物。日寇派特務暗中盯梢搜捕肖玖成未果，肖玖成的處境十分危險。

此事傳到北山，黨組織安排肖玖成轉移，離開孫橋地區，肖玖成堅決要求留下，與敵人周旋，掩護抗日力量。他說：「好漢做事好漢當，我走了只能活我一個人，放棄了革命和抗日，不是有更多的人要遭受敵人的蹂躪嗎？」

1941 年正月十四日，肖玖成同志到陳集街向黨組織匯報敵情，由於暗探跟蹤，不幸被黃照楚帶來的日寇捉住，在陳集偽保廳關押一夜，次日將肖玖成押送到京山城關的日軍監獄裡。在一個多月的時間裡，敵人對他嚴刑拷打，手指釘竹籤、坐老虎凳、灌鹽水……逼他交出共產黨的組織與聯絡人，肖玖成寧死不屈，敵人用盡了各種酷刑，始終動搖不了肖玖成對黨、對人民的赤誠之心。1941 年 2 月 27 日，敵人在現南河大橋東側慘無人道地使用了「拌豆腐」的酷刑，用刺刀在肖玖成身上連刺 73 刀，鮮血糊滿了他的全身。肖玖成高呼「毛主席萬歲」「共產黨萬歲」「人民萬歲」口號，最後英勇就義，時年 46 歲。

京山縣是湖北省著名的革命老區之一，在歷次的革命鬥爭中，有 11000 多京山兒女血灑疆場，用鮮血和生命在京山這塊熱土上鑄造了永恆的歷史豐碑。

▌中共荊南工委書記李純齋

李純齋（1897 年—1945 年）出生在沙洋五里鋪楊家集剪子垱一個農民家庭。

1919 年五四運動爆發，舉國轟動，年輕的李純齋再也按捺不住內心的激情，決心走上救亡圖存的救國路。

1926 年，大革命運動深入荊門、當陽等地。在共產黨員李端甫的影響和幫助下，李純齋毅然參加了當地的農民鬥爭，在楊家集組織起農民協會並擔

任會長。1927 年，而立之年的李純齋正式加入共產黨，成為荊當蘇區和襄西抗日根據地的主要創始人之一。

大革命失敗後，國民黨當局聯合各地民團、地主、鄉霸對革命武裝大肆進行鎮壓，百姓生活苦不堪言。被逼無奈之下，1927 年底，中共荊門縣委決定組織當地農民舉行暴動。暴動開始後，李純齋帶領隊伍迅速對地方勢力展開攻勢，抓豪紳、頭地主、分田地……農民武裝反抗獲得勝利。

然而，好景不長，為壓制農民暴動，國民黨縣政府派兵對本地農民武裝進行殘酷鎮壓。一時間，面對敵人的燒殺掠奪，楊集至五里鋪一帶多數民房被毀，部分百姓慘遭殺害。此時，早已被國民黨縣政府視為眼中釘的李純齋，也被懸賞通緝。

李純齋被迫走上逃亡之路。離開荊門逃至沙市，從事地下工作，不料遭叛徒告密被押解到公安縣監獄。身陷囹圄的李純齋並未放棄理想信念，在被監禁中等待救援。1930 年的一天，正在獄中的李純齋聽到牆外一陣槍響，他不禁心中一緊。正在疑惑之時，只聽見門外有獄警喊道：「紅軍打來了！」李純齋聽聞大喜，立馬發動身邊的難友，鼓勵大家團結起來。在他的帶領下，獄友們殺出了一條生路，沖出監獄。

1932 年，李純齋出任荊門縣委書記。他再次率領游擊隊與當地反動團防作戰。這樣一來，李純齋第二次被國民黨列入通緝名單，再次背井離鄉。

1935 年，身處異鄉的李純齋為了與黨組織取得聯繫，冒險返回家中。為了保障他的安全，李純齋的家人秘密在老宅旁挖了個地洞，並以青草、木板掩蓋，作為李純齋的藏身之所。於是，李純齋便在這個深不過 2 米，寬不過 1 米的地洞中一待便是三年，但卻一刻不忘發動群眾開展革命工作。

有一次，李純齋打聽到五里村公所儲藏著從百姓家中收繳來的糧食、布匹等物資，並只留有幾個人看守。得知這一消息的李純齋周密計劃後，帶領數十人，偷襲村公所，乘看守人不注意，一擁而上，撲倒看守，以迅雷不及掩耳之勢成功奪回物資，解決了武裝鬥爭的經費問題。

在他的頑強努力下，建立了東到沙洋，西到當陽，南到五里鋪，北到團林鋪的地下聯絡網，使黨的工作在極其惡劣的環境中堅持下來。

1938 年 10 月，在家鄉獨立革命 3 年的李純齋終於與中共湖北省委取得聯繫，結束了 3 年的地下生活。李純齋根據上級指示，一邊在鬥爭中物色與培養進步農民，發展黨員，壯大黨的組織，一邊秘密收集槍支彈藥。到 1940 年 5 月，荊門南部已建立黨支部 28 個，黨員發展到 200 餘人，為開展敵後抗日游擊戰爭做好了準備。

1940—1945 年間，日軍侵華戰爭擴張到荊楚大地，荊門淪陷。此時的李純齋所領導的荊南地區抗日武裝與日軍和國民黨敵偽勢力展開鬥爭。李純齋經常身藏手槍，化裝成商人，到各地瞭解敵情，指導各地黨組織工作。帶領荊南抗日武裝，先後配合三軍分區主力和新四軍 33 團，連續拔掉了一批敵據點。一日，李純齋帶領戰友偽裝一番來到已被日軍占領的五里鋪，透過關係找到偽軍班長李容，李純齋親自與李容交談，曉以利害，爭取了李容反正，在裡應外合下，迅速將偽軍大隊劉應元部打垮，活捉偽軍隊長金東城。

1945 年春，在抗日戰爭即將取得最後勝利的時候，日本侵略者並不甘心失敗，糾集各據點偽軍，向荊南根據地發動了一次大規模掃蕩，妄圖做最後掙扎。在李純齋的領導下，荊南抗日武裝在廣大民兵的配合下，廣泛開展了反掃蕩鬥爭。

7 月 24 日，中共荊門縣委在團林鋪野雞廟召開緊急會議，研究佈置粉碎日軍「掃蕩」和反擊敵人據點的鬥爭計劃。荊南工委書記李純齋和縣委領導到野雞廟後，安排部隊住在北灣擔任警戒，以防團林鋪方面的日軍偷襲；縣委領導們住在南灣。當晚，因天氣悶熱，李純齋在門外禾場邊擱鋪睡覺，鋪上掛有蚊帳，警衛班 10 餘名戰士在禾場下邊把鋪排成「一」字形集中休息，擋住禾場路口，村外派一民哨巡邏。但是，叛徒徐萬金當天從蔣家集探悉縣委領導人住野雞廟的情報後，深夜引著駐團林鋪的日偽軍進行偷襲。次日凌晨 3 時，敵人分三路向南灣衝來，民哨因手無寸鐵，慌忙逃走，亦未向警衛班報信，日偽軍透過哨所，沖進禾場邊，對著蚊帳，用刺刀直刺，李純齋不

幸犧牲，時年 48 歲。其他幾位縣委領導因住在屋內，透過警衛班的掩護，從屋後竹林轉移脫險。

革命戰爭年代，一點小小的失誤，就會付出血的代價。令人惋惜！

荊門黨組織奠基人胡孟平

胡孟平（1900 年—1928 年），字鑒藻，化名鑒平、春藻。是最早在荊門傳播馬克思主義、創建黨組織的共產黨員。是荊、京、天、潛等縣農民運動的領導人之一。

胡孟平七歲啟蒙，在家鄉念私塾多年，後來又受到廖南階等教師的栽培，博覽諸子百家經典，學業超群，作文每每一揮而就，文筆流暢，風格豪壯，深得塾師讚許。1916 年，胡孟平考入龍泉中學，由於努力學習，刻苦鑽研，各科考試成績名列榜首。

1922 年，胡孟平考入國立武昌高等師範大學英文系。在校期間，他透過「武高湖北同鄉會」，結識了董必武、陳潭秋。在他們的直接培養下，加入了中國共產黨。受中共武漢區執委的派遣，胡孟平帶著《共產黨宣言》等革命書刊回到荊門，在城北家鄉、城關龍泉中學向進步青年介紹進步書刊，宣傳馬列主義，並發展了少數積極分子入黨，於 1923 年秋建立了中共石橋驛小組。這是荊門最早建立的黨小組，雖然存在時間不長，但為爾後荊門黨組織發展奠定了基礎。同時還組織親友蘇秀桂、蘇秀錦、楊序賢等人在關帝廟開會，進行革命活動。

1924 年，胡孟平到襄樊省立十中任教，與襄二師教師蕭楚女來往密切。他協助蕭楚女發展黨的組織，還與蕭楚女到荊門城關、石橋驛等地進行革命活動，向進步學生和農民積極分子宣傳共產黨的民主革命綱領和國共合作的形勢，啟發他們的革命覺悟。在進步思想影響和「二七」「五卅」等血的慘案教育下，荊門青年日益覺醒，不斷掀起了反對帝國主義、封建主義、反動軍閥的群眾運動，馬列主義得到進一步傳播。同年 12 月，他寫了《除夕的嗚咽》《落拓》等進步文章，發表在《江聲月刊》上。

1925 年，胡孟平推薦武高哲史系學生、共產黨員張汝洛到龍泉中學以任教為掩護，秘密組織學生運動。1926 年 4 月組建了中共荊門縣支部。1926 年 10 月，胡孟平按照組織安排，負責幫助國民黨籌建荊門縣黨部。12 月，被選舉擔任國民黨荊門縣黨部組織部長。1927 年，任中共荊門縣委書記。他利用在國民黨黨部任組織部長的合法身份，執行黨的統戰政策，促進了農民運動的蓬勃發展。

1927 年 1 月，胡孟平出席董必武在武漢主持召開的省黨部新執行委員會第一次會議，參與討論了湖北、湖南、江西三省合辦農民運動講習所等問題，並被選為省黨部執委。同年，他在董必武舉辦的黨務幹部學校任秘書長兼黨支部書記。還兼管荊門、鐘祥、潛江、天門四縣監察工作，兼任荊門、鐘祥、京山 3 縣農協會主席，先後在荊門、鐘祥等地組織聲勢浩大的萬人大會，游鬥罪大惡極的土豪劣紳。

1927 年 6 月，荊門大紳士程萬里被蔣介石委任為荊、鐘宣撫使，專門鎮壓共產黨。程口袋裡裝著委任狀，住在旅社，準備第二天赴任。胡孟平得知後即派黨務幹部靳吉祥等人，找到程萬里，在程的夾袍裡搜出「委任狀」，將程押到中央獨立師軍法處鎮壓。

1928 年 4 月，胡孟平到天門縣工作時，不幸因叛徒告密而被捕，被關押在國民黨武漢衛戍司令部。在敵人多次嚴刑審訊中，他大義凜然，威武不屈。最後，被國民黨殺害於六渡橋，時年 28 歲。

胡孟平是偉大的共產主義戰士。他以愛國、愛家鄉的滿腔熱情，最早在荊門點燃革命烈火。從大革命到土地革命，他帶領荊門人民進行了艱苦卓絕的鬥爭，為荊門黨組織的建立與發展，為荊門革命鬥爭的興起與勝利做出了不可磨滅的貢獻。胡孟平烈士的生命是短暫的，然而他的革命業績永垂不朽！他的英名永遠銘記在人民心中！他的革命意志將永遠激勵荊門人民為振興中華譜寫絢麗的新篇章！

革命先驅李廷璧

李廷璧（1901年—1931年）又名丁習詩，字雲程，化名丁時英、崔金山，筆名亦進子。馬良鎮人。從小聰明好學的李廷璧高小畢業後，考入荊門龍泉中學，在校期間與同學創辦進步刊物《學潮》，領導過學生罷課、抵制日貨遊行示威以及驅逐迫害學生的校長和校監等學生運動。此外，博學多能的他懂得卜卦算命，風水八字之術，是當地有名的才子。

1925年，中國大地處於軍閥割據時期，這一年李廷璧經鄧炳純介紹加入中國共產黨。為配合地下工作的開展，兩人在馬良開辦蠶桑職業中學，由李廷璧擔任校監，秘密發展黨員，建立起中共黨小組。

一日，一名叫謝威的馬良福音堂學員找到李廷璧，談到惡霸勢力欺壓百姓的種種罪行，表達出內心強烈的憤慨和不滿。李廷璧說道：「這些軍人是帝國主義的走狗，是維護帝國主義和封建主義利益的，是鎮壓中國人民的劊子手……教會所宣傳的上帝神仙本來就沒有，是統治階級用來桎梏人民的精神枷鎖。有的和尚、道士、傳教士是統治階級用來麻痺和瓦解人民革命鬥志的幫兇！」談及此，他告訴眼前的小學員，說：「現如今，中國已經有了一個代表人民利益的政黨——中國共產黨。現在廣東的黃埔軍校中有很多共產黨員，我相信不久的將來，他們就會打到湖北消滅這些軍閥走狗，打倒這些土豪劣紳，解放這裡的人民！」李廷璧的這番話在這位小學員心中種下了革命的種子，深深影響著他的一生，當然這也是後話了。

1926年9月，國民黨荊門縣黨部成立，因處在國共第一次合作時期，李廷璧經推薦擔任農民部長一職。在任期間，他始終堅定執行黨組織大政方針，在轄區實行減租減息政策的同時，積極發動群眾，組辦當地農民協會，一時間，協會人數多達三萬餘人。

1927年4月12日，風雲突變，「四·一二」反革命政變爆發，國民黨當局臨陣倒戈，大肆屠殺共產黨員和革命群眾。此時，李廷璧也被國民黨當局公開懸賞捉拿。為逃避抓捕，李廷璧扮成僧人隱藏到鐘祥石牌林景寺，隨後又隱蔽到沈集鄧家院，白天當私塾教師，晚上在彭堰村7組的羔觀寺辦夜校，

組織進步青年和農民積極分子掃盲識字，宣講時事政策和革命武裝鬥爭經驗，秘密從事革命活動。

一天，一位來這裡讀夜校的學生聽聞李廷璧懂得八卦測字，便請他幫助算上一卦。根據學生的生辰八字，李廷璧掐指一算，說：「從你的生辰八字來看，你是個大富大貴之人啊！」學生道：「先生的話從何說起，我的雙親都被土匪殺死了，只留下我一人獨活於世，哪來的福、貴！」

李廷璧借此對在座的學員說道：「不要說你，身處亂世，我們誰都不可能有福報！大家只有團結起來，推翻統治階級，我們才能有真正的大福大貴啊！」這番慷慨激昂的話引起了在場學員的共鳴，大家一致要求讓李廷璧帶領大夥一起鬧革命！

接下來的一段日子裡，李廷璧逐步建立起一支 300 餘人的赤衛隊，活躍在沈集、五里鋪、馬良、沙洋一帶。在他的帶領下，赤衛隊先後發動了靳家湖農民武裝起義、高家畈農民起義。一時間，群眾運動熱火朝天。

1928 年至 1930 年，中共鄂西特委派李廷璧以行醫、拆字、算命、看風水為掩護，先後考察鐘祥、京山黨組織恢復組建情況，傳達中共八七會議精神，組建黨的地下組織。1928 年春，成立中共鐘祥縣臨時委員會，李廷璧任秘書長。1928 年秋，成立中共京山縣臨時委員會，李廷璧任書記。1930 年初，成立中共京山縣委，李廷璧繼任書記。

1930 年 2 月，李廷璧、曹家琪等人聯合縣團防局與宋河團防局策劃於 2 月 12 日發動宋河起義。不料，這一計劃被叛徒胡楚才等人告發，李、曹二人於 2 月 6 日在宋河合興集藥鋪被捕，當即被殺害於京山邵李橋下，時年 29 歲。

▋滿門英烈袁傳鑒

袁傳鑒（1901 年—1928 年），又名袁傳潤。京山縣南拖船埠（今屬天門）人。中國共產黨早期京山縣黨組織領導人。1922 年入湖北省立第一師範學校讀書，成為董必武的學生。1924 年加入中國共產黨。

1925 年 1 月，列席參加中國共產黨第四次全國代表大會。同年年底，受武漢地區黨組織領導人董必武的派遣，回京山創辦了以宣傳馬克思主義為主要任務的書報流通站，宣傳革命，傳播革命火種，建立中國共產黨在京山縣的第一個黨組織——彭家臺支部。

1926 年底，北伐軍占領京山縣後，袁傳鑒與張國蘭（即張文秋）等創組中共京山縣委，袁任書記兼組織委員，並與國民黨左派合作成立國民黨京山縣黨部，袁任常委。

在袁傳鑒的領導下，全縣大力發展黨員，到 1927 年 5 月，黨員人數達到 150 多人，在京山大地播下了革命的火種。同時縣總工會、農會、婦女協會、學生聯合會、兒童團、工人糾察隊、農民自衛軍等組織先後成立。僅一年多的時間，京山縣共成立城關、宋河、三陽店、孫家橋、永興、永隆河、多寶灣等農民協會，600 多個鄉村農民協會分會，農協會員達 64000 多人，工會會員達到了 4000 多人。

京山縣委成立後，成立了由袁傳鑒為委員長的「審判土豪劣紳委員會」。1927 年，在聲勢浩大的工農運動中，發動群眾，開展了打倒地主、資本家的運動，推動了工農運動的發展。挫敗了土豪劣紳的反革命氣焰，顯示了工農運動的威風。惡霸地主查鑒清幾代壓榨農民，橫行鄉里，民憤極大，委員會決定拿他開刀。工農武裝衝進他家，他翻牆逃跑，委員會召開群眾大會，鬥爭了他的兒子，焚燒了所有帳簿債券、田契，並將家裡的糧食、衣物等所有財產，分給了農民。京山縣有八家地主，兩家資本家，都被委員會掃地出門，同時處決了「三十三太保」匪首。搗毀了鴉片煙館、賭館和廟裡的菩薩佛像，趕走了帝國主義的傳教士。工農大革命運動如火如荼的開展起來，京山縣成為湖北省農民運動 7 個先進縣之一（湖北老區，除紅安、麻城、洪湖、監利之外，就數京山了）。

1927 年，蔣介石叛變革命，國共兩黨正式決裂。湖北的中國共產黨組織全部轉入地下。汪、蔣大肆屠殺共產黨人，派國民黨團長曹振武及營長向覺民帶隊到京山「剿共」，土豪劣紳也配合反動軍隊捲土重來，組織「還鄉團」「保衛團」勾結紅槍會等瘋狂捕殺共產黨人和積極分子，黨的組織遭到破壞。

省委緊急通知，「埋掉槍支、分散隱蔽」，革命力量轉入地下，一部分黨員轉入外地，一部分在本縣分散隱蔽。袁傳鑒化裝隱蔽於京山南區（今屈家嶺管理區一帶），秘密組織第四區委，堅持領導革命鬥爭。

1927 年 8 月，袁傳鑒受鄂中特委派遣去潛江張港與拖市一帶恢復黨的組織，準備秋收暴動。1928 年，又返回京山工作，6 月，赴漢川縣參加省委召開的會議。會後回京山途中，夜宿漁薪同學家中，因人告密，被漁薪國民黨潘典華保衛團包圍射殺，年僅 27 歲。

袁傳鑒的妻子劉素珍（1902 年—1931 年），京山縣南拖船埠（今屬天門）人。辛亥革命志士劉鐵之妹。畢業於上海女子中學，後與袁傳鑒一同進入武漢中學讀書。在老師董必武、陳潭秋等教育引導下，從事學生運動，1925 年加入中國共產黨。1926 年 12 月受湖北黨組織的派遣，與袁傳鑒一起回京山發展黨組織，國共合作時期曾任國民黨京山縣黨部婦女部長，先後任中共京山縣委婦女委員、縣委常委。她帶領婦女協會與農協會緊密配合，組織宣傳組，深入農村進行宣傳，引導京山婦女從放裹腳、剪辮子、摘耳環做起，同封建禮教開展鬥爭。1927 年 1 月，在京山縣成立婦女天足會，揭露纏足之弊，控訴纏足之苦，透過切身之痛教育婦女反對各種封建勢力和封建禮教對婦女的壓迫與束縛，積極發動婦女參加革命鬥爭。

袁傳鑒犧牲後，劉素珍掩埋丈夫遺體，帶著兩個孩子轉移到潛江妹夫家中隱蔽。1929 年 2 月，根據鄂西特委書記周逸群的指示，重返永隆地區開展黨的工作，開始恢復重建黨組織，建立了中共楊豐、石女山、放鷹臺等支部。12 月，成立了中共京山南區委員會，劉素珍任書記，同時協助建立天門灰市、金灘，潛江夏場、磨盤洲的黨支部。1931 年 6 月，南區區委成立京南區游擊隊，劉素珍赴洪湖開會，帶回長、短槍 23 支交京南區軍事委員毛成風。由於游擊隊出現拖槍叛變，劉素珍被迫轉移。劉素珍因此事受牽連，被「左傾」錯誤定為「改組派」而錯殺，年僅 30 歲。1987 年平反昭雪，恢復黨籍。

袁傳鑒家滿門都是英烈。兄袁傳沛，1932 年 9 月犧牲；侄袁孝綱，1932 年 9 月在戰鬥中被俘，遭割舌，挖眼，分屍而死；弟袁傳欽，1941 年犧牲；族弟袁傳闊，1932 年壯烈就義。

領導鄧家湖暴動的鄧炳純

鄧炳純（1901 年—1931 年），字念仁，出生在沙洋縣馬良鎮鄧家湖一個開明紳士家庭，1923 年冬在武漢加入中國共產黨，是黨內優秀知識分子代表。

家境富裕的鄧炳純自幼便受到良好的教育，先後在馬良小學、荊門文林中學就讀，1916 年考入荊州神學院。在神學院學習期間，爆發了「五四運動」，鄧炳純參加了由本校「荊沙學生聯合會」舉行的遊行示威活動。遊行當日，風華正茂的鄧炳純，高舉紅旗毅然走在隊伍最前面，高呼：「知識階級與勞工階級聯合起來！」「打倒列強！」遊行隊伍最終衝擊了國民黨政府位於荊州的行署，這一次遊行示威在喚醒人們愛國意識的同時，引起了國民黨政府的不滿。隨後，懷抱知識救國理想的鄧炳純輾轉武漢讀書，從此走上了救亡圖存的革命道路。

1925 年，已經成為一名共產黨員的鄧炳純回到家鄉馬良，在當地地下黨負責人李廷璧等人的協助下，創辦了馬良蠶桑職業學校，借傳教、教書之名積極參加地下活動，並於 1925 年組建馬良黨小組，次年擴建為黨支部。在鄧炳純的發展帶動下，當地鄧家湖、馬良、李家集、雨霖廟、小江湖等地方湧現出了一批優秀知識分子。

依山傍江的馬良鎮，素有「小漢口」之稱。也正因為如此，處於動盪年代的馬良便成了三教九流、土匪惡霸的彙集之所，生活在此的百姓叫苦不迭。在一批有著先進思想的黨員和革命知識分子的宣傳下，災難深重的鄧家湖農民開始覺醒，越來越多的人明白，只有在共產黨的領導下開展敵對鬥爭，才能獲得自由和解放。

1930 年 7 月，賀龍同志領導的紅二軍團揮師攻克沙洋。隨即舊口、石牌等鎮被一一攻陷，革命熱情燃燒蔓延。紅二軍團打下沙洋的消息傳入鄧家湖，鄧炳純與丁連山、鄧念良等同志共同商議後決定，抓住這次機會，趁機發起暴動。

農民兄弟熱情被調動起來之際，荊、鐘兩縣縣委向在鐘祥石牌休整隊伍的賀龍匯報並請示提前發動暴動。賀龍指示：紅軍攻打沙洋，並且連克石牌、舊口等鎮，不是為了攻打荊門、鐘祥兩縣城，而是為了奪取部分槍支彈藥，增加部隊給養，同時藉以消耗、迷惑敵人，不久將開赴外地。賀龍強調，鄧家湖農民也不要馬上暴動，荊、鐘兩縣黨組織要做好紅軍撤離後國民黨就會反撲的準備。

此時的鄧家湖農民群眾早已對敵對勢力深惡痛絕，怒上心頭的他們已自發拿起武器向當地的土豪劣紳、反動派發起了進攻。鄧炳純等人立即趕赴暴動地點，分頭展開維穩工作。然而，暴動局勢發展之快出乎意料，參與群眾由幾千人迅速擴大到幾萬人，範圍延伸東至鐘祥南區舊口，南到小江湖，西達瓦瓷灘，北及艾家店子，一時間暴動規模之大已超出控制預期。就這樣，暴動一直持續到 7 月中旬，直至紅軍離開。

果不其然，紅軍離開不久，當地惡霸趙廷華便與土匪李鳳山、林訓資等勾結起來，於 7 月 16 日向當地群眾展開報復性反攻。緊要關頭，鄧炳純等人立即組織群眾撤退，並與敵對勢力展開激戰，以此幫助群眾順利離開。無奈，缺乏作戰經驗的老百姓依著老辦法再次跑進蘆葦湖中隱蔽，卻終究沒有躲避開敵人的搜捕和血腥鎮壓，結果導致 20 多名黨組織骨幹成員及數千名農民被敵人燒死和槍殺。至此，鄧家湖暴動失敗。

隨後，鄧炳純帶領部分同志轉移到荊門城南、鐘祥、京山等地繼續開展革命工作。1931 年 3 月，鄧炳純在荊南楊家集見到紅九師師長段德昌，段在這裡召集荊門縣委部分成員開會，並派鄧到天門張港一帶工作。因工作、生活環境十分艱苦，鄧炳純身患疾病，但他拒絕組織建議，不肯隱藏起來接受治療，一直帶病堅持工作。1931 年底，在一次反「清剿」作戰中，鄧炳純不幸犧牲，他的生命在而立之年戛然而止。

▌騎兵師長周卓然

周卓然（1904 年—1938 年），鐘祥豐樂人。家境殷實，父親經營著「周恆興」雜貨店，生意興隆，在當地是很有名氣的生意人。周卓然從小受到良

好的教育，1924 年畢業於中強中學，那年 20 歲的周卓然與比他大 3 歲的表姐李毓節結為夫妻。

原本打算繼承祖業經商，但由於帝國主義列強侵略日益加劇，國家內憂外患，家族生意日漸慘淡。當時「打倒列強，除軍閥；努力國民革命，齊奮鬥」的愛國吶喊鼓舞了一大批立志報國的熱血青年，周卓然也深受鼓舞，他決定棄商從戎，保家衛國。

1925 年的秋天，周卓然一位中學時的好友從鐘祥城關帶來口信，稱黃埔軍校在漢口招收學員，邀請他一同前往報考。年輕好勝的周卓然當即與新婚妻子李毓節商量準備去投考黃埔軍校。他的妻子是宜城一位大家閨秀，有文化，知情懂理。她非常理解丈夫報國的心情，贊同丈夫的決定，鼓勵他出去闖一闖。在漢口他順利地透過考試，進入黃埔軍校第六期學習。

正在黃埔軍校學習的周卓然，不久也參加了北伐戰爭，並榮立戰功受到嘉獎。就在他參加北伐戰爭的那年，他的大女兒在老家出生，周卓然忙於南征北戰，沒有時間回家去看一眼，但他卻給大女兒取了一個好聽的名字「繼南」，紀念他在南方廣州參加北伐戰爭。周卓然從黃埔軍校畢業後，日本對中國虎視眈眈，不斷在東北增加兵力，東北邊關兩軍對壘，形勢危急。周卓然毅然北上，並於 1929 年任國民革命軍騎兵第六軍第七師連長。

　　1933 年，日軍侵占山海關，揭開長城抗戰的序幕。作為一名愛國軍人，周卓然義無反顧地跟隨傅作義將軍抗戰殺敵，由於對日作戰勇敢，被提升為第八戰區傅作義部隊騎兵第六軍第七師中校團長。

　　1937 年抗日戰爭全面爆發，周卓然先後參加了大同、包頭、太原、五原等戰役。10 月，忻口會戰開始。此時，娘子關失守，太原告急，傅部奉命向太原集結。傅部主力不過兩個旅，雖訓練有素，有一定的實戰經驗，但幾個月來的南北轉戰，傷亡過半。倉促中擴充了部分新兵，又缺乏訓練。11 月 6 日，日軍第 5 師團開始進攻太原城郊，駐防城外的軍隊紛紛潰退，倚城野戰計劃完全落空，傅部陷於獨守孤城之境。7 日，晉北和晉東的日軍會合，在數十架飛機和數百門大砲及坦克掩護下，連續攻城。周卓然這時候接到命令率部配合友軍增援主力部隊。透過兩晝夜的血戰，終於擊潰了日軍，傅作義率部突圍，撤至石樓一帶。

　　日軍進攻太原期間，周卓然還利用騎兵快速反應能力，掩護了衛立煌、孫連仲、王靖國、陳長捷等部安全轉移。而他自己不幸被日軍炸彈的彈片擊中左臂，從馬上摔下，致使左臂粉碎性骨折，由於當時醫療條件有限，最終無奈將左臂鋸掉。

　　1938 年春，周卓然回到鐘祥探親，那時他的妻子和兩個女兒已從老家豐樂搬到了縣城。這也是周卓然最後一次與家人團聚。周卓然在家裡只停留了四天就帶傷回到了戰場。他臨走前曾對妻子李毓節說：「我四海為家，現在國難當頭，作為軍人我要保家衛國，不能在家照顧你們母女了。」他還將一塊從左臂中取出的彈片和一床帶血的軍毯交給妻子，要她好好地收藏，說：「這些都是日軍侵華的罪證，你一定要保存好。」他告別親人，離開家鄉時，特意將不滿 15 歲的小弟周科帶上抗日前線。

　　1938 年 8 月，周卓然被提升為騎兵第六軍第七師少將師長。28 日，奉命率部西進增援中條山，牽制日軍兵力，配合整個抗日戰場。當時陝西對日作戰的潼關戰役正在激戰之中，當週卓然率領的騎兵師奔赴潼關，行至黃河岸邊的山西芮城風陵渡鎮時與日軍遭遇。

面對氣焰囂張的侵華日軍，他沉著應戰。日軍在飛機和大砲的掩護下，向他堅守的陣地發起猛攻。戰鬥整整持續了一夜，直至第二天清晨，突然一發砲彈落在前線指揮部，周卓然滿身是血，但還在不停地指揮：「給我狠狠地打，消滅這幫小日本鬼子。」最終由於傷勢過重，周卓然犧牲在戰場，其所帶部隊在這場戰鬥中幾乎全部陣亡。

祖國不會忘記，民族不會忘記！1991 年，湖北省人民政府追認周卓然為革命烈士。2014 年 9 月 1 日，被列入民政部公佈的第一批 300 名著名抗日英烈和英雄群體名錄，位列第 76 位。

2015 年 9 月 3 日，周卓然的女兒周幼蘭（荊門市水務局離休幹部）作為 60 多名英烈子女之一，也是湖北省唯一英烈子女代表，受邀參加在天安門廣場盛大舉行的紀念中國人民抗日戰爭暨世界反法西斯戰爭勝利 70 週年閱兵式，接受全國人民的致敬！

中共鐘祥城區黨支部書記費必生

費必生（1906 年—1932 年），又名費拯，乳名根生，鐘祥郢中人。

少年時，在郢中鎮準堤小學和大進灣高等小學讀書。1919 年 5 月 4 日，北京爆發大規模的反帝反封建的愛國學生運動。5 月 9 日，費必生在鐘祥進步人士孫海霞先生的帶領下，和同學們一起在城關召開聲援大會，聲援北京的學生運動，會後，舉行了聲勢浩大的示威遊行，費必生走在遊行隊伍的前面，憤怒聲討帝國主義和賣國政府的罪行，高呼口號，散發傳單。

1922 年秋，在武漢博文書院讀書，並加入中國社會主義青年團。1923年，「二七」大罷工爆發後，費必生回到鐘祥，組織城關青年學生和居民舉行聲勢浩大的遊行示威，遊行隊伍迎著反動軍警的棍棒經過了南門、小東門等主要街道，高呼「全世界無產者聯合起來！」「為施洋、林祥謙烈士報仇！」「為死難的工人兄弟報仇！」「堅決支援『二七』大罷工！」等口號，聲援「二七」大罷工。

1923 年底，費必生在武漢中學加入中國共產黨。隨後不久，受董必武同志派遣，回到鐘祥城關傳播革命火種。在中強中學、蘭臺中學組織成立青年學生會，向進步青年宣講革命道理，號召他們外出求學，投身革命。在街道上成立店員會、商民會、文化補習班等革命群眾組織，成為鐘祥縣反對帝國主義和封建軍閥統治的農工運動的先驅，先後發展王志清、王協公、馬活等人入黨。

1925 年春，費必生組織成立鐘祥第一個黨支部——中國共產黨鐘祥城區黨支部，他擔任書記。同年 12 月，在縣城蘭臺書院組織成立中共鐘祥縣部委員會，任部委書記。

1925 年「五卅」慘案前夕，費必生等人組織城關各界革命群眾配合中強中學、蘭臺中學的學生組織，在中強中學校長孫海霞帶領下，在皇莊碼頭扣押了一日本商船，將日本商人關在中強中學。這一行動驚怒了國民黨湖北省政府。省政府派人到鐘祥，強迫群眾放出日商，歸還日貨。費必生組織群眾走上街頭進行示威遊行。高呼「收回租界！抵制日貨！打倒日本帝國主義！反對外敵入侵！」等口號，標語貼滿了全城。這一鬥爭一直堅持到「五卅」慘案發生，全國掀起了反帝高潮，日本商人才被趕走。

1925 年秋，費必生等人在城南七佛廟、白陵寺等地發動貧苦農民，組織成立秘密農民協會。為了培養農民運動骨幹，促進農民運動的發展，由費必生、王志清等人秘密地舉辦了一期農村幹部政治訓練班，主要學習《共產黨宣言》等馬列書籍。

根據中共「三大」精神，費必生等共產黨員以個人身份加入國民黨，1926 年 1 月組織建立中國國民黨鐘祥分部。同年 10 月，國民黨鐘祥縣黨部正式成立，費必生任黨部執行委員，後兼任鐘祥縣農民協會委員長。他和黨部其他領導成員分赴全縣農村組織農工運動，籌備成立各區、鄉分黨部和農民協會，使鐘祥的大革命運動空前高漲。

1926 年春，20 餘名農協會員在皇莊廟活捉了反動會首黃子謙，押送到城關，費必生、王志清等人在操場召開群眾大會，號召群眾破除迷信說教，立志國民革命，會上群眾用木棒打傷黃子謙的頭，鮮血直流，戳穿了黃子謙

宣揚的「刀槍不入」的鬼話。會後組織遊行。費必生親自帶領遊行隊伍抄了自己的家，發誓革命到底，鼓舞了革命人民的鬥志，堅定了群眾跟共產黨走的決心。

在費必生的領導下，各地農協會如雨後春筍紛紛建立，規模越來越大。據不完全統計，這段時間以村、廟、灣、寺、臺等自然村為單位成立的農民協會共計 100 余個，會員達數萬人。

1927 年 4 月，董必武派省黨部候補執行委員、荊鐘京天潛五縣巡視員胡孟平來到鐘祥，組織成立由胡孟平、費必生、嚴斌、尉士筠、李廷璧等組成的中共鄂西特委。

「四·一二」反革命政變後，湖北的革命形勢跟全國一樣急轉直下，鐘祥地區的反動派到處拼湊反革命勢力。反動的「大刀會」「紅槍會」「萬仙會」「白極會」「七星會」「還鄉團」「義勇隊」等如雜草叢生，拔地而出，瘋狂反撲過來。

5 月 28 日，各地反動武裝一千餘人，在國民黨縣大隊長梁鑫田、大刀會頭子李澤夫、「清剿」隊長王炳陽等人帶領下撲向鐘祥城關，由南、西二城門攻城。入城後，迅即包圍了縣黨部和農協會。費必生等人帶領數十名糾察隊員爬上農協會的屋頂，憑藉幾支簡陋的武器和磚瓦，居高臨下向敵人猛烈還擊，打死打傷敵人甚多。由於敵我力量懸殊，費必生等人只好分頭突圍轉移。費必生經一條小巷來到獅子井費必茂家，甩掉敵人，由工人糾察隊護送出南門，經京山轉移到武漢。

土地革命戰爭時期，費必生曾經擔任應城縣委書記。後參加紅四方面軍，1932 年，費必生在錯誤的「肅反」中不幸犧牲。

▌新四軍五師重要領導骨幹張文津

張文津（1907 年—1946 年），原名張中杰，號文俊，又名問津，別名章維軍，鐘祥縣洋梓人。

　　1930 年春，中共鄂北特委在襄、棗、宜、鐘地區發展黨的組織，張文津受共產黨員王子揚、陶碧金影響，走上革命道路，奔波於武漢、沙洋、京山、應城、荊門等地，籌集槍支，發展武裝。

　　1937 年，經黨組織介紹，張文津赴延安參加抗日軍政大學學習，並加入中國共產黨。在延安，張文津聆聽過毛澤東關於《實踐論》和《矛盾論》的演講，受到了馬列主義基礎理論的教育和嚴格的軍事訓練，思想上有了飛躍進步。

　　1938 年春，張文津奉命到八路軍駐武漢辦事處工作。其時，日軍正沿江而上，企圖攻占武漢，掠取中原。黨中央決定，在中原地區大力發展抗日武裝，開展敵後游擊戰爭。張文津回到鐘祥發動抗日救亡工作，先後與胡集聯保主任胡有生、轉鬥灣聯保主任董淑康等取得聯繫，拉起一支由黨組織掌握的、擁有五六十人槍的鄉聯隊。1938 年底，陶鑄在鄂中組建起抗日武裝——應城抗日遊擊隊（簡稱「應抗」，不久改稱應城縣國民抗敵自衛總隊），張文津任參謀長。「應抗」高舉抗日旗幟，馳騁於京山、鐘祥、應城、安陸、雲夢之間，積極打擊日偽，陶鑄和張文津率領「應抗」取得京山公安寨伏擊戰的勝利，斃傷日軍 20 餘人，打死一名日本親王（勞軍團長），震撼了來犯之敵。

　　1939 年 6 月，李先念和陳少敏率新四軍挺進團一大隊從竹溝挺進鄂中，在養馬畈與「應抗」第三、第四支隊會師，成立新四軍豫鄂獨立游擊支隊，下轄 4 個團隊，張文津任一團團長，周志堅任一團政委。張文津率部轉戰於

大小花嶺、大山頭、趙家棚、大悟山等地，殲滅偽軍胡翼武部200餘人，迫使偽軍周叔屏部200餘人反正，在憨山寺伏擊敵汽車5輛，參加圍殲日軍的新街戰鬥。一場場勝利讓張文津威名遠颺。

1940年春，黨組織再次派張文津到延安馬列學院學習。一年後，回到鄂豫邊區，先後擔任新四軍十五旅參謀長，襄西留守處主任，新四軍五師參謀處副處長，鄂豫邊區一、二軍分區副司令員，江漢軍區副參謀長，洪山軍分區參謀長等職，馳騁在鄂中、襄北、襄南各個戰場上，多次出奇兵建奇功，日偽軍一聽張文津的名字就聞風喪膽。李先念師長多次稱讚他是智勇雙全、粗中有細的猛張飛。

抗戰勝利後，國民黨蓄意挑動內戰。為調處中原地區軍事衝突，由國民黨、共產黨和美國三方組成的軍調部派出第九執行小組到漢口。張文津作為中原軍區代表之一，以上校參謀身份參與第九小組的調處工作，在中共代表薛子正領導下，以談判桌為陣地，同國民黨代表展開針鋒相對的鬥爭，經過多次談判，終於在1946年5月10日簽訂了停止武裝衝突的《漢口協議》。墨跡未乾，國民黨大舉「圍殲」中原解放區。張文津作為中原軍區幹部旅旅長，率部向西突圍。

中原突圍勝利之後，為了徹底揭露蔣介石的陰謀，組織上派張文津赴西安談判。8月7日，張文津同譯員吳祖貽（鄂豫邊區黨委民運部長，化名吳毅）、警衛員毛楚雄（毛澤東侄兒、毛澤覃之子，化名李信生）攜帶軍調部第九執行小組的符號、旗幟、證件，從鎮安縣楊泗廟出發，去西安談判，行至寧陝縣東江口鎮，被國民黨六十一師一八一團扣留。敵團長岑運應在對張文津一行進行分別審訊時，軟硬兼施，採用卑鄙手段進行利誘。張文津等作了針鋒相對的鬥爭，對國民黨背信棄義的行為作了無情的揭露。8月10日，胡宗南電令：「就地秘密處決。」當晚，一八一團團長岑運應命四連連長李清潤將張文津、吳祖貽、毛楚雄一起活埋。

1984年12月，在中央有關領導親自安排下，中共湖北省委副書記王全國責成鄂豫邊區革命史編輯部，與商洛地委、寧陝縣委和烈士親屬共同組成

調查專班，輾轉萬里覓忠魂。歷經數月，終於查清了張文津、吳祖貽、毛楚雄 3 位烈士的遇害經過，並在東江口找到了三位烈士的遺骨。

李先念聽取調查匯報後，在 1985 年第 17 期《紅旗》雜誌親筆為張文津等 3 位烈士撰寫紀念文章，標題為《向革命先烈學習，保持共產主義的純潔性——紀念張文津、吳祖貽、毛楚雄三烈士》，文中稱張文津有強烈的正義感和民族自尊心，作戰勇敢，指揮有方，是五師的重要領導骨幹，對五師和鄂豫邊區的創建和發展作出了積極貢獻。

1986 年 8 月 15 日，湖北省人民政府將張文津等 3 位烈士的骨灰接回來，護送到大悟縣，安放在鄂豫邊區革命烈士紀念館。

▌一心抗日的龍劍平

龍劍平（1907 年—1942 年），原名龍中堯，出生在沙洋建陽驛（現沙洋縣十里鋪鎮境內）一個地主家庭。由於家道殷實，龍劍平七歲開始讀書，中學畢業後，來到武昌省立第一中學繼續學業，並加入了共青團。身處亂世的龍劍平，原本滿腔熱情，無奈眼前所見的卻是軍閥混戰，大批有志青年被鎮壓。一次，他目睹了一位好友因為參加農民協會，而被當局殺害。於是，他離鄉背井，到國民黨軍隊裡謀了個文書差事。不久，這支部隊在一次戰役中被紅軍擊潰，龍劍平不得已回到了家鄉。

抗日戰爭爆發後，龍劍平深知，不管是國民黨還是共產黨，危急時刻最為緊要的是團結起來共同抗日。於是，他約同好友，籌集資金購買槍支，自發組織起一支自衛隊。1938 年，被國民黨荊門縣政府任命為十里鋪區公署區長。上任後的龍劍平嚴肅懲處貪腐的鄉保人員，組織力量清剿當地土匪勢力，很快便在家鄉樹立起了威信。同時，他還不忘積極宣揚抗日主張，廣泛發動群眾力量，支持抗戰。

正當他施展抱負之時，國民黨政府派人找上門來，要他積極配合國民黨政府「清剿」共產黨。此時的龍劍平雖然不知前方道路等著自己的會是什麼，但在抗日大事上，他態度異常堅定，回覆說：「共產黨主張抗日，我不會把

槍口對著他們！要我不抗日，絕對辦不到！」1939 年被免去區長一職。面對所發生的一切，龍劍平頓感前途一片迷茫。

1940 年，日軍進一步擴大侵華戰爭，妄圖迅速滅亡中國，全國上下陷入戰火之中。此時，為響應抗日號召，龍劍平再次組織武裝力量，建立起一支地方抗日隊伍。然而，彼時的中國正處於外患未除，內憂不斷的年代，十里鋪區也同樣活躍著土匪的身影。考慮到有被當地土匪襲擊的可能，龍劍平迫於無奈接受了國民黨荊江潛三縣游擊指揮部副總指揮周贊廷的收編，編入左墨香支隊第三大隊，任大隊長。

同一時期，共產黨方面也同樣進行著抗日武裝運動。1940 年 6 月，為爭取抗日力量，擴大武裝勢力，中共襄西黨組織委派王建橋、王全國、楊震東三位同志前去龍劍平大隊做工作，有意爭取這支游擊隊的支持。因龍劍平已被國民黨收編，這三位同志只好巧用計謀，動員了三十多名黨員、群眾，背起少量槍支，偽裝成國民黨 77 軍失散人員投奔龍劍平。見到王建橋三位同志率數十人前來投軍，龍劍平大喜，立即收歸大隊。

一天，龍劍平接到左墨香密令，懷疑王建橋三人是共產黨，命令他立即逮捕上交。其實，龍劍平早已聽聞這一消息，為了應付上級指令，他在報告中寫道：「經調查，判定王建橋等人為共產黨證據不足，為防止可疑人員混入我隊，現已將幾人開除。」不久後的一天，龍劍平與王建橋等人進行了一次密談，他開門見山地說：「我其實已經知道你們的真實身份。」聞言，王建橋笑道：「不錯，我們之所以來，就是因為知道你不會對共產黨下手！你是一個心懷民族大義的人！」聽到這番話，龍劍平激動地與眼前的共產黨人緊握雙手。

此後，在龍劍平的掩護下，王建橋等人抓住時機在大隊中宣傳共產黨抗日主張和政策，積極爭取同志。1940 年 8 月，接到襄西黨委指示，龍劍平率 300 餘人舉起抗日大旗，奔赴石牌與共產黨方面會合。其後，編入新組建的新四軍襄西獨立團，龍劍平任第一大隊長。

1941 年，襄西行政委員會正式成立，龍劍平擔任主席一職，同年 5 月，加入中國共產黨。

隨著抗日戰爭局勢的日益擴大，日軍進一步加緊侵略步伐，此時亦有意志不堅定之人紛紛倒戈，加入了敵對陣營。龍劍平的愛人因接近臨產，隱蔽在群眾家裡，被漢奸帶著日本人捉去，要挾龍劍平放棄抗日，但龍劍平堅持抗戰，並在多次對日作戰中獲得勝利，打擊了敵人的囂張氣焰。

1942 年 2 月 6 日，龍劍平同志率部來到團林張場村沈家中灣召開新年工作會議，參加會議的有 300 多人。7 日下午會議結束，參會人員及大部分警衛部隊相繼離開。因需要整理會議文稿和處理一些善後事宜，龍劍平及衛隊、秘書 30 餘人在沈家中灣留住。

當天晚上，龍劍平一行沒有離開的消息，被日偽軍密探沈某（沈某住在沈家上灣）知道後，連夜報告日軍。日軍糾集 500 多人於 8 日凌晨趕到沈家灣，在三條山崗上架設數挺輕、重機槍，並將 500 人均勻地分佈在三條山崗上，另外一條出口則被一口大堰塘擋住。凌晨六時左右，敵人在向灣邊靠攏時，被我新四軍哨兵發現，並擊斃一名敵軍。龍劍平聽到槍聲，迅速集合所有人員突圍，終因寡不敵眾，壯烈犧牲。

政治部主任杜邦憲

杜邦憲（1907 年—1943 年）出生於鐘祥城關一個貧苦的小市民家庭。他母親不分晝夜做針線，洗衣服掙錢，供他讀書。他在小學讀書時，成績優秀。小學畢業後，1925 年 7 月考取城關中強中學。在進步校長孫海霞的教育和幫助下，懂得了不少振興中華民族的道理。以後，又閱讀了一些宣傳馬列主義的書籍，接觸了在鐘祥活動的共產黨員，立志為國家，獻身民族救亡事業。

1926 年，加入中國共產黨。1927 年，鐘祥縣黨部派他到蘭臺中學開設的黨務訓練班和農務訓練班講課。「四·一二」反革命政變後，共產黨組織轉入地下活動。他和盧祥瑞到石牌、瓦瓷一帶秘密領導革命鬥爭。後來，由於局勢進一步惡化，黨組織考慮到他不宜在本地繼續開展革命活動，指示他轉到沙洋鎮，以教私塾為掩護，隱蔽下來。1929 年，由沙洋鎮返回鐘祥潞官淌以教書為名，秘密宣傳馬列主義。1930 年，考入襄陽師範學校。1932 年，

襄師畢業後，回到鐘祥擔任中共鐘祥縣委委員。繼續以教書為掩護，從事革命工作。1933 年，考入河南開封大學。

1937 年「七七」事變後，杜邦憲返回鐘祥石牌鎮，利用進步青年毛凱舉辦的抗日民眾學校宣傳中國共產黨全面抗戰的主張，引起當地土豪士紳的恐慌，他們要求將「民眾學校」與石牌區小學合併，試圖用「區小」取而代之。杜邦憲與毛凱一合計，決定將計就計，趁此擴大力量，結果當然是「區小」成為我地下黨組織活動的陣地。接著，杜邦憲又在石牌鎮岳王廟辦起「農民夜校」，組織抗日講座，宣傳抗日道理，教唱抗日歌曲。透過「民眾學校」和「農民夜校」的教育，團結了近 400 名各界民眾，先後發展進步青年毛愷、祝敏功、李少伯、肖步青等人入黨。

1938 年 10 月，國民黨鐘祥縣成立了有共產黨人參加的游擊司令部，杜邦憲被中共鐘祥縣委派到該部二中隊任政治指導員。由於他對士兵做抗戰動員工作，使很多士兵的民族感情被激發起來。國民黨對他視如眼中釘，肉中刺。一天晚上，偽縣長段遠謀把杜邦憲等人找去談話，以「上頭有令」為由，叫杜邦憲等人離開二中隊。不久，杜邦憲接到中共鐘祥縣委關於「敵人要下毒手，立即離開」的指示。

1939 年 1 月，杜邦憲帶領一批愛國青年到炸泉河參加了應城抗日遊擊隊，後編入新四軍鄂豫挺進一團，任一團第二大隊政治教導員。8 月率第二大隊攻打盤踞在安陸、孝感地區的偽軍，殲敵二百餘人。10 月 13 日，在京山新街打退日軍三百餘人和偽軍五百餘人的數次進攻。

1940 年 5 月，杜邦憲任新四軍豫鄂挺進縱隊第二團隊政治處主任。1941 年 4 月，第二團隊改編為新四軍第五師第十三旅第三十七團，杜邦憲仍任政治處主任。他對全團的黨支部工作、宣傳教育工作、連隊救亡活動等都做了專題調查，還創辦了團報《鐵拳》。1942 年春，調任第三軍分區政治部副主任。

1943 年夏，國民黨第五戰區第九游擊支隊司令周良玉（原本為馬良、石牌一帶的土匪）因立足困難，率兩個團共 1000 餘人，投靠我三軍分區，收編為新四軍第五師特三旅。杜邦憲調任該旅政治部主任。他為了改造這支土

匪隊伍，深入做思想政治工作，整頓軍紀，提倡官兵平等，不準打罵士兵，不準侵害百姓。該部中、下層一些官兵從思想上逐步認識、瞭解、接受了新四軍。

但周良玉土匪習性不改，受不了革命紀律的約束，其政治態度隨著敵我鬥爭形勢的變化而變化。同年9月上旬，日軍對京鐘核心地帶進行大「掃蕩」。14日這天，周良玉趁我軍主力部隊轉戰襄南之機叛變，投降日寇，並扣押了我黨派到特三旅工作的政委謝威和杜邦憲等人。

三軍分區聞訊後，司令員王海山立即率四十三團急行軍，追上週良玉部。同時也得力於特三旅中受教育的進步官兵的幫助，謝威等人安全脫險，但杜邦憲被押到日軍駐地秦家坡，於9月25日遇害。

杜邦憲被列入全國第二批著名抗日英烈和英雄群體名錄。杜邦憲烈士紀念碑位於鐘祥市舊口鎮明星村一組秦家堤。碑身為梯形，坐北朝南，南側中部為「杜邦憲烈士紀念碑」。

▌游擊隊長徐履青

徐履青（1908年—1941年），京山縣人，革命烈士，1938年參加革命，同年秋加入中國共產黨。歷任京山縣石板河抗日自衛中隊隊長、京應游擊大隊隊長、中共京北縣委社會部長等職。是我黨的優秀黨員，是京山抗日武裝的組織者和重要領導人之一。

1939年3月，徐履青同志帶領游擊隊戰士和基幹隊參加了陶鑄同志領導的公安寨戰鬥，取得巨大勝利。同年秋，徐履青同志遵照中共京應縣委指示，利用漢流會和宗族關係，開展對偽軍的策反工作，爭取了當時駐田店、馬店一帶的偽軍團長馬小甫部的連長徐金祥，成功策反徐金祥帶的一個排的偽軍，擴大了抗日武裝。後來採取裡應外合的辦法，消滅馬小甫的衛隊，活捉了馬小甫。

1939年8月，京山縣石板河抗日自衛中隊建立，徐履青擔任中隊長。他帶領部隊積極進行軍事、政治訓練，部隊素質得到極大提高，部隊在歷次戰

鬥中都能出奇制勝，打擊敵人。同年冬，盤踞在應城的日寇旅團司令官岡崎，親自指揮應城、皂市、京山、鐘祥、宋河五路日偽軍對新四軍豫鄂挺進支隊司令部駐地馬家沖和八字門、石板河、丁家沖進行殘酷「大掃蕩」。徐履青同志遵照邊區黨委指示，帶領中隊對敵人進行了頑強的阻擊，有力地打擊了敵人，取得了這次「反掃蕩」的勝利。

1940 年元旦，京應縣委成立京應抗日遊擊大隊，任命徐履青為大隊長。從此，他帶領部隊更加勇敢地戰鬥在京山東北和應城西部一帶。1941 年 4 月 4 日，徐履青帶領京應游擊大隊一中隊和短槍隊，埋伏在宋應公路旁的麥田裡，截擊日寇的二輛汽車，繳獲大量武器。

1941 年 11 月 4 日，徐履青接到邊區黨委要他同土匪許友祥談判的指示。他說：「許友祥奸詐狡猾，這次談判凶多吉少。但我是共產黨員，要服從組織上的安排，為了黨的事業，人民的利益，我準備以身殉職。」11 月 6 日上午，談判進行了一段時間後，許友祥的通訊員許友貴提著一捆白菜進來了，裡面藏著手槍。不一會兒，許友貴從房門口對徐履青開了一槍，子彈從頭頂飛過。徐履青去開後門，誰知遭到許友祥的埋伏，朝徐履青猛砸一門杠，許友貴又朝徐履青開了一槍，子彈從徐履青同志的眼邊打進去。許友祥對徐履青講：「你趕快說，還來得及，我們有曹司令的醫院。」徐履青怒視許友祥，大聲斥道：「新四軍到處都是，黨支部到處都有。可恥的匪徒，你殺害我吧，人民不會饒你的！」許友祥惱怒了，對準徐履青的胸前又是一槍。徐履青同志就這樣遭了許友祥的毒手，壯烈犧牲。年僅 33 歲。

徐履青同志對黨忠心耿秋，為革命鞠躬盡瘁，為發展抗日武裝，建立抗日政權，為人民的解放事業獻出了自己寶貴的生命。他用生命譜寫了一曲抗日救國的壯歌。

▍荊南宜工委書記廖學道

在東寶區栗溪鎮東邊的一座山頭上，翠柏掩映著一座烈士紀念碑，墓碑的主人叫廖學道，他犧牲在東寶區栗溪鎮木馬嶺。

廖學道（1910 年—1947 年），號成美，化名祖德，湖北天門蔣場鎮廖家河嶺人。1932 年 6 月，廖學道參加中國工農紅軍第三軍，同年加入中國共產黨。1935 年 11 月，參加二萬五千里長征。1937 年夏，奉命回湖北，領導遊擊隊工作，組織農民起義，發展地下黨組織。

1939 年秋，廖學道在天門徐馬灣開辦同樂茶館，建立地下交通站。1940 年 2 月 7 日（農曆臘月三十），廖學道和方尚武一道率縣、區武裝夜襲國民黨賴場鄉聯保處，俘敵 20 餘人。1941 年，廖學道組建 30 餘人槍的特務隊活動於天門一帶。當得知石東區西段場鄉黃希芳等三名鄉幹部被叛徒出賣，立即帶領兩名隊員深入虎穴偵察，即刻將叛徒查獲。1942 年 8 月，他主持開辦公安訓練班，培訓公安骨幹 40 多名。

同年 10 月，天京潛縣委建立，廖學道任中共天京潛縣委委員、敵工部長，兼公安局長。他安排地下黨員別學清，將縣城敵偽頑情報及時傳送，使縣游擊大隊在京山雁門口、白馬廟一帶殲滅和俘獲敵偽一個連。1943 年秋，天京潛縣指揮部作戰參謀劉岳群的機密文件被竊。廖學道深入現場進行偵察，破獲了特務案，處決了特務分子。1945 年春，天京潛縣抗日民主政府被服廠廠長李竹安攜巨款到漁南買布時，遇持槍蒙面人行劫。他接到報告後，立即組織偵破，將搶劫犯捉拿歸案，予以鎮壓，天京潛縣公安局聲威大振。

同年，廖學道三次寫信給日偽鄂省保安第三縱隊司令高華庭，希望他以抗日大業為重，走向人民一邊。10 月 15 日，高華庭率部起義，後成為中國人民解放軍的一名指揮員。

1946 年 8 月，江漢中心縣委根據上級關於建立民主革命根據地的指示，決定原京山、鐘祥、天門、潛江的部分幹部和武裝力量負責開展荊門、南漳、宜城一帶的游擊戰爭，建立荊南宜工委。由於他工作出色，廖學道被任命為荊南宜工委書記。

廖學道任工委書記之後，以栗溪為基地，在仙居、劉猴集一帶開展游擊戰爭，建立了革命根據地，並領導荊南宜當時的幾個縣對國民黨的部隊進行圍剿。

1946 年 10 月，國民黨軍隊向栗溪發動進攻，廖學道帶領工委機關同志向鐵坪方向轉移。躲開敵人圍追堵截之後，廖學道帶著傷繼續留在栗溪一帶堅持鬥爭。1947 年 4 月，廖學道一行 5 人在栗溪木馬嶺附近一農戶家中休息，不想遭人告密。地方武裝發現以後，知道廖學道是一個共產黨的高官，就向當時的偽區公所報告。

1947 年 4 月 4 日早上，敵人包圍了廖學道等人的宿營地。廖學道撤退到栗溪花屋場與桑埡村交界的木馬嶺。敵人三挺機槍向山上掃射，一時間，木馬嶺上槍聲大作，子彈紛紛向廖學道等人密集飛來。在突圍戰鬥中，廖學道不幸中彈身亡。他的警衛員被捕後，因寧死不屈，被敵人活埋在栗溪鎮附近的趙畈。

1950 年，廖學道被中央人民政府追認為革命烈士。1990 年，栗溪鎮建立「廖學道烈士之墓」，供人們悼念瞻仰，成為當地愛國主義教育基地。

▍寧死不屈陳道昌

陳道昌（1910 年—1941 年），京山縣城關人。革命烈士。1926 年，大革命的風暴席捲鄂中，黨組織派袁傳鑒、張國蘭等同志到京山開展革命活動。16 歲的陳道昌參加了兒童團，在「打擊土豪劣紳，剷除貪官汙吏，消滅封建，取消不平等」的鬥爭中，他和兒童團員們一起站崗放哨，抓地主老財，打開地主的糧倉，把糧食送到窮人家裡。大革命失敗後，敵人血腥屠殺革命者，他逃出京山城，到恩施一帶尋找革命隊伍。1931 年，隨紅軍回到京山。

抗日戰爭開始後，陳道昌同志在黨的領導下，戰鬥在京山南部。他受黨的指示，打入到國民黨第六游擊縱隊八支隊內部，為爭取抗日力量，發展抗日武裝做統戰工作。1940 年，開始建立抗日民主政權。當時，六合鄉鄉長膽小怕事，不願在艱苦的環境下工作。陳道昌知道後，把胸一挺說：「革命不怕死，怕死不革命，我去！」組織上經過研究，任命他擔任了六合鄉鄉長。從此，他更是不辭勞苦，夜以繼日地投入革命工作。

1940 年農曆冬月初五的夜晚，陳道昌帶領一支新四軍游擊隊，把一袋袋鋸末和穀殼搬到安家畈（今屬錢場鎮劉嶺村）附近的山上，將煤油澆在上面，把馬拴在樹椿上，然後點燃。烈火熊熊燃燒起來，馬一見火光亂竄亂跳，大聲嘶叫，游擊隊員們同時四處放槍。盤踞在安家畈的日偽保安隊，以為新四軍千軍萬馬壓來，一個個嚇破了膽，連忙舉槍投降。這就是人們傳為佳話的夜襲安家畈。

日偽保安隊把他看作眼中釘，肉中刺，四處搜捕陳道昌同志。1941 年 2 月 2 日傍晚，陳道昌在關家店組織召開一個秘密會議，被漢奸劉高明（日偽維持會長）發覺，劉高明迅速密告日偽保安隊。第二天拂曉保安隊秘密包圍關家店，陳道昌不幸被捕。

偽縣政府為此大擺宴席，慶賀他們的「勝利」。2 月 3 日清晨，敵人在苗圃（今縣人民醫院處）設酒席「宴請」陳道昌。敵人對他說：「只要你不搞共產黨，就可保證你榮華富貴……」陳道昌同志義正詞嚴地對敵人說：「要殺要砍，隨你們的便，別來這一套！」說完，他憤起將桌子掀翻。

敵人又氣又急，問陳道昌：「你們有幾個人，有幾條槍？」陳道昌正氣凜然地回答：「我們有的是槍，多的是人。你們睜開眼睛看一看，西門一出，到處都是抗日的隊伍，到處都有復仇的刀槍。別看你們有幾枝破筒爛槍，遲早逃脫不了滅亡的下場。到那時，人民一定要清算你們這些漢奸走狗的罪行！」

惱羞成怒的敵人把陳道昌吊在屋樑上，打斷了扁擔，又在扁擔上釘上釘子，拚命地打。每一扁擔下去，釘子帶出來的都是一條條血紅的肉絲，鮮血很快染紅了扁擔，灑滿了牆壁，敵人得到的回答仍然是一頓痛罵。敵人又把陳道昌的兩隻手釘在扁擔的兩端，發狂地吼叫：「你的同夥在哪裡？」陳道昌同志用盡全身力氣，堅決地回答：「不知道！」

慘無人道的敵人發了瘋，用開水淋他的下身，用鐵絲穿過他的鎖骨，用燒紅的熨鬥烙他的後背。陳道昌背上的肉燒焦了，胸前鮮血直流，連續昏過去幾次。但敵人得到的，除了痛罵之外，就是「不知道！」

敵人施盡毒刑，沒有從陳道昌同志身上得到半點東西。最後，敵人想用槍斃他來威嚇，妄圖使他屈服。2月6日早晨，敵人又提審陳道昌。他們像惡狼一樣地嚎叫：「限你三分鐘，不說，槍斃！」陳道昌同志咬著牙，站起來，猛然一腳踢翻敵人的審訊桌，斬釘截鐵地說：「共產黨員死也不投降，走吧！」說完，昂首挺胸，邁步走出敵人的審訊室。一個匪徒端著刺刀在陳道昌背後猛刺一刀，陳道昌向前踉蹌了一下，又像鋼鐵巨人一樣，昂然挺立。他高呼：「共產黨萬歲！」最後，敵人將陳道昌同志殺害在京山城南，年僅 31 歲。

有勇有謀以少勝多的許猛

許猛（1911年—1948年），原名許明魁，因勇猛善戰，人稱許猛，沙洋縣五里鋪鎮許場人。1928年2月，在家鄉加入農會，同年加入中國共產黨。1930年參加紅六軍，先後任排長、連長、營長。大革命失敗後，留在家鄉堅持革命鬥爭。

1940年5月，日軍攻陷荊門。9月，為抵抗日軍侵略，新四軍襄西獨立團正式成立，許猛任第二大隊副隊長。自此，許猛率領著這支隊伍開始了富有傳奇色彩的戰爭之路，每當提及許猛的大名，淪陷區的日寇、敵偽部隊無不膽顫心驚。

1941年2月的一天，當陽地方土頑鄭家良帶領一支百人多的隊伍來到荊南草場搶劫，卻恰好遇上了正在附近活動的許猛隊伍。然而，許猛這支小分隊人數不過二十來人，唯一的武器就是一挺機槍。考慮到敵我力量懸殊，如果正面交戰無疑是螳臂當車，毫無勝算。許猛當機立斷，下令戰士迅速占領有利地勢，成「蛇」形隱蔽起來。隨即又命戰士變換位置輪流使用機槍射擊。他一聲令下「打！」，頓時槍聲四起。膽大心細的許猛命令戰士玩起「擊鼓傳花」的遊戲，只聽東邊一聲槍響，西邊一聲槍響，戰士們鼓足幹勁大聲喊叫「繳槍不殺！」面對突如其來的襲擊，鄭家良隊伍猶如丈二和尚摸不著頭腦，於是丟下槍支武器便倉皇逃命了。

同年冬天，一支日偽部隊駐紮沈家集，共60多人把守，為害鄉里，許猛決定為民除害。經過探察，許猛帶領三十多名戰士換上敵軍軍裝，扮成途

經此地的部隊上前交談。敵隊士兵見到自己的駐軍立刻開門接洽，許猛等人一擁而入，沒等敵人開口，便以迅雷不及掩耳之勢將這 60 多名敵人俘獲，又一次以少勝多。

1943 年 7 月，許猛帶領的襄西支隊改編為新四軍五師三十二團，許猛任團長。

1945 年 5 月，許猛帶領 5 個連一夜急行軍 80 多里，包圍日偽據點三家店，據點內有二百多名偽軍。戰鬥從早上 8 點打響，偽軍憑藉堅固工事，拚命頑抗，許猛集中所有輕重機槍，實行重點突破，先是摧毀了土炮樓，接著用集束手榴彈炸毀地堡群，失去掩護的偽軍被部隊四面包圍，舉旗投降。這一仗共斃傷偽軍大隊長及以下官兵 70 多人，俘虜 130 多人，繳獲長短槍 100 多支，機槍 4 挺，子彈 3000 余發。

抗日戰爭時期，許猛帶領不斷壯大的隊伍採用集中兵力，各個擊破的戰術，多次痛擊日偽部隊，先後擊潰了荊南土頑姚金陵部，荊西土頑陳楚斌、陳楚武部，長湖日偽軍楊春芳部，荊鐘土頑鄧克昌、李用民部，以及當陽土頑蔣光雲部，書寫了一個個以少勝多的傳奇故事，為我軍奪取襄西抗日戰爭的最後勝利做出了傑出貢獻。

1946 年 6 月，中原部隊突圍時，許猛帶領兩個排配合主力部隊行動，牽制敵人兵力，使中原南路突圍部隊順利到達鄂西北。1947 年 9 月，中共北山工委重建，許猛任書記。1948 年 1 月，許猛調任襄西支隊副隊長。

同年 5 月 6 日，許猛帶兵奔襲南漳縣轉灣頭附近的敵人，敵人逃進石鼓洞負隅頑抗，許猛為了查清洞中情況，兩次親自到洞上的天心眼觀察，不幸被敵人冷槍擊中犧牲，時年 37 歲。

▎英雄民警解德玉

解德玉（1957 年—1990 年），遼寧省撫順市章黨區人。1975 年 5 月參加工作，1989 年 10 月調入荊門石化總廠公安處月亮湖派出所工作。1990 年

9 月 26 日在抓捕銀行搶劫犯時，不幸壯烈犧牲，同年 11 月 5 日，被公安部追授為革命烈士，被湖北省公安廳追授為「英雄民警」。

　　1990 年 9 月 26 日上午 8 時 15 分，5 名持槍歹徒劉代華、蒲興富、鐘小平、劉建亞、胡榮富（均為四川籍）從重慶流竄到荊門，闖入東寶山鐵路大橋下的荊門市工商銀行月亮湖儲蓄所，擊傷 2 名女儲蓄員，搶走公章、票證及現金。

　　市民陳斌目擊後第一時間跑到離事發地最近的月亮湖派出所報警。當時解德玉剛值完夜班，正在向所長匯報半夜查處的一起搶劫案情。匯報完後，他準備回家帶三歲的兒子到醫院打針，兒子已經發燒幾天了。

　　當時，派出所內只有 3 個人，解德玉立即向所長請戰，駕駛警用三輪摩托車載上民警老詹和報案人陳斌追擊罪犯，並將劫匪逼進原荊門市啤酒廠家屬區的一個死胡同裡。劫匪見前無出路，後有追兵，慌忙中，打算從圍牆跟前一低矮的豬圈越牆逃跑。正沒命地往上爬時，解德玉大吼一聲：「站住，不許動！」這雷鳴般的吼聲嚇得正在爬牆的劫匪胡榮富兩次從牆上滾下來。「叭叭」兩聲槍響，他的手槍走火，正好擊中蒲興富的手臂，疼得他嗷嗷如狼嚎。

　　這時，首犯劉代華已經跳上了豬圈，正要越牆逃跑，解德玉一個箭步沖上去，兩只大手猶如兩把鐵鉗，抓住劉代華的肩膀奮力一拉，將其拉了個趔趄。狗急跳牆的劉代華見難以脫身，凶相畢露，轉身朝著解德玉開了一槍。

罪惡的子彈穿透瞭解德玉的腹部，頓時，鮮血染紅了他的警服。解德玉的身體向後傾了一下，又以驚人的毅力站住，堅持沒有倒下去。他清楚地知道自己已經中彈，生命危在旦夕，但他並沒有退卻，眼看劉代華又爬上了圍牆，就要翻過去了，解德玉奮力一躍，死死抓住了劉代華的雙腿。這時劉代華和蒲興富又近距離向解德玉的頭部、胸部連開 4 槍。解德玉身中 5 彈，當場壯烈犧牲。

他隻身一人，赤手空拳，與五名持槍歹徒殊死搏鬥，為軍、警、民圍殲戰鬥贏得了最寶貴的時間。

「9·26」銀行搶劫案捕殲戰總指揮田文政說：「因為劫匪帶著手雷，有多支槍，形勢相當嚴峻。我們尤其怕他們跑到煉廠油庫，把手雷一拉，引爆油庫，荊門就將成為火海。」另外，案發日正值北京亞運會進行之時，影響極其惡劣。

市委、市政府迅速調集公安局機動隊、周邊派出所民警、機關幹警、煉油廠公安處公安幹警和經濟民警、武警支隊一、二、四中隊共計 500 餘人，將方圓十平方公里的東寶山包圍起來。同時，在外圍布下了由 200 多名民兵，90 多名交通幹警和臂纏白毛巾的荊門市公安局汽車駕駛員培訓中心的 340 多名學員，共計 600 餘人組成的方圓 24 平方公里的第二道大包圍圈。沙洋武警三支隊、荊州、沙市、鐘祥、京山、沙洋農場等地的公安、武警隨令而動。總共動用警力人力近 5000 人，規模之大在全國都實屬罕見。

下午 3 時 15 分，將隱藏於東寶山密林中的首犯劉代華擊斃，其餘 4 名歹徒擊傷生擒，繳獲手槍 4 支，子彈 42 發，手榴彈 3 枚，贓款 13000 余元。1994 年荊門電視臺根據這一事件製作出 10 集電視連續劇《劍斬惡魔》。解德玉的兒子長大成人後繼承父業考取了某警官學院。

20 多年過去了，如今的東寶山，已經由當年人跡罕至的荒山野嶺變成了秀麗的風景區，成了人們散步健身的好去處。這起當年轟動一時的事件已經為很多人所淡忘，許多「80 後」、「90 後」對此事更是知之甚少。現在想來唏噓不已。

一個普通民警殉職，數萬民眾弔唁相送，電視臺根據這一事件製作電視連續劇，引起全國的共鳴，這確實是不可多見的一幕。這番場景的不可多見，解德玉這樣的人並不多見。當今，我們當然希望這「不多見」可以被銘記，可以被高舉，更期待這不多見的個案可以迅速被湧起的常態所淹沒，這想必才是對英雄最好的紀念。

時代在變，荊門在變，今天我們的市民是否還懷有當年的熱血和勇氣。設想下，如果今天的荊門再次發生類似的事件，我們還會不會有新的解德玉捨生忘死衝鋒在前？還會不會有無數的市民挺身而出來捍衛正義？

解德玉，這位荊門普通的警察，把整個身心都撲在了公安民警這個最普通、最平凡的崗位上，付出了自己全部的精力與青春年華，他的奮不顧身讓麻木的現代人堅硬的心殼在冬天的溫暖中漸次融化。重新品讀解德玉的事跡，作為荊門人仍會為之感動驕傲，甚至無限榮光。

▍對越自衛反擊戰中的革命烈士周秋波

周秋波（1964 年—1985 年），京山縣永興鎮人。原中國人民解放軍 46 軍 138 師師直偵察連四班戰士，1983 年入伍，1985 年火線入黨，在敵人的「心臟」裡廝殺。1985 年 9 月 23 日，周秋波在戰鬥中擔任穿插捕俘、斷敵退路、阻敵增援、搗毀敵排指揮所的任務。戰鬥中，四次身負重傷，三次搶救戰友，斃敵四名，傷敵一名，炸毀敵屯兵洞一個，最後壯烈犧牲。戰後被授予革命烈士稱號，追記一等功。

該偵察連是個英雄連隊，曾榮立集體一等功，湧現了「戰鬥英雄」陳紹光。周秋波入伍來到偵察連，實現了多年的願望，得意又自豪。他發誓要當一名英勇的偵察員。

1985 年 6 月初，偵察連隊奉命對敵占 913 高地抵近偵察，這是進入前沿陣地後第一次執行任務，周秋波積極要求參加。他和戰友潛伏到敵人鼻子底下三天三夜，仔細搜尋各種敵情資料並繪製了該高地的地形和火力配系圖，出色地完成了潛伏偵察任務。在一次偵察敵占 17 號高地的任務中，要攀登

「老鷹嘴」形狀的陡壁，危險性大，副連長陳洪東決定先上，周秋波一把拉住他說：「我先上，你是帶隊的，不能先『光榮』了。」周秋波到了「老鷹嘴」上，排除四顆地雷，為戰友們開闢了通路。

攻打敵占 395 高地準備階段，上級決定從偵察連抽調 10 名戰士，組成一個捕俘尖刀班，擔任向 395 高地側後穿插捕俘任務。周秋波先後對 395 高地偵察過三次，在第四次偵察時，摸到高地後側敵人的塹壕，在爬行的過程中發現了六條電話線路，順藤摸瓜，找到敵人的一個指揮所。這一發現為上級制定出擊 395 高地作戰方案，提供了珍貴的情報資料。

9 月 23 日零時，攻打 395 高地的戰鬥打響。周秋波走在隊伍的前頭，經過幾個小時的秘密運動，進入了敵人腹地——395 高地後側，剛進入塹壕就掐斷了敵人的電話線。6 時 15 分，炮聲響起，攻擊信號發出。周秋波躍出塹壕，迅速沖到敵 2 號屯兵洞口，這時，一名敵人穿著褲頭，光著膀子跑出來，周秋波開槍並投出兩顆手雷，打死敵人，也就在這時，敵人兩發子彈打中他的左腿。排長趙家昌過來給他包紮，周秋波掙脫排長的手，說道：「打完了再說吧」。

2 號洞內的 3 名敵人全被擊斃，副班長王龍川把周秋波拉進壕內，讓他半躺在塹壕邊進行包紮。這時，在王龍川背後落下越軍投來的手雷，那裡還躺著受傷的工兵班長趙傳武。周秋波大吼一聲奮身抓起冒煙的手雷，揮手摔到塹壕外，戰友得救了。

把他的傷口剛包紮好，班長張峰喊：「注意，又來一個」，只見一個敵人從 432 高地沿塹壕向 395 高地方向查線，是敵通信兵。周秋波和鮑志強隱蔽悄悄接敵，準備捕俘。敵人發現轉身逃跑，周秋波用微型衝鋒槍擊傷敵人，戰友鮑志強又補了一槍，打死敵人。接著又和戰友們一起向敵 1 號屯兵洞發起衝擊，周秋波向敵洞內扔進三顆手雷後，從背後敵暗堡內射出的子彈又打中他的右腿。張峰要給他包紮，他回頭又發現敵暗堡機槍正在射擊，便一把按倒張峰。又一發子彈打中他的腹部。他身子一晃滾進了塹壕，隱蔽在塹壕內的工兵班長趙傳武爬過來，看到周秋波半個身子鮮血淋漓，立即給他大腿根部進行包紮止血，但他的腹部傷口仍流血不止。

這時，周秋波發現在敵一號洞內右側十多米處的 3 號洞裡，敵人突然打響了機槍，封鎖了衝擊的道路。他雙手推開趙傳武說：「別包了，右邊那個洞對排長他們威脅太大，我去炸掉他。」他一手頂著腹部，用手扶著壕壁站了幾站都未站起來。他吃力地跪起來，讓趙傳武幫著換個彈夾，他把槍跨在右手腕上，抓上兩顆手雷，半側身子爬向 3 號洞，剛爬不遠，看到 3 名敵人正在洞口射擊，他兩眼冒火，憋足氣對準敵洞口扔出手雷，射出一梭子彈，擊斃越軍。趙傳武跟上來要他撤進塹壕內繼續包紮。他說：「班長，你掩護，我進洞看看，必須把敵洞摧毀。」他爬到洞口時，聽到裡面仍有響聲，便在洞口的右邊解下隨身攜帶的爆破筒，拉開引信，塞進洞內，一聲巨響敵洞炸塌，周秋波也被氣浪推出。

摧毀敵 3 號洞後，他又和趙傳武向敵排指揮所的方向爬去，繼續戰鬥。突然敵人的一顆手雷落在他和趙傳武中間。周秋波再次跪地立起來，撲在趙傳武身上，戰友得救了，周秋波倒在血泊中，永遠地離開了我們，年僅 18 歲。

京山烈士公園內建有周秋波烈士事跡陳列室，供人們進行愛國主義教育。

四 紅色故事

▌欲醫天下的陳雨蒼

　　陳雨蒼（1889 年—1947 年），字少峰，又名少雲、曉峰、曉雲。湖北荊門團林鋪陳家新集（今團林鋪鎮陳集村）人。

　　陳雨蒼族兄陳榮鐘是辛亥革命的功臣，武昌起義之後，他帶部隊在資州起義，殺回湖北，參加了季雨霖的北伐部隊，在這期間擔任兵站總監，負責招兵買馬。抗日戰爭時期，他年事已高，有心為國分憂，可惜「身欲奮飛病在床」，1940 年在團林老家去世。陳榮鐘兒子陳世榘是中華人民共和國開國上將、工程兵司令員。陳世榘就是在叔叔陳雨蒼的啟發和引導下，加入共青團，走上革命道路。

　　1911 年，陳雨蒼從湖北陸軍軍醫學堂畢業後，在湖北新軍工程八營任軍醫。大家都知道，武昌起義的第一槍就是在工程八營打響的，陳雨蒼擔任救護隊長，在紫陽湖、總督衙門等地救護傷員，掩埋陣亡將士的遺骸。隨後參加了漢口、漢陽的保衛戰。

　　11 月 20 日，他隨季雨霖北伐，任軍事參議、衛生科長等職。漢陽失守後，整個北伐部隊失去了軍餉後援，季雨霖派陳雨蒼到荊門、沙洋兩地籌款，陳

雨蒼想盡辦法，不遺餘力，向商戶籌得大批軍餉，其中鹽商陳致大捐錢兩萬串，另一位商人邱俊臣捐錢一萬串。

辛亥革命後，陳雨蒼赴日本東京帝國大學醫科讀書，後赴德國柏林醫科大學深造，1916 年獲得醫學博士學位。在此期間，陳雨蒼受到馬克思主義的影響，並收穫了自己的第一份感情——找了位德國哲學博士作夫人，夫人的中文名字叫陳一荻。1920 年，回到武漢創辦湖北省立醫學專門學校，後來改名為省立醫科大學，他任校長，這所大學，為中國培育了不少的現代醫學人才。正因為如此，陳雨蒼被稱為湖北近現代醫學教育的奠基人。2000 年這所大學合併到武漢大學。

在醫大任校長期間，陳雨蒼和董必武建立起了深厚的友誼。董老組織召開「三·一八」烈士李鏡唐的追悼大會，陳雨蒼以醫大校長身份痛斥了段祺瑞政府殺害共產黨人的滔天罪行，並大聲疾呼：「中國國勢飄搖，政府腐敗，民生凋敝，瘡痍滿目，加之帝國主義侵略，軍閥橫行，貪官汙吏壓榨，土豪劣紳剝削，老百姓痛苦萬分。」「中國要革命！要踏著李鏡唐烈士的血跡奮勇前進！」當時作為一名非中共黨員，陳雨蒼能發出如此政見鮮明、痛責有聲的呼號，實在難能可貴！董必武給予他很高的評價：「陳的講話有力，大大地鼓舞了革命志氣。」

1926 年，陳雨蒼辭去校長的職務，以「柏林大學醫科博士」的招牌開辦診所，實際上，這個診所就成了共產黨的地下活動場所，時常深夜開會，參加會議的大都是他的學生。1927 年春，陳雨蒼正式加入中國共產黨。

1927 年是「白色恐怖」的一年，陳雨蒼能在這一年加入中國共產黨，足以證明他具有堅定的共產主義信念。1931 年 2 月 27 日，陳雨蒼被捕，在獄中，陳雨蒼受盡了皮肉之苦，坐了一次又一次的老虎凳，雙腳的皮肉被壓破，流血不止，兩腿的髕骨及膝骨被壓損，留下終身殘疾。然而，他始終堅貞不屈，半年多不曾向敵人透露半點黨的機密。後來，黨組織和他的德國妻子透過關係找江西省主席張難先和浙江省主席魯滌平聯名擔保，才把他營救出獄。

陳雨蒼出獄後，夫妻倆離開武漢，來到上海，以各種身份做掩護，從事地下工作，做過上海同濟大學醫學院院長、藥廠推銷員，也曾再次掛出「德

國醫學博士」的招牌，開業行醫。1937 年「七七事變」後，全國抗戰爆發，陳雨蒼的德國妻子陳一荻隨上海同濟大學西遷到四川，兩人從此天各一方。

1940 年初，共產黨安排陳雨蒼在上海設立中央直屬電臺，他仍以行醫為職業作掩護，領導電臺工作。由於他機智果敢，又懂日語，所以日本人多次大搜查，均沒有發現共產黨中央的直屬電臺。後來，由於日本人經常開著帶有儀器的監察車搜查電波波源，迫使電臺不得不停止工作。《永不消失的電波》這部電視劇裡面就有著陳雨蒼的影子。

1942 年，因工作需要，陳雨蒼到達重慶，按照周恩來的指示，打入國民黨司法院從事統戰工作，利用敵人內部矛盾收集情報。這個時候，陳雨蒼年事已高，再加上曾經在國民黨監獄裡受到過嚴重的摧殘，身體很不好，又有高血壓，在這種情況下，他還將心愛的德制顯微鏡送給黨組織。當他自己高血壓一發再發、無藥醫治時，他卻用針筒把血一管一管地抽掉，並說：「用此方法來降低血壓，倒是個好療法。」很是令人感動。

抗戰勝利不久，在 1947 年 1 月 1 日，陳雨蒼因心肌梗塞，搶救無效，與世長辭。他用一生的實際行動，實現了「醫人欲醫天下」的夙願。

中共一大黨員董鋤平

董鋤平（1894 年—1969 年），又名方城、楚屏、冰如，太平軍後代，京山縣宋河鎮人。參加過同盟會。畢業於湖北政法專科學校法律系，中共一大黨員，中共創立時期的革命活動家之一，也是第一個加入中國共產黨的京山人。

　　董鋤平小時候讀私塾，有次私塾老師秦典元為了鼓勵學生多讀書，在課堂上念了宋朝王洙的詩：「滿朝朱紫貴，天子重英豪，萬般皆下品，唯有讀書高。」董鋤平站起來接著賦詩一首：「打榨或熬糖，各人有一行，行行有狀元，讀書眼不盲。」唸完後，感覺不盡興，再次賦詩一首：「冷水要人挑，熱水要人燒，萬般皆上品，豈止讀書高？」老師秦典元連聲叫好。

　　辛亥革命起義前夕，秦典元把董鋤平、鮑慶香等學生叫到家裡，讓女兒繡了一面「漢」字紅旗，同學間互相剪掉「豬尾巴」（長辮子）。次日宋河逢大集，人山人海，秦典元領著學生們舉著「漢」字紅旗，在集上遊行示威。董鋤平在隊前敲大鑼，邊敲邊念：「推翻皇帝一聲鑼，剪掉豬尾真快活！從今不怕狗老爺，男女老幼笑呵呵！」接著大聲喊道：「抓狗老爺去！」趕集的人群跟著他們，沖到巡衙前，紅旗插在花臺上，秦典元向群眾演講：「我們要推翻皇帝，創立民國，男的首先剪掉辮子，女的要放腳……」巡衙的黃老爺逃向雨打嶺，被幾個叫花子圍住，用石頭砸死！

　　1915 年，袁世凱竊取國辛亥革命的勝利果實，京山縣反動縣政府搜出同盟會會員名單，將董鋤平定為「匪首」，明令通緝。他連夜逃往武昌，將名字董方城改為董楚屏，考進湖北法政學校。1919 年「五四運動」爆發，消息傳到武漢，在董必武、施洋的領導下，中華大學的惲代英、林育南，武昌高等師範的陳潭秋，武昌高商的李求實，湖北政法學校的董鋤平作為學生骨幹，

共同領導學生行動，積極響應北京學生的愛國運動，反帝反軍閥的怒潮滌盪了武漢三鎮！

五四運動之後，董鋤平為了躲避家庭的包辦婚姻，從武昌乘船到上海，在環龍路 44 號找到孫鐵人，在他的住處會見了京山同鄉劉英、鮑慶香等人，暢談武漢「五四運動」與軍閥鬥爭，強調中國要走俄國十月革命的道路。孫鐵人原想留下他當助手，但看到他聞到鴉片煙味皺眉頭，開口只有共產主義才能救中國，便將他介紹給留日同學李漢俊。隨後認識陳獨秀，加入社會主義青年團，改名董鋤平。次年加入上海共產主義小組。

中國共產黨成立後，確定黨在當前的中心工作是開展工人運動，之後成立中國勞動組合書記部（中共建黨初期領導全國工運的中央機構）。董鋤平成為中國勞動組合書記部負責人之一，主編《勞動週刊》，開展上海工人運動，揭露工賊嘴臉。

最初，上海工運重點是紡織、海員、郵政、鐵路、電車、碼頭、人力車等方面。有一天忽然來了幾個女青年要求援助，董鋤平接見後才知道是同濟附屬寶隆醫院的女護士，受德國醫生欺辱，憤起罷工。鋤平感到十分振奮，組織同濟學校學生發動援助，在上海造成社會輿論，給予壓力，果然不出三天，德國醫生就低頭道歉，並增加了護士們的津貼，罷工取得勝利。

在黨的領導和號召下，全國各地的罷工鬥爭如雨後春筍。1922 年 1 月 12 日爆發了香港海員大罷工。董鋤平以勞動組合書記部名義最先支援，使香港各輪船公司企圖在上海徵募新海員去代替罷工海員的計劃完全失敗。黨和勞動組合書記部的聲望日益提高，全國工人運動蓬勃發展。

1922 年是全國工人運動、罷工高潮的一年，據不完全統計，全國組織起工會一百多處，會員八九十萬。史稱：「1922 年為中華勞動紀元年。」共產國際發表宣言指出：「中國工人階級已經登上了世界政治舞臺。」

1923 年，黨中央派董鋤平到南洋開闢工作，輾轉新加坡、吉隆坡、仰光、古巴等地，先後任教員、校長，《覺民日報》《民聲日報》總編輯，傳播馬克思主義種子，先後被吉隆坡、緬甸、古巴當局驅逐。1926 年 10 月，

北伐軍占領武漢，董鋤平調任武漢店員總工會常務委員長兼秘書長，組織工人武裝糾察隊。在收回漢口英租界鬥爭中，發揮重要作用。1927 年蔣介石發動「四一二」反革命政變，董鋤平大聲責問陳獨秀：「你怎麼不先開個會，就下令自動繳槍投降？」1927 年他參加了南昌起義，任農工委員會常委兼秘書長。起義失利後經香港到上海，任上海總工會常委、總工會滬西特派員、中共江蘇省委候補委員。

1928 年，上海總工會和交通機關同時被破壞。董鋤平失去了與黨組織的聯繫，獨自漂泊海外，一面透過菲共、美共，尋找中國共產黨，一面在華僑中發動救國運動。

抗日戰爭爆發後，中央考慮到他當時的社會地位，認為他留在黨外更有利於開展工作。隨後他在武漢、重慶、上海任國民政府軍事委員會政治部設計委員等職。1949 年 12 月，由董必武、李立三介紹，重新加入中國共產黨，任中央人民政府勞動部政策研究室主任。1954 年因「胡風事件」受審查，1959 年調任武漢哲學社會科學研究所副所長。「文革」初期被投進監獄，在獄中慘遭迫害，1969 年病逝。1979 年得以平反昭雪。

董鋤平一生無私無畏，忠心耿耿為黨為國，為中國革命貢獻畢生力量，其精神永遠值得我們敬仰、銘記、傳承。

上將陳士榘

陳士榘（1909 年—1995 年），荊門掇刀團林鋪人。中國共產黨第九、第十屆中央委員。中國共產黨的優秀黨員，無產階級革命家、軍事家，中國人民解放軍高級將領，中國現代國防工程的奠基人。

　　陳士榘在荊門縣城龍泉高等中心小學讀書時，有兩位老師給他以重要影響。一位是胡孟平，中共黨員，在龍泉中學任教。因中學、小學同在一個院內，陳士榘參加了胡孟平辦的夜校學習，開始聽到馬克思主義、共產黨和革命軍這些名詞，雖然並不深知其內涵，卻在心裡深深地紮下了根。另一位是講地理課的覃老師。覃老師上課時指著中國地理大掛圖，講述八國聯軍進攻北京的路線，訴說一條條喪權辱國的條約和一塊塊被帝國主義列強割占的土地、租界以及大量賠款。陳士榘聽了震動心弦，萌發了要當兵報國的強烈願望。

　　1925 年春，陳士榘因家境貧困輟學，經人介紹到沙洋鎮「萬鎰生」雜貨店鋪當徒工。1926 年秋，北伐軍攻克荊門。11 月，荊門地區的中共組織由秘密轉為公開，在中共荊門縣委領導下，各級黨組織都有了很大發展，他們號召黨員到軍隊中去、到農村去，領導工農運動。陳士榘被迅猛發展的革命形勢吸引，常常偷著參加集會，聽演講，並將所見所聞講給其他徒工們聽，引起店鋪老闆的不滿，於 12 月被解僱。

　　陳士榘返回家鄉後參加了農民協會，帶領青年上街演講、撒傳單、貼標語，宣傳革命道理，號召群眾與土豪劣紳做鬥爭。而後，蔣介石發動反革命政變，大肆捕殺共產黨員和革命群眾，駐紮在鄂西的夏鬥寅部直撲農村抓「暴徒」。陳士榘被列為「暴徒」之一，他被迫離家前往武昌。這時的武漢，革命勢力與反革命勢力的較量非常激烈，在這種濃烈的革命氣氛中，陳士榘經

常跟隨在中山大學讀書的堂兄陳有祺參加遊行和集會活動。在中山大學參加集會時，他填寫了「公開徵求共產主義青年團團員登記表」。

1927年9月，陳士榘參加湘贛邊界秋收起義。在湖南瀏陽文家市，陳士榘作為一名哨兵，第一次見到了毛澤東。

10月15日夜，陳士榘和另外5名新黨員的入黨儀式，在水口葉家祠堂的閣樓上舉行。房間裡擺著幾條長板凳，靠北牆的一張方桌上，垂掛著兩張長方形的紅紙，上面分別寫著入黨誓詞和3個外文字母CCP（中國共產黨），菜油燈把整個房間映成一片紅色。入黨宣誓儀式由毛澤東親自主持，在各入黨介紹人（各連的黨代表）介紹新黨員的簡歷和政治情況後，幾名新黨員鄭重地舉起右手，緊握拳頭，毛澤東帶領宣誓：犧牲個人，階級鬥爭，服從組織，嚴守秘密，永不叛黨。這天晚上入黨宣誓儀式的情景，深深地印在陳士榘腦海裡，使他終生難忘。

從此，他跟隨毛澤東奔上井岡山，轉戰羅霄山脈，在極其艱苦的環境中衝鋒陷陣，不怕流血犧牲，很快從一名普通戰士成長為一名年輕指揮員。先後任工農革命軍第一軍一師一團教導隊區隊長，中國工農紅軍第四軍排長、副連長、副營長、副大隊長，紅十二軍第三十四師參謀處處長、參謀長，紅一軍團司令員作戰科科長、教導營營長，第四師參謀長，紅十三軍參謀長、代軍長。追隨毛澤東爬雪山、過草地，走完二萬五千里長征。陳士榘在幾十年極富傳奇色彩的戰鬥生涯中，與毛澤東結下了非同尋常的友誼。毛澤東非常器重陳士榘，陳士榘則堅定不移地忠於毛澤東、崇拜毛澤東。陳士榘至死不渝的領袖情結，至今仍被傳為美談。

1937年10月，陳士榘任八路軍一一五師三四三旅參謀長。在廣陽伏擊戰中，陳士榘帶領幾個戰士將一名日軍圍到一個豬圈內。他第一個沖進豬圈，三閃兩閃一把抓住日軍伸出來的槍筒，繳了日軍的槍，嚇得這個日軍滿頭大汗，渾身打顫，全身衣服都濕透了。戰士們興奮地大叫：「陳參謀長抓了個俘虜！」這也是八路軍抓獲的第一個日軍俘虜。

隨後，陳士榘參與開闢晉西抗日根據地，先後任晉西支隊司令員，八路軍一一五師參謀長，山東濱海軍區司令員。解放戰爭時期，任新四軍兼山東

軍區參謀長，華東野戰軍參謀長兼西線兵團司令員，第三野戰軍參謀長兼第八兵團司令員和南京警備司令員。

1955 年陳士榘被授予中國人民解放軍陸軍上將軍銜，並榮獲一級八一勳章、一級獨立自由勳章、一級解放勳章。

1958 年，原子彈的研製經過兩年多的準備和落實，已進入全面攻堅階段。實驗原子彈，必須建立一個發射基地，這是一項非常艱難而又十分重要的基礎工程。毛澤東決定把勘察和建設發射基地的重任交給陳士榘。在一次交代任務的談話中，毛澤東指著陳士榘說：「你們造窩。」然後指著國防科委的專家說：「你們下蛋。」陳士榘作為工程兵司令員兼特種工程指揮部司令員、政委，同時還被任命為發射基地勘察委員會主任。由此可見毛澤東對他寄予了何等的厚望！當然，陳士榘也不負重託，帶領十萬官兵開進戈壁荒灘，在極端艱苦、困難的條件下，提前完成了三年的工程建設任務，為「兩彈一星」立下汗馬功勞。

1995 年 7 月 22 日，陳士榘在北京逝世，享年 86 歲。他的一生，可謂是充滿傳奇色彩，他的精神也會代代相傳。

▌賀龍風雲際會沙洋鎮

20 世紀 30 年代的舊中國，國民黨反動勢力集中力量對工農紅軍展開「圍剿」。由於兩方實力懸殊，此時的紅軍隊伍身陷困境。

地處中原腹地的沙洋鎮，因其得天獨厚的區位優勢，成為漢江黃金水道上重要的軍事、物資集散地。為搶占優勢，國民黨方紹海團和國民黨湖北江防大隊長期在此駐防，以此扼制漢江水道。

1930 年 7 月 7 日，紅二軍、紅六軍在公安縣南平鎮整編，合編為紅二軍，由賀龍擔任總指揮兼紅二軍軍長。面對國民黨的圍追堵截，1930 年 7 月中旬，賀龍主持召開會議，詳細分析了當下敵我對決形勢，提出應抓住此時國民黨內部分裂局面的有利時機，並在會上決定，開闢漢水兩岸游擊區域，進一步

鞏固和擴大革命根據地。同時，會上還決定，命賀龍率領新組建的紅二軍攻打漢江重鎮——沙洋。

1930 年 8 月 10 日，賀龍率軍抵達沙洋附近。此時，國民黨方紹海團和江防大隊聞風而逃。於是，賀龍、周逸群帶領的紅二軍、邝繼勛帶領的紅六軍，中央代表柳直荀率段德昌、許光達、王一民等，指揮著數萬紅軍及赤衛隊員，浩浩蕩蕩進駐沙洋，並一舉殲滅了駐紮在沙洋附近的國民黨軍新三旅旅部及所屬三團特務營。

紅軍進駐沙洋後，廣泛宣傳土地革命政策、解決百姓疾苦，受到沙洋百姓的擁護和愛戴。一次，賀龍在群眾大會上問道：「我們紅軍來了，就是要為百姓撐腰的，大家有什麼需要賀鬍子做的，就說出來！」話音一落，在場的一位老百姓說：「賀老總啊，我們就怕你們走了，分給我們的那些糧食又被李鳳山搶咧。」原來，這李鳳山是當地人人都知道的土匪，經常在鄂中一帶活動，曾經好幾次帶人馬來沙洋搶劫，當地百姓深惡痛絕，但又無計可施。

聽了老百姓的話，賀龍對身旁的周逸群說：「老周啊，我看就要熟悉這邊情況的黃光柏同志教訓下李鳳山吧。」在接下來的幾日，紅軍派出幾支隊伍，分別在小江湖和後港、拾回橋、沈家集等地對李鳳山勢力進行打擊。一陣對決後，終於將這股欺壓百姓的土匪徹底趕出了沙洋，為百姓解決了後顧之憂。

一日，賀龍帶領部隊行進一個村子宿營。走進一間大院，只見一個小孩正在餵牛吃草，賀龍和藹地問道：「你是誰家的伢子？」眼前的這個小孩被這突然走進的一隊人馬嚇得手足無措。見狀，賀龍走近小孩，一邊撫著小孩的頭，一邊親切的說：「伢子，不要怕，我們是紅軍，窮人的隊伍哩！」聽到「紅軍」兩個字，這個小孩沒有之前那麼害怕，問道：「你們是從洪湖開過來的嗎？是賀老總的隊伍嗎？」賀龍笑道：「是的，是的，我們就是從洪湖開過來的紅軍，你見過賀鬍子嗎？」小孩見到眼前的人稱賀老總「賀鬍子」，便生氣地說道：「虧你還是一個老兵，這不講客氣，怎麼稱賀老總是賀鬍子咧！」賀龍和身邊的士兵聽後大笑。正在此時，一位士兵從門外進來，走到賀龍面前敬了軍禮，說：「報告軍長，部隊已經全部安頓下來，就在這

個財主院子裡。」「好的，叫大家早點休息，明天又要趕路了。」這小孩才反應過來，原來之前和自己說話的正是賀老總，於是「哇」的一聲撲到賀龍懷裡大哭起來。賀龍親切地問這個小孩叫什麼，哪裡人，認不認識字，小孩答道：「我沒上過學堂，我會放牛、餵馬、種地……」便央求賀龍收他當紅軍。賀龍高興地說：「你會餵馬，那就到馬班餵馬吧！」一會兒，他又囑咐小孩：「要革命就要有文化。咱們紅軍不能光會打仗、行軍，還要學政治、學文化，能文能武才行咧！」話完，對身邊警衛員說：「你帶這個娃報導去吧，明天和我們一起走……」

　　在沙洋的一週裡，賀龍廣泛組織民間力量，籌集軍餉，宣傳革命思想，進一步增強了紅軍實力。一週後，賀龍率軍離開沙洋，揮師北上，於 28 日攻占鐘祥石牌鎮。

賀龍率紅三軍開闢京山蘇區

　　1927 年，轟轟烈烈的大革命運動最終在蔣介石、汪精衛反動派鎮壓下失敗了。血的教訓告訴中國共產黨「槍桿子裡面出政權」。各地黨組織紛紛創建紅軍，開闢革命根據地。賀龍、周逸群等創建了湘鄂西蘇區（洪湖蘇區），組建紅二軍團，後改編為中國工農紅軍第三軍，賀龍任軍長，所轄七、八、九師三個師，一個警衛團。賀龍於 1930 年—1932 年先後到京山永隆河、臺嶺廟，京北等地開展革命活動。

　　1930 年 9 月，賀龍領導的紅二軍團來到京山，開闢了襄北根據地，使漢水北岸的京山、天門等縣與洪湖根據地連成一片。此時京山的革命運動蓬勃興起，地主、豪紳紛紛逃往外地。

　　1931 年上半年，轉戰湘鄂邊的紅二軍團改編為紅三軍。9 月，按照中共中央指示，賀龍率領紅三軍主力從鄂西北向洪湖轉移。10 月 3 日，紅三軍到達京山永隆河地區。部隊駐下後，賀龍直接指揮當地地下黨召開群眾大會和商號座談會，開展宣傳教育，穩定社會秩序。為打擊反動勢力，擴大革命影響，紅三軍鎮壓了反動的保衛團團總和國民黨永隆河區區長。紅三軍抓住京山、鐘祥、天門一帶國民黨兵力薄弱這一有利條件，積極開闢新蘇區。紅三

軍到達京山永隆河後，幫助黨組織建立起了 13 個鄉蘇維埃政權。10 月上旬，京南區革命委員會（京南蘇維埃政府）成立，標誌著京山南部地區的蘇維埃運動已發展到了一個新的階段。11 月賀龍率軍部駐京山雁門口臺嶺廟田家門樓，部隊駐紮在從何家場、臺嶺廟到太和集、義和集一帶 130 多個村莊裡。京山南部基層蘇維埃政權紛紛建立，京山成為湘鄂西革命根據地的重要組成部分。

1932 年 1 月，紅三軍主力進駐京山臺嶺後，賀龍等紅三軍領導人直接指導京山工作，湘鄂西省委和省總工會從監利、漢川等地選派 50 名幹部到京山，幫助建立京山縣、區蘇維埃政府。這一時期，京山蘇區發展很快。1932 年 4 月，京山縣革命委員會在臺嶺廟更名為京山縣蘇維埃政府，下轄永隆河、下洋港、瓦廟集、齋婆店等 4 個區級蘇維埃政府及 50 多個鄉蘇維埃政府。縣蘇維埃政府內設內務、財務、軍事、司法、水利等部和紅色郵局。

中國京山縣委及京山縣革命委員會的建立，標誌著京山已成為湘鄂西蘇區的一塊縣級紅色根據地。與此同時，紅三軍還根據湘鄂西中央分局「打下京山，擴大蘇區」的指示，先後三次圍攻了京山縣城。6 月，紅三軍在瓦廟集與敵軍二萬餘人激戰期七天七夜，擊落敵機一架，殲敵兩千餘人。瓦廟集戰役是紅三軍歷史上進行的空前大戰。但紅軍也遭受到了嚴重的損失，傷亡近 2000 人。

1931 年 10 月至 1932 年 6 月，是京山土地革命戰爭的鼎盛時期。紅三軍軍部，湘鄂西省委、省蘇維埃政府的派出機構——襄北特委和襄北代表團一直駐紮在京山臺嶺廟田家門樓。京山臺嶺成為紅三軍和襄北蘇區指揮基地。這一時期京山人民的革命鬥爭再次掀起高潮。京山人民參軍參戰，為挫敗國民黨軍隊「圍剿」，保衛紅色政權做出了貢獻。

由於王明「左」傾機會主義路線的危害和國民黨反動派的重兵「圍剿」，1932 年 11 月，賀龍同志率部撤離京山，開始了長途西征的戰略轉移。京山蘇區全部喪失，京山革命運動一時處於低潮。京山人民在白色恐怖中英勇不屈，僅南鄉就有 1700 多人壯烈犧牲。袁傳鑒、曹家琪、彭道成、彭昌烈等領導同志也為革命事業獻出了生命。

紅九師在仙居

　　紅九師政治部舊址位於仙居老街，荊門的第一個蘇維埃政權就在這裡誕生。

　　1931 年 6 月，紅九師師長段德昌奉命從洪湖北上，與賀龍率領的鄂西北紅軍主力會合，途中攻打沙洋後，於 8 月下旬攻克荊門，摧毀了國民黨縣政府，一路乘勝北上來到北山。部隊分駐於荊門城北的牌樓崗、黃家集、吳家集、胡家集、王家集、子陵鋪、八角廟、南橋、油匠崗等地。

　　為了進一步鞏固根據地，推動根據地的各項建設，紅軍幫助擴建了牌樓崗、胡家集、吳家集等地的農民協會。段德昌派師政治部科長劉宗沛帶領紅軍和地方赤衛隊，鎮壓了廖先良、廖華甫、熊哲軒、李明榜等一批地主、流氓、土匪，沒收他們的浮財，打開糧倉接濟百姓。部分地方黨組織幹部被安排參加紅九師政治部工作，地方游擊隊選送一批中共黨員和貧苦青年參加主力紅軍。

　　不久，部隊在八角廟集合北上到仙居，師政治部駐仙居南街。他們到處散發傳單、張貼標語、搭臺演講，宣傳革命道理，擴大紅軍影響。在紅九師的幫助下，透過宣傳發動，成立了仙居蘇維埃政府，王超然任主席，並組建荊（門）南（漳）游擊支隊，紅軍幹部官大訓任支隊長。1931 年 9 月 28 日，紅九師與紅三軍在距仙居不遠的劉猴集會師。仙居蘇維埃政府的成立，給仙居人民翻身解放指明了方向，為新生政權的建立奠定了基礎。

　　紅九師在仙居時，仙居蘇維埃政府主席王超然等領導仙居尖沙寨、天星寨一帶農民在南北達 40 多里的範圍進行反抗。他們組織起自衛隊，收獵槍、造土炮，與地主土匪做鬥爭，革命取得節節勝利，土豪劣紳聞風喪膽。

　　正當革命形勢蓬勃發展之時，國民黨地方武裝趁紅軍主力北上之際，引來川軍一個團，瘋狂進剿農民。尖沙寨的農民只有 10 多條槍和一些土炮，敵我力量懸殊，敵人對寨內農民進行了血腥屠殺，抓走 80 多人，殺害 10 餘人。

接著，敵人分南北兩路包圍天星寨。天星寨易守難攻，敵人用步槍、機關槍和迫擊炮進攻，游擊隊和群眾用土炮、石頭還擊，3 小時敵人未有寸進。後來，敵人的一發迫擊炮擊中游擊隊火藥庫，終因敵眾我寡，彈盡無援，天星寨被攻破，數百農軍勇士壯烈犧牲。

1998 年 12 月，紅九師政治部在仙居舊址被荊門市人民政府公佈為市級文物保護單位。2009 年 3 月，鄉政府對其進行了維修及展館建設。2013 年，東寶區政府把天星寨革命烈士紀念碑納入「全國零散烈士紀念設施搶救保護工程」，重新修繕紀念碑，碑身移至天星寨山頂，烈士紀念碑上共有 318 位烈士名字（其中，有名烈士 305 人）。2014 年 9 月，又籌資修建零散烈士紀念碑，主要記載了 19 名在民政部登記在冊的仙居鄉烈士事跡。天星寨農民革命暴動，距今已有 70 餘年，先烈們英勇鬥爭、不怕犧牲的革命精神，將永遠激勵後人奮勇前進。

毛澤東雙兒女親家張文秋

張文秋（1903 年—2002 年），又名張國蘭、李麗娟、張一平、張雙喜、陳孟君、羨飛等。京山孫橋人。毛澤東主席的雙兒女親家。堅定的無產階級革命家，一生經歷過五四運動、北伐戰爭、「四一二」事變、中共五大、秋收暴動、上海抗日救亡、延安歲月、解放戰爭、開國大典等一系列重大歷史事件，是中國婦女運動的先鋒戰士，一代革命女杰。

　　張文秋 16 歲入讀武昌省立女子師範學校。在董必武、陳潭秋的啟發教育下，開始投身革命。參加了新文化運動、五四運動和女師學潮。1924 年 3 月加入中國社會主義青年團，次年，擔任女師教務處秘書及學生聯合會主任兼團支部書記，開始從事黨的秘密工作。1926 年 1 月加入中國共產黨。年底，國共第一次合作中受中共湖北省委派遣，回京山開展革命鬥爭，並成立了中共京山縣委執行委員會，任縣委副書記兼宣傳部長。由於工作出色，京山很快成為當時湖北地區農民運動發展最快的 7 個先進縣之一。

　　1927 年初，張文秋受京山縣委的派遣，隻身一人去武漢，為工人糾察隊和農民自衛隊購買槍支彈藥，並參加了在武昌召開的中共第五次全國代表大會。結識了北伐軍第 11 軍政治部宣傳隊總教官劉謙初，兩人相識戀愛並結成革命伴侶，初識毛澤東同志。在董必武和劉謙初的幫助下，她從漢陽兵工廠購出 100 支長、短槍運回京山。

　　1927 年蔣介石發動了「四一二」反革命政變，張文秋告別新婚 3 天的丈夫返回京山。1927 年 7 月 15 日，汪精衛在武漢發動政變，國共兩黨正式決裂，京山縣是工農革命最活躍的地區，許多革命者和群眾慘遭殺害，敵人白色恐怖籠罩著縣城。張文秋是敵人重點抓捕對象，她的一位親戚把她藏在夾壁牆縫裡三天三夜，最後把她藏在棺材裡被人抬到亂墳崗而死裡逃生。9 月 27 日，張文秋北上河南駐馬店組織發動群眾成功進行了秋收暴動，之後又南下豫鄂邊區和江漢平原一帶進行武裝游擊鬥爭，打擊了反動勢力的囂張氣焰。

　　1929 年春，她赴山東與丈夫重聚，任中共山東省委婦女部長兼省委機要秘書，劉謙初為山東省委書記。3 個月後，因叛徒出賣，倆人在濟南被捕入獄。在獄中受盡酷刑，她卻堅貞不屈。1930 年 1 月，妊娠中的張文秋經黨組織營救出獄，34 歲的愛人劉謙初於 4 月 5 日壯烈犧牲。後張文秋調回上海，參加「中華蘇維埃全國代表大會預備委員會籌備處」工作，任「籌備處」辦公廳副主任兼機要秘書。曾幾度化名羨飛，到共產國際第四局從事諜報工作，在險象叢生的白色恐怖中出生入死，屢建奇功。美國著名女作家史沫特萊瞭解到張文秋的傳奇經歷後，幾次專門拜訪她，寫成專著《共產黨員羨飛》在美國出版。

1937 年抗日戰爭全面爆發，張文秋赴革命聖地延安，先後任陝甘寧邊區政府最高人民法院文書，魯迅小學教師，抗屬學校負責人，並在抗大學習。在此期間，她與紅軍幹部陳振亞成家，生下了兩個女兒邵華、張少林。

1938 年初春的一個晚上，在延安黨校的禮堂裡，話劇《棄兒》正在上演。毛澤東、朱德、任弼時等中央領導坐在臺下觀看演出。演到一對革命者被國民黨軍警逮捕時，劇情達到了高潮：寒風中，一個六七歲的衣衫襤褸的小女孩，在慘淡昏暗的街頭奔跑哭喊：「媽媽，媽媽！」這孩子演得感情真摯，催人淚下。在場的中央領導被深深地打動了。戲演完後，毛澤東派人把小演員叫到身邊來，撫摸著她的頭，親切地問道：「你叫什麼名字呀？你的爸爸媽媽是誰呀？」「我叫劉思齊。」毛澤東瞭解到小演員思齊是張文秋和烈士劉謙初的女兒，大為感動，認思齊做乾女兒。

1939 年，張文秋隨陳振亞和一批抗日幹部去蘇聯治療，到達迪化（今新疆烏魯木齊）時被反動軍閥盛世才扣留。1941 年陳振亞因受傷住院被白俄醫生毒死而犧牲。經黨中央設法營救，1946 年 7 月，張文秋同難友長途跋涉終於回到延安。

1947 年 3 月，黨中央撤離延安，張文秋隨黨的第三支隊行進，東渡黃河，輾轉華北，先後參與土地、司法工作。1949 年 3 月，隨黨中央、毛主席進入北平，參加了 10 月 1 日在天安門的開國大典。

新中國成立後，歷任中國銀行總行人事室副主任兼全國金融工會辦公廳主任，中國盲人福利會總幹事，中央組織部幹部教育工作負責人。在此期間，出訪過蘇聯、波蘭、捷克、東德等國，為黨和人民做了大量工作，為祖國爭得了榮譽。在長期的革命生涯中，張文秋與毛澤東一家建立了深厚的革命情誼，兩個在牢房里長大的女兒劉松林（即劉思齊）與邵華先後分別與毛澤東的兒子毛岸英、毛岸青結為伉儷，成為毛澤東的「雙兒女親家」。毛岸英參加抗美援朝犧牲後，張文秋送給他的夜光手錶成為識別毛岸英身份的標誌。

張文秋幾乎經歷了中國革命的全過程，是一位名副其實的革命老人。她一生經歷坎坷，兩次被國民黨抓捕入獄。「文革」中又受到迫害。耄耋之年，

她仍然不歇息，撰寫的回憶錄《踏遍青山》《張文秋回憶錄》給我們留下了寶貴的精神財富。

2002 年 7 月 11 日，張文秋老人走完了人生最後的旅程，享年 99 歲。

京山縣烈士公園建有張文秋墓地，縣博物館開辦了「張文秋同志生平陳列館」，供後人瞻仰、紀念張文秋老人革命的光輝一生。

陳少敏嚴謹細緻抓統戰

1938 年 10 月，武漢淪陷以後，國民黨幾十萬大軍雲集鄂中，造成鄂中地區嚴重的兵禍匪患。

根據中共中央關於建立抗日民族統一戰線的指示精神，中共鄂中區委書記、新四軍豫鄂獨立游擊支隊政委陳少敏，針對鄂豫地區的國民黨正規部隊和地方游擊隊的不同情況，採取「支持抗戰派，爭取中間派，打擊頑固派」的方針，對汪偽軍、國民黨頑軍和地方實力派，展開了全方位的統戰工作。陳少敏以其思維嚴謹、周密細緻、聰明睿智、精力旺盛的特質，為統戰工作耗費大量心血，取得明顯成效。對國民黨軍戴煥章部作用尤為突出。

1941 年 3 月，日軍對豫鄂地區實行經濟封鎖，戴煥章的部隊沒有糧食和食鹽，造成人心渙散，軍隊混亂。戴煥章只好派人到鄂豫邊區向陳少敏求援。陳少敏籌集了一批糧食和食鹽後，通知戴煥章部派人運走。不料戴部派來的人嫌糧食太少，竟然又搶了曹王廟、古城畈一帶老百姓的糧食。他們的搶劫行為，激起了當地軍民的義憤。古城區中隊派出幾十人，追趕他們，追回了大部分糧鹽、衣物，並將活捉的 20 餘人關押在區署。陳少敏聽完隨棗地委的匯報後親自到關押地點，向幹部戰士們反覆講解共產黨的抗日民族統一戰線政策，放出被押人員，並設宴款待有關頭目，還派部隊護送人員和糧鹽到戴部解釋、道歉。戴煥章得知這件事的詳情後，深為陳少敏的行為所感動，他一面下令奉還搶來的衣物糧食，同時派人給邊區送了 15 箱子彈和一些木耳，以示負荊請罪。

為了搞到更準確的情報和更多的槍彈糧藥，邊區黨委決定幫助戴煥章，以換取李宗仁的信任。戴煥章喜好炫耀自己，一心想取信於李宗仁。陳少敏便投其所好。一天，陳少敏讓社會部科長朱明達送給戴煥章一把日本手槍、一塊日本手錶。戴雙手接過「禮物」，反覆地撫摸著，激動地連聲說：「新四軍真夠意思！李先唸好！陳少敏真夠朋友！」之後，陳少敏又把收集的日本戰刀、甜紅豆罐頭、太陽牌香煙、太陽旗和日本慰問袋等，送給戴煥章。戴煥章向他的同僚們炫耀這些東西。嘿，他這一招還真管用，居然獲得了李宗仁對他的賞識，同時還討好了李宗仁及其部下的「長官太太」們。在戰場上，陳少敏指揮部隊，也有意地給戴煥章創造立功的機會。只要是戴的部隊進攻，新四軍便主動撤出一些無關緊要的地方，讓戴的部隊占領。時間一長，次數一多，五戰區司令部的高級長官們，紛紛稱讚戴煥章「能征善戰」。於是，戴日益為李宗仁寵信、讚賞。有一次，李宗仁看到了一份戴煥章「通匪」的報告，他把這份報告粗略地掃了一眼，往桌上一扔，哈哈大笑地說：「煥章不會通新四軍，共產黨也不會要煥章！」當戴煥章得知李宗仁不相信他「通匪」時，十分感謝地對他的親信們說：「李宗仁如此地相信我，這全靠新四軍陳大姐幫忙！」

經過陳少敏等邊區領導的共同努力，新四軍第五師與戴煥章的統戰關係越來越好，以致達到戴部主動向新四軍提供情報、彈藥、槍械，並配合新四軍作戰的友好程度。

1941年冬，由於敵人實行嚴密的經濟封鎖。又遇上天旱，加之敵偽頑聯合「清剿」，新四軍第五師的武器、彈藥、糧食、醫藥等十分缺乏。陳少敏經過周密思考，制定了一個向李宗仁要槍彈糧藥的妙計，並通知了戴煥章。按照計劃，新四軍派出隨棗支隊百餘人槍，挺進隨（縣）西、棗（陽）南、襄（陽）東一帶。隨棗支隊在短短的月餘時間收復了大小20餘個集鎮，直接威脅到國民黨軍隊占領的襄樊。這一招使李宗仁感到吃緊，慌忙調兵堵截，但一時又抽不出人來。正當這時，戴煥章主動向李宗仁請纓出戰，很快得到同意。戴煥章的部隊按照事先約好的時間、地點，向新四軍占領地發動進攻。槍一響，雙方相互朝天對射一陣。然後，新四軍便主動撤出了陣地。威脅解除了，戴煥章一方面向李宗仁請功，另一方面要求補充槍支、彈藥、糧食、

醫藥等。李宗仁一高興，給了戴煥章一大筆錢和不少的槍彈糧藥。戴煥章一邊透過新四軍地下交通站把 80 余支槍和 1000 排子彈運往隨南抗日根據地，一邊把糧食、醫藥和剩下的槍彈等裝入棺材，埋進山裡，然後派人通知新四軍，連夜取回。陳少敏在統戰上的足智多謀令同志們佩服得五體投地。

▌文化戰士吳奚如

吳奚如（1906年—1985年），原名吳席儒，筆名奚如。湖北京山城關人。

1925 年，19 歲的吳奚如由董必武介紹考入黃埔軍校第四期，加入中國共產黨，兩次參加討伐陳炯明東征。1926 年秋畢業後，拒絕蔣介石的畢業分配，由周恩來介紹到葉挺獨立團參加北伐戰爭，先任連指導員，後升任獨立團政治處副主任。1927 年蔣介石「四一二」政變，任湖北討蔣委員會常委，《討蔣週刊》主編，期間祖母、叔叔、堂弟被蔣介石政府無情殺害。反對派揚言：「知奚如下落者，重賞。」土地革命戰爭時期，曾任中共湖北省委常委、軍委書記、中共河南省軍委書記，參加了八一南昌起義。1928 年冬被捕，1932 年秋出獄後，到上海以文學活動為掩護從事地下工作。

1933 年，在上海加入中國左翼作家聯盟，任「左聯」大眾化工作委員會主席。是 20 世紀 30 年代有影響的作家之一，著有 30 多篇小說集《小巫集》《葉伯》《卑賤者的靈魂》《陽明堡的戰火》《懺悔》《汾河上》等。1934 年加入由周恩來領導的中央「特科」工作，擔任魯迅和黨中央聯繫的承轉人。

方志敏《可愛的中國》《清貧》等手稿文稿就是方志敏託人交給魯迅，由魯迅轉交給胡風，再轉給吳奚如，由吳用碘酒擦拭後發現。「西安事變」前夕，他到西安幫助張學良主持宣傳工作和負責創辦張學良的秘密政團組織「抗日同志會」的機關報《文化週報》，為促成「西安事變」造成了不可估量的作用。

西安事變後回到延安，任抗日軍政大學（抗大）第一期政治教員。1937年盧溝橋事變後，為了組織抗日民族統一戰線，他和丁玲一起組建了「八路軍西北戰地服務團」，任副主任，渡黃河到山西，輾轉三千多里，經 16 個市縣，60 個村莊宣傳抗日。後任中共中央長江局參謀處友軍工作組組員（延安黃埔同學會負責人），1938 年 2 月，任周恩來的政治秘書，11 月任八路軍桂林辦事處主任，與越共領導人胡志明建立了同志加兄弟的關係。1940 年，任新四軍第三支隊及江北縱隊政治部主任。

在延安「整風」和「搶救」運動中，吳奚如因是後方來的文化人，特別他又是從皖南事變被俘後逃到延安的，再加上他還是王明主持的中共長江局的工作人員，到延安後是延安黃埔同學會的負責人，因此，他被主持「審幹」的康生視為國民黨的特務和異己分子，遭到了「搶救」和「整肅」。將吳奚如作為具有「大地主大資產階級思想」的人物來加以批判，罪名是「叛徒」「特務」。

在 1942 年底召開的西北局高幹會上，毛澤東誤信了康生等人的不實匯報，在講話中說：「我們黨內有一部分反革命奸細、托派反動分子，以黨員為招牌進行他的活動。吳奚如就是這樣的一個人，他是個文化人，是參加高幹學習組的人，『皖南事變』的時候，國民黨把他抓住了，以後又把他放出來，叫他到我們這裡來鬧亂子。」於是，「吳奚如案」就被錯誤地定性了。

吳奚如因對康生等代表中央對其做出的歷史結論不服，在痛苦中寫出了決定他人生命運的關鍵幾個字：「要求退黨！」此後，便成了「待分配」、燒炭、種地的「打雜幹部」。

1947 年調任東北，在牡丹江市、松江省、東北局從事工會工作。又在鶴崗市、雞西市、華中師範學院從事教育工作。1957 年在劉少奇、周恩來的幫助下，調任湖北省作家協會任專業作家，加入中國作家協會，任武漢分會理

事，湖北省文聯委員。在此期間，出版短篇小說集《未了的旅程》《汾河上》。「文革」期間被打成「三反分子」。粉碎「四人幫」後被評反，恢復了老紅軍、老幹部名譽，重返文壇。1979 年以特約代表身份參加第四次全國文代會，會議期間提出為胡風平反的建議。1980 年在《芳草》（1980 年 12 期）上發表了《我所知道的胡風》一文，本著對歷史負責的態度，真實地寫出了與胡風交往的情況，證明其在新中國成立前並無反革命行為，並呼籲為其澄清歷史事實。

1985 年 2 月 27 日在武昌病逝。根據其生前要求，中共湖北省委批準其為中國共產黨正式黨員。黨齡從 1953 年提出入黨算起。

吳奚如一生襟懷坦蕩，耿直不阿。雖然經歷了跌宕坎坷的風雨人生，但是他矢志不渝地追求自己的信念，充分展示出「天行健，君子以自強不息」的文化精神。

▍神出鬼沒的抗日英雄鄭先德

鄭先德（1921 年—2008 年），原名石友先，永興石橋（現曹武鎮花臺村石家灣）人。在京山縣曹武、永興鎮一帶，是個家喻戶曉的革命老人，80 多年前曾帶領抗日遊擊隊在京山一帶神出鬼沒地打擊侵華日軍，讓日偽軍聞風喪膽、談之色變。他的故事現在還在當地流傳。

1927 年正月，鄭先德的父親到永興鎮趕集，被國民黨抓住就地槍殺。父親死後，石家陷入困境，弟弟妹妹們得病無錢醫治相繼夭折，母親被迫改嫁。鄭先德靠給人放牛、當長工活了下來。17 歲時，在永興楊泉村鄭家鋪做了上門女婿，改名鄭先德。

1940 年，鄭先德看到日軍在家鄉奸擄燒殺、無惡不作，於是參加京山抗日遊擊隊，因膽大心細、作戰勇敢而受到新四軍領導的讚賞。1942 年，黨組織安排鄭先德到鄂豫邊區行政幹部學校學習一年，結業後留在學校工作。1943 年元月，鄭先德回京山過春節，被縣委書記王家吉、縣長黃定陸留下，

分到曹源鄉工作，歷任永觀鄉抗日民主政府鄉長、永源中心鄉鄉長、永源中心鄉區委書記、區中隊長等職。

1944 年春的一個晚上，鄭先德孤身一人到楊泉村楊家咀籌糧，看到兩個偽軍在保長家要錢要糧。於是去敲開大門，鄭先德手持雙槍沖進廳屋，朝天井「叭」地放了一槍，嘴裡喊著：「一班守大門，二班守後門，三班跟我衝！」堂屋裡的日偽軍嚇蒙了，想去牆邊拿槍準備負隅頑抗，看到兩個黑洞洞的槍口正對著他們呢，只得乖乖地舉手投降。鄭先德背著繳獲的槍支押送日偽軍交給了丁家河鄉公所。鄭先德經常到潘嶺村找姨父幫助新四軍籌糧，日偽軍發現後，就埋伏在他姨父家周圍。一天夜裡，他來到姨父家，日偽軍堵住了前後門，並急促地敲門。鄭先德急中生智，叫姨父去開門，自己躲在門後面。大門一開，日偽軍一擁而入，鄭先德突然跳出來，閃到日偽軍後面，日偽軍還沒回過神來，他已鑽進樹林，消失在夜色中。

永興鎮上的偽軍中隊長馬青山是一個鐵桿漢奸，死心塌地為日軍賣命。1940—1945 年間，馬青山殘酷殺害了新四軍和地方幹部一百多人，給新四軍造成重大損失。京北縣委決定虎口拔牙，清除這顆「毒瘤」。派縣大隊和短槍隊配合鄭先德的區中隊一起行動。鄭先德和戰友趙學斌給馬青山中隊裡的士兵張百富做工作：「日軍是秋後的蚱蜢，蹦達不了幾天了」，希望張百富將功折罪，給自己留一條後路。張百富答應配合新四軍裡應外合。1945 年 7 月 18 日晚，縣大隊長丁正學帶 100 餘人監視永興日軍碉堡，鄭先德帶 20 餘人的手槍隊和張百富接上頭，悄悄摸進日偽軍營，一舉俘獲了正在睡夢中的 10 餘名偽軍。接著來到馬青山家敲開了門。馬青山大驚，回頭就跑，鄭先德拔出手槍，「你這個敗類，你的死期到了！」只聽得「叭叭叭」三聲槍響，馬青山一頭栽倒在地。隨後，手槍隊趕到福音堂，如神兵天降，又俘獲了 60 餘名偽軍，縣大隊還端掉了鎮上偽警察所。日軍發現後，因在夜幕中不知新四軍虛實，龜縮在碉堡裡不敢出動，只得朝街上虛張聲勢地胡亂開了幾槍。此次奇襲，鄭先德率領的戰士未傷亡一兵一卒，卻狠狠地打擊了日偽軍的囂張氣焰。

日本宣布無條件投降後，縣委命令區中隊負責縣城至九里崗間日軍的受降工作。鄭先德派隊員通知日偽軍投降卻遭到拒絕，於是組織丁河一帶群眾破壞了屈場至永興之間的橋樑和電線。第二天，永興鎮日偽軍中隊長帶著一百多人準備撤回京山縣城，鄭先德帶領十名戰士埋伏在已損壞的橋頭、公路北面。一會兒，日偽軍來到了橋邊，守在橋頭的戰士扣動扳機，掃倒了一名日偽軍。在偽軍驚慌失措時，鄭先德帶隊衝了出來，與偽軍展開了激戰。此次戰鬥，十一個人打跑了一百多人，戰士們大受鼓舞。到了晚上，鄭先德又帶人到縣城襲擾日偽軍軍營，攪得日偽軍不敢睡覺。

抗戰勝利後，國民黨的「反共」內戰開始了。1946 年，國民黨軍隊 30餘萬人對我中原解放區發動了進攻，鄭先德帶領曹武區中隊在敵後方和國民黨正規軍打游擊，打一槍換一個地方，讓國民黨軍隊摸不清虛實，極大地牽制了敵人，減輕了中原突圍部隊壓力。

大部隊中原突圍後，鄭先德奉上級的命令潛伏下來，因名聲太大，回曹武老家怕暴露目標，組織上安排他在八里途安家。新中國成立後調公安縣工作，先後任水利局局長、商業局副局長、食品公司經理等職。離休後享受副縣級待遇。2008 年 4 月 20 日，在公安縣因病去世，享年 88 歲。

鄭先德去世後，他的後人遵照他的遺願，把他們夫婦的骨灰埋在京山縣八里途京源山腳下的一塊山坡上，這裡是他們曾經生活、戰鬥過的地方。

▌北山農民的武裝鬥爭

大革命失敗後，北山地區（其範圍東接冷水鋪，西臨荊門縣城，南至皮家集、黃家集，北達胡集、白雲山、金牛山）的土豪劣紳紛紛還鄉，猖狂向農民反撲，為首的是國民黨鐘祥縣石渠區區長姚汝同。他糾集當地土豪劣紳、土匪惡霸，配合國民黨荊、鐘兩縣「清鄉」大隊，在北山境內大肆反攻倒算，捉拿共產黨員和農協會員。

1927 年 10 月，共產黨員嚴子漢受命回到鐘祥，恢復了胡家集黨支部，嚴子漢任書記，後又相繼恢復了尹家灣、牌樓崗、葉家閘等一批黨支部。為

了搬掉姚汝同這塊大石頭，嚴子漢、張琢成等秘密擬訂了「鎮壓匪首，威震一方」的暴動計劃，並聯名呈報中共鄂西特委。1927 年 11 月中旬，鄂西特委批示：報告應準，立即執行。暴動領導人嚴子漢、張琢成、吳正東、江澄清在認真做好武裝準備的情況下，於 11 月 14 日夜組織尹家灣、牌樓崗、黃家集農民武裝 200 餘人，乘夜深人靜到達黃家集，包圍了姚汝同的住宅。吳正東帶領 10 餘名精幹武裝從前門沖入，將正在酣睡的姚汝同從床上搜出，押到黃家集西坡下處決，接著沒收了他家的浮財，人民無不稱快。此次暴動打響了北山武裝暴動的第一槍。

武裝暴動處決姚汝同後，農民武裝立即轉入地下隱蔽。此時，尹家灣大保董楊占鰲四處活動，為姚汝同鳴「冤」。北山黨組織帶領農民武裝 20 餘人，在王家垱設伏，將其擊斃，並連續處決了古光達、吉良臣等一批土豪劣紳。

1928 年春，中共鄂西特委在荊、鐘兩縣交界地區成立中共鐘祥特別區委（1928 年秋改稱中共荊鐘特別區委），嚴子漢任書記，管轄範圍為北山地區。同年 8 月，嚴子漢等在中共鄂西特委的領導下，決定廣泛發動群眾，更大規模地開展武裝鬥爭。在鬥爭策略上，他們安排共產黨員廖東周打入牌樓區任團總，採用「引蛇出洞」的辦法，將敵人引出來殲滅。8 月 6 日，嚴子漢、張琢成等黨組織負責人有意在下胡家集公開露面，廖東周當即將這一情報「密報」給牌樓區區長毛宗漢，說嚴子漢一夥躲藏在慌忙山（今冷水鎮境內）附近的一個山洞裡，消息可靠。毛宗漢信以為真，即刻召集保董屈良才、劉尊五和大地主熊福山等 6 名頭目策劃，拼湊 40 多名槍手前往捕殺，廖東周擔任嚮導。第二天，毛宗漢率隊從牌樓崗出發，行至下胡家集，已是晌午時分，天氣異常悶熱，廖東周有意安排毛宗漢等到茶館休息。少時，一陣鑼響，嚴子漢、張琢成率農民武裝（又稱農民自衛隊）衝向茶館，前後夾擊，大喊「繳槍不殺」！眾槍手嚇得目瞪口呆，毛宗漢等 6 名匪首全部落網。當天下午，嚴子漢等在下胡家集街頭召開大會，慶祝勝利，當場宣布 6 名匪首的罪行後就地處罰。這次暴動，北山農民自衛隊獲得了一批武器彈藥，槍支由原來的 10 多支發展到近 60 支。

後來，在紅軍的幫助下，北山農民武裝暴動又進行了多次，對鐘祥、荊門兩縣蘇維埃政權的建立和土地革命運動的開展，造成了重要作用。

▌葉雲智鬥李柏泉

共產黨領導下的北山抗日游擊隊在隊長葉雲的帶領下，在同日、偽、頑軍的鬥爭中不斷發展壯大。這令國民黨荊門縣政府十分恐慌，便於 1940 年 6 月的一天，派中隊長李柏泉帶領 100 多人竄進北山，在距我游擊隊駐地陸家坪只有兩里多路的對面山頭上擺出弧形包圍圈，並架起三挺機槍封鎖下面。李伯泉在包圍圈形成後，就通知葉雲來「商談要事」，妄圖武力收編北山抗日游擊隊。

面對敵人的險惡陰謀，葉雲決心保住這支剛剛建立不久的抗日隊伍。他立即同當時在北山的特委負責人劉真一起研究面臨的嚴峻形勢，定下了一個將計就計的對策，即由葉雲去同李柏泉談判周旋，借此時機，讓游擊隊悄悄地撤出包圍圈。葉雲臨行前向副隊長陳繼平交待說：「你們要機智果敢地將部隊帶出去，千萬不能因為我個人安危而誤大事。游擊隊的槍是黨的槍，絕不能讓黨受損失」。

葉雲安排好工作後，冒著被扣押的危險，隻身去會李柏泉。當他一跨進李柏泉中隊部的臨時住所，立即發覺自己被敵人監視起來了。但他還是佯裝不知，鎮定自如。李柏泉見葉雲進了「圈套」，就從房內走出，做出迎接的樣子，把葉雲迎進了堂屋。

待葉雲進屋坐定後，李柏泉強裝笑臉地講了一番客套話，然後洋洋得意地說：「葉兄，兄弟我奉縣長之命，特地給你送委任狀來了。縣座命令你們的部隊必須在今天受編。」

「這，請你轉達，謝謝縣長的好意。我不想當官，也不接受委任。」葉雲理直氣壯地說：「這幾支槍都是我們保的老百姓為了抗日保家，自己掏錢買的，我葉某一人不能做主。」

老奸巨猾的李柏泉，瞪著一對牛眼睛叫道：「這樣說，恐怕不能了事！葉兄是個明白人。」

葉雲冷笑著心想：果然不出所料，狐狸藏不住尾巴，原形畢露了。他譏諷地看了李柏泉一眼，威嚴地站了起來，聲音穩重有力地說：「只能這樣。」

話不投機半句多。談著談著，李柏泉的臉色變了，當他正要施展新的詭計時，忽然聽見一聲：「報告李隊長，葉隊長的部隊跑了。」

這一出乎意外的消息，使李柏泉驚慌失措，他拍著桌子吼叫：「快，給我追回來！」

事情是這樣的：當葉雲在同李柏泉周旋的時候，陳繼平帶領部隊從陸家坪後院迅速穿過茂密的大片竹林，拖上了北山，待守在陸家坪正面山上的敵人看到對面遠處的山頭上有人影晃動時，才發覺我游擊隊走了。這時，敵人的機槍射程已經達不到了，同時未得到通知也不敢擅自開火，只好跑來向李柏泉報告。

葉雲得知部隊已經按計劃安全轉移，心裡不勝歡喜。他笑著站起來說：「李隊長用不著追了。他們都是北山的子弟，不會離開北山的，用不著大驚小怪。」

李柏泉知道自己的收編陰謀已經破滅，頹然地垂下了頭。但仍然打著官腔道：「哎呀，葉兄，你是怎麼搞的？這叫我怎麼去向縣府交代呢？」

葉雲義正詞嚴地說：「在國難當頭，老百姓有家不能歸的時候，自己買槍抗日，有什麼罪？李兄如果不怕與北山人民為敵，我葉某槍不留一支，人不帶一個，就住在你這裡。你可以考慮。」

「哪裡，哪裡。這都是上峰的指令，真叫我為難。」李柏泉自覺陰謀破產，只得換了個調子說：「以後再說，以後再說，縣府總會有辦法的。」

由於葉雲勇擔風險，巧計破除了敵人設置的圈套，使我黨北山地區的抗日武裝終於被順利地保存了下來，葉雲也在當晚安全地回到了正在山溝裡焦急等待的同志們中間。

這就是至今還在北山人民中廣為流傳的「陸家坪事件」。

▌軍民合作飯店

1938 年 10 月，武漢淪陷，中共湖北省委派陶鑄、曾志夫婦到鄂中恢復和發展黨的組織，為開闢抗日遊擊根據地做準備。夫妻倆從宜昌出發，在沙洋十里鋪分手，陶鑄前往大洪山，曾志和隨行的鄭速燕來到荊門縣城。

那時，日軍為了轟炸設在荊門龍泉中學的國民黨第五戰區司令部，幾乎把荊門夷為平地。老百姓紛紛逃進山裡避難，城內商店關門，旅店停業。從武漢經荊門撤往襄陽的國民黨軍隊和難民在荊門吃不到飯、喝不上水，許多散兵找不到飯吃就騷擾當地百姓，秩序非常混亂。

面對這種情況，曾志和鄭速燕帶領龍泉中學的一群年輕人，在荊門城關北門三里街（今民主街）辦起了小飲食店，為過往部隊燒開水、煮稀飯，同時教唱抗日歌曲，為傷兵員洗衣服、洗繃帶、縫縫補補、代寫家書，以實際行動鼓舞抗日軍民的抗戰意志。

1938 年 11 月，國民黨 33 集團軍退守襄河防線，集團軍司令部進駐荊門龍泉中學，第五戰區司令部遷往襄陽。集團軍下轄的第 77 軍參謀長張克俠是中共地下黨員，到荊門後與曾志等人取得聯繫，由張克俠出面解決經費，將小飲食店改建為「軍民合作飯店」，擴大經營範圍，既開辦酒席，又接待住宿，解決了過往軍民的食宿困難，也為城區軍民宴會、就餐提供了方便，受到人民群眾和國民黨軍隊的稱道。1938 年底，國民黨軍政部長何應欽視察第 33 集團軍司令部，張自忠專門在「軍民合作飯店」宴請他。隨後不久，

張克俠動員師、團以上軍官捐款在飯店對面辦起供銷合作社和供給部，同時，在荊門周邊的紅岩寺、南橋、八角廟、楊家集等地設立了分店和分社。

「軍民合作飯店」和供銷合作社越辦越興旺，曾志等人把飯店辦成了宣傳黨的抗日主張，動員廣大民眾投入抗戰，支持和鼓勵抗戰將士奮勇殺敵的陣地。飯店服務員的圍腰上有兩個小荷包，一個裝筷子，一個裝進步書報，利用菜未上桌的機會，先把宣傳抗日的書報給顧客看。她們還發動各校師生積極組織宣傳隊，運用話劇、演講、繪畫、張貼抗日標語等多種形式，在城鎮和農村廣泛宣傳抗日活動，掀起抗日救亡的群眾熱潮。

同鄂西北區黨委取得聯繫後，曾志被任命為荊當遠中心縣委書記，鄭速燕被任命為荊門縣委書記。她們利用飯店作掩護，不斷將荊當遠地區開展抗日活動的情況和抗日前線的戰爭情況報告給區黨委。根據上級指示，加快推進荊當遠地區的黨組織建設，發展了青年學生楊振東、龍劍平，秘密考察、聯繫失聯的老紅軍、老黨員李純齋、許猛，透過他們團結起革命群眾百餘人。並將飯店的利潤拿出一部分，補助基層黨組織作為開展活動的經費。對各地恢復和發展黨的組織，發動民眾參加抗日救亡，秘密籌集抗日武器等工作發揮了積極作用。據記載，1939 年初，我黨在荊門地區有黨員 110 名左右，為以後的北山游擊區、荊南縣政府的成立奠定了堅實的基礎。

1938 年底，33 集團軍急需將 20 萬斤軍糧從沙洋運到當陽河溶鎮，以免落入敵人之手。國民黨荊門縣縣長李福振是剛剛由三十三集團軍派任的縣長，人生地不熟，工作難以開展，為搶運軍糧一事一籌莫展。曾志、鄭速燕認為轉運軍糧有利於抗戰，也有利於統戰工作，還可以鍛鍊黨的基層幹部的組織能力，同時讓農民得到一些資金補貼，一舉四得。於是主動接過搶運軍糧任務，並交給地下黨員楊振東同志具體負責。楊振東從楊家集找來 100 多位民工，懷揣三十三集團軍發的護照，扛著「三十三集團軍運糧隊」隊旗，用小車推、騾馬馱，經半個多月，圓滿完成軍糧搶運任務。

1939 年春，國民黨掀起又一次「反共」高潮，國民黨在荊門的武裝特務加強了對飯店的監控。中心縣委從張克俠那裡得知消息後，為了避免黨組織

遭受破壞，曾志於當年 5 月將飯店的工作人員陸續轉移。6 月，上級黨委決定中心縣委機關遷往當陽。隨後，飯店被國民黨縣政府查封。

「軍民合作飯店」從開辦到關閉雖然只有不到一年的時間，但它在荊門的抗戰歷史上造成了不可低估的作用，為掩護我黨開展抗日救亡、喚起民眾禦敵、促進國共合作發揮了重大作用，一直受到荊門人民的敬仰。新中國成立前，軍民合作飯店曾遭到國民黨反動派的破壞。新中國成立後，荊門市人民政府為了保護這所具有重要意義的革命文物，將其定為全市第一批文物重點保護單位。

丁家沖點燃鄂中抗日烽火

1938 年，武漢淪陷後，京山北部人民為鄂中特委、「應抗」游擊部隊提供了我黨游擊隊賴以生存、發展的根據地。陶鑄等人在京山丁家沖點燃了鄂中抗日烽火。

1938 年 2 月，在日軍進逼武漢的情況下，陶鑄從湯池合作訓練班派抗日骨幹學員顧大椿、謝威、李藺田等 10 多名共產黨員到京山開展抗日發動工作。他們利用農村經濟合作指導處發放貸款的形式，宣傳抗日，發展黨的組織，發動群眾，開展抗日救亡，為建立抗日遊擊根據地做準備。他們在京山東南鄉石板河、丁家沖一帶，西北鄉向家沖、巴家沖一帶，建立起了一批農村支部，並成立了以黃定陸同志為領導的京山抗日自衛隊。

為選擇武漢及鄂中淪陷後開展游擊戰的基地，陶鑄在 1938 年 6 月上旬率湯池訓練班學員到京山，在大洪山區察看地形，並繪製了簡要的地形圖。他說：「一旦鄂中淪陷，這裡就是開展游擊戰的好地方。」8 月，訓練班學員蔡松雲等再次到京山，選擇適合打游擊的地方，最後選擇京山石板河丁家沖村猴子凹。

1938 年 10 月，武漢和鄂中相繼淪陷。23 日，鄂中特委書記楊學誠和蔡松雲率應城膏鹽礦抗日武裝「應城縣潘家集商民自衛隊」連夜開進京山丁家沖，特委書記楊學誠親自在寒夜中站第一班崗哨。這是鄂中地區最早的由共

產黨直接領導的「星星之火」部隊，最初由八條槍十三人組成，所以又名「應城八條槍」。隨後，京山、應城、天門等縣抗日武裝紛紛在丁家沖彙集。

面對人少力單的情況，陶鑄立即著手組織和擴大抗日武裝力量。他聯絡到黃定陸的京山獨立隊、郭仁泰的漢流隊和李又唐的保安隊，集結起一批可依賴的抗日力量。同時，採取「拖」「買」「收」的辦法，「千方百計抓槍」。「拖」就是派共產黨員和積極分子打入土匪武裝和地主武裝，先將武器掌握在手，然後拖出來。「買」就是動員黨員幹部募捐，購買一部分槍支。「收」就是將國民黨軍在潰退中拋棄的槍支收集回來，經常有同志從草堆中、堰塘裡、菜園地撿回槍支彈藥。

這樣，抗日隊伍得以發展壯大，並擁有一定數量的武裝，「到 1938 年 11 月間，部隊集中達 500 多人」，聲勢為之一振。11 月上旬，陶鑄將彙集在丁家沖的鄂中各武裝統一整編為「應抗抗日遊擊隊」，推舉國民黨進步人士孫耀華任「應抗」司令。

1939 年，鄂中區黨委成立後，「應抗」在丁家沖經過了二次擴大整編，擴編為挺進大隊，部隊發展到 1000 餘人槍。鄂中特委、京應縣委、「應抗」司令部進駐丁家沖猴子凹趙家祠堂。丁家沖成為鄂中敵後抗日根據地的指揮中心，鄂中抗日烽火率先在丁家沖點燃。由此，鄂中的抗日遊擊戰爭正式蓬勃地開展起來。在陶鑄的領導下，「應抗」在礦區對日偽組織進行了夜襲維持會等一系列鬥爭。

1939 年，日寇在鄂中發動了春季「掃蕩」攻勢。為了打擊侵略者的囂張氣焰，「給害了『恐日症』的國民黨軍隊一副清醒劑」。同年 3 月底，陶鑄率領應城手槍隊和京應獨立游擊隊，進行了著名的公安寨伏擊戰和夜襲雲夢城兩次戰役。公安寨戰鬥是我黨領導的鄂中抗日武裝首次與日軍短兵相接的勝利戰鬥，極大地振奮了群眾的抗日鬥志，鄂中群眾抗日情緒高漲。1939 年 4 月底，「應抗」部隊發展到 1500 餘人槍。

養馬畈會議

京山縣羅店鎮養馬畈，距離京山縣城 34 公里。相傳戰國時期這裡水草茂盛，楚軍在此養過馬，故名養馬畈。

抗日戰爭爆發後，在共產黨的倡議下，經過長期會談，國共兩黨建立了抗日民族統一戰線。抗日民族統一戰線建立後，共產黨內的「右」傾投降主義傾向便開始出現，如對國民黨的「反共反人民」的政策實行無原則的遷就，主張共產黨參加國民黨政權，以及紅軍改編後某些個別分子不願意嚴格地接受共產黨的領導，以受國民黨委任為榮等等。黨的各級組織為克服這種傾向並防止其蔓延進行了必要而有效的鬥爭。

1938 年 9 月，中共中央召開了六屆六中全會，會議決議要克服王明「右」傾錯誤。再次重申黨在統一戰線中的獨立自主原則。第一次提出了「馬克思主義中國化」的科學論斷，大會堅持馬列主義和中國革命相結合的原則，肯定了毛澤東在全黨的領導地位。中央決定撤銷湖北、河南兩個省委，成立豫鄂邊、鄂豫皖、鄂中、鄂西北等區黨委，並確定當前黨的主要任務是發動群眾，開展游擊戰爭，建立敵後抗日根據地。1939 年 2 月，中共中央中原局派遣李先念率新四軍挺進團挺進鄂中。

1939 年 6 月 11 日至 18 日，鄂中區黨委在京山養馬畈一農戶家召開鄂中區黨委會議，這就是鄂豫邊區歷史上著名的「養馬畈會議」。陳少敏、李先念、楊學誠等參加了會議。陶鑄因被國民黨頑固派驅逐，正在輾轉途中而未能參加。會上，李先念傳達了中共六屆六中全會精神，強調要堅持、鞏固、擴大抗日民族統一戰線，在統一戰線中要堅持獨立自主的原則。同時傳達了中原局關於組織武裝，保證黨對軍隊絕對領導的指示。

會議期間，對「應抗」是否打出新四軍的旗幟問題曾有不同的意見。6 月 18 日，會議接到中原局書記劉少奇與朱理治聯名發來的電示，指出：「目前鄂中黨的中心任務，是在最短時期內，創建一支 5000 人以上的共產黨直接領導的新四軍。只有完成這一中心任務，才有可能應付各種事變，確立共產黨在鄂中之地位。鄂中頑固派正竭力打擊『應抗』，『應抗』應立即編為

新四軍。」根據上述指示，與會同志進行了認真討論，很快統一思想，組成新的鄂中區黨委，陳少敏任書記，李先念任軍事部長，楊學誠任組織部長，陶鑄任統戰部長，夏忠武任宣傳部長，姜紀常、顧大椿、劉慈愷、雍文濤等為委員，楊煥民、鄭紹文為候補委員。會議根據中原局的指示，將鄂中、豫南的黨的武裝統一整編為新四軍豫鄂獨立游擊支隊，李先念任司令員，陳少敏兼任政治委員（不久由陶鑄為代理政治委員）。

養馬畈會議上，鄂中區黨委決定加強各地黨的工作，區黨委之下成立隨棗、天漢兩個特委，京應、鐘祥、應山、京安等縣委直屬區黨委領導。

會後，新四軍豫鄂獨立游擊支隊在大山頭組成司令部、政治部機關。豫南和鄂中黨領導的武裝整編成四個團隊：一團隊由挺進團一部（原獨立游擊大隊）和「應抗」四支隊合編而成；二團隊由信陽挺進一支隊和信羅邊黨組織的武裝合編組成；三團隊由「應抗」三支隊和京應抗日遊擊中隊合編組成；四團由漢川自衛三中隊、漢陽五中隊與第三團隊二大隊合編組成。

養馬畈會議是鄂豫邊區發展史上的重要里程碑，對發展壯大我黨革命武裝起了重要作用。後任國家主席的李先念高度評價這次會議「解決了我們在抗日民族統一戰線中堅持獨立自主原則的問題」。養馬畈會議公開打出了新四軍的旗號，統一了豫南、鄂中兩地黨領導的抗日武裝，為創新鄂豫邊區抗日民主根據地奠定了堅實基礎。

▌八字門的傳奇

京山縣紅色革命遺址最重要的有三處：八字門、小煥嶺、羅家祠堂，都是省級以上文物保護單位。1939 年 12 月，豫鄂邊區首腦機關從豫南轉移到京山縣八字門，在此建立了新的指揮基地，從而完成了將邊區指揮中心由豫南轉移到鄂中的任務。

京山城北 30 公里的萬山群中，有一條主脈，蒼勁蜿蜒東來，像一條蒼龍翹首在熊家灘附近，這「龍頭」就是勝境山。在勝境山東側，有條約 10 里長的峽谷。在峽谷盡頭，有一山包伸出，將峽谷分為南北兩條小谷，形同

「八」字，在八字頭前，有座山村，叫八字門村。八字門村在戰爭年代很有名氣。每當晨風拂面，松濤與清泉競響，百鳥與軍號爭鳴，紅旗招展，抗日歌聲震盪山谷。這就是當年令日寇喪膽的新四軍豫鄂挺進縱隊司令部駐地的情景。李先念、陳少敏等許多領導同志在這裡留下了戰鬥痕跡。

1939 年 12 月下旬，豫鄂邊區黨委在京山八字門組建，並召開黨委第一次會議。黨委書記由陳少敏代理，鄭位三（擬任書記，因病未到職）、李先念、陶鑄、任質斌、楊學誠、劉子厚、夏忠武、吳祖貽、程坦為委員，後又增補王翰、劉少卿、鄭紹文、陳秀山為委員。邊區黨委機關駐八字門。

1940 年 1 月 3 日，新四軍豫鄂挺進縱隊在八字門建軍。李先念任司令員，朱理治任政治委員，劉少卿任參謀長，任質斌任政治部主任。新四軍豫鄂挺進縱隊統轄鄂中、豫南、鄂東三地武裝，共 9 個團隊，1 萬人槍。縱隊司令部駐八字門，政治部駐祠堂灣，隨營軍校（抗大十分校前身）駐水漾泉，孩子劇團駐桃園灣，被服廠駐張家灣，野戰醫院、七七報社、挺進報社、糧油兵站均駐八字門附近村灣裡。同年 8 月，挺進縱隊按正規化的編制，將大隊、中隊、分隊分別改稱團、營、連、排。中共中央中原局高度評價挺進縱隊的成立「是一個偉大的創造」，並指出：「挺進縱隊是一個有著重要意義的獨立戰略單位」。

1940 年 9 月，豫鄂邊區第一次軍政代表大會在京山縣八字門召開，大會按照「三三制」的原則選舉了豫鄂邊區軍政聯合辦事處，推舉許子威為邊區軍政聯合辦事處主任，楊經曲、文敏生為副主任。辦事處按照民主集中制原則，實行集體領導，下設民政、財政、教育、公安、司法等機構。隨後製訂和頒布了《縣以下各級行政組織暫行條例》《關於敵占區政權工作的決定》《各縣區整理田賦委員會簡章》《各項稅捐暫行條例》《糧食編制暫行條例》《貿易統制暫行條例》等一系列政策法規。

豫鄂邊區軍政聯合辦事處是邊區最早的政權機關，結束了過去「政出多門」的狀態，標誌著邊區抗日民主根據地正式形成。到 1940 年底，邊區的抗日民主政權發展到 9 個縣，共產黨領導的正規抗日武裝發展到 1.5 萬人，民兵發展到 10 余萬。

這時，京山及周邊已發展為邊區核心區域，建立起了京北縣、京鐘縣、天京潛縣、京安縣等抗日民主根據地，其縣委、縣政府均直屬邊區領導。陶鑄同志把京北作為鄂中游擊根據地的基點，而李先念同志則是把這個基點擴建為比較鞏固的抗日根據地。

京山八字門，是新四軍豫鄂挺進縱隊建軍誕生地，是豫鄂邊區黨委組建地，是邊區政權的首創之地，是新四軍第五師的搖籃（1941 年皖南事變後，挺進縱隊改編為新四軍第五師），在邊區的創立、發展時期，發揮了重要作用。1940 年 10 月，日軍對八字門一帶進行瘋狂的「大掃蕩」，豫鄂邊區首腦機關轉移至京山小煥嶺。

新中國成立後，李先念同志曾多次派夫人和子女到京山八字門看望老區人民。

▌鄂豫邊區的「小延安」

位於京山縣新市鎮小煥嶺村的小煥嶺，是抗日戰爭時期豫鄂邊區黨委舊址，被同志們稱為邊區的「小延安」，是全國重點文物保護單位。從 1939 年 6 月至 1942 年 6 月，豫鄂邊區首腦機關先後在京山大洪山、八字門、小煥嶺駐紮達三年之久，其間，邊區黨政機關有近兩年時間常駐小煥嶺。

1940 年 10 月，日軍調集重兵 1 萬餘人，分成三路，在京山石板河、丁家衝至八字門一線 50 多里的狹長地帶，對邊區進行了一場空前的「大掃蕩」，大殺大燒七天七夜，民房 1000 餘間被毀，大部分村莊變成了滿目淒涼的難民區和瓦礫場！邊區黨委、挺進縱隊指揮機關在八字門的住房全部被夷為平地。

邊區首腦機關被迫轉移至京山小煥嶺，小煥嶺成為邊區新的指揮基地。豫鄂邊區黨委駐小煥嶺吳家灣，邊區軍政聯合辦事處及後來的邊區行政公署、醫院、先後駐小煥嶺一帶的向家灣和羅家窩子，邊區保安司令部先後駐小煥嶺張家坡、向家沖鷹子溝、白果樹灣，洪山公學駐大柳樹灣，七七報社印刷廠、修械所駐王家、灣唐家灣，被服廠駐小泉沖，邊區建設銀行、警衛團、

十月劇院等單位均駐小煥嶺一帶村灣裡。在日軍「掃蕩」時，大、小煥嶺中的「藏軍洞、岩屋洞、蜘蛛洞、狗眼洞」都曾隱藏過新四軍的傷員和槍彈，秘密印刷過邊幣和報刊。

李先念、陳少敏、楊學誠等老一輩無產階級革命家，在京山小煥嶺指揮了整個邊區的抗日遊擊戰，開展了邊區黨的建設和政權建設。邊區各地黨政軍負責人均來小煥嶺參加會議，匯報工作，接受新的任務。大後方、大城市的許多熱血青年，千里跋涉來到小煥嶺參加革命，投身抗戰。

1941 年 4 月 1 日，邊區黨委在小煥嶺附近的向家灣召開第二次邊區軍政大會，總結了根據地建設經驗，確定了正確的施政方針，改參議會製為代表大會制，透過了堅持抗戰、實施民主和保障民生的各種法規。會上成立了邊區行政公署，標誌著邊區抗日統一戰線政權的加強和行政指揮的統一，是邊區根據地民主政治建設的新發展和政府工作的新起點。

至 1941 年 10 月底，邊區在周邊武漢、黃岡、鄂州、仙桃、潛江、荊州、宜昌、襄陽、荊門、隨州、孝感等地境內 23 個縣建立了抗日民主政權。其中，據 17 個縣的統計，共有鄉政權 451 個，上自邊區行政公署，下至保務委員會，形成了一個完整的政權系統。按「三三制」原則建成的政權體系，極大地保障了根據地內各階級的利益，一些原本已經離開邊區的地主、士紳紛紛返回家鄉參加抗日。

1942 年 3 月 13 日至 23 日，京山召開首屆抗日人民代表大會，代表來自邊區 20 多個縣，共 126 人，其中共產黨員 47 人，黨外人士 79 人（包括臺灣代表 1 人，日本反戰同盟盟員 1 人）。另有特邀代表 18 人，臨時代表 10 人。各地黨、政領導以及開明士紳列席會議。代表們參政熱情高漲，其中有位 77 歲的民主人士冒險透過了敵人的七道封鎖趕來參會。

會議透過了邊區黨委提出的《豫鄂邊區施政綱領（草案）》，對貫徹執行抗日民族統一戰線和實行抗戰時期的軍事、政治、財經、文教等各方面政策做了明確規定。還透過了《司法委員會組織條例》《人民保障條例》，以及呼籲團結抗日、改革保甲、實行公民小組制等提案。這次邊區人民代表大會推動了根據地民主建政工作，促進了邊區各項事業的進一步發展。

不久，國民黨第五戰區對豫鄂邊區發動了連續 8 個月的「反共」高潮，加上日軍不斷對邊區的蠶食和「掃蕩」，邊區遭受到嚴重破壞。1942 年 6 月上旬，陳少敏率邊區黨政機關離開駐紮整整 3 年之久的京山，從小煥嶺撤離，跨過平漢鐵路轉移到大悟山。

史沫特萊在京山

在抗日戰爭轉入相持階段的艱難時刻，美國著名作家、記者艾格妮絲·史沫特萊女士深入到武漢外圍，敵偽頑犬牙交錯、形勢日趨惡化的豫鄂邊區採訪，時間長達 3 個月之久，足跡到過邊區多處。史沫特萊女士是抗日戰爭時期第一位訪問豫鄂邊區的外國友人。

1940 年 1 月 12 日，初春的大洪山，萬木復甦。這時，美國記者史沫特萊和作者安娥（戲劇家田漢夫人）一起，專程從國民黨大後方重慶來到鄂中抗日根據地，訪問了中共豫鄂邊區委員會和新四軍豫鄂挺進縱隊司令部所在地八字門和其他一些地方，受到了邊區黨委負責人和縱隊首長及各界人民的熱烈歡迎。在長達 3 個月的時間裡，她足跡遍及邊區的山山水水，多次深入大洪山區慰問採訪，收集挺進縱隊和根據地人民堅持敵後抗戰的第一手材料，廣泛地宣傳報導，熱情地讚揚邊區的抗日鬥爭，並為改善豫鄂邊區敵後抗戰條件等做了大量富有積極意義的實際工作。

1938 年 10 月武漢淪陷後，抗日戰爭進入相持階段，孤懸敵後的豫鄂邊區形勢異常嚴峻。一方面，日寇在武漢屯以重兵，而且在武漢外圍控制了 28 縣的重要城鎮和交通要道，遍設據點、網羅敗類、建立偽政權。另一方面，國民黨政府消極抗戰，積極反共。大力推行「防共、限共、溶共」等「反共」政策，對日妥協投降。國民黨連續製造了「竹溝、平江」慘案，掀起了第一次「反共」高潮。在中國人民的抗日戰爭正處於形勢嚴峻的歷史關頭，史沫特萊本著「百聞不如一見」的想法，親身來到鄂中敵後進行實地考察。

史沫特萊剛到邊區時，李先念、陶鑄專門用石板河的土罐雞湯款待她，她說：「真好喝，你們這麼瘦，怎麼不用它來補身子呢？」陶鑄哈哈大笑說：「你是客人，我們才用這雞湯招待你，平時我們是吃不到的。」

　　她先後採訪李先念、陳少敏、陶鑄、楊學誠等領導，深入到京山八字門、丁家沖、馬家沖、大山頭及邊區其他地方，採訪敵後抗戰、民主建政情況，向世界宣傳介紹邊區，用筆桿揭露了國民黨造謠汙蔑我軍的不實之詞，報導了豫鄂邊區軍民對敵鬥爭的真相，並留下了珍貴的歷史照片。

　　在參觀縱隊醫院時，當時的醫療條件極其艱苦。傷員墊的、蓋的全是稻草，病床是用門板搭的，手術刀用殺豬刀代替，消毒鍋用竹蒸籠代替，藥品是自採的草藥，繃帶是買來的民間土布，消毒藥用鹽水替代，桐子殼燒成灰濾成鹼水浸泡棉花脫脂後當藥棉，鑷子和探針用竹子削制。在這種極端缺藥缺械的惡劣條件下，想盡各種土辦法醫治了一批又一批的抗日誌士。這種自力更生、艱苦奮鬥的精神令她非常敬佩。同時，她為這些負傷的抗日戰士得不到好的醫療條件而感到非常難過。她激動地說道：「想不到在這個山溝裡還有這樣一座醫院，你們的條件困難，設備簡單，但是精神振奮，工作先進，中國人民了不起！」「英雄！英雄！」「偉大！偉大！」並表示願意設法幫助邊區解決困難。在她的幫助下，價值五萬元的大批藥品、器械，甚至還有醫生來到邊區醫院，減輕了大量傷員的痛苦，挽救不少戰士的生命。

　　1940 年春夏，史沫特萊先後在京山大頭山、八字門一帶目睹了邊區民主選舉的盛況。當時，老百姓識字的不多，邊區政府組織群眾採取投票或投豆的方式，選舉鄉級政府領導成員。識字的選民用投票法，對於那些完全不識字的選民，採取在每位候選人的背後放一個粗瓷海碗的方法，讓選民向碗中投黃豆、蠶豆或綠豆作選票，最後根據碗中豆數確定人選。史沫特萊在《中國的讚歌》一書中感嘆：「這是比歐美還要進步的普選！」

　　史沫特萊在鄂豫邊區時，對為她服務的小勤務員沈國華非常滿意，決定收沈為義子。在其著作《中國的戰歌》第九章中專門寫了這段故事，題目就是《我的中國兒子》。史沫特萊要離開邊區時，向李先念司令員提出帶沈國華走的要求，讓他去深造。沈國華考慮了兩天，最後告訴美國媽媽說：「作為抗日戰士，我現在需要留在抗日前線，在取得最後勝利後，我再跟您去。」後來史沫特萊曾找過沈國華，但沈國華早已在一次戰鬥中犧牲了，殘酷的戰爭使她失去了中國的兒子。

在豫鄂挺進縱隊，史沫特萊跟戰士和根據地群眾成了好朋友。她熱愛新四軍和根據地人民，大家也熱愛她。每天晚上，她的住處都集中著許許多多的人，有戰士、有農民，更多的是全國各地投奔革命根據地的年輕知識分子。

在抗戰中，栽培中美友誼之花的國際主義戰士史沫特萊的來訪，對邊區軍民無論是精神上還是物資上都給予了很大的鼓舞支持。她在八字門留下的足跡，給這個抗日根據地，無論在當時還是現在都增添了光彩。

▌京山在「中原突圍」中的歷史貢獻

京山是中原解放區的重要根據地。在整個中原突圍時期，京山為中原突圍和全國解放戰爭的勝利展開，發揮了重要作用，做出了重大貢獻。

一是京山子弟兵參加突圍，粉碎了蔣介石全殲中原解放軍的計劃，建立了新的根據地。抗戰至突圍前夕，京山人民將千餘兒女源源不斷送往五師正規部隊。在突圍血戰的三路部隊中，以北路十三旅、十五旅四十五團、南路十五旅、江漢軍區部隊中的京山籍指戰員、地方幹部為最多。英雄的子弟兵終於戰勝了無數難以想像的艱難困苦，衝破敵人重重圍堵，硬是殺開一條血路，到達陝南與鄂西北。新中國成立後民政部門的不完全統計，在突圍戰役中犧牲的京山籍指戰員就有 120 餘人。除正規軍中的京山籍指戰員參加突圍戰役之外，京山根據地的地方幹部和地方武裝亦隨軍突圍。京北、京鐘、京安、天京潛四縣幹部及武裝，於 1946 年 6 月底和 8 月上旬分兩批，先後隨江漢軍區部隊和江漢中心縣委武裝突圍到達鄂西北。

京山地方幹部和武裝在鄂西北生根開花，創建了新的根據地。以京北幹部為主體，參與組建了 5 個縣級黨組織：竹（山）南縣委、荊（門）南（漳）縣委、板橋工委、南（漳）遠（安）工委、荊（門）南（漳）宜（城）工委。這 5 個縣級黨組織，在鄂西北地區開闢了五塊縣級游擊根據地，為鄂西北根據地的開闢與堅持，為全國解放戰爭的順利展開，做出了重要貢獻。

為了支援大洪山區和桐柏山區的鬥爭，鄂西北軍區派李人林帶 500 餘人槍，組成「江漢游擊支隊」，重返江漢。1946 年 9 月下旬，李人林部在京山

北山巴家沖與彭友德部會合，一起開展大洪山區的游擊戰爭。同時組建中共京鐘隨縣委和縣政府。京鐘隨縣委組建完畢後，李人林支隊轉戰於大洪山區，先後在西北鄉及石板河、觀音岩等地與國民黨地方武裝發生戰鬥。同年10月13日，江漢游擊支隊攻擊京山高臺鄉國民黨鄉公所，俘鄉長及以下70餘人。隨後，游擊支隊挺進天京潛地區，孤軍深入國民黨後方，打擊國民黨後方鄉保武裝及尾追的國民黨正規軍，有力支持了京山各地的堅持部隊。1947年1月，李人林率支隊再次返回大洪山。同年17日，當部隊進抵京山孫家橋黑沖地區時遭遇國民黨整編七十二師工兵營和京山縣保安中隊。經激戰，游擊支隊活捉保安中隊長並斃傷100餘人，繳獲輕重機槍7挺、步槍30余支。

二是京山地方武裝就地開展山地游擊戰，牽制了大批國民黨武裝，有力地配合了中原軍區主力勝利突圍。突圍戰役打響後，京山根據地部分武裝奉命就地牽制敵人，配合主力突圍。當時，國民黨正規軍與保安團蜂擁而至，地方武裝處境險惡。面對強敵壓境，各地方武裝立即廣泛開展山地游擊戰。利用熟悉地形、熟悉群眾的有利條件，開展夜戰、麻雀戰、突襲戰，消耗敵人，牽制敵人。京山北山游擊隊游擊於大洪山麓，京安縣大隊從安陸一直打到京山丁家沖，京鐘縣大隊在南山多次與敵正規軍展開激戰，京山石板河區中隊、西北區中隊、曹武區中隊、吳堰嶺區中隊均多次與敵展開殊死搏鬥。上述地方武裝在突圍戰役期間進行的一系列戰鬥，牽制了國民黨整編第七十五師及京安隨鐘保安武裝約兩萬餘人，減輕了中原突圍的壓力。

三是京山的人民群眾掩護了一大批幹部戰士，為黨保存了寶貴的骨幹力量。在中原突圍中，京山的人民群眾千方百計隱蔽掩護大批覆員人員和奉命轉移的幹部。許多人為了掩護新四軍幹部戰士、為了保護隱蔽下來的共產黨員，竭盡所能，有的甚至獻出了生命。這批就地隱蔽的同志，在人民群眾的保護、護送下，或投親靠友，或遠走他鄉，或做工務農，或化裝為商販、醫生、教書先生。在京山人民群眾和進步人士掩護下，黨的一批領導幹部，如謝威、王家吉、樊作楷、李金錫等得以安全轉移。

四是京山地方武裝的持久堅持，鼓舞了民眾，震慑了敵人，為大軍重返江漢創造了有利條件。京山地方武裝拉起隊伍上山，襲擊國民黨鄉保公所，

懲辦作惡的國民黨當權者，使群眾在黑暗中看到希望，受到鼓舞。「共產黨還在山上！」地方區、鄉、保長膽顫心驚，有的當權者害怕日後「變天」，亦不敢胡作非為。在長達一年半的堅持鬥爭中，彭友德、吳傳一領導的游擊隊一直堅持在京山北山，被中原局組織部長陳少敏譽為「大洪山上的一面紅旗」。天京潛地區張英武等建立了游擊武裝，堅持在河湖水網地帶。京安大山頭李立權等潛伏下來，建立了地下聯絡網，發展地下黨支部，並組織群眾向國民黨當局展開鬥爭。高華庭的游擊武裝也一直堅持在京山西南邊緣地帶。至 1947 年 12 月大軍南下時，這些武裝立即出湖下山，與大軍會合。艱苦卓絕的戰略轉移與戰略堅持，終於換來了振奮人心的戰略大反攻。五師回來了，江漢軍區部隊回來了，子弟兵與根據地幹部回來了！人們奔走相告，堅持部隊與南下大軍一道，以秋風掃落葉之勢，席捲國民黨殘餘，恢復根據地，迎來了全國解放戰爭的最後勝利。

　　毛澤東指出，我中原解放軍以無比毅力克服艱難困苦，除一部轉入老解放區外，主力在陝南和鄂西兩區，創造了兩個游擊根據地。此外，在鄂東和鄂中均有部隊堅持游擊戰爭。這些都極大地援助了和正在援助著老解放區作戰，並將對今後長期戰爭起更大的作用。毛澤東的這段話就是對中原突圍全面、科學的評價與總結。

五 軍事故事

▌楚武王克權建縣

　　古權國地處現沙洋縣馬良鎮境內，是公元前 12 世紀至公元前 11 世紀，商王武丁的後裔在漢水西岸建立的一個小國。權國以古權水得名。酈道元的《水經注》曰：「水出章山東南流，經權城北，古之權國也。」古權國在商代已是人煙稠密、物產豐富、人文薈萃、交通便利之地，軍事上進可攻、退可守，權國在現馬良地界建國有 400 多年的歷史。

　　《左傳·莊公十八年》雲：「初，楚武王克權，使鬥緡尹之。」在公元前 8 世紀末，楚武王伐隨前，也就是公元前 740 年左右，權國被楚國吞併征服。楚武王為加強對權國地域的集中統治，任命鬥緡為權尹，一改過去分封制度為國君委派縣尹制，建立直屬楚君的縣級行政機構。鬥緡成為中國歷史上最早的縣長官。

　　不久，鬥緡恃勢，認為自己是楚國原國君若敖的兒子，又是楚國大夫鬥伯比的哥哥，不甘心聽命楚武王的擺佈，再加上手下人的煽動，便發動權國遺民叛亂，被楚武王派兵鎮壓並處死。

　　平定叛亂後，為防止權國遺民造反，楚王將權縣遷於那處，繼續設縣。對這一歷史事件，《左傳·莊公十八年》有著詳細記載：「初，楚武王克權，使鬥緡尹之。以叛，圍而殺之，遷權於那處，使閻敖尹之。」後來，巴國攻打楚國，占領那處，閻敖棄城南逃，楚文王殺了閻敖，閻敖家族起來反抗，被滅三族。

　　楚武王對於權國故地的管理方式，已經與以前的分封制度有著本質的區別，屬於一次大膽的變革和創新。雖然沒有「縣」這個名稱，但行的卻是縣之實。縣的行政長官由楚王直接任免，不得世襲，實行的是任免制。縣尹在轄區內只行使行政管理權，對土地和人口逐漸失去占有權，只負責管理老百姓，收取賦稅，征發兵役和徭役。

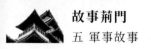

楚武王克權建縣，開創了中國縣制的先河，加強了楚王的中央集權。這一變革，適應了楚國對外大力擴張的需要，從此揭開了楚國雄踞江漢、稱霸中原的序幕。

清代著名經學家、文學家洪亮吉在《春秋時以大邑為縣始於楚論》中指出：「蓋春秋時已有改封建為郡縣之勢，創始於楚，而秦與晉繼之。至戰國而大邑無不改縣矣。」在 20 世紀 30 年代，史學家顧頡剛提出楚國的權縣是「春秋第一縣」，李柏武在 2001 年提出權縣是「中華第一縣」。

當然，關於中國最早的縣也存在著爭論。

一是根據《史記·秦本記》的記載：「（秦武公）十年，伐邽、冀戎，初縣之。十一年，初縣杜、鄭。」秦武公十年，就是公元前 688 年，對於楚國而言，這一年是楚文王二年。邽，地處今天甘肅省天水市城區；冀，地處今天甘肅省甘谷縣東。

一是根據《左傳·哀公十七年》中的一句話：「彭仲爽，申俘也，文王以為令尹，實縣申、息。」根據《左傳》（魯）莊公六年至十四年的有關記載，楚滅申當在公元前 687 年至公元前 682 年間，也就是楚文王三年至八年之間；滅息當在公元前 684 年冬至公元前 682 年間，也就是楚文王六年至八年。

從以上兩段可以看出，秦設縣以及文王設申縣、息縣都發生在楚文王時期，而楚文王是楚武王之子，因此，有學者認為權縣是「中華第一縣」。

縣制從根本上否定了分封制，打破了西周以來分封割據的狀況，使君主有效地加強了中央集權，加強了中央對地方的管理，有利於政治安定和經濟發展，有利於防止地方割據分裂，有力地維護了國家的統一，從而使得中華民族得以凝聚，中華文明得以傳承。與中國國土面積相當的歐洲，因幾千年來，一直實行分封制、城邦制，缺乏強有力的中央集權手段，所以至今難以形成大一統的政權，歐共體舉步維艱。

雖然楚武王克權是一場純粹的軍事行為，但由此創立的政權組織管理形式，對中華民族來說，是一個絕大的貢獻。

沈鹿會盟

公元前 741 年，楚國的熊通繼位，他勵精圖治，改革創新，楚國由此強盛起來。

公元前 704 年的一天，熊通對令尹（宰相）鬥伯比說：「齊、魯、陳、宋等傳統大國堅不可摧，秦、晉、鄭、衛等後起之秀又勢不可當，楚國本來就僻居南蠻之地，如果再不想辦法奮起直追，恐怕永遠也沒有出頭之日了。令尹可有什麼妙計嗎？」

鬥伯比笑道：「如果下臣猜得沒錯，君上已經有主見了吧！」

熊通「嗯」了一聲：「楚國之所以難有作為，主要是因為爵位太低。孤家準備仿效先祖熊渠，自立為王。」

鬥伯比想了想，緩緩答道：「如果突然自立為王，必然會引起朝野震動。江漢諸姬本來就對中國覬覦已久，肯定會挾天子之命，合力前來討伐，恐怕會對君上不利。不妨先用武力制服諸侯，然後再考慮稱王不遲。」

熊通點了點頭，又憂慮地問道：「如何才能制服諸侯呢？」

鬥伯比答道：「北方諸侯遠在千里之外，無法對中國構成實際威脅。南方漢江以西已在君上的掌控之中，漢江以東的諸侯中，惟以隨國最強。君上不妨邀請諸侯在沈鹿（今鐘祥東橋一帶）會盟。如果隨侯前來赴會，我們乘機請他向天子求情加封；如果隨侯藉故不來，我們就用叛會背盟的罪名討伐他。」

熊通聽後哈哈大笑，真是一著兩全其美的妙棋，馬上派遣使者通知漢江以東所有諸侯，在沈鹿會盟。

會盟日期一到，巴國、庸國、濮國、鄧國、鄾國、絞國、鄖國、貳國、軫國、申國、江國等諸侯紛紛參會，只有隨國未到。熊通以叛會背盟的罪名出兵隨國，御駕親征。

隨侯親自率領隨軍，身先士卒，衝向楚軍。楚軍主動打開陣形，放隨兵往裡衝殺。隨侯不知是計，埋頭沖入陣中，不料楚國伏兵四起，把隨侯團團

圍住，人人勇猛，個個精強。隨侯眼見難以沖出重圍，為了活命，悄悄跳下戰車，偷偷換上士兵的衣服，混在步兵隊伍中，才在死士的保護下，殺出一條血路，逃出了重圍。隨侯吃了大虧，感慨道：「沒想到楚軍如此強大。」無奈之下，只好派季梁到楚營請求和談。

熊通一見季梁，勃然大怒道：「孤家好心與隨侯結盟，沒想到他叛盟拒會，還用武力對抗。現在戰敗了，才想到來求和，恐怕晚了吧！」

季梁答道：「前日因為有奸臣恃寵貪功，誤導寡君出兵，如今寡君也願真心悔過，特派下臣前來向陛下認罪。如果陛下寬宏大量，饒恕寡君過失，寡君一定率領漢東諸侯，永遠臣服陛下。請陛下明斷！」

令尹鬥伯比悄悄提醒熊通：「上天替隨國剔除了奸佞，留下了忠臣，說明隨國還未到滅亡之時。不如答應隨侯結盟，然後讓他率領漢東諸國，聯名上書周天子，請求為主公加封，不是對楚國更為有利嗎？」

熊通認為有理，派人對季梁說道：「我楚國已經占有江、漢，希望天子能夠提高爵位，好名正言順地鎮撫蠻夷。如果隨侯能率領江、漢諸國，請求天子為楚國加封，我一定會感激不盡！」

季梁不敢擅自答應，立即回去請示隨侯。楚軍原地駐紮，等候季梁回音。

隨侯見楚國兵臨城下，不敢不聽，於是代表漢東諸侯，向周天子稱頌了楚子的功績，並請求加封楚君王號，代表天子鎮撫蠻夷。

周天子驟然看到隨侯的奏章，憤怒地破口大罵道：「好你個熊通，竟要跟寡人平起平坐，真是吃了熊心豹子膽了！這個隨侯也是老糊塗了，也不動腦子想想，寡人能答應這樣的無禮要求嗎？」說完把竹簡往地上一扔，竹片飛得到處都是。

周天子本想出兵討伐，卻本能地用手摸了摸肩上的傷疤，那是在討伐鄭國的時候，被鄭國大夫祝聃射中的，至今還隱隱作痛。周天子這才想起周朝已大不如前了，只好放棄了動武的念頭，派使臣通知隨侯，不準他的請求。

隨侯硬著頭皮傳達了周天子的旨意。熊通聽說不準奏，比周天子還要氣憤，當著滿朝文武的面叫道：「周王真是欺人太甚了！寡人先祖熊鬻盡心盡力輔佐文王、武王，就因為去世得早，才只得到一個子男的封號，還窩在這深山老林之中。現在楚國地廣人稠，江漢諸侯無不臣服，天子不加封賞；鄭人挑釁周室，甚至射中周王肩膀，天子也不申討。這麼是非不分、賞罰不明的天子，寡人還要他做甚？」熊通當場宣布，立即廢黜周朝封號，自立為王，是為楚武王。

熊通僭號稱王后，文武百官無不稱賀，江漢諸國也紛紛遣使道賀。周天子火冒三丈，但也無可奈何，只好睜一隻眼閉一隻眼。從此，楚君便以王號自稱，與周天子平起平坐。楚人從此不再覺得低人一等，為日後逐鹿中原掃清了最大障礙。

█雍澨之戰

雍澨，即司馬河，源頭在京山縣石龍鎮境內，經豐谷街、下洋港、上陳橋，在新河口注入永隰河，全長約45公里。春秋時稱雍澨。《左傳定公四年》中記載：「楚人為食，吳人及之，奔，食而從之。敗諸雍澨，五戰及郢。」其見於史書記載已有近2500年的歷史。這條河流見證了春秋時期的楚吳之戰。

公元前506年，吳國聯合唐、蔡兩國進攻楚國。吳王闔閭以孫武為大將，伍子胥為副將，親弟弟夫概為先鋒，親自帶領六萬精兵向楚國進犯。

楚軍原計劃由左司馬沈尹戌帶兵抄吳軍後路，與正面迎敵的主帥囊瓦前後夾擊。但是囊瓦左右將領在作戰開始後，不斷提出反對意見「吳用木也，我用革也，不可久也，不如速戰」，「楚人惡子（討厭你）而好司馬。若司馬毀吳舟於淮，塞城口而入，是獨克吳也」。囊瓦在這些庸碌之見的干擾下，隨意改變原定作戰計劃，孤軍強渡漢水東進，在柏舉被吳軍偷營得手。囊瓦丟下部隊，獨自逃往鄭國。

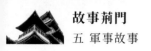

增援的楚軍收拾殘部，在清發河被吳軍半渡而擊，又遭重創。敗退到雍澨地界，部隊又累又餓，停軍造飯，飯剛熟，吳軍趕到，楚軍棄食而走，吳軍食楚軍飯，繼續追擊。

沈尹戌得到主力軍覆滅的消息後，立即率軍原路返回，在雍澨遇到楚軍殘部和追擊而來的吳軍。明知楚軍已潰不成軍，但沈尹戌卻不顧吳軍的強大，當即分兵三路向吳軍進攻，夫概的先鋒部隊猝不及防，被打得落花流水。這是楚軍在這次楚吳戰爭中唯一的一次勝利。

第二天，吳楚兩軍近10萬人在雍澨平原擺開戰車，列陣交鋒，展開決戰。雍澨一帶烽火蔽日，殺聲震天。

吳、蔡、唐三軍在將領孫武指揮下，伍子胥和蔡軍從右路進攻，吳將伯嚭和唐軍從左路進攻。孫武需要用勝利來再次證明他的兵法：「其疾如風，其徐如林，侵掠如火，不動如山。」

沈尹戌帶領楚軍主力，列陣迎擊。戰車上，飄揚著楚國的旗幟和自己的帥旗，身後就是楚國都城，退無可退，楚軍必須透過此戰一舉擊敗吳軍，徹底扭轉整個戰局，保佑楚國社稷。

沒有任何前兆，沒有任何號令，兩軍同時發起了總攻。這種主力對主力的對沖，生與死的對決，拼的就是一口氣。

沈尹戌的戰車猶如離弦之箭，向吳軍衝去。緊隨身後，楚軍萬馬奔騰，向吳軍壓去。戰爭與禮儀無關，與王道無關，就要像打敗夫概那樣，打個措手不及，搶占先機。同樣，吳王闔閭親擂戰鼓，伍子胥、伯嚭帶著對楚國王室的血海深仇，率領部隊衝向楚軍。兩軍碰撞在一起，兵戈碰撞、喊殺哀鳴，陣線波動不定，相持不下。

關鍵時刻，孫武亮出自己最後的底牌，那就是夫概率領的3500人突擊隊。夫概帶著雪恥的憤懣，目標直指沈尹戌。沈尹戌的帥旗倒了，戰場的平衡被最終打破，勝利的天平開始向吳軍傾斜。

　　已經身負三處致命傷的沈尹戌，不能再戰，突圍無望。見大勢已去，他艱難地對自己手下說：「我死之後，割下我的首級，帶給楚王，告訴他，臣不中用，愧對楚王。」

　　一代名將沈尹戌，就此伏劍自盡。

　　雍澨之戰後，吳軍直搗楚國首都郢城，楚昭王一家攜隨從棄都城倉促逃往隨國避難。吳軍未經大戰，即進占郢城。這是楚國自建國以來，都城第一次被敵國占領。

　　吳軍對郢城極盡蹂躪破壞之能事。吳王進入楚宮，強占平王夫人（即昭王母）；蔡、唐兩侯則進占令尹囊瓦官邸，搬走所有財產物品；夫概與公子山為爭奪楚令尹宮室發生內訌；伍子胥掘開平王墳墓，鞭屍三百，以泄憤報仇；全軍將士奸汙搶劫，滿城騷動，並把楚敬祀祖先的社稷也全部拆毀。這些行為，引起楚國軍民的同仇敵愾。

　　楚國貴族後裔、三閭大夫申包胥，從秦國請來救兵，率戰車五百乘援楚。楚、秦兩軍在沂（今河南正陽）和雍澨兩次擊敗吳軍。楚昭王回郢，楚國復國。

　　雍澨之戰，為春秋時期的一批優秀將領孫武、伍子胥、申包胥、沈尹戌提供了展示忠勇、謀略的平臺，也使雍澨（司馬河）留名青史。

　　雍澨之戰中，楚國左司馬沈尹戌盡忠報國，用自己的首級以明拳拳報國之心。此舉深得楚王和楚人的尊敬。為紀念他的忠烈，楚國把從羅橋集到下洋港的這段河改稱「司馬河」，並在這裡修建了「司馬墓」，永誌紀念。

▌長坂坡之戰

　　《三國演義》中有一個大家耳熟能詳的長坂坡之戰。此戰中，趙雲在長坂坡七進七出，於敵軍圍困、追擊、圍剿之中，單騎救主，被譽為千古名將之楷模。此外，長坂橋上，張飛厲聲大喝：「我乃燕人張翼德！誰敢與我決一死戰？」聲如巨雷，喝退曹兵百萬，成就張飛的威名。

　　當然，這些都是文學描述。史書《三國志》中，對長坂坡之戰也有著詳細的描寫：「表卒，曹公定荊州，先主自樊將南渡江，別遣羽乘船數百艘會

江陵。曹公追至當陽長坂，先主斜趨漢津，適與羽船相值，共至夏口。」「聞先主已過，曹公將精騎五千急追之，一日一夜行三百餘裡，及於當陽之長坂。先主棄妻子，與諸葛亮、張飛、趙雲等數十騎走。曹公大獲其人眾輜重。先主斜趨漢津，適與羽船會，得濟沔，遇表長子江夏太守琦眾萬餘人，與俱到夏口。」

大家都知道，長坂坡之戰發生在當陽。那麼，東漢末年，當陽縣治所到底在哪裡呢？

歷史上當陽縣的治所有過兩次大的遷移：兩漢時的當陽縣治所在現在的掇刀團林鋪以西數公里的地方，為西漢初設置，因地當荊山之陽，故名「當陽」，位於漳河、沮河的東邊。三國、西晉時由兩漢時治所故地向西南遷移到漳河東岸附近（約在今天的當陽縣官當東南一帶）。五代以後當陽縣的治所又從三國、西晉時所建的舊地再次向西南遷移，遷到了現在的當陽縣城所在地，離兩漢之時的當陽故城已經有了 100 多華裡，到了漳河與沮河的西邊。

當陽縣的治所搬了家，長坂也跟著一起搬了家，明代萬曆年間把位於當陽縣城西南約兩華裡處的一個長不過二三華裡的小山崗命名為「長坂坡」。萬曆十年（公元 1582 年）在坡前樹立了「長坂雄風」的石碑，並製造出了不少傳奇式的故事。從此以後，真正的長坂大戰的戰場，反而不被人們所知了。

那麼，東漢末年的長坂之戰的戰場究竟在哪裡呢？在歷史上，「長坂」指的是現在的荊門市以南由掇刀到團林鋪、五里鋪一直伸延到十里鋪一帶的近百里長的山崗。這條長崗在春秋時叫做「坂高」，秦漢以後叫做「長坂」，是由南陽、襄陽到江陵去的必經之地（直到今天還是這樣）。所謂「長坂坡」就是由北向南剛剛登上這條長岡的地方（即岡的北頭），就是現在掇刀一帶，它正好位於兩漢時當陽縣治所在的東北約十公里的地方。

荊門市社科聯主席李柏武結合史書《三國志》進行了理性的分析：

第一，劉備由樊城撤退時是兵分兩路，關羽帶領一部乘船由漢水順流而下，劉備帶領另一部沿荊襄大道從陸路南下，水、陸兩路的目的地原定都是江陵；第二，曹操的輕騎從襄陽出發一日一夜急行軍三百里才在當陽長坂追上劉備；第三，劉備在長坂大敗之後，不敢再沿荊襄大道南下江陵，而是迅速脫離荊襄大道「斜趨」漢津口（今沙洋），坐上關羽的戰船順漢水而下到了夏口（今武漢）。

從以上三點出發進一步分析，便可看出，東漢末年長坂之戰的戰場，絕不可能是現在當陽縣城西南一公里處的「長坂坡」，而是在今天的荊門掇刀一帶。

首先，劉備帶著那麼多人逃跑，肯定要走大道，那就是荊襄古道。荊襄古道從襄陽經宜城，到荊門後，再順著長坂岡經掇刀、團林、五里鋪、十里鋪到江陵，經過荊門掇刀，不經過現在的當陽。

其次，即使不走大路，劉備也不可能帶著幾萬人，包括老百姓，越過漳水、沮水來到現在當陽西南角的長坂坡這個地方，然後再次渡過這兩條河，去往江陵。古時候，幾萬人要過兩條寬寬的大河，可不是一時半會兒的事，況且還是在逃命的途中，到哪裡去找那麼多船呢？實在是違背常理。

再次，從劉備在長坂坡大敗之後「斜趨」漢津口來分析。漢津口就是今天的沙洋鎮，與現在的當陽縣是正東正西的方向，不能說是「斜趨」，而掇

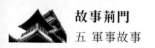

刀恰是位於沙洋的西北邊，這裡在荊襄大道的東側另有一條由西北到東南的路通往漢津口（沙洋），就是今天的由荊門市到沈集、高陽的這條路。因為這條路線是西北、東南走向，所以說是「斜趨」，《三國志》中的用詞是很準確的。

最後，《三國志》記載，曹操的輕騎從襄陽出發「一日一夜行三百餘裡」才到達長坂，追上劉備。古代的裡比現在的略小，從襄陽至掇刀二百五十華裡左右，約合古時三百餘裡；而從襄陽到現在的當陽則有三百五十華裡左右，在古時約有四百多里，與《三國志》所說不合。

由此可以得出，長坂坡之戰的戰場是在今天的掇刀一帶。

尉遲恭築關

尉遲恭先為隋朝劉武周偏將，後歸順李世民，成為唐代開國元勛。唐太宗貞觀三年（公元 629 年）任襄州都督。當時荊門北部地域為襄州管轄。在荊襄大道上，尉遲恭下令構築三關：樂鄉關、馬牙關、虎牙關。三關的構築，使荊門進可攻，退可守，成為襄荊古道上的戰略要地。他還在荊門古城西門內的隋代皇后的行宮舊址鳳凰臺修署衙。尉遲恭忠於大唐，最後被封為鄂國公，死後，被謚為忠武公，陪葬於唐昭陵。今我市境內新店鋪有古蹟尉遲恭墓（衣冠冢）及尉遲恭祠。

尉遲恭修築的虎牙關是六百餘裡秦楚古道上最南端的一道關隘。由於關口形狀似老虎的獠牙，才取了這樣的名稱。從虎牙關之名就不難想像當年這裡地勢的險要。

荊門山山高 175 米，北距荊門城區 2.5 公里，山體面積 1.5 平方公里。山勢呈東西走向，東南坡勢平緩，西北坡勢峻陡，東面連接東寶山，西邊是花子山。荊門山與鄰近的山「峰巒對峙，上開下合，厥狀如門」，又是北面南漳縣境內的荊山南來的餘脈，所以才叫荊門山。荊門城的名稱便是由這座山名得來的。

荊門山地勢險要，北控襄陽，南制荊州，西扼宜昌，東望漢水，是荊襄陸路交通要沖，歷代為兵家必爭之地。遠在兩千年前的東漢初，光武帝劉秀就已在這咽喉要道構築山寨，布設重兵鎮守，現在山寨遺蹟還依稀可以辨認。三國蜀將關羽自荊州揮師北上伐魏，駐紮荊門南郊掇刀石時，亦曾在這裡設置前鋒陣地。有關他在荊門駐守的民間傳說相當多。現在荊門山北坡的崎嶇山路上所留下的兩只巨大的關公腳跡和當年豎關刀的遺蹟，還不曾完全湮沒。南宋抗金名將岳飛認為「荊湖為用武之地，當於荊門宿重兵，與襄、漢相接」，於是在荊門山南邊不遠處的鴉陂修建城堡，長期駐軍，作為抗金北伐的基地。後人將這座城堡稱為「岳飛城」。

現如今，隨著時代的變遷，虎牙關重要的戰略地位已經由軍事要沖轉為交通要道。荊門主城區的南北交通道路白雲大道（老 207 國道一段）代替荊襄古道從構築虎牙關的兩山間透過；焦柳鐵路穿越虎牙關，從荊門山中鑿出 500 余米長的隧道；象山大道越虎牙關頂而過。如今在虎牙關有上、中、下、底四層立體交通，底層是四乾渠虎牙關隧道，下層是白雲大道，中層是焦柳鐵路虎牙關雙線隧道，上層是象山大道。上、下能同時通車、通船、通行人，可謂立體交通橋。

▍岳飛鴉坡築城勇抗金兵

岳飛（1103 年—1142 年），字鵬舉，相州湯陰（今河南安陽湯陰縣）人，南宋抗金名將，與韓世忠、張俊、劉光世並稱「南宋中興四將」。宣和四年（公元 1122 年），朝廷為抵禦遼兵於各地徵兵，青年岳飛也因此投身行伍。自此，岳飛一路披荊斬棘，屢建戰功，一躍成為頗有威望的將領。

南宋紹興三年（公元 1133 年），朝廷任命岳飛為江南西路沿江制置使；次年任命為鎮南軍宣使。同年，先後被任命荊南、郢州（今鐘祥）、岳州制置使，後擢升為清運軍節度使，統領湖北、荊襄、潭州三地兵權。

岳飛自幼熟讀兵書，深知荊襄古道自古以來就是軍事要塞，一直是兵家必爭之地。他指出：「荊湖為用武之地，當於荊宿重兵，與襄漢相接。」於是他著手對這片區域進行實地勘察，最終選擇在荊襄古道咽喉要地——鴉坡

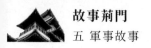

（今沙洋縣五里鋪鎮北面 8 公里，207 國道鴉雀鋪南面，此處四方通達，加之東西有自然古河流為屏障）設置重鎮，命岳家軍進駐於此，屯兵把守。老百姓把它叫做岳飛城。

岳飛城城址南北長 4 里，東西寬約 3 里，面積約 10 平方公里。該城東起楊樹擋，西依麻雀巷，北倚鴉雀鋪，南抵新店鋪。東西均以自然古河流為屏障，南北扼守荊襄古道之要沖，地勢較開闊，便於騎兵和步兵展開，同時水源充足、採食便捷、能攻能守。守，可以作為抗金前線和屏障；攻，可以此作為前方的後勤兵站。

南宋紹興四年（公元 1134 年），金國扶持的傀儡政權齊一舉攻陷襄陽、郢州、隨州、信陽等六郡。面對南宋山河被侵，岳飛上書高宗，請命北上禦敵，收復失地。於是兵分兩路，岳飛率岳家軍首先攻打郢州，與叛將李成形成對峙；與此同時，命大將張憲、徐慶率兵攻打隨州，繼而攻打襄陽。此時，叛將李成早已被岳家軍的氣勢所震懾，於是舉兵撤退。待叛軍行至鴉坡一帶，不料小將岳雲早已帶領岳家軍埋伏於此，見李成率軍來到此處，便一鼓作氣發起攻勢。面對突然闖出的岳家軍，李成等人心理防線頓時土崩瓦解，很快便潰不成軍，倉皇北逃。

公元 1139 年夏，金兀朮公然撕毀紹興和議，再次出兵南宋，發起戰爭。之前敗走的偽齊政權不甘心失敗，想借此機會重整旗鼓，與金兵形成合圍之勢，夾擊岳家軍。深諳軍事部署的岳飛明白荊襄古道在戰略中的重要作用，於是以鴉坡城堡為中心，聯合四周，形成聯動效應。終於，在這次抗金戰爭中，再次獲得勝利，收復了襄陽、郢州等六郡。

岳飛城的修築，成為南宋朝廷扼制金兵南侵的重要關卡，持續十年時間，成為中原及荊襄方位抗金的重要軍事基地，為南宋保住半壁江山做出了重要貢獻。岳飛統領的岳家軍在此譜寫了一幕幕精忠報國的宏偉篇章。

邊居誼血灑新城築忠魂

邊居誼，南宋末年抗元將領，隨縣（今湖北隨州市）人，因其作戰勇猛，屢立戰功，鹹淳十年，被擢升為京湖制置帳前都統，奉命駐守新城。

南宋末期，偏安江南的南宋朝廷國力漸衰，北方少數民族蒙古族日益強大，覬覦中原已久。南宋朝廷命呂文煥守襄陽，其部將王虎臣守沙洋堡，邊居誼守新城堡（今沙洋縣李市鎮附近）。鹹淳十年（公元 1274 年），元相伯顏率 20 萬元軍大舉南侵，襄陽守將呂文煥戰敗投降。元軍到郢州（今鐘祥），因宋將張世杰以鐵鏈、船隻封鎖水面，元軍無法前進，於是南下進攻沙洋堡、新城堡。一日激戰，沙洋堡守將王虎臣、王大用被擒。

元軍在降將呂文煥的帶領下快馬加鞭，一口氣趕到新城堡城下，領隊的呂文煥計劃對邊居誼採取誘降策略，於是對著城牆上喊話：「邊都統，你與我都是南宋朝廷的將士，無奈朝廷國力漸衰，江河日下，我奉勸你識時務，早早歸降元軍，小弟定會保你高官厚祿，享用不盡。如若不然，王虎臣、王大用便是例子。還望你以城中百姓生死為重，免得刀光相見。」

這一番花言巧語並未動搖邊居誼的衷心，他站在城頭怒斥道：「無恥之徒，投敵叛國，你還有何臉面見我大宋軍民！你不要說什麼投降，你我只能刀劍相對！」

吃了閉門羹，呂文煥仍舊沒有放棄。次日，他再次來到城下勸降。面對元軍的威逼利誘，邊居誼計從心生，他一改昨日的強硬態度，對呂文煥說：「我願與呂參政面談。」呂文煥聞言，大喜，以為真的將邊居誼說動，於是提馬加鞭，走上前來。事情的發展正如邊居誼所計劃的那樣，待呂文煥走近後，邊居誼一聲令下，令先前埋伏在城牆上的士兵亂箭齊發，結果呂文煥右肩、坐騎均被亂箭射中，慌亂之中逃之夭夭。

站在城牆上的邊居誼目睹這一幕，深感大快人心，興之所至，高聲吟唱自己所作的《絕命詩》：

孤城高倚漢江秋，血戰三年死未休。

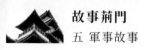
鐵石肝腸忠義膽，精靈常向峴山留。

第二日，邊居誼手下的一名叫黃順的總制，終於抵擋不住元軍威逼偷偷投降了元軍。天亮後，呂文煥又使喚黃順再次勸降邊居誼。邊居誼高聲罵道：「新城雖小，只要有我邊居誼在，你們就休想攻下！」

此時，呂文煥見勸降邊居誼無望，便下令用火炮攻城，一頓炮轟之下，新城內一片火海。邊居誼一邊指揮手下將士用火具、弓弩擊退元軍多次進攻，一邊幫助城中百姓滅火，並將自己家財全部分給將士。無奈實力懸殊，寡不敵眾，新城被元軍攻破。見此情景，邊居誼心知已無力回天，於是拔劍自刎，只求一死。由於激戰後的邊居誼已精疲力竭，這一刀卻不能讓自己痛快死去，於是他盡全力縱身跳進火海，用這種方式結束了自己的生命……三千將士皆殉國。

伯顏敬佩邊居誼忠烈不屈，下令將其遺骸厚殮安葬。沙洋人尊邊居誼為城隍神，並在沙洋城區建城隍廟，供奉邊居誼塑像。

元末明初，江陵府學正孔克學憑弔新城遺址時，曾作詩紀念這位將領：

鐵石肝腸死未休，孤城高倚漢江秋。

三千血戰皆忠義，不效襄陽事敵仇。

1938 年，城隍廟毀於日軍飛機轟炸。

▌升天塔的故事

位於荊門月亮湖廣場上的升天塔始建於明崇禎壬午年（1642 年），其功能為鎮鎖荊門城市水口的地理建築。根據清乾隆版《荊門州志·升天塔詳文》記載，升天塔為明末士紳胡化組織修建，故原名為「胡家塔」，然而該寶塔剛壘築不到一米高時，恰遇李自成攻打荊門，工程被迫停工。

　　荊門在明朝末年屬於承天府管轄。李自成的農民軍攻打荊門前，僅用一天時間就攻克承天府（現鐘祥縣城），所以農民軍認為荊門「直可靴尖踢倒矣」。然而荊門城雖小，卻十分堅固，同時城內軍民同仇敵愾、視死如歸，農民軍圍攻七天七夜仍未攻破城門，留傳下「鐵鑄荊門，紙糊承天」的民謠。後來，農民軍派士兵砍伐來大量樹木，從城牆腳向上壘至城頭，士兵才順著堆起的木頭爬上城牆，攻破荊門城。又經過激烈巷戰，雙方共傷亡數萬人，城市化為灰燼，致使荊門一度棄城，州署不得不遷往沙洋，清順治年間才又遷回荊門。

　　農民軍攻入荊門城後，荊門署州盧學古「罵賊不屈」，被砍斷四肢，割肉剝皮，人皮蒙在土門（今荊門城區天鵝廣場北）的石碑上。同知沈方被捆綁到南臺，滿門 18 人被殺。學正張效芳、訓導程之奇率 200 餘人死守州署，無一屈服，被農民軍「且屠且焚，靡有孑遺」。

　　清乾隆十六年（1751 年），荊門知州舒成龍重修州署，「才掘尺許，則白骨凝堆，縱橫顛倒」。舒成龍感嘆於「壬午屠城」的悲壯，令州吏蕭式湯作高三尺八寸，長寬均為四尺八寸的一具大棺殮之，埋於升天塔塔基之中。接著又籌集四百金，令蕭式湯督工，於當年三月開始續建其塔，在原塔基上增建三層，「周圍計八方，寬一十八丈二尺，高六丈五尺，頂蓋筒瓦、脊吻、

獸頭、走馬，八角按響鈴十六套」「上供天后，以鎮水口，中塑地藏，以安忠魂」。第二年五月（1752 年）竣工後，舒成龍親筆題額日「升天」。「升天塔」因此得名。

舒成龍隨後還在現龍泉書院大門西側建了「全忠祠」，以供奉崇禎王午年遇難者牌位，對州署下的這些忠義亡靈，可謂是敬奉到了極致。

清代荊門州人周化龍曾作《升天塔》輓詩一首：

亂收殘骨瘞山根，層塔傾頹怒尚屯。

自是勝朝憐國士，肯將義氣答君恩。

荒苔未洗刀兵血，野水猶淒月夜魂。

埋沒多年無姓字，蕭蕭風雨滿城昏。

又過百年，荊門知州黃昌輔重修升天塔。第二層神龕中的地藏王換成了龍神，並勒石「眾流匯聚」，第五層天后像換成了腳踏波濤，獨占鰲頭，手持神筆的文曲星，把舒成龍書寫的「升天」石額換成了「文運天開」。至此，「升天塔」具有了「鎮水」「敬忠」「興學」三重功用。

升天塔不僅功能多樣化，其建築設計也有很多獨到之處，如塔身每層伸向八方的翹角均採用波浪式石翹角，使整體建築靜中有動，進一步突出了該塔鎮水口的作用，可謂獨具匠心。另外，鑲嵌在第五層的文曲星石像眼露威靈，傲視城郭，栩栩如生，實乃一件珍貴的石雕。

歷史讓升天塔從誕生的那天就命運多舛。奠基時恰遇戰亂，歷時一百餘年方竣工。二百年後又遇「文革」「破四舊」浩劫，「龍神」被砸，寶頂被拆，文曲星像被鑿，更令人遺憾的是第五層被改建成蓄水池。好在近年來，在有識之士的呼籲和努力下，升天塔得到修繕，結束了它「缺頭少臂」的日子。讓我們共同珍惜老祖宗留給我們的這筆寶貴文化遺產，同時祝願國運昌盛，天下太平，讓升天塔的歷史悲劇不再重演。

招討安襄鄖荊

安、襄、鄖、荊三府一州是清朝時的一個行政區劃，叫安襄鄖荊道，管轄安陸、襄陽、鄖陽三府和荊門州等二十多個縣。辛亥革命之後，沙洋人季雨霖率軍招討安襄鄖荊，為辛亥革命的勝利做出了巨大貢獻。

「欲作民國史，則鄂史之關係重；欲作鄂史，則季招討之關係重。何則？安、襄、鄖、荊者，鄂垣之左輔，北通宛洛，西控秦隴，襟山帶水，民欲強悍，實為鄂軍北伐之根據地。」（李鴻楷《陣中日記》）

1911 年，武昌首義成功以後，鄂軍都督府有些參議向黎元洪提出北伐的計劃。理由有三點：

第一，集中漢水下游的革命軍隊統一指揮，以增強革命勢力。當時漢川梁鐘漢、京山劉英相繼響應起義，但是缺乏統一指揮，各自為戰。

第二，由漢水下游北岸側擊京漢鐵路南下的清軍，截斷敵軍的聯絡線，緩解武漢的壓力。

第三，阻止襄陽、鄖陽的清軍東下攻擊武漢。劉英在永隆河起義之後，襄陽巡防營統領劉韞玉就曾率部順漢江而下，企圖殲滅起義軍，但是被劉英打敗。如果襄陽、鄖陽的清軍重兵壓下，再加上荊州的清軍配合，兩路夾擊的話，劉英不一定頂得住。「苟上游不守，則全鄂危而大局必不可支」。這樣一來，武漢也就更加危險了。

所以當這樣一個計劃提出來之後，得到很多人的贊同，不過反對的人也不少，他們認為時機不成熟，兵力不應分散，守住武漢，天下就大定了。於是黎元洪搞了個折中，將「北伐」改為「安襄鄖荊招討」，任命季雨霖為「安襄鄖荊招討使」，並派給他一個步兵團和一個砲兵營。但是當時漢口保衛戰剛剛失利，漢陽戰事又緊，武昌的沿江防線又非常長，兵力分配很是緊張，後來僅有一個營的兵力開到仙桃待命，在 1911 年 11 月 20 日出征北伐時，真正跟著季雨霖出發的也就只有 60 多人而已。

季雨霖在仙桃整編了梁鐘漢、李亞東、劉英三路隊伍，才算是真正有了自己的人馬。招討部隨即制定出八項政策：安士紳、撫百姓；集潰軍、繳槍械；禁藏軍火；招降、不濫殺滿人；剿匪；禁勒派軍餉；嚴拿冒名招搖；官票與民票一律通用。

招討部隊在仙桃整編之時，漢陽被清軍占領，革命大局很不穩定。1911年12月1日，招討部內部經過反覆討論，認為「現在軍心可示以勝利，不可示以退敗，可用之以進取，不可用以退守」，「與其一退再退欲求生路而致死，曷若再接再厲置之死地而後生」。最終決定向武漢發電，陳述了六條理由，請武昌堅守以待各省援軍，招討大軍先光復荊州、襄陽，再進占新野、南陽，直搗洛陽、鄭州，以遏制清軍南下之勢。

第二天，季雨霖派出一只先遣隊占領沙洋。那個時候的沙洋漢江大堤年年潰決，江水泛濫成災，使得荊門、潛江、江陵、沔陽、監利等地民不聊生，滋生出很多土匪。季雨霖專門派出了一支小分隊剿匪，把荊門一帶的大土匪全抓了起來，一一斬首示眾，小股的土匪本來就是些災民，一看有人動真格的了，也就都散了。

但是殺土匪只是治標，為了治本，季雨霖報請省裡之後，開始重修沙洋大堤。共籌得修堤款40萬串，於1912年1月2日，也就是中華民國成立後的第二日開始破土動工，可以說這是中華民國的第一項水利工程。沙洋人民為了紀念季雨霖的功績，將此堤稱為「季公堤」。

武昌首義之後，宜昌革命黨人唐犧支帶革命軍拿下江陵，圍住了荊州城，沒炮，打不下來。於是發電報，請季雨霖幫忙，季雨霖從武昌城拖來6門大砲，5000發砲彈，並派出兩個營的兵力從沙洋拾回橋出發，支援唐犧支。清軍看到城外陰森森的大砲，知道荊州城守不住了，於12月13日央求比利時傳教士給革命軍傳話，不殺滿人就投降，於是荊州光復。

季雨霖進了荊州城，繳了清軍的700條槍，籌集到12萬軍餉，派李亞東任荊州知府。唐犧支不樂意了，辛辛苦苦圍困荊州這麼長時間，到頭來什麼好處也沒有，兩人劍拔弩張，經過武漢派人勸解，季雨霖將荊州城和700條槍交給唐犧支，12萬軍餉帶走，繼續北伐。

1912 年 1 月，先後平定鐘祥、襄陽、棗陽、房縣、鄖陽、竹山，招討安襄鄖荊的任務圓滿完成。1 月 28 日，武昌電令向南陽挺進。於是招討軍兵分三路，以京山人曹進為總指揮，分攻新野、鄧州、唐縣，2 月 20 日，三路大軍同時告捷，直逼南陽，南陽清總兵不戰而逃，南陽光復。正準備挺進中原，攻打洛陽、鄭州的時候，南北議和，清帝退位。

1912 年 3 月 26 日，黎元洪發表了 600 字的《副總統致招討使慰勞將士佈告》，對招討安襄鄖荊的工作大加褒揚：「肉搏魂飛之下，死於戰地者盡屬健兒；槍林彈雨之餘，生入郭門者皆我杰士。能不加意慰勞，致負我軍士效死之熱誠也乎？」

如果沒有季雨霖、劉英、劉鐵、李廉方、陳雨蒼、曹進等一大批荊襄志士招討安襄鄖荊，那麼占領漢口、漢陽的清軍必然與盤踞荊襄的清軍聯成一氣，湖北革命的軍事形勢將會更加險惡。後來清軍之所以放棄漢陽，退守花園、廣水一線，不僅因為各省革命軍的支援，還因為招討部隊直逼洛陽，有包抄清軍退路的原因。招討部隊橫掃江漢平原、鄂西北和河南南部，歷時 125 天，歷盡艱辛、備嘗險阻，使武昌守軍得以專力拒敵，絕無後顧之憂，其戰略意義是不可低估的。

紅三軍大戰瓦廟集

一天，一位離休的老紅軍來到京山縣雁門口鎮瓦廟集，面對青山綠野，竟像孩子一般慟哭起來：「連長啊，我來看你！」他告訴人們，這裡掩埋了近千名紅軍戰士的遺體。

土地革命戰爭時期，京山是湘鄂西蘇區的組成部分，賀龍率紅三軍軍部駐京山臺嶺廟田家門樓。1932 年春夏，蔣介石在武漢組織了「豫鄂皖三省剿匪司令部」，部署對蘇區的第四次「圍剿」。

瓦廟集戰鬥從 1932 年 3 月 30 日開始至 4 月 5 日結束，紅三軍將士一萬五千人在這裡同國民黨「進剿」部隊激戰 7 天 7 夜，給予敵人一定的打擊，粉碎了敵人圍殲紅三軍的圖謀。蘇區群眾二萬多人奮勇支前，配合紅軍作戰。

此役，全殲敵建制部隊一個營，打死打傷敵軍近兩千人，擊落敵機一架。國民黨軍先後投入 11 個步兵團 2 萬餘人。紅三軍七、八、九師 3 個師全部投入戰鬥，漢川獨立團，京山、天門、鐘祥等縣游擊隊也參加了戰鬥，是紅三軍歷史上的空前大戰。

瓦廟集戰鬥是一場拼消耗的陣地戰。紅軍戰士憑藉簡陋的武器，敢於與裝備精良的敵軍正面作戰，表現出了高度的智慧和驚人的勇氣。以賀龍為首的紅三軍領導人在戰術上的成功指揮，在一定程度上彌補了戰略上的失誤。

瓦廟集西邊，敵人加寬了土圍子，築了一道 2 米多厚的工事。我軍前沿陣地與敵相距不過兩百米，彼此能看清對方的鼻子眼睛。一天早晨，大約一連敵人在重機槍掩護下沖過來。不一會兒，陣地上傳來雜亂的腳步聲，漸漸地能聽出敵人的喘息聲。紅九師某部戰士們屏住呼吸，將手中的大刀攥得發燙。一聲令下，戰士們像猛虎一樣躍起，揮舞大刀衝向敵群，高呼「讓白匪嘗嘗大刀的滋味」，戰場上頓時刀飛血濺，敵人被殺得鬼哭狼嚎，最後只剩下四個傢伙連滾帶爬地逃了回去。

在紅九師的陣地上，一名紅軍戰士，爬到觀橋河旁的土地廟，插上一桿紅旗就不見了，結果惹得河對岸的敵軍放了半天槍，把一座好端端的土地廟打成磚渣渣。一天傍晚，一名紅軍戰士把旗子插在沙子坡前面的一個沖裡，另一個戰士把紅旗插在鄭家大灣前的田裡。兩旗相距不遠。天黑以後，敵軍陣前突然軍號陣陣，槍聲大作，似有千軍萬馬。沙子坡和鄭家大灣的敵人以為紅軍沖入腹內，不問青紅皂白，輕重武器一起開火。打了一陣，鄭家灣、沙子坡、瓦廟集三處的敵人分別撲上火線，都認為遇上了紅軍勁旅，用重火力拚命壓過去……夜幕下，幾口乾堰裡填滿了屍體。最後，瓦廟集的敵人見對方的槍啞了，喜滋滋地吹響軍號，準備打掃戰場。走近一看，橫七豎八的全是自己人，連呼「上當」。

在裝備上，敵人占有絕對優勢，紅軍的槍支彈藥大多要靠繳獲敵人來補充。重機槍射程遠、威力大，我軍每次衝鋒都吃了它的虧。一夜，天黑得伸手不見五指，一支紅軍連隊悄悄地繞過了前面的敵人，摸近蘆堰畈。兩個戰士爬到哨位，機警地幹掉了哨兵，另外幾個戰士迅速沖到敵人的戰壕底下，

接著，紅軍突然以猛烈的火力射向敵人。敵人受到突然襲擊，一個個嚇蒙了。槍聲一停，幾個戰士就躍入戰壕，抬起重機槍就跑。等敵人清醒過來時，紅軍已離開了他們的火力範圍。

戰鬥中，紅軍戰士最討厭、最仇恨的就是敵人飛機。一天，又一架敵機飛過來了，飛得很低，機翼上的標誌都看得清清楚楚。幾個紅軍機槍手接到指揮所的命令，在肖家嶺西北坡架起了兩挺輕機槍。敵機趾高氣揚，在陣地上空盤旋了一圈，一個俯衝，丟下兩枚炸彈。這時我們的機槍也「噠噠噠」地打出了幾梭子，敵機的機翼被打中，油箱也著了火。不可一世的敵機，像一只斷了線的風箏，搖搖擺擺地向東南方向墜落，一頭紮進石家河西岸的雞公大丘裡，半空中只留下一條長長的黑煙帶。

瓦廟集戰鬥中，紅軍指戰員連續作戰，前僕後繼，表現出了勇往直前、不怕犧牲的精神。但由於王明「左傾」思想的錯誤指揮，不顧當時根據地人力缺乏的客觀情況，一味強調與敵正面作戰，不許部隊後退半步，在部隊傷亡非常巨大的情況下仍不許補充俘虜，致使紅三軍受到了很大的削弱，增長了敵人的反動氣焰。這場戰鬥給紅三軍帶來了巨大的創傷，此後很長一段時間，紅三軍實力減退，元氣受損，連戰失利，以至於被迫轉移。

1984 年，京山縣人民政府在瓦廟集戰鬥遺址修建起瓦廟集戰鬥烈士紀念碑，11 月，全國人大常委會副委員長廖漢生為紀念碑題詞：「瓦廟集戰鬥犧牲烈士永垂不朽！」

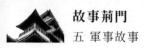

張自忠將軍浴血荊門

　　1938 年，武漢會戰後，張自忠將軍出任三十三集團軍總司令兼五十九軍軍長和第五戰區右翼兵團總司令，負責襄陽南面及漢江防務。總部曾設荊門龍泉中學，前線指揮部則設快活鋪。

　　駐防以來，張自忠指揮部隊不斷在襄河東岸打擊敵人。1939 年夏季，日軍發動「隨（州）棗（陽）攻勢」，以精銳的第十三、第十五、第十六師團和騎兵第二旅團分三路向國民黨部隊進攻，打算一舉拿下襄陽。張自忠將軍親臨前線督師，主動截擊敵軍，命令一八〇師劉振三部誘敵深入，將部隊集結在豐樂河以東地區，阻止日軍北犯。同時命令第五十九軍馮治安部從荊門東北賀家集地區渡過襄河，側擊日軍左後方；命令第二十九集團軍王纘緒部從大洪山向日軍右側背進攻，並派一部分兵力向京（山）鐘（祥）公路進攻，阻止日軍增援部隊。

　　日軍在飛機、坦克的掩護下，集中炮火發動猛烈攻擊，陣地幾易其手，敵我雙方傷亡慘重。張自忠命令：「各級指揮官，只準前進，不準後退。我們困難，敵人比我們更困難，爭拿最後五分鐘。」他的命令傳達到部隊，士氣大振，經過一晝夜，終將日軍擊退，從而粉碎了日軍奪取襄陽的猖狂計劃。此次戰役，共打死打傷日軍 3000 餘人，繳獲了許多敵軍物資。張自忠將軍受到最高統帥部和戰區長官部的嘉獎，發給獎金 10 萬元。他將獎金全部分

配給各部隊在這次戰役中的有功人員，有功人員各升一級。此後，軍隊士氣更加旺盛。

1940年5月1日，日軍再次大舉進犯襄陽，開始「棗（陽）宜（昌）會戰」。張自忠將軍致書前線所屬將領，勉勵他們誓死殺敵，信中表示：「……只要敵來犯，兄即到河東與弟等共同去犧牲。……為國家為民族而死之決心，海枯，石爛，也決不半點改變。」忠貞報國之心，躍然紙上。

5月7日，他不顧部屬勸阻，主動請命渡河殺敵。臨行前，致書副總司令馮治安，托以後事，聲稱：「……到河東後，不顧一切，向北進之敵死拼，奔赴我們最後之目標，向北邁進。無論作好作壞，一定求良心得以安慰。」率部渡河後，即會同前線將士，與數萬敵軍激戰於襄河東岸，重創敵軍。

5月15日，張自忠奉戰區之命，回師截擊南下之敵，與萬餘敵軍激戰方家集。將軍身邊僅有總部人員及特務營，被敵軍重重包圍。張自忠將軍率部反覆衝殺，所部傷亡殆盡。16日他只得派兵將總部參謀長等高級人員和兩名俄國顧問護送出重圍，他自己則率餘部與敵拼戰於南瓜店。敵我短兵相接，將軍身負七傷，倒地時猶自語：「對國家……對民族……良心都平安。」而後壯烈殉國。與之同時犧牲的還有總部少將高參張敬、上校副官洪進田和副官賈玉彬、馬孝堂等官兵及衛士四百餘人。

「良心」二字，是張自忠將軍恪守之道德規範，將軍亦經常向人們以此表明其心跡。著名國際友人史沫特萊在採訪記中稱之為「良心將軍」。

當敵軍確認張自忠將軍遺體後，用棺木裝殮，派兵守護。三十八師師長黃維綱從棗陽前線聞訊，率部殺回，奪得將軍遺骸，連夜護送回快活鋪指揮部，重新禮殮，送往重慶。靈柩運經荊門時，城關軍民萬人空巷，路祭將軍，並刻制遺像碑一座立於象山腳下，文明湖邊。

遺像碑為長方形，高1.4米，寬0.9米，上刻將軍半身戎裝像。碑正面刻「張自忠將軍戎裝像」；橫幅為「流芳永世」；左書「藎公張總司令像贊」；右書「中華民國二十九年仲夏，荊門全體民眾敬立」。其詞為：

於赫張公 民族之雄

奉命討敵 實總全戎

蠢氃所指 軍民協從

荊居西陲 彼德猶隆

永念褒鄂 爰圖公容

甘棠化重 燕然與同

張自忠將軍殉國後，敵三十九師團長村上啟作聞訊，曾派與將軍相識之師團參謀長黑田盛壽大佐，親自前往南瓜店確認，再行上報。日軍占領荊門後，村上啟作見到此碑，才再度向第十一軍司令部上報謂：在荊門一小山下見有立張自忠遺像碑，可證明其已確死等語，因此該碑才得以保存。新中國成立後人民政府曾明令保護，惜於「文革」中被毀，只留下嵌碑的碑槽，各界人士深為惋惜。

1985 年 8 月，值抗戰勝利 40 週年，亦將軍殉國四十五週年，荊門市人民政府幾經籌劃，重建「張自忠將軍紀念碑」於原處。碑高 1.63 米、寬 0.86 米。正面上半部分刻張自忠將軍半身像和「張自忠將軍紀念碑」八個大字，下半部分刻有碑文，以供人們瞻仰。

1990 年，荊門市政府在紀念碑外圍修建一座六角紀念碑亭。1995 年 5 月 16 日，張自忠將軍石雕像及張自忠紀念館在紀念碑亭旁落成。5 月 22 日，張自忠將軍女兒張廉雲專程來荊觀看了紀念館、石雕像、紀念碑及碑亭後，在留言簿上寫道：「當年父親，自忠將軍，駐軍龍泉，英勇抗戰，宜城犧牲，運靈重慶，再經荊門，各界人士，痛悼路祭。今建館、立碑、塑像，紀念先父，教育後代。」如今，這裡已經成為荊門市愛國主義教育基地。

▌公安寨伏擊戰

抗戰爆發後，武漢外圍黨組織以鄂中湯池、鄂東七里坪、豫南竹溝為戰略支點，發展黨的組織和武裝，發動敵後游擊戰。1938 年 10 月，武漢淪陷。陶鑄率鄂中特委、京應縣委、「應抗」司令部駐丁家沖，開始了抗日遊擊戰。

1939 年 3 月 28 日，日軍百餘人護送「慰問團」及勞軍物資乘共 60 餘隻木船自徐店逆富水河而上，向宋河日寇據點運送物資，傍晚在下周家河拋錨靠岸。

住在丁家沖的陶鑄接到情報後，同蔡松雲、黃定陸商議，決定親率蔡松雲挺進大隊手槍隊 20 多人槍和黃定陸京應獨立中隊 20 餘人槍，伏擊日軍船隊。為了培養「應抗」指揮員的指揮能力，兩支部隊統一指揮，由蔡松雲為總指揮，黃定陸為副總指揮。伏擊戰場選在羅店與宋河之間的公安寨。

1939 年 3 月 30 日凌晨部隊到達公安寨，進入陣地埋伏，並放出偵察哨，同時封鎖消息，許進不許出。天亮後，敵軍進入伏擊圈，蔡松雲一聲令下，參戰部隊全部火力居高臨下猛擊日軍船隻，水面上濺起了密集的水柱。猝不及防的日軍死的死，傷的傷，有的涉水向對岸逃竄。手槍隊和獨立中隊戰士們涉水乘勝追擊，殲滅日軍。正當我軍戰士在日軍船上收繳物資，清理戰利品時，偵察哨傳來消息，宋河方向日軍騎兵前來增援，陶鑄當即命令部隊撤出戰鬥，凱旋。

公安寨戰鬥打死打傷日軍 20 餘人，繳獲步槍兩支和許多敵勞軍物資。被擊斃的日軍勞軍團長是日本皇族成員，他死後，應城至宋河全線日軍為他戴孝三天，並把他的屍體運回日本。

公安寨伏擊戰，是共產黨領導的鄂中抗日武裝對日軍的第一戰，打破了日軍不可戰勝的神話，鄂中軍民備受鼓舞。自那以後，日軍不得不派出騎兵日夜在應宋公路和富水河岸巡邏，他們相互告誡：「八路軍的來了，大大的有！」

公安寨戰鬥勝利之後，鄂中地區群眾抗日情緒高漲，紛紛參軍參戰，一些開明士紳、礦商也甚為振奮，積極捐款支援「應抗」，「應抗」得到進一步發展。1939 年 4 月底，「應抗」部隊發展到 1500 餘人槍。於是，京山東南鄉、西北鄉的石板河→丁家沖→八字門→小煥嶺→向家沖一線及緊鄰京山的應城、安陸、鐘祥等地被迅速開闢為抗日遊擊區，為李先念、陳少敏率部挺進鄂中，開闢鄂豫邊區抗日根據地提供了落腳點。

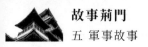
新四軍新街一戰建軍威

抗日戰爭時期，按照中共中央戰略部署，李先念率領新四軍挺進團挺進鄂中，開創武漢外圍敵後抗日根據地。1939 年 6 月，挺進團與鄂中區黨委領導的武裝統一整編為新四軍豫鄂獨立游擊支隊，李先念任司令員，陳少敏兼政治委員，下轄四個團。司令部、政治部機關設在京山羅店大山頭以南的劉家沖。

那個時候，日本被宣揚得不可勝，被形容成三頭六臂，不少人患有「恐日病」，聽說日本軍來了，就嚇得不知所措。新四軍豫鄂獨立游擊支隊剛剛創建，敵強我弱，究竟能不能站住腳，能不能取得本地人民的信任，擴大新四軍的影響力，取決於新四軍能不能有力地打擊日軍，以實際行動展現新四軍的抗日態度和力量。新街這一仗，解決了這個問題。

新街位於京山西北角羅店鎮境內，坐落在一個小山崗上，有 100 余戶人家，四周有一人多高的土寨牆，兩個寨門，牆外有壕溝。周邊的宋河、羅店、蔡樹店、雷公店都是日軍據點。為了保障獨立支隊司令部等機關的安全，1939 年 10 月 12 日，一團團長張文津、政委周志堅率一團團部和二大隊進駐新街；一大隊駐防楊家沖，向宋河方向警戒；三大隊駐防範沖，向雷公店方向警戒。

駐應城的日軍第二十六旅團旅團長奈良晃少將得知消息後，於 13 日淩晨，率領宋河、羅店等據點的 300 多名日軍和 500 多名偽軍向新街撲來。拂曉，二大隊游動哨發現鬼子，立即鳴槍報警。團長張文津一聽槍聲，沖出臨時團部，跑到寨牆上一看，只見黑壓壓的日軍向新街衝來，八九挺機槍瘋狂地咆哮，吐出一條條火舌。張文津迅速部署戰鬥，指揮戰士迎擊敵人，一邊派出通訊員向駐在大山頭的李先念報告，一邊組織力量掩護群眾轉移。

二大隊奮勇迎敵，連續打退了敵人幾次衝鋒。附近的一、三大隊聽到槍聲後，立即從兩翼包抄日偽軍。在一、三大隊的夾擊下，兩邊的偽軍被沖得七零八落，四處逃竄，中間的日軍完全暴露在一團的包圍圈中，驚懼之下的日軍竟然施放毒氣，企圖掩護逃跑。三個大隊分別從東、西、北三面包圍敵

人，連續發動衝鋒，把日軍壓迫在黃家臺祠堂邊的窪地裡。附近群眾趕來為戰士們抬水送飯，一些青壯年拿著大刀、土槍，扛著土炮參加戰鬥，圍殲日軍。日軍依靠小炮、擲彈筒、機關槍等強大的火力，搶占制高點黃家臺，負隅頑抗。

下午，李先念親自率領二團二大隊趕來增援，指揮部隊猛攻日軍。天近黃昏，被圍日軍在死傷 100 多人情況下，放火焚燒不能帶走的幾十具鬼子屍體，棄陣逃跑，倉皇間留下 20 多具屍體。李先念帶領新四軍乘勝追擊，繳獲敵人重機槍數挺，戰馬 6 匹，10 多支三八步槍，其他軍用物資數百件。

新街戰鬥，是新四軍挺進鄂中後，在日寇後方給敵人的第一次沉重打擊，歷時十餘小時，取得了鄂中抗戰的空前勝利，一戰建軍威。有力地說明了新四軍不僅能消滅地方反動土頑勢力，還能狠狠地打擊日寇，是一支真正的抗日革命隊伍。這次勝利，也醫治了不少人的「恐日病」，大大振奮了鄂中人民的抗日精神。就連國民黨的《陣中日報》也以頭版顯著的位置刊登特大號外「新街一戰喪敵膽，鄂中地區建軍威──勁旅激戰新街，重創日寇，斃敵數百。」報導這一勝利消息。此戰後，日偽對新四軍聞風喪膽，群眾大受鼓舞，恐日情緒為之一掃。郭仁泰、謝正奎、晏永寬等地方武裝先後投靠新四軍。從此，新四軍獨立游擊支隊聲名大震，開始了創建鄂中抗日鬥爭根據地的新階段。

■載入《毛澤東選集》的宋河戰役

宋河鎮地區扼武漢─大洪山之咽喉，有著重要的戰略地位。1948 年 4 月，中國人民解放軍中原解放區的江漢軍區司令員張才千、政治委員劉建勛，為牽制位於湖北省花園地區的國民黨軍整編第 85 師，使其不能北援豫中，以支援晉冀魯豫野戰軍一部在豫西作戰，集中軍區獨立旅等部對孤立於京山縣三陽店、宋河鎮地區的國民黨軍新編第 17 旅發起進攻。

4 月中旬，國民黨武漢華中「剿總」白崇禧急調駐鄂中的整編八十五師到孝感花園以西地區，企圖北援豫中。此時，駐京山三陽店、宋河的國民黨

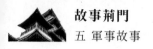
新編十七旅處境孤立。江漢軍區部隊抓住這一戰機，於 4 月 15 日至 17 日進行了三陽店—宋河戰役。

4 月 13 日，江漢軍區警衛團一個營、獨立旅一團在三陽店通往宋河之間的長沖一帶設下袋形伏擊圈。4 月 15 日下午 4 時，解放軍向三陽店發起進攻。守敵措手不及，慌忙向宋河方向逃竄。攻擊部隊乘勢追擊，將敵人趕進袋形伏擊圈。解放軍以猛烈炮火轟擊，四面出擊，下午 7 時許戰鬥結束。此次戰鬥，聚殲國民黨新十七旅一團一、二營兩個營，斃傷 200 餘人，俘敵團長以下 800 餘人，戰鬥前後僅用 3 個小時。

三陽店戰鬥告捷，部隊揮師南下包圍宋河之敵。1948 年 4 月 16 日，獨立旅、第 2 軍分區基幹團、京山、京安應縣武裝及京山縣民工 2000 餘人的共同打擊配合下，將宋河鎮守軍 1 個旅部、1 個團部、4 個營包圍。守軍憑藉堅固工事進行頑抗。獨立旅和基幹團等奮勇攻擊，迅速奪取外圍陣地，接著與守軍反覆爭奪，戰至 17 日凌晨，突入鎮內，江漢軍區部隊經過 12 小時的通宵激戰，全殲宋河之敵。三陽店—宋河戰役，殲滅國民黨軍 1 個整旅和地方武裝共 3100 餘人，俘敵代旅長李亮熙，繳獲各種火炮 19 門，機槍 36 挺，槍 2000 余支，砲彈子彈 10 萬餘發，戰馬 69 匹，以及電臺、電話機等軍用物資。迫使整編第 85 師折回西援，策應了豫西地區的作戰，鞏固和發展了江漢解放區。

宋河戰役是江漢軍區重返江漢之後，第一次成建制地殲滅國民黨正規軍一個旅，是集中優勢兵力，在運動中各個殲滅敵人的成功戰例，中原軍區首長劉伯承、鄧小平對此予以通令嘉獎。《毛澤東選集》第四卷《評西北大捷兼論解放軍的新式整軍運動》一文的註釋中指出：「中原野戰軍和華東野戰軍各一部在 3 月 8 日至 5 月 29 日，先後發起了洛陽戰役、宋河戰役、宛西戰役、宛東戰役，共殲敵 56000 餘人，粉碎了敵中原防禦體系。」

▌李人林揮師克沙洋

1947 年，國共雙方實力扭轉，人民解放軍由被動防禦逐步轉為主動進攻。同年 12 月，李先念率領新組建的江漢軍區各部一路勢如破竹，順利攻

占了皂市、潛江、鐘祥等地城鎮。然後，卻唯留一處仍處於國民黨占領之下，那就是江漢重鎮——沙洋。

沙洋從古至今一直被兵家視為必爭之地。國民黨方面深知占領此地的重要意義，在這一時期先後調來五十二師二十四團、二十六團、湖南保安某部及分駐鐘祥、澤口的軍力彙集沙洋，集中重要軍力全力防守。

一日，國民黨沙洋區區長楊玉龍視察軍備防禦後，滿是得意地說：「老子守的沙洋固若金湯，解放軍就算打個三年五載也別想攻下！」這時的楊玉龍哪裡知道，時任中國人民解放軍江漢軍區三分區司令員李人林已集合部隊，吹響了向沙洋進攻的集結號。

考慮到駐守沙洋的國民黨軍力較多，李人林決定先對沙洋外圍發起進攻，試他一試。這天，在李人林的指揮下，三分區解放軍行至沙洋外圍的新城，對國民黨駐軍發起猛烈攻勢。國民黨駐軍被這次出其不意的進攻打亂陣腳，不到半天，李人林軍隊便全殲了駐紮於此的一個保安中隊。

雖然首攻告捷，但指揮作戰經驗豐富的李人林料想，敵人定不會如此善罷甘休，極有可能組織軍力反攻。這夜，他下令軍隊連夜佈防，做好隨時迎戰的準備。果不其然，不幾日，國民黨駐軍五十二師二十四團向三分區駐地浩子口發起報復性反撲。這一舉動早在李人林預料之中，當然也想好了應敵之策。

他在軍中聲明，全軍將士，以指揮槍聲為令，指揮槍不響，不準開槍。一開始，國民黨駐軍槍炮轟鳴，向我軍發起強烈攻勢，見解放軍不做反擊，以為是被自己的槍炮震懾，於是逐步推進。待國民黨駐軍行至積玉口與浩子口交界處時，李人林扣動指揮槍，一聲令下，頓時埋伏在西荊河堤上的解放軍一湧而出，打得敵軍措手不及。不到一小時，全殲二十四團。

第二次交戰勝利後，李人林率部一鼓作氣，於次日凌晨趕到沙洋東南郊區處。恰好偵察兵報告，國民黨五十二師二十六團已向河東逃竄，此時的沙洋駐軍只剩下一些零散部隊。得知這一重要情報，李人林決定乘勝追擊，不給敵人留下休整之機。

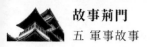

　　李人林發佈戰前動員：「同志們，這是最後盤踞在沙洋的敵軍，這一次我們一定要打贏這場仗！」於是，與國民黨駐軍的第三次交戰便在號角聲中打響。由於是凌晨時分，國民黨駐軍中有些兵士在睡夢中被叫醒，迷糊之中便成了俘虜。另一波駐軍在水上警察局局長許欽、巡官文世鳳的帶領下向馬良山方向逃去。此時，還剩下楊玉龍帶領的駐軍做最後垂死一搏。一番激戰下，楊玉龍部潰敗，湖南保安團王六波連也戰敗被俘。

　　終於，三次激戰後，李人林率部隊進駐沙洋鎮。在之後軍隊士兵與當地人士舉辦的聯歡會上，李人林宣布，沙洋解放！

六 地名故事

▌話說荊門

「斜分漢水橫千山，山青水綠荊門關」。荊門市位於湖北省中部，北通京豫，南達湖廣，東瞰吳越，西帶川秦，素有「荊楚門戶」之稱，自商周（約公元前 16 世紀）以來，歷代都在此設州置縣，屯兵積糧，為兵家必爭之地。荊門地界（不含京山、鐘祥）先後出現過權、郡、編、當陽、長寧、長林、樂鄉、綠麻、豐鄉、章山、荊門等縣級政權。

根據唐代劉禹錫《復荊門縣記》考證，荊門建縣時間在唐德宗建中三年，即公元 782 年，後廢，公元 805 年，復置荊門縣。

《唐書》記載：「荊州有荊門縣，以荊門山名。」這是目前關於荊門得名最早的文獻記錄，且與荊門置縣時間很接近。清《湖北通志》記載荊門山「峰巒對峙，上合下開，厥狀如門」。

宋代開始，後人常以「荊楚門戶」稱荊門。

原因其一。《荊門州志疆域》：「江漢沮漳，楚之望也，荊門適當其中。」明大學士張居正《荊門州題名記》：「荊門州者，故荊州府北鄙也。」「荊門界居荊襄間，唐鄧瞰其腹脅，隨郢曳其肘臂；南望江陵，勢若建瓴；重關複壁，利以阻守；運奇制勝，亦足以沖敵人之肘脅，故稱荊門，言隘地也。」以上言論精闢闡述了荊門雄關隘地的重要性。

原因其二。南宋時期，荊門當時處於「次邊之地」，是抵抗金兵的第二道防線，軍事戰略位置非常重要，岳飛曾在荊門掇刀建城屯兵。假如金兵突破這道防線，過了荊門後，一馬平川，直抵長江。

於是，這種朗朗上口、內嵌「荊門」二字的叫法：「荊楚門戶」，留傳至今。但是，這種叫法僅僅只強調了荊門地理位置的重要性，應該是有失偏頗的。

時任湖北省委書記李鴻忠曾經對荊門的「荊」字做過拆字解釋。「荊」字由右邊的立刀邊「刂」和左邊的草字頭「艹」「開」三個部分組成，「荊」字的原本含意就是：荊楚先民手執砍刀在草叢中開拓前進。

這一解釋很好的用「荊」字詮釋了處於「江漢沮漳，楚之望」的荊楚先民們「篳路藍縷，以啟山林」的開創精神。

「荊門」這個詞的本義應該就是：荊楚先民手執砍刀在草叢中開拓前進，為後人打開了一扇通往文明之路的大門。

所以，我們叫了幾百年的「荊楚門戶」不應該僅僅只是地理上的門戶，它更應該是一道文化之門，當我們叩開荊楚門戶，就能探求中華文明，探求中華文明中的原始文明、思想文明、制度文明、技術文明。

5000 多年前，就有先民在荊山楚水間繁衍生息。目前，荊門已發現了50 多處新石器時代的原始文明遺址，最具代表的有屈家嶺遺址、城河遺址、馬家垸遺址、龍王山遺址等。在這些遺址中出土了大量的石器、陶器、玉器等生產生活用具，為我們展現出中華文明啟蒙時期的原始狀態，讓我們發現一脈中華文明得以發展的深厚根基。

在荊門眾多的楚墓中，出土了包山楚簡、郭店楚簡、嚴倉楚簡等先秦古籍，特別是郭店楚簡，被學術界稱為「中國最早的原裝書」，出土的13 篇文章記載著先秦時期的儒道思想，讓我們隔著 2000 多年的歷史長河觀察到古代聖賢先哲的思考。這些思想是從中華文明之根上生長出的枝幹。

同時，荊楚先民在縣制、司法上的創新、實踐，以及種植、紡織、冶金、水利、漆器、繪畫等技術方面，無一不為中華文明增添著新的活力。

隨後，在中華文明成長的道路上，胡安國、胡宏父子在荊門漳水邊「辟異說，正人心」，陸九淵用他自己的心學思想「躬行」荊門，沙洋人朱震在易學上「推本原流，包括異同」，京山人郝敬回歸經典、通經致用。他們無一不在進行著新的思考和探索，讓中華文明之樹生長出一條條新的分支。

難怪當代很多學者、專家給予荊門很高的評價。中國當代著名歷史學家、文化史家、哲學史家龐樸說「荊門可以說對中華文明、世界文明做出了絕大

的貢獻」。楚文化研究權威專家張正明說「荊門是一片楚文化聖地，到荊門來有朝聖的感覺」。清華大學教授、國際旅遊專家喬然認為荊門稱得上「華夏人文第一都」。

京山得名的來由

京山位於湖北腹地，北倚大洪山麓，南臨江漢平原。版圖總面積 3520 平方公里，65 多萬人口。素有「鄂中綠寶石」「武漢後花園」之稱。是全國文明縣城、國家園林縣城、國家生態縣和全省基層黨建先進縣；是中國網球之鄉、中國觀鳥之鄉；是湖北省唯一連續 13 年躋身縣域經濟發展 20 強的縣。

京山最早見諸史書的名稱為新市。司馬遷在《史記·秦本紀》中說「八年，使將軍芈戎攻楚，取新市」，其遺址在今三陽鎮。

隨著歷史的變遷，王朝的更替，京山地界先後使用過雲杜、南新市、新市、新陽、角陵、盤陂、富水、京山等縣名。《太平寰宇記》：「隋改角陵曰京山，因山以名也」。隋大業三年（公元 607 年），廢州設郡，廢溫州，改角陵縣為京山縣，後省盤陂縣入京山縣。至今歷時 1400 多年。

京山因境內京源山而得名。京山境內有許家寨、摩天嶺、虎爪山和郭家大山四座大山，以及由此蜿蜒而成的 258 個大小山頭。為什麼獨用京源山作縣名呢？

京源山位於縣城以東 7.5 公里處，東西綿亘，海拔高度 353 米，山體面積約 5 平方公里，山巔廣而平，與周圍山巔迥然不同。他的位置正處於京山縣的腹地，緊鄰縣城附近。根據《康熙字典》子集（上）第十一頁解釋：「京，大也；丘絕高曰京；十億為兆，十兆為京；京與原同，京作原，古通用。」「原」字，《康熙字典》子集（下）第三十頁解釋：「高平曰原，人所登。大野曰平，廣平曰原。」從字義上來講，京源山的命名是很恰當的。用縣城附近的名山給縣命名，各地也不少見。

《京山縣誌》記載，京源山名寺多，名泉多。隋、唐是崇尚佛教的盛期，名山、名水常為祭祀之地。所以，把京源山定作縣名，似乎更符合當時的政治色彩和時代特徵。

京源山是京山縣名的由來，後來，為什麼要省去「源」字呢？《康熙字典》巳集第二十七頁解釋：「源」是水源之本。「京源」二字作為京源山這一鐵定的地理實體的命名準確的，但如果用來作為京山的縣名，就有點不符合京山的實際了。京山縣的特點就是山多。山地、丘陵面積約占86%，水面面積只占10%左右。過去的水面面積更少。說以省去「源」字，這樣更能準確地反映京山縣的自然面貌。從全國各地縣名來看，一般都用兩個字，省去「源」更適合大眾口頭用語習慣。

用「京山」作縣名，既充分反映了京山的自然地理特徵，又符合地名的科學性和準確性原則。「京山」二字質樸無華，寓意深遠，易被人們所接受。一千多年來，儘管人世滄桑，朝代更替，但京山這個縣名始終沒有變更。

今日京山正在發生著巨大變化。京山縣委在2016年提出「兩爭兩高一創」的「十三五」規劃目標。京山正在著力打造「高端裝備製造、農產品深加工、健康養老產」等三大產業集群，京山的美譽度和京山人的自豪感與日俱增。相信在「兩爭、兩高、一創」目標指引下，明日京山將更美好！

尉遲恭降龍建沙洋

翻閱史料會發現，唐朝以前，沙洋並未有一個明確的地名，一直都是漢江邊的一個古渡口，被稱作漢津渡。此處後來之所以改名為沙洋，還有著這樣一個傳說。

初唐時期，李氏三兄弟爭奪皇位。老大李建成封為太子，老二李世民有奪位之心，老四李元吉則驕奢淫逸，性情怪異，卻驍勇善戰。

武德九年（公元626年），玄武門兵變。這夜，李世民被李元吉阻擋在離玄武門不遠處的樹林中，被用弓弦勒住脖子，差點喪命。就在李世民命懸

一線之時，騎馬趕來的尉遲恭揮鞭將李元吉打死，後又將其五個兒子一同誅殺。

命喪黃泉的李元吉怒火難消，含怨來到天庭，向玉皇大帝狀告尉遲恭，認為他不該將自己和五個未成年的兒子一同殺掉，於是懇求玉帝為自己主持公道。

玉帝掐指一算，對李元吉說：「你命該如此。」但談到李元吉五個兒子被誅殺一事，玉帝則說：「你倆的恩怨日後自會有個了斷！」說罷，將李元吉打入漢江，化作了一條虯龍。

貞觀八年（公元 634 年），尉遲恭任荊州路總管，漢津口被置於其管轄之下。這年春始直至秋後，漢江地域洪水肆虐，三天兩頭裡，不是堤壩被淹，就是江中行船無故被打翻。一日，漢江之中突然騰起一條巨龍，攪得江水翻騰，遮雲蔽日。沿岸百姓整日燒香拜佛，惶惶不可終日。

這一消息很快傳到尉遲恭那裡。聽聞後，他直覺事有蹊蹺，便身背雌雄雙鞭，手握龜背駝龍槍，帶領一行人趕到漢津口。望著江面許久，尉遲恭高聲喊道：「在下朔州尉遲恭，江中是哪路神仙請報上名來！」

話音剛落，江中突然騰起一條巨龍，龍頭對著尉遲恭噴出巨型水柱，龍尾一擺便濁浪滔天，好不嚇人。

見此情景，尉遲恭決定召集人馬修建堤壩鎖住虯龍。可還未等堤壩建好，江中虯龍龍尾一擺，便將百姓辛苦修建的堤壩沖毀。

身為百姓父母官，尉遲恭心中憂慮不已。這夜，在江邊夜巡的他突然感到人困馬乏，便找著一個安靜處稍做休息。突然，他眼前一暗，一個人影擋在面前。定眼一看，竟是李元吉。只見他手提五顆人頭，渾身血跡斑斑。李元吉說道：「尉遲恭，你我相鬥，我死不足惜。可你為何要趕盡殺絕，將我五個兒子也殺了！今日就要索你性命！」說罷，便將手中人頭扔向尉遲恭。

尉遲恭見狀，忙拿起身邊武器。李元吉見狀，轉身逃走，身後出現了一條虯龍的影子。

嚇出一身冷汗的尉遲恭從驚嚇之中醒來，才知是一場噩夢，但心中似乎明白了什麼。

幾日後，尉遲恭備好三牲來到江邊，擺上祭品，對著江中施禮，說道：「元吉公子，殺你是我盡人臣之職；殺你五子，確是我的過錯。今日，我為你的五子超度，望您安息，勿要擾我百姓。否則，我定誅殺於你！」

話音剛落，虬龍便騰空而起，對著尉遲恭咆哮道：「今天我要與你做個了斷！」說完便伸出利爪像尉遲恭撲來。

岸上的尉遲恭手揮龜背駝龍槍迎戰。就這樣，兩人交戰百回合一直未見高低。此時，尉遲恭抽出雌雄雙鞭，對著虬龍就是三鞭。虬龍被這三鞭打得魂飛魄散。

虬龍被降伏後，尉遲恭帶領百姓在漢江邊修築堤壩阻擋江水，在瓊臺山上興修城堡作鎮水之用。因為這座城堡位於漢水之北，黃家山以南，加上這一帶大多沙土地，稍有風起便會塵土飛揚，因此尉遲恭便將城堡取名「沙陽堡」。久而久之，人們將「沙陽堡」喚作「沙洋」。

鐘祥名稱的由來

歷史文化名城鐘祥，自古就是兵家必爭之地和文化發達之鄉，是楚文化的重要發祥地，有文字記載的歷史長達 2700 多年。在這 2700 多年的歷史變遷中，鐘祥的稱謂和區劃多有變更。

春秋時期名郊郢，又稱楚別邑。周桓王十九年（公元前 701 年）歲次庚辰，鄖國聯合隨、絞、州、蓼四國夾擊楚國，楚武王派屈瑕坐鎮郊郢，迎擊鄖師。《左傳‧桓公十一年》記載：「君次於郊郢，以御四邑。」就是指的這件事。

秦時屬南郡，漢稱郢縣，三國時，吳在此設石城戍，又稱牙門戍。此後歷代帝王都把這裡視為軍事重鎮。從西晉到清末的 1600 多年間，這裡一直是竟陵郡、郢州、承天府、安陸府治所，也曾以長壽縣和安陸州為縣州名。

　　明朝曾有郢靖王、梁莊王和興獻王受封於此，特別是明世宗嘉靖皇帝生養發跡於此，為古城發展帶來空前繁榮，「鐘祥」之名也正是由嘉靖皇帝親賜而沿用至今。

　　說起嘉靖皇帝賜名「鐘祥」是有史可考的。據《明世宗實錄》卷 129 所載：湖廣歸州南灑口巡檢徐震請於安陸州建立京師。下禮部議：「京師之建於典禮無據。太祖發跡濠州，改州為府，較之安陸，事體相同，宜升為府治以隆根本。」於是戶部請欽定府縣名，行吏、禮二部銓官鑄印，令其赴任管事，割旁州縣以為治屬，請應行並未盡事宜悉聽湖廣撫按等官酌議以聞。詔俱從之，乃定府名曰：承天，附郭縣曰：鐘祥，割荊州之荊門州，當陽、潛江二縣及沔陽州、景陵（天門）縣隸之。

　　明嘉靖間編修的《興都志》和《承天大志》均稱：「是歲，言者請建安陸州為京師，禮官言，京師惟天子之都得稱之，文皇帝定鼎北京，實萬國朝宗之地，不必又建京師於安陸。但皇上龍飛之域，又皇考陵寢所在，宜改州為府如鳳陽故事。上可其奏，定府名曰承天，附郭縣曰鐘祥，以重陵寢。」明萬曆年間沈德符編著的《萬曆野獲編》也有相同的記載。

　　可見，承天府名和鐘祥縣名均為嘉靖皇帝欽定。改州為府雖為禮官所言「如鳳陽故事」，但嘉靖皇帝並不侷限於此，而是尊顯所生，將故里定名承天，是要與北京順天、南京應天相提並論。其管轄範圍也擴大到五縣二州，即鐘祥、京山、景陵（天門）、潛江、當陽五縣及荊門、沔陽二州。

　　嘉靖皇帝之所以將其出生發跡地取名「鐘祥」是有其特殊意義的。嘉靖皇帝取名時所用「鐘」字為繁體金旁加重之「鍾」，而非金旁加童之「鐘」，有《明實錄》等古籍原文可以對照。由此可見取「鐘祥」之名，要表達的是「鐘聚祥瑞」之意。

　　據《明世宗實錄》載：明正德十六年四月二十五日，嘉靖帝登基三日即遣司禮監太監秦文，內官監太監邵恩等捧籤詣安陸州（鐘祥）奉迎聖母。籤曰：「大統既承，義貴致專於所後，至情攸系，恩當兼盡於本生，爰展孝懷，庸伸至養，恭惟母妃殿下，鐘祥茂族，媲美先王……」這裡「鐘祥」二字的

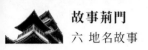
出現，比地名鐘祥早了整整十年。說明嘉靖皇帝對「鐘祥」之名是心儀已久，情有獨鍾。他還常常把自己的「龍飛之地」看成是「慶源所自」「慶澤所鍾」。

特別是傳說在修建明顯陵的過程中，出現的四件祥應異瑞之象，為嘉靖帝取名鐘祥奠定了基礎。

傳說一是在「恭上冊寶」之時，原本「燠雲釀雨」的天氣，突然變得「靈風颯然，若神靈彷彿而來」。二是在「奉安神床」之時，原本是「愁霖徹霄」，等到行禮之時，「祥曦散彩，群臣歡慶而動色」。三是白石產棗陽，有群鸛集繞之祥。四是碑物入漢江，有河流驟漲之異。

這是嘉靖七年十二月三十日，禮部右侍郎嚴嵩向嘉靖皇帝列舉的四大瑞應，所以嘉靖皇帝為家鄉取名時，自然不會忘記這個「祥瑞所鍾」的故事。

在數千年的發展演變中，鐘祥過去的許多稱謂，諸如郊郢、承天府、安陸府等均已湮沒於歷史的長河中，唯有「鐘祥」這一稱謂沿用至今。隨著「世界文化遺產地」「世界長壽之鄉」「國家歷史文化名城」「中國優秀旅遊城市」等名片的越擦越亮，鐘祥這一名稱必將在全國乃至世界越叫越響。

▌東寶的由來

東寶區，得名於隋代所建荊門城區中部的東寶山主峰太平頂的東寶塔。

　　隋開皇十三年（公元 593 年），東寶塔由天臺山國清寺高僧智者大師主持構築。寶塔建成後，使當時名為長林縣的荊門古城顯得神采奕奕，所以民間流傳有「立了東寶塔，長林生頭角」的諺語。

　　東寶塔是湖北荊門現存的唯一一處具有千年歷史的地面文物，它的年齡比「荊門」還大 189 歲。寶塔通高 33.3 米，底部周長 30.6 米，七層八面八角，隔面設窗，攢尖式塔頂。塔基座周長 31.2 米，高 0.76 米。基座之上都有石須彌座，須彌座八角各雕一尊托塔金剛。底層門楣有石刻「長林頭角」四字，自底層有螺旋狀青石階梯上塔頂（海拔 260 米），每層有小室可供眺望。塔內數十塊碑石曾記載了塔維修情況。1949 年塔頂南面一角被炸毀，1954 年修復。此塔是湖北省保存完好的古塔之一，1961 年被列為湖北省重點文物保護單位。古塔門楣上鑲嵌著「長林頭角」四個大字，寓意它是當時長林縣治的頭角。

　　因為那時候還沒有「荊門」這個名字，長林縣治也不在今老城區，東寶塔的修建為「荊門」的誕生和建城創造了先決條件。它的創建者為隋高僧智顗。智顗出生於荊州華容，原名陳德安，18 歲出家為僧，隋開皇十一年（公元 591 年）晉王楊廣贈以「智者」，遂尊為「智者大師」。智顗一生建寺 36 所，度僧 14000 人，傳弟子 36 人，著書 140 余卷。隋文帝開皇十二年（公元 592 年），智顗請往荊襄，次年回家鄉荊州，在當陽創建玉泉寺。同時，

在荊門建東山寶塔，又於鳳凰臺（今城區市公安局）一帶為文獻皇后回當陽省親修行宮。

歷史上的荊門行政中心經歷了由東南向西北逐步演變的過程：權國—權縣—當陽—編縣—武寧—長寧—長林—荊門，這個演變整合從公元前十二世紀到北宋建隆三年（公元 962 年）長林縣治移至蒙山東（今城區）結束，經過了 2000 多年才定位於今天的老城區，這得益於智顗建東山寶塔，為文獻皇后修行宮，這個行宮後來便成了歷屆縣衙州府所在地，也為荊門行政中心定位蒙山東麓（今象山）奠定了基礎。

當然智顗選擇東寶山建塔和為文獻皇后修行宮，主要因素還是蒙山東麓的地理風水，也許他沒有想到，他的所作所為會為後來荊門建城造成了奠基作用。

關羽掇刀

關羽，三國時期蜀國大將，一生傳奇故事頗多。如桃園三結義、過五關斬六將、刮骨療毒、單刀赴會、水淹七軍、大意失荊州等。其人英勇、忠義，很受後人敬慕。死後，各地建有關帝廟，稱為武廟，與祀奉孔子的文廟地位等同。作為蜀漢五虎大將之首的關羽與荊門有著很深的淵源。

赤壁之戰後，三國鼎立，荊門北部屬曹操，漢水下游以東屬孫權，以西屬劉備。

關羽被劉備任命為襄陽太守，總督荊州事務。但是當時襄陽被曹操占據，所以關羽就在今掇刀地界紮營練兵，北上可攻襄陽，南下可守荊州。掇刀石之所以成為關羽屯兵地，緣於地處於荊襄古道旁，地勢險要，易守難攻，緊鄰的虎牙關又是荊襄地區著名軍事要塞之故。關羽每次征戰或練兵回營，喜歡將他那把青龍偃月刀插在帳前的一塊大石頭縫隙中，這塊石頭就成為關羽掇刀的石頭，稱之為掇刀石，再後來便有了「掇刀石」地名。

掇刀石北邊的關坡（又叫關公坡）、望兵石周圍原先並沒有什麼大石頭，道路也是相當平坦的。後來關坡上，方圓十里，青石林立，塊塊石頭向北傾斜，人稱望兵石，據說源於一段關於關羽的膾炙人口的傳說。

建安二十四年（公元 219 年），關羽抓住戰機，趁曹操和孫權打仗之際，盡舉掇刀之兵北攻襄陽，生擒於禁，怒斬龐德，水淹七軍，成就了他一生中最輝煌的戰績。無奈東吳大將呂蒙偷襲江陵得手，關羽腹背受敵，被迫從襄陽退師南顧。

得知呂蒙即將從江陵迎擊，關羽派人去房陵（今湖北房縣）、上庸（今湖北竹山西南）分別通知劉封、孟達發兵救援，但劉封、孟達以房陵、上庸新立為由，拒絕發兵。據說，關羽曾在關坡上盼望援兵，因嫌腳下的石頭太低，看不清，於是大吼一聲：頑石抬起頭來！接著只聽得格格作響，腳下的巨石凸起。至今，這塊巨石上還有兩個深深的腳印。當時不僅關羽腳下的巨石凸起，而且滿山的石頭都翹首北望，好像是千軍萬馬埋伏在山坡上。後來，呂蒙領兵來到這裡，見滿山儘是「伏兵」，還以為是關羽的伏兵之計。於是「望兵石」的傳說一直流傳至今：一聲怒吼鬼神驚，滿山石頭把頭伸。

後來關羽帶兵回援江陵的時候，由於吳軍半路攔截，最後敗走麥城，留給世人一個最悲壯的結局。

自唐朝以來，掇刀人曾四次修繕關帝廟，來紀念這位武聖人。唐修建「關夫子祠」，宋擴建為「義勇武安王廟」，明代，掇刀人在修建關帝廟時，還仿照傳說中的情況，鑄造了一把青龍偃月刀，豎在大殿旁邊的石罅中，觀光的人可以搖動卻拔不下來。如今，這把青龍偃月刀收藏在荊門市博物館內。

明初，江陵府學正孔克學曾寫一首七絕：

赤兔生花汗血毛，

戰余松下解征袍。

將軍一笑風雲散，

曾借巉岩寄寶刀。

　　掇刀最後一次大規模修建關帝廟是在清咸豐年間，皇帝御書「萬世人極」匾額，有房屋百餘間。清末被毀，直到20世紀50年代，關帝廟遺址中的祭臺、青龍偃月刀、掇刀石尚存。

　　關羽的傳說在荊門還非常多。比如荊門仙居的大架槽，關羽曾帶領大軍在此駐紮，還在村旁的一個大石坑裡放草料喂過馬；將軍坡，據傳關羽領軍北上，曾在此歇息過；捉馬洞，據說關羽在此宿營時，戰馬脫韁後在這裡被捉住。又如響嶺崗，是關羽經常跑馬的地方。關羽屯兵掇刀石，每天清晨，騎馬在崗上奔馳，馬脖子上的銅鈴響徹晨空，人們便稱這條崗叫響鈴崗，後傳為響嶺崗。

▌悠悠漳河

　　漳河是長江中游較大的支流沮漳河的東支，古與江、漢並稱：「江漢沮漳，楚之望也」。它作為孕育楚文化的母親河之一，滋養著荊楚大地數千年。

　　漳河發源於荊山，上游雨量充沛，年平均降水量8.4億立方米左右。正因為此，從古至今，每逢暴雨、山洪洶湧，河水兩岸往往潰決成災。據統計，1849年至1949年的百年間，共發生洪災近50次。

　　而就在這水患頻繁的漳河東岸，因是丘陵崗地，十年兩大旱，五年兩中旱，小旱年年都有。志書上屢見：「旱，民多莩死。」1960年，毛澤東同志到湖北視察，在閱讀了《荊門直隸州志》後，也從中發現了這一規律，要求時任荊門縣委書記梅白要把解決旱災放在重要位置上。

　　無窮盡的水旱災害，舊中國無法根治，人民不堪其苦。新中國成立後，透過對沮漳河的水文、地形、地質進行反覆調查勘測，國務院於1958年批准興建一座跨流域，以防汛灌溉為主，兼有水力發電、城鎮供水、水利旅遊、水產養殖等多功能的大型水庫工程——漳河水庫。

　　1966年，漳河水庫建成。共興建大壩4座，副壩1座，明槽3段和電站2座，各種建築物15000多座，完成土石方約6800萬立方米，水庫承雨面

積 2212 平方公里，總庫容 21.13 億立方米，最大水深 60 多米，灌區 260.52 萬畝，是全國八大人工水庫之一，居湖北省水庫灌溉之首。

八年的磨礪，八年的奮鬥，在這場氣壯山河的偉大實踐中，孕育、形成了自力更生、艱苦奮鬥、不怕犧牲、無私奉獻的漳河精神。

漳河水利工程在糧食短缺，物質匱乏，經費緊張，條件簡陋和裝備落後的情況下開工。13 萬建設大軍自帶工具，自備乾糧，因陋就簡，土法上馬，用智慧和力量戰勝了無數艱難困苦，硬是用汗水、淚水、血水築起了一道道人工「長城」，壘起了一座座橋樑涵閘……

「漳河水庫工程總指揮部指揮長饒民太同志在漳河奮鬥八年，有六個除夕之夜是在工地度過。」

「苦不苦？苦！累不累？累！但修水庫是為了造福家鄉，造福下一代，這點苦和累又算得了什麼呢？」

「有時吃著飯都能睡著，碗掉在地上，才把自己嚇醒。」

建設過程中，有 200 多名優秀兒女在工地上獻出了寶貴的生命。湧現出呂明英、胡玉珍、雷朝友等特等勞動模範 150 多人，其中 5 人出席了全國勞動模範大會。

漳河水庫建成後，共有 31 個村被淹，淹沒農田 2.6 萬畝，占庫區原有耕地面積的三分之二；淹沒學校 7 所、公路 14 公里、煤礦 21 座。此外，搬遷時，還拆毀房屋 2.4 萬多間。好多家庭祖輩的墳墓都淹入庫底，每到清明節，只能買掛鞭在水邊祭奠。

誰能想像，如此艱巨的工程竟是每天只有 7 兩口糧的民工，用人拉肩擔的原始方法完成的！誰能想像，如此浩大的工程總投資才 9100 萬元！

1965 年 5 月，八十高齡的董必武同志到漳河工地視察，為歌頌人民群眾的建設偉力，他題詩一首：

漳水來源千萬峯，每逢雨季鬧山洪。

民工十萬齊心力，三載辛勤奏大功。

四壩三槽兩閘堤，工程十大紐兼樞。

庫容廿億立方米，受益農田瘠變腴。

群山萬壑赴荊門，水急灘荒惡化村。

一自漳河馴伏後，良田萬頃保糧源。

移山曾笑愚公愚，今日愚公把水移。

強使漳河東向走，乾渠開發四分支。

人定由來可勝天，同心協力克無堅。

移山倒海尋常事，高舉紅旗直向前。

如今的漳河水庫已成為一道如詩如畫的風景。毗鄰水庫的漳河鎮是第一批中國特色小鎮，漳河風景區是國家 4A 級風景名勝區、國家濕地公園、省唯一的國家水利風景區和全省十大核心景區之一。

2012 年 8 月，荊門市漳河新區成立，承擔起城市擴容提質和產業轉型發展的歷史使命。漳河人民繼承和發揚先輩的奮鬥精神，緊緊圍繞「綠色生態、產城融合、城鄉一體」的發展理念，聚焦產業發展，突出新城建設，著力建設國家通用航空產業綜合示範區、全國綠色生態示範區、全國立體漫遊休閒旅遊區和全省現代服務業示範區，全力建設以航空為特色的運動休閒小鎮，打造「通用航空新城、綠色生態新區」。

漳河精神是跨越時空、富有永恆魅力的人類精神高地。在決勝全面建設小康社會，奮力實現「兩個百年目標」的偉大征程中，我們迫切需要以艱苦創業、無私奉獻為核心，以團結協作的集體主義精神為導向，凝聚全民族的力量和精神，攻堅克難，勇往直前。先輩們在戰天鬥地的偉大實踐中凝煉出的漳河精神，必將在新時代煥發出新的、更加耀眼的光芒！

▋舉世聞名的屈家嶺

屈家嶺因屈家嶺文化聞名於世，2005 年被國家文物局列為首批 100 處大遺址保護項目。屈家嶺文化遺址位於荊門市屈家嶺管理區，1954 年以前還只是一個因有屈姓家族居住而得名的一個小山崗。

1954 年，修建石龍水庫渠道時，農民工挖出來一些石頭，磨得光光溜溜，挺好看的，旁邊有文化的技術員看到了，拿到手裡把玩，不像是自然形成的東西，上報給文物部門。1955 年，當地的文物部門進行了小規模的發掘，1956 年至 1957 年，中國科學院考古研究所組織專家進行第二次發掘。因發現的文化遺存與其他文化相比具備特有的文化特徵，屬於一個新的文化系統，將它命名為「屈家嶺文化」。有一點點歷史知識的人都知道，磨得光滑的石頭是磨製石器，所以屈家嶺文化是新石器時期的文化。1957 年之後，湖北省及周邊範圍內調查、發掘的屈家嶺文化遺址有一百多處，主要分佈在江漢平原地區，包括湖北省全境，河南西南大部、陝西東南部和湖南北部。

屈家嶺遺址是中國長江中游地區最早發現的、最具有代表性的原始社會新石器時代中晚期的大型聚落遺址，揭示了原始社會晚期長江中游地區母系社會向父系社會過渡時期的文化，反映了當時的社會組織結構和生產力發展的狀況。

遺址坐落在一片橢圓形的崗地之上，地勢緩平，附近丘陵起伏，青木垱和青木河由東西兩側環繞其南，交匯合流，土地肥沃，物產豐富。

遺址出土了大量的石器和陶器。石器有斧、鑿、鏟、錛、鏃、鐮、箭頭等，製作技術比長江上游的大溪文化有著明顯的進步。這也就說明，長江流域與黃河流域一樣，至少在 5000 多年以前，荊楚先民就已經熟練掌握並普遍地應用磨製石器了，並且能對石器打孔、切割。

陶器有鼎、豆、杯、碗、鍋、紡輪等，還有陶制環、球、雞、豬、狗、羊等裝飾品。特別是蛋殼彩陶，發掘出土了近 9000 件，為什麼叫蛋殼彩陶？因為它的杯壁很薄，只有雞蛋殼那麼薄，比我們家平常吃飯的碗還要薄。屈家嶺文化制陶工藝的最大成就就是快輪制陶的普遍使用，在製作工藝上超過

了黃河流域的仰韶文化和龍山文化。遺址中出土的紡輪上都有漂亮的花紋，有些花紋像極了後來的太極圖，有些陶器已經脫離了生產、生活用品的範圍，說明從那個時候開始，已經有了宗教思想、道家思想的萌芽。

遺址中還出土了大量含穀殼的紅燒土塊，說明早在 5000 年前平原已大量種植水稻。推翻了原來中國水稻生產起始於 3700 年前從印度引進的錯誤論斷，並且經鑒定，這些稻穀粒屬於粳稻，與今天栽培的粳型品種最為相近。由此，專家們認為長江中游是中國稻作農業的起源地。

房屋建築多為方形、長方形的隔牆連間式住房，結構形式新穎，並有奠基祭祀儀式。房基用乾土、紅燒土隔潮，挖牆基槽、立木柱建築牆體，造房架。牆體多用夾板堆築法和土坯壘砌法。屋頂為側面起脊，室內分單間和分間兩種。墓葬形制以豎穴土坑為主。成人墓多集中於氏族公共墓地，多單人仰身直肢葬，有拔掉上側門齒的現象。小孩墓多圓形土坑甕棺葬，葬具通常是在一個陶碗上對扣一陶盆或用兩個陶碗對扣。

遺址的發現，揭示了「屈家嶺人」當時的經濟形態是以農業為主，兼營飼養、漁獵、紡織業等的一種原始社會結構。農業和手工業已有分工，制陶業相當發達，陶器的品種豐富，圖案美觀。色彩鮮艷的彩陶器、陶質禽鳥模型及玉飾品，表明手工業相當發達，也反映出當時人們精神文化生活的面貌。農業的進步和象徵父權崇拜的「陶祖」（古人類生殖崇拜圖騰：男性生殖器）的出現，說明其社會發展已進入父系氏族的社會階段。

　　屈家嶺遺址的發現，說明長江流域同黃河流域一樣，是中華民族的搖籃。遺址上豎立的保護標誌更凸顯了它的重要地位。

▎大柴湖的變遷

　　大柴湖位於湖北省鐘祥市南部。1935 年漢江發生特大洪水，堤防潰決，從此這裡一片汪洋，人稱「水湖」。後來，水湖里長出了可以燒火做飯的蘆柴（即蘆葦），人們將其改稱為「蘆柴湖」。蘆柴湖面積 200 余平方公里，一眼望不到邊際，於是，人們又把這裡叫做「大柴湖」。

　　大柴湖平均海拔高度在 40 米左右，1964 年之前一直是漢江的自然蓄洪區。在 1954 年、1958 年、1960 年、1964 年等年份，大柴湖行洪水位高達 46 米以上，根本無法住人。即使洪水退去後，有人到湖區居住，也只是搭個臨時的草棚棲身，正所謂「茅草庵，樹杈頂，大水來了把船撐」。

　　1964 年，為修建丹江口水庫，國務院要求湖北、河南兩省妥善安排移民。針對庫區的移民問題，鄂、豫兩省領導和相關部門多次召開會議，共同簽訂「河南包遷，湖北包安」的協議。後經中央同意，庫區 7 萬移民計劃從 1966 年起 3 年間，分 3 批分別遷入荊門和鐘祥兩縣。1966 年 8 月，水利電力部批覆同意湖北省興建大柴湖移民蓄洪圍墾工程，圍墾工程由長江流域規劃辦公室設計，所需費用納入丹江口水利樞紐工程建設項目。

　　1967 年 3 月，國務院一份文件中指出：「大柴湖原為漢江洪水的淹沒區，在丹江口水庫發揮攔洪作用，大柴湖興建水利後，可圍田 15 萬畝，約可安

置移民 6 萬人。」同時，成立由武漢軍區直接領導的「丹江口工程大柴湖圍墾工程指揮部」。3 月 27 日，周恩來簽發文件，要求武漢軍區解決好庫區移民問題。

湖北省調集天門、潛江、荊門、京山、鐘祥數萬民工參加大柴湖圍墾工程建設，鐘祥於 1967 年 3 月專門在大柴湖設立了新建區。1967 年 12 月至 1969 年 12 月，圍墾工程修建了 45.4 公里的防洪堤（柴湖圍堤）、67 個度汛安全臺及倒口、金剛口兩座電排站，圍墾總面積 210 平方公里，其中 76 平方公里用於移民安置。

1968 年深秋的一天，日理萬機的周恩來在中南海聽取了長江水利委員會同志匯報的丹江口水庫移民工作情況。當他得知庫區移民顧全大局、捨棄家園遷出庫區後，臉上露出了欣慰的笑容。他囑咐匯報的同志回去後，要同地方政府一道多想辦法，為移民重建家園創造良好條件，使群眾早日恢復生產，安居樂業。當他聽說集中安置移民的大柴湖區更名為新建區時，眉頭微微皺了一下，用溫和的語氣對匯報的同志說：「新建新建，幾十年後難道還叫新建？還是叫大柴湖好嘛！」就這樣，「大柴湖」的名字從此被確定下來。

在 1966 年至 1968 年期間，有 4.9 萬淅川移民遷入大柴湖。當時人、物分別運送，水路、陸路並用。桌椅、箱櫃、石磨等笨重物資和生產用的耕牛透過水路運輸，走丹江入漢江，運送至大柴湖；移民則是由汽車送抵襄陽中轉，換乘輪船到鐘祥皇莊碼頭上岸，再轉乘汽車至大柴湖。

大柴湖當時專門設立了移民接待站，由解放軍戰士協助服務。移民接待站為每家發放 150 塊打灶磚和 30 斤柴草，並配發一個用小墨水瓶做的煤油燈，3 天內移民免費用餐。

「大柴湖，葦子窩，三天不割一尺多」是當時人人皆知的一句順口溜。1966 年，首批 4000 餘名移民遷入大柴湖時，此處尚未圍墾，移民住房十分簡陋。這年冬天，鐘祥組織檢查組，對首批移民的住房進行檢查，共檢查 2387 間，其中倒塌 102 間，嚴重危房 867 間，1418 間急需維修，用移民的話說就是：「颱風下雨往外跑，冷得慌；坐在屋裡，嚇得慌。」

　　後來，4 萬餘名移民遷入大柴湖，人均建房 8 平方米，10 間一排，低矮潮濕，「蘆葦牆，泥巴搪，四根磚柱一間房」是當時的真實寫照。特別是雨後，室內室外到處是汙水，鞋子、盆子漂在水上，雞鴨飛到桌子上，蛇蟲爬到床上，蚊蠅滿天飛……面對如此惡劣的生存環境，移民們一刀一刀斬除蘆葦，一鍬一鍬排走汙水，在沼澤地上開墾出了良田，在蘆葦蕩裡建起了新家。

　　4.9 萬移民舉家搬遷，整體安置，使大柴湖成為全國最大的移民集中安置區。大柴湖被水利專家稱為「中國移民第一大鎮」。

　　大柴湖的移民安置模式非常獨特：原有的公社、大隊、小隊編制不變，不打亂，不分散，實行集中遷移，集中安置，就連村莊地名都是從老家一起「遷來」，如李官橋、漁池、羅城村等，這樣的安置模式，最大限度地保留了原有的社會關係和管理體制，與當地文化的交融比較緩慢，形成了獨具特色的移民文化。

　　如今，半個世紀過去了，這裡的人們鄉音未改，風俗依舊，說的是河南話，唱的是河南戲，吃的是撈面條，喝的是胡辣湯或苞谷糝，婚喪嫁娶等風俗與河南淅川一樣。因此，大柴湖也被稱為「湖北的小河南」。

　　2013 年，大柴湖的開放開發、振興發展被提升為省級戰略，大柴湖這個全國最大的移民集中安置區實現了華麗轉身，正在發生令人稱奇的蝶變。

▌綠林山的前世今生

　　綠林山，位於京山縣三陽鎮與綠林鎮之間，為京山縣獨立山體最高山峰，海拔 884.9 米。登臨峰頂，可眺望京山、鐘祥、隨州、安陸四縣市地界。山體因 2 億年前地質運動及火山爆發隆起形成，岩層主要由石英岩、白雲岩、輝綠岩、玄武岩和重晶石構成，裸露的山體岩石千姿百態。植物分佈垂直變化，海拔 800 米以下，千年古樹、百年古藤，針葉林、闊葉林混交生長；海拔 800 米以上山頂為草甸。綠林寨雄踞山頂，分南北兩寨。俗稱小、大許家寨。總面積 31 萬平方米。南寨城中平地有建築遺蹟、墓葬和一塊較大面積

文化層堆積區，考古採集有新石器時代石器、漢代等不同時代遺物。城牆厚約 1 米，高 3 米，總長約 5 千米，蜿蜒盤踞山巔，氣勢巍峨壯觀。

綠林山，不僅為京山獨立山體最高峰，同時又承載著厚重的歷史文化訊息，它是西漢向東漢轉折的歷史坐標。

綠林起義、綠林軍，因發起地綠林山而聞名於世。縣域綠林山綠林寨、古新市、三王城 3 處省級保護遺址，相距不過 5 千米，均為綠林起義策源地。

西漢末，外戚重臣王莽代漢。王莽新朝末年，地主豪強兼併土地，王莽改制失敗加劇社會矛盾激化。天鳳四年（公元 17 年）王匡、王鳳聚集饑民發動綠林起義，流民蜂擁而至，綠林起義爆發，徹底推翻了王莽新朝的殘暴統治。京山，實為英雄故里，好漢之鄉，成語「綠林好漢」即源出於此。

三國時期，綠林山區是魏、吳爭奪的交錯地帶。南宋時，這裡成為宋金對峙前沿，岳飛抗金陣地。抗日戰爭時期，中國軍隊在綠林山及整個大洪山集結重兵，第五戰區右翼兵團司令張自忠統轄三十三、二十九、二十二三個集團軍，於 1938 年底至 1940 年與日軍殊死血戰，中國軍隊在綠林寨設前哨；同時，李先念領導的新四軍第五師（挺進縱隊）在綠林山山麓敵後，建立起京北、京鐘、京安等大片抗日根據地。綠林山，作為整個大洪山區中國軍隊重要軍事前哨陣地，一直堅持到抗戰勝利。

綠林山山名，歷經了綠林山—太陽山—許家寨—綠林山的演變過程。

西漢、東漢叫綠林山。兩漢之後，人們將綠林山改稱太陽山（一說相傳山上有一種玉石，名白珩，又稱太陽石，故名太陽山，山體主要為石英岩）。太陽山之名一直延續到清代，康熙十三年（1674 年）重修刊印的《京山縣誌》，仍稱太陽山。光緒八年版《京山縣誌》載，清乾隆年間，有一位人稱許真人的許姓道士，結廬太陽山，他常常採藥為百姓治病，且道術高明，死後葬於北寨東坡。清乾隆之後，太陽山改稱許家寨。2008 年，經京山縣民政局批準，許家寨復名綠林山，山頂南北兩寨亦稱綠林寨。

2008—2012 年，荊門市人大常委會原副主任焦知雲實地踏勘考證全市古山寨、古碑刻。結果表明：全市古山寨 200 多座，大多建於明末和清代，是

地方政府組織民眾興建的避亂防禦工事。而綠林寨在宋、元時期就早已存在。焦知雲據此認定，綠林寨是荊門市 200 多座山寨中最古老的山寨。

綠林山一帶至今留有許多與綠林起義有關的地名、民謠與傳說。綠林鎮鴛鴦溪落印潭，相傳為王匡大印落水處。據京山籍清文史學家易本烺著《雲杜故事》載，在清代，江浙一位金石愛好者的古印譜中，就有王匡印。京山三陽有山名光武嶺，相傳為綠林軍將領劉秀駐兵處。京山三陽、屈家嶺各有一個王莽洞，相傳為王莽躲綠林軍的避難處。綠林、三陽一帶至今還流傳著《王匡回到綠林山》的民歌：

把歌揚，把歌揚，一條富水長又長。

饑民逃到綠林山，河邊出了三個王。

揚了一番又一番，王匡回到綠林山。

把印丟到觀音潭，至今潭中水不乾。

揚了一番又一番，王匡回到綠林山。

招兵買馬起東山，要和皇帝分江山。

進入 21 世紀，綠林山與綠林寨已成為大洪山國家級風景名勝區的核心景區，有古兵寨、駱駝峰、吞天門、美人谷、鴛鴦溪、天河渡假村、會盟臺、舉義峰、閱馬場、縛莽藤、古漢梯田、綠林英雄塑像等景點。專家們指出：西漢末綠林好漢的綠林寨、隋末瓦崗好漢的瓦崗寨、北宋梁山好漢的梁山寨，為中國好漢三大寨，綠林寨可謂「天下好漢第一寨」「神州第一古兵寨」。2008 年 3 月，湖北省人民政府將綠林寨遺址確定為第五批湖北省文物保護單位。2009 年 1 月，綠林山景區被國家旅遊局評為國家 4A 級景區。「不到綠林非好漢」已成為當地向外宣傳推介綠林的響亮口號，每年前來景區觀光遊客達 15 萬人次。

三王城

　　三王城遺址是新石器時代至漢代的一處古遺址，位於京山縣三陽鎮三王城村，是西漢末年的「綠林起義」軍將領王匡、王鳳、王常的屯兵之地，現為省級重點文物保護單位。

　　三王城又名三王臺，地處富水河西岸的二層臺地上，為坐北朝南較規則的三座矩形土臺，呈「品」字形，依丘崗而建，面積約 1.1 萬平方米（合 17 市畝），中間有一大堰，又名播鼓堰。前方地帶是一片沖積平原，很利於陳兵佈陣、集結整訓。登臨臺頂，給人雄風浩蕩、大氣磅礴之感。

　　清光緒版《京山縣誌》（古蹟）載：「三王城：三王即王匡、王鳳、王常也。城址尚存，即三王起兵處，今在太陽山東（《章志》）。」

　　《湖北通志》（古蹟）的記載更明確：「三王城，在縣北，富水南流經三王城東，前漢末王匡、王鳳、王常所屯，故謂之三王城，城在太陽山東，城址尚存，有臺，即三王起兵處。」

　　南北朝時期的地理學家酈道元，風塵僕僕到達鄂中地區，考察太陽山（即漢時的綠林山）周邊的山川水系，在《水經注·涓水》篇定稿時，寫下了這樣一段話：「……富水，出竟陵郡新市縣東北太陽山，水有二源也，大富水出山之陽，南流而左合小富水，水出山之東，而南經三王城東，前漢末，王匡、王鳳、王常所屯，故謂之三王城，城中有故碑，文字闕落，不可復識。其水屈而西南流，右合大富水，俗謂之大泌水也。又西南流，經杜城西，新市縣治也。《郡國志》以為南新市也。中山有新市，故此加『南』，分安陸立縣。又王匡中興，初舉兵於縣，號曰新市兵者也。富水又東南流，於安陸界左合土山水，世謂之漳水。水出土山，南經隨郡平林縣故城西，俗謂之將陂城，城與新市接界。故中興之始，兵有新市，平林之號。」他的書被後人稱為「聖經賢傳」。就是這幾行清楚確鑿的文字，告訴我們在公元 17 年，在這已荒廢的一座古城，有一通古碑的碑文銘刻了綠林好漢們在此演繹的英雄壯舉！

　　近年來，在高臺周圍一帶發現很多新石器時代的石器、陶器，還拾到了一些秦磚漢瓦，無疑是一處重要的古文化遺存。石器有石杵、石斧等，陶器

有鼎、碗、罐、鬲足筒瓦、板瓦等,器形主要有屈家嶺文化時期的陶小鼎、罐、碗等,是本土發現的又一處屈家嶺時代的文化遺址。該遺址文化內涵豐富,文化層最厚處有 3 米。從採集的標本可以看出,它的年代跨度大,從新石器時代到漢代的遺物都很豐富,這也說明三王城從原始社會中晚期一直到漢代都有人類生活居住。

王莽洞

京山縣境內碳酸鹽岩石分佈廣泛,共發現 10 多處溶洞,位於京山縣境內太子山林管局石龍林場的王莽洞便是之一。王莽洞是京山縣的一處旅遊勝地,風景優美,自然景觀獨特。為國家 2A 級景點,是太子山國家森林公園的核心景區。

相傳為西漢末年王莽龜息待機藏金之穴,幽深莫測,入口奇特懸妙,是一個神奇而驚險的旅遊勝地。是一個以優良的生態環境為基礎,人文景觀為輔,集觀光、渡假、探險、科考於一體的生態旅遊風景區。

史料記載,西漢末年,王莽把持朝政,導致政局動盪不安。為推翻王莽統治,公元 17 年,新市人(今京山)王匡、王鳳和河南舞陽人王常在此揭竿起義,以深山為據點,屯兵綠林山中,發動了中國歷史上第二大農民起義——「綠林起義」。公元 23 年,王莽調兵 40 萬與綠林軍激戰於昆陽(今河南葉縣)。官兵大敗,王莽落荒而逃。相傳,綠林軍將領劉秀(後來的東漢光武帝)為搶頭功,緊追不捨。當追至今王莽洞山時,王莽人困馬乏,慌不擇路,見山腰有一小洞口,便棄馬隻身潛入洞內。說來也巧,王莽一進洞,洞邊便爬來了幾隻大蜘蛛,很快把整個洞口網了個嚴實。劉秀滿山搜索,不見王莽蹤影。後發現此洞,但見洞口佈滿蜘蛛網,斷定洞中無人,以為王莽已逃遠,搶頭功無望,便策馬返回了昆陽。逃過此劫的王莽,召集殘部,趕回長安,但最終還是被義軍所殺。後來,當地百姓便將此洞取名「王莽洞」,王莽洞山也因此而得名。

王莽洞口為一自然石裂縫,裂口長不過 2 米,寬 0.6 米,是一狹小的石縫,似一豎井。從洞口直下 30 米處到底,有大廳方圓約 20 米。下洞 10 米處有

一平臺,乃當年王莽棲身之地,平臺上有石凳、石桌、擱劍臺、石筍、石竹等,均為天然景觀。沿途潺潺流水,魚蝦相嬉。

平臺邊再下行近 10 米,便來到洞底。洞底有一個寬敞的大廳,廳底、廳壁、廳頂佈滿鐘乳石,在微弱的燈光下,石筍、石柱、石蔓、石瀑等形態各異,色彩斑斕。洞內溫度適宜,稍微有些涼意。沒有泉水流淌,但石壁潮濕,地面略有打滑,增加了探險的難度。越往深處,洞越來越窄,上坡得從石縫中爬行,下坡得手抓腳蹬,如同攀岩,十分驚險刺激。洞內的鵝卵石有紅、青、白等多種顏色,圓滑玲瓏,傳說為王莽所遺棄的珠寶所變。洞中大景 16 個,小景 48 個,大小鐘乳,奇形怪狀,色彩斑斕;洞中有洞,路中有路,險中有險,天地人間融為一體,令人嘆為觀止。

景區內森林植被茂盛,四季分明,氣候宜人。景區主要以自然景觀、奇特的溶洞、山岩、藤蔓為特色,體現了參與性,健身性。主要遊覽景點有:王莽洞軍旅探險、藏佛洞、篡峰寺遺址、蝴蝶鏡潭、石倉雨林爬山攀岩等,被譽為「生態保健園,天然健身房」。

▌子陵山的傳說

東寶區有個子陵鎮,與西漢末年的隱士嚴子陵有關。京山城南雁門口鎮的子陵山,相傳也是嚴子陵曾經隱居過的地方。山腳有口水井——釣龍潭,井水特別清亮,每到夜晚,水中星光閃閃,行人走到這裡,眼前明晃晃的,真有點分不清是天上還是人間。子陵山與一個美談故事有關。

漢光武帝劉秀與嚴子陵是少年時的同窗學友,相交甚深。後來劉秀起兵與王莽爭天下,嚴子陵給他出了不少好點子。哪知劉秀當上皇帝以後,便不再把這個滿肚子學問的朋友放在眼裡,只給了個諫議大夫的官兒。嚴子陵生來性情狂放,清高孤傲,不願意卑躬屈膝地做劉秀的屬臣。於是,棄官而走,跑到這深山老林裡,改名換姓,過起隱居生活來。他把山上石洞闢為讀書處,每天靜心讀書作文。洞口一處水井,可作生活用水;一處淺池,正好磨墨洗硯。讀書之餘,他反披羊襖,手拿釣竿,到山前河裡垂釣,日子過得逍遙自在。

再說光武帝見嚴子陵辭官歸隱，疑心是自己得罪了他。畢竟是老朋友，光武帝深知嚴子陵的性情和學問，便派人到處尋找，想給他封官晉爵。

第一次來人，嚴子陵在石屋讀書，閉門拒見，讓來者吃了閉門羹。

第二次來人，嚴子陵反穿羊襖，在河裡垂釣，對來人視而不見。

光武帝見兩次都不能請動他，便親自去請。一天夜裡，嚴子陵正在石屋裡燃著松明讀書，忽然看見洞前水井裡星光燦爛，非比尋常。第二天，劉秀果然帶著幾個隨員來了，嚴子陵竟一把拉住劉秀的手，和皇帝稱兄道弟起來，而且還把那光屁股時的事兒全翻了出來，又說又笑，非常隨便。劉秀的幾個隨從聽了，暗暗發笑。劉秀也不自在，卻又不便發作。晚上，嚴子陵又把劉秀拉到一個被窩睡覺，睡到半夜，竟把一雙大腳擱在光武帝的肚子上。第二天早晨，一個隨從太史慌忙稟告劉秀：「啟稟萬歲，昨夜臣觀天象，見客星犯帝星，不知何故？」劉秀聽了，心裡明白，但臉面上裝作糊塗，說：「沒事！沒事！」這一次，劉秀也沒有把嚴子陵請回去。

嚴子陵死後，他藐視皇帝、輕視名利的行為被人們傳為美談，被後人稱為千古第一隱士。他隱居的地方，人們命名為子陵山、子陵洞、子陵灘、帝星井、洗墨池等，並且還修了一座「子陵寺」來紀念他。宋代有無名氏詩詠子陵山：「翩翩釣魚翁，敝屣棄利祿。煙波七里灘，風月一竿竹。平生知己誰，故人劉文叔。三聘乃肯來，公卿指為辱。高風輕萬乘，敢以足加腹。居然動天象，下應太史卜。」

子陵山讀書洞、洗墨池、釣龍潭（即黑龍潭、古河道、古棧道）至今仍存，還有古子陵寺遺址和二通古碑，是一處重要的古文化遺址，也是極有開發潛力的旅遊景點。

▌龍泉街辦的得名

東寶區龍泉街辦因境內的龍泉而得名。龍泉位於象山腳下，泉水終年暢流不涸，清澈照人，山間松柏常青，山下古槐參天。這一帶景色秀麗，亭臺

樓閣眾多，「龍泉十亭」是荊門古城有名的「三臺八景」之一，曾吸引歷代無數騷人墨客接踵而至。

荊門城區的龍泉、惠泉、蒙泉、順泉四大名泉，尤以龍泉最為有名。關於龍泉的來歷，流傳著這樣一個傳說。

據說在清朝乾隆年間，荊門州州牧舒成龍大興土木，修復了許多文物古蹟，因而用去了不少的石料。特別是在修「來龍橋」和「文運橋」時，石料更加缺乏。

舒成龍雖是一州之主，但不管州裡的大事小事，他都要親自去辦。修橋缺石料，那麼多工人指望著他想辦法，大堂上又還有很多公事等著他去處理，他急得吃不下飯，睡不著覺，坐臥難安。

這天他坐在大堂上辦公時，又想起石料的事情來。想著想著，不覺精神恍惚，忽然看見一個白髮蒼蒼的老人向他走來，問他道：「聽說你修建『來龍』『文運』二橋，吃不香、睡不安，今天怎麼有閒心在大堂上睡起大覺來？」

舒成龍見這個老人鶴髮童顏，白鬚飄飄，像神仙一樣，不覺肅然起敬，趕忙起身答道：「不瞞長老說，我正在為修橋缺石料之事著急，哪有什麼閒心睡覺啊！」

老人問：「現在你想到辦法沒有？」

舒成龍長長地嘆了口氣說：「哎！我真是什麼辦法都想盡了，但是石料還是差得很多，實在不知該怎麼辦才好！」

老人微笑答道：「石料遠在天邊近在眼前，你要多少，只管找我好了。」

舒成龍聽說後精神大振，急忙躬身向老人作揖問道：「老丈何人，家住哪裡？有現成石料嗎？」

老人哈哈笑道：「君不必多問，快隨我來。」

舒成龍將信將疑，半睡半醒地高一腳低一腳跟在老人身後，一直走到蒙山腳下。

老人說：「這裡就是我的家，你要多少石料，只管叫人來搬好了。」說罷，老人鑽入石縫之中。

舒成龍驚醒過來，想到：「難道真是人有誠心神有感，託夢給我送石來？」舒成龍立即命人到那裡開挖，果然有整塊整塊的石料。

橋修起了，石頭也挖完了，最後發現一塊石碑，上面刻著詩：

泓泉敷潤有深功，

石竇涓涓海眼通。

歲稔時和霖雨足，

風雲長靜白龍宮。

石碑落款是：紹興十二年，宋知軍呂元題。

這塊石碑起走之後，一股清亮亮的泉水不斷地湧出。

舒成龍就將這眼泉取名「龍泉」，並在泉上修建泉神祠，祠下修躍淵閣，閣周建文明湖，湖北邊修龍泉書院，把這裡建成了荊門八景之一——「龍泉十亭」。

傳說後來有個老漁翁在龍泉前網起了一只籃子大的烏龜，上面刻有四川周善人寫的字，所以又有「龍泉通四川」之說。

漢津的來歷

沙洋老城區古稱瓊臺，自古衛山濱水，由西向東並排著四座方圓數十里的山崗——陳家山、黃家山、牛奶山、瓊臺山。其中的瓊臺山最為高大，是荊山餘脈蔓延所至，漢水從山邊流過。春秋時期，江水泛濫成災，山崗周圍大片低窪地帶是成片的沼澤湖泊。古人無法靠近，遠遠望那山崗，朦朦朧朧，俱是瓊臺玉洞，金殿瑤池，那派清幽景象，別有洞天，彷彿仙人居住的地方。也正因如此，古人便把最高的山崗稱為「瓊臺」。

後來，隨著漢水帶來泥沙的不斷沉積，土地不斷顯露出來，瓊臺及周邊山崗逐漸有了人氣。

東漢末年，天下三分，整個中原大地上演了無休止的戰爭。

建安十三年（公元 208 年）七月，北方以曹操為統領的魏軍，兵發 80 萬攻打劉表，想借此時機直逼東吳，一統天下。八月間，劉表病逝。九月，曹軍攻占新野後，劉表之子劉琮坐擁荊州，因懼於曹軍威猛，投降曹操。

此時，屯駐樊城的劉備，由於兵力遠不敵曹軍，為避免與曹軍發生正面戰爭，只好分兩路撤軍江陵。一路由劉備率領從陸路南下江陵；一路由關羽率水師乘船順漢江南下至沙洋瓊臺，轉行揚水到江陵匯合。出於對劉備的愛戴，樊城數十萬百姓也一同隨劉備大軍南下，人數眾多的一行隊伍緩慢前行。

力量對比懸殊的曹軍，正率幾十萬大軍，數千輛車馬，日行百餘裡，不斷向劉備軍隊逼近。劉備眼看著部隊以此速度慢行恐怕難逃被曹軍殲滅的結果，被迫率軍與曹軍在長坂坡一戰。

劉備戰敗後，撤至瓊臺，與此處的百姓相處融洽，在百姓支持下，劉備一行兵馬得到補給。不久，關羽率領水師來到瓊臺，在劉備率軍登船離開時，老百姓自發前來送別，依依不捨。劉備與關羽順漢江而下，與劉表長子劉琦部隊於夏口（今漢口）匯合，兩大軍彙集一處，修整之後，隨時準備與曹軍再戰。

後來，劉備稱帝，為蜀國國君。沙洋當地人為紀念劉皇叔屯兵於此，將送劉備登舟渡漢水趨夏口之處取名「送駕咀」（現沙洋城區五一橋）。沙洋老城區也有了新的稱謂——「漢津」，漢，即為劉備所屬漢朝後裔之意；津，則是指渡口。

後港一名的得來

相傳，明朝時期，「後港」一名還未出現，那時還叫「後巷」，是長林縣城的一條巷子。縣城中央設有一個書院，門前擺放著一對石獅，作為書院的鎮院之寶。

一年，這個地方久旱不雨，農戶的莊家眼看著就要乾死。想著忙碌一年下來，最後還是顆粒無收，當地的農戶們心急如焚。唯獨那些地主之家整日花天酒地，置百姓死活於不顧，百姓們敢怒不敢言。

在這書院裡有一個姓古的書生，家中生活算得上殷實。可他自幼飽讀聖賢書，生性仁慈，明白事理，看著身邊的老百姓日子就要過不下去了，心裡甚感不安，於是整日裡吃齋唸佛為人民祈福。

這天，這個書生又在佛堂唸佛。剛唸完《大悲咒》，便感頭重腳輕，於是就躺在書院前的青石板上歇息。不一會兒，便暈暈乎乎地昏睡過去。睡得正酣之時，他見一位慈眉善目的白髮老者走到跟前，定眼一看，原來是太上老君。只見老君慈祥地對他說：「書生，現在長林縣城大旱，眼見著這裡的百姓就要遭災，可那些富人竟沒有一點惻隱之心。我看你是個仁愛之人，你可否願意為民求水？」

書生聽聞，見有法子可以救百姓，大喜道：「太上老君，只要能為老百姓求得雨水，就是讓弟子折壽也願意！」

老君聞言，點點頭，說：「好，那就與你說上一計。只要你想辦法讓書院門前的石獅留下血淚即可。切記，明日正午時分一定要讓石獅子流下血淚。待石獅子嘴裡噴出水來，你就趕快往後巷跑，邊跑邊喊，讓全城百姓跑出後巷。記住，這一切都要在正午時分完成。」說完，老君便隱身而去。

書生一陣驚醒，環顧四週一看，哪裡有太上老君！方知剛才是南柯一夢。然而，早已無計可施的他心想，神靈指引，不可不試。

次日，書生坐在書院中苦思一上午，卻始終難以想出讓石獅流下血淚的法子，便像熱鍋上的螞蟻在石獅前踱步。可是時間不等人，眼見著日頭就要行至正中，書生想到夢中太上老君的囑咐，便隨手在路邊撿起一塊石頭，將自己左手放在石獅上，用石頭一陣猛砸。不一會兒，書生左手的五個手指頭便被砸得稀爛，血流如注。書生見狀，顧不得疼痛，趕緊將手指按在石獅的雙眼上，汩汩淌出的鮮血頓時順著石獅的雙眼流下。只聽「轟」的一聲，石獅的大嘴突然張開，仰天噴出水來。

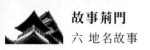

「快跑啊，有水啦，水要淹死人啦，快往後巷跑！」書生一邊賣力地叫喊一邊往後巷跑去。這時，正在街巷裡求雨的老百姓聽見呼叫聲，也都紛紛朝後巷跑去。唯獨那些住在深宅大院裡的地主老爺正在午休，聽不見外面的嘈雜聲。

老百姓跑到後巷街頭，回頭一看，七七四十九條巷子全被淹在了水中。這下可樂壞了長林的老百姓，長林縣城成了一座水城，既除了害，又有水灌溉了田，以後再也不會天旱了。

自此，老百姓將後巷的「巷」加了三點水，「後巷」也就成了今天的「後港」。

拐杖砸出的小江湖

很久以前，沙洋馬良漢江一帶儘是高山野莽，鮮有人煙。這天，一個姓江的秀才閒來無事，便來到位於漢江水邊的太湖山遊玩。

太湖山裡原本住著一個中年男子和他的女兒，這男子修行道法多年，懂得奇門異術，道行高深。恰好江秀才到訪時，這個男子已外出雲游多日，只有一女留在家中。

這日，這女子正在洞府門前院子賞景，見到風度翩翩的江秀才從她家門前經過，不禁春心蕩漾。她叫來下人交代一番，讓丫鬟將秀才請到洞府歇息。

與江秀才一番交談後，二人是郎有情妾有意，竟互生好感。二人商議後，秀才在山下一家農戶裡租下一間房住下，方便日後經常與小姐相聚。就這樣過了一段時日，二人情深意篤，已到了一日不見如隔三秋的地步。

不久，女子的父親雲游回來，發現了女兒私自與秀才相交之事，怒火中燒，當即下令讓秀才下山走人。可這時二人早已山盟海誓一番，哪裡會分得開，這父親便計劃著將秀才除掉。

這天，女子父親宴請秀才府中一敘，見天色已晚，便假意留秀才與自己同宿。女子偷偷告訴秀才：「我們的事情父親是十萬個不同意，今晚是想用計害死你。」

江秀才一聽嚇得面色慘白，見狀，女子又說：「公子莫怕，今晚你睡的東廂房中有一口井，睡到半夜我爹會把你蹬入井中。你切記，睡到半夜時，就把枕頭放到父親腳邊，你下床，等父親將枕頭蹬進井中後你再回到床上睡覺。」

果然，這天午夜時分，女子父親小聲喚秀才，秀才裝作熟睡不應。只見女子父親一腳就將腳邊的枕頭用力蹬進井中。第二天，女子父親醒來見到秀才安然無恙地睡在床上，頓時大驚，於是又留秀才晚上到西廂房留宿一宿。

小姐又將秀才拉到無人處，小聲說：「公子，我爹昨晚沒有殺了你，便想著今晚變著法地害死你。你今晚留宿的西廂房裡，有一只會吃人的大虱子精。你把我梳頭的梳子帶著，發現了虱子精就說：『有姑奶奶的梳子在此！』這樣便可無事。」果如小姐所言，這晚夜半之時，虱子精來到房中準備吃掉秀才，秀才按照小姐所傳授的法子再次逢凶化吉。

第三天，女子父親見到秀才安然無恙，就叫他到南山竹林去會會。小姐又告訴秀才說：「南山竹林有只吃人的大貓，你切記……」如此這樣耳語一番。

江秀才又按照小姐的叮囑，拿著小姐的紅頭繩在竹林裡從西數到東頭的第七十二根柱子，見上面有個小眼，便把紅繩系在上面，再把手指插入竹眼中，大聲喊女子父親為爹，請求他答應二人的婚事。

女子父親心知肚明，見到二人如此真心，便應允下來。不料，剛辦完婚事不久，江秀才便和小姐逃走了。女子父親見狀，惱羞成怒，立即口唸咒語，施展起法力。只見他用拐杖在山頭上用力砸去，口中噴出鮮血，頓時將眼前的山谷染紅。隨即，他腳下的太湖山塌陷，現出一片湖來。

後來，沙洋馬良一帶的人便把這片湖稱作「小江湖」。

▌關公躍馬拾回橋

沙洋縣下轄 13 個鎮中，有個拾回橋鎮，這個鎮名的得來還有著一段傳奇故事。

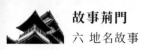

建安二十四年（公元 219 年）七月，駐紮荊州的關羽率軍隊進攻襄陽、樊城。攻下襄陽後，關羽水淹七軍，初戰告捷。

在這緊要關頭，曹操修書東吳，試圖兩軍夾擊困死關羽。東吳謀士呂蒙巧施妙計白衣渡江，兵不血刃，奪取荊州後，又智取江陵、公安等地，致使關羽斷絕後援。關羽只好退兵回救荊州。

關羽軍隊途經荊門之時，遭到魏、吳兩軍的夾擊，腹背受敵。危急時刻，關羽急中生智，令部下在山嶺上插滿寫著「關」「劉」「孟」等字的旌旗。魏、吳兩軍見狀，誤以為是關羽的援軍趕來，於是駐足不敢前行。關羽趁機率兵撤退至離荊州城幾十里處的北邊（今沙洋縣境內），待手下人打探清楚荊州城內情況後再做定奪。

一日，關羽騎著赤兔馬，提著青龍偃月刀來到一座石橋前，低頭一看，只見橋下水流湍急，便騎馬快速躍過石橋。說起這座橋，倒讓關羽睹物思情了一番。

建安十二年（公元 208 年），劉備以少勝多打敗曹操，後曹操率 50 萬大軍報復劉備，結果只有 3000 兵馬的劉備被打敗。待劉備與關羽會合後，便立刻派關羽出門迎接為援救劉備兒子而單槍匹馬的趙子龍。當年也就是在這座石橋橋頭，關、趙二人會合，兩人見面相擁大笑的場景彷彿就在昨日。而如今，遭逢變故兵敗於此，都是因為自己輕敵所致。想到此，關羽心中憤懣至極，於是又躍馬過橋，飛奔到一處被當地人喚作「雞公尖山」的地方。待赤兔馬停步後，關羽對天長嘯，發誓定要與呂蒙決一死戰，收復荊州。

隨後，關羽始終難以壓住內心的焦躁，再一次躍馬過橋，佇立橋頭，轉身對部將趙累說：「現在前有孫吳軍隊，後有魏兵追來，我等深陷其中，如何是好？」

趙累答道：「將軍可還記得，昔日呂蒙在陸口之時，常與將軍通信，曾與將軍約好要共誅曹孟德。今日他卻倒戈相向。將軍可暫時停留於此，差人遣書責之，且看他如何對答。」

關羽聽後，覺得不失為一個法子，心想呂蒙應該是一個講信用之人，如果能夠說服他讓開一條路，留得青山在不愁沒柴燒。於是，便當即命人將書信送至呂蒙手中。

然而，呂蒙看完手中書信後，不但沒有半分自責悔過之意，反而買通信卒回到關羽軍中散佈謠言，惑亂軍心。得知此事，關羽怒火中燒，便馳馬揮鞭又在橋上來回奔跑。

不久後，關公敗走麥城，被孫權擒獲，客死漳水。後人感念關羽英勇忠君，將他曾來回跑馬的這座石橋取名「拾回橋」。

▎神牛劈長湖

很久以前，後港鎮藻湖一帶實際並沒有所謂的湖，只是這裡地勢低窪，每逢雨天之時，四周地勢無處排水，這裡便能積水。但若雨停下來，不消幾日便乾得土裡冒泡，一滴水也不見蹤影。長久以來，這裡的人們早已被這種「雨水時有澇不能排，天旱時要水水不來」的生活環境整得有苦不堪言，十年九不收，家家都犯愁。

話說這年秋天的一日，天宮祥雲密布，仙樂陣陣，好生熱鬧。原來，王母正在天庭中舉辦一年一度的蟠桃大會，各路神仙匯聚一堂，各顯神通，藉機給王母送上賀禮。禮簿上記滿了各位仙人送上的禮物，唯有一位小仙正在發愁，而這位神仙正是掌管後港藻湖一帶的神仙。這一切都被善解人意的王母看在了眼裡，問道：「這位仙家，你是遇到什麼事嗎？為何滿臉愁雲？」

小仙見狀便硬著頭皮回答道：「王母，臣本掌管後港藻湖一帶，可今年該地先是發大水，後來又天旱無雨，百姓們顆粒無收，日子已過不下去，臣實在不知能送什麼給您作為賀禮。」王母一聽，頓時也一臉凝重，心想，以前倒是聽說藻湖一帶民不聊生，今日看來，那裡的人們果然是受苦了，便決心要救救這裡的百姓。

第二天，王母便扮成鄉野村婦來到藻湖一帶，走訪農戶，體察民情。果然，所到之處民怨沸騰，都對這裡的生活環境深惡痛絕。

回到天庭，王母決定要助民排澇除災，造福百姓。於是，她詢問主管水利的神仙，讓大家建言獻策。一位神仙說道：「這有何難，只需臣座下的神牛天黑下凡，雞鳴便可完工，保準能劈出一條湖來。」

王母便依了這位神仙所言，降旨讓這通天犀牛將藻湖劈出一個湖來，並要求以雞鳴為號，公雞一啼，便要即刻回到天庭。

通天犀牛領旨後，趁著天黑駕著祥雲來到藻湖，便開始圍著這塊窪地轉起圈來。只見它揮起尖角，上下翻動，很快便在這裡挖出了一個湖的模樣，雞鳴之時完工不在話下。

然而，神仙之間也和凡人一樣的鉤心鬥角。一位司晨神素來與王母不和，得知王母要做好事，只怕被她搶了風頭，便在神牛挖湖後不久，就令司鳴的雞打起鳴來。

正挖的起勁的神牛突然聽見雞鳴聲起，心中大驚，自己可是對王母誇下海口定會完成任務，眼見著還差一點完工，這可如何是好？但天命難違，若不速速離開就再也回去不了，於是只好撇下剩餘的工程駕著祥雲回到天庭。而由這頭神牛挖出的湖也因未完工而成了九十九道彎的「半拉子」工程，也就是今天的長湖。

▋踏平湖的由來

踏平湖，原名踏陂湖，也稱平湖。踏平湖位於沙洋老城區西部，新城區中央，水面寬闊，波光瀲灩，自有一番湖光山色。每當艷陽朗照，便熠熠生輝；每逢夕陽，漁歌唱晚，湖面萬點金光，好似人間天堂。

說起這「踏平湖」一名如何得來，這裡的人們世代流傳著這樣一個故事。

相傳很久以前，這裡並未有湖，而是四面環山，呈南北走向的一塊陸地。由於地處漢江之濱，這裡氣候宜人，四季常青，鳥語花香，美不勝收。加之沙洋自古就是江漢流域的要塞，江中百舸爭流，陸上車水馬龍，南來北往的人常匯聚於此，流連忘返。

　　總之，要說起這裡的美，恐怕用言語難及其一，反正是驚動了九天宮闕上的神仙們。這其中就有王母娘娘的幾個女兒，本是九天仙女的她們天上什麼美景沒見過？可時日久了，也漸漸乏味起來。在這幾位仙女中，要數老七最活潑好動，終於按捺不住內心的好奇，決定要到這處人間美景走一遭。

　　然而，天庭自有天規，想下凡也沒那麼容易。於是，聰明的七公主便打起了王母娘娘的主意。

　　這天，沙洋這處又是一片燈紅酒綠，歌舞昇平。見狀，七公主纏住母后不放，終於打開了天宮大門，得以看個究竟。不看還好，見到這人間美景，王母也被深深吸引，於是決定私自帶小女兒下凡看個究竟。

　　這夜，趁著天宮眾神仙早已休息之時，王母和小女兒喬裝一番降到凡間。來到此處，母女二人見青山環抱，鮮花盛開，有搭臺唱戲的戲班，有敲鑼打鼓的手藝人，有各式美味佳餚，還有遊人如織的集市。眼前的這一切頓時讓母女二人驚訝不已，王母娘娘感嘆道：「人人都說天宮美，我看這裡就比我們那美多了！」七公主見母親也被吸引，便試探地說道：「母后如果喜歡，我們就長留於此吧！」話音一落便吃了王母的一記敲打，母女二人相視笑個不停。於是，二人決定要細細游耍一番，才不辜負此等美景。

　　說話間，二人走到一處，迎面款款走來一對男女，二人喃喃細語，好不恩愛。七公主從未下過凡間，更沒見過眼前這番場景，於是目不轉睛，竟忘了走路。待王母發現後折返回來，見到女兒滿臉緋紅，便知女兒被眼前的男歡女愛撥動了情愫，但又怕女兒深陷其中不能自拔，於是趕緊拉走了七公主。

　　二人繼續遊玩，一路好景美食早讓母女二人忘了剛才的事情。正當二人興致勃勃時，遠方天際傳來了雞鳴，王母娘娘心頭一驚，說道：「時間到了，我們要趕快回去，錯過了時間就回不去了。」

　　七公主雖然生性好玩，但也知這其中的利害關係，天條觸犯不得，只好依依不捨地跟著王母，雙腳用力一踏，飛入天際，回到天宮。而沙洋這裡卻留下了七公主那深深的腳印，後來得名「踏平湖」。

蘭臺

百尺蘭臺氣象雄，披襟況有大王風；

詩人亦自分餘勁，白雪歌聲遍國中。

蘭臺，位於鐘祥市郢中鎮中心，最早是四千年前楚人先祖抗禦洪水夯築的高臺。這裡見證了楚國的興衰，滋養了楚辭文學家屈原、宋玉，培育了楚國歌舞藝術家莫愁女，唱出了古樂名曲《陽春白雪》，產生了流傳萬世的「雄風」典故，從這裡吹出了浩蕩的皇皇楚風。

根據西晉張華《博物誌》，蘭臺的得名起源於舜帝。蘭臺是楚國先民征服自然的成果，也是楚國文明蔚成風習的勝地。堯舜時期，宇宙洪荒，東國大地，黃水蕩蕩。鯀禹父子，受堯舜之命治水，築高臺，開溝渠，理順了黃河、長江，又導出一條漢水。三江疏導，洪水才漸漸注入東海。在漢水東岸的郊郢之地，楚人先祖因東西形勢相繼築了三臺。舜帝南巡，駐帳中臺，親手種下了蘭花蕙草，土人跳著鳳凰舞蹈，敬獻沙裡所淘的黃金，帝使素女鼓五十弦瑟，自歌《南風》之詩。於是，此臺便名為蘭臺。

蘭臺凝聚了楚國文化的精華，自古以來文風鼎盛。春秋戰國時期，蘭臺上宮殿輝煌，史稱「蘭臺之宮」，曾為強大楚國的政治、文化中心。南北朝時期梁朝人劉勰在《文心雕龍》的《時序》篇中說：「唯齊、楚兩國，頗有文學，齊開莊衢之第，楚廣蘭臺之宮……屈平聯藻於日月，宋玉交彩於風雲。」楚騷鼻祖屈原及其弟子宋玉，都就學、成才於這個蘭臺之宮。屈原在其辭賦《九歌》《離騷》《九章》中，最喜愛用蘭花蕙草自喻自況，以抒高潔的志向。宋玉伴楚王三番遊覽、對問於蘭臺之宮，而產生了著名的「下里巴人」「陽春白雪」「巫山神女」「大王雄風」「繳蘭臺，飲馬西河」等故事，一直流傳至今。

蘭臺，曾為楚王與群臣計議國事、恢弘大業之處。《史記·楚世家》載：「十八年，楚人有好以弱弓微繳加歸雁之上者，頃襄王聞，召而問之。對曰：王繳蘭臺，飲馬西河，定魏、大梁，此一發之樂也。」楚國人唸唸不忘楚懷王疏屈原、近小人，受張儀欺騙客死秦國的恥辱，於是把秦國看作最大的

敵人，喻為大鳥，而把燕、趙、韓、魏看作秦國的附庸，喻為燕鳥，召來對問的那個楚人，便是宋玉。他好以弱弓微繳加歸雁之上，以小矢射中大雁，就是比喻要國人發奮圖強、克敵制勝的意思。他勸諫頃襄王「繳繳蘭臺，飲馬西河，定魏大梁」，於蘭臺之宮收射雁箭矢之索，享「一發之樂」的意趣，便是獻的「王居蘭臺展宏圖，發奮自雄興楚業」的大計。

蘭臺，又是楚王常與臣下的興會抒懷之所。楚襄王游於蘭臺之宮，宋玉、景差侍。有風颯然而至。王乃披襟當之，曰：「快哉此風！寡人所與庶民共者耶？……」宋玉回答說：「此大王之雄風也。」「而庶民之風卻是雌風。」這樣，宋玉就巧借說風而勸諫楚襄王關心民間疾苦。《風賦》，也就是宋玉在伴頃襄王游蘭臺之宮答王問留下的一篇精闢的議論諷諫文章。宋玉的另一篇傳世佳作《對楚王問》也成就於蘭臺，即「客有歌於郢中者……其為《陽春白雪》，國中屬而和者不過數十人」的故事，郢中城內也因而有了陽春臺、白雪樓兩大名勝。

蘭臺，更是文學家、藝術家往來聚會的勝處。臺上宮闕生輝，山頭翠林搖風，俯瞰全城雙眼內，萬景盡收一望中。屈原曾於此吟哦登臨，宋玉傍臺下建宅掘井，著名歌舞藝術家莫愁女曾於此與屈原宋玉雅會唱誦。漢唐宋明以來，文人學士凡到鐘祥，蘭臺與左近的陽春臺、白雪樓，都是必登之處。如李白、杜甫、白居易、王安石等著名大家，都曾在蘭臺留下了不朽的詩章。唐代著名詩人孟浩然、王維游郢時，王維還於蘭臺西側山石壁上專為孟浩然畫了一幅踏雪尋梅像，題詩「故人不可見，漢水日東流，借問襄陽老，江山空蔡州」。於是，郡治亭旁建浩然亭，後易名「孟亭」。

江山承日照，光陰數千年，故楚都邑如紀郢等早期皇城大多埋沒地下，唯別邑郊郢曠世雄立、繁華不衰，「蘭臺」之名遂著諸史典，馳響海內。唐宋明清崇尚科舉，此置書館；安陸知府張世芳於此建蘭臺書院，專設「黃門館」。館閣下傍宋玉宅，左對宋玉井，年年每逢月中「三」「八」，秀才們便於館內以文會友，這就是有名的「三八會文」。清末，廢科舉、立學堂，「蘭臺書院」改為「蘭臺中學」，後又為湖北「省立第七中學」。今天，蘭臺為鐘祥市一中校址，「三八會文」的黃門館，現仍存有四合院。

清樊昌運詩曰：「高臺卓立郢城中，霸業千秋孰與同。」蘭臺，就這樣以她特有的芳容，文風日盛，楚韻綿長，繼往開來，聲名遠颺。

七 民間故事

▌芭蕉寺與新羅太子墓（泉）

芭蕉寺位於京山縣宋河鎮芭蕉寺村，京山八景之一「芭蕉夜雨」就在此處。這裡奇岩疊嶂，清泉湧流，綠林掩映，僻靜幽深。芭蕉寺、新羅泉、新羅太子墓、石人山、比目魚……留下了許多關於新羅太子的記載和美麗傳說。

史料記載，唐太宗李世民在位的盛唐時期，芭蕉寺是朝鮮半島新羅國太子的修行之地，後卒葬於此。山中有新羅太子墓，山中有泉，曰「新羅泉」。康熙年間《京山縣誌》載：「新羅太子墓：在縣東北七十里，墓甚高大，相傳新羅太子慕禪，隨其國僧入中國，居芭蕉寺，卒葬此。」

一座因為太子而揚名的廟宇，在宋河鄉野民間眾說紛紜，充滿傳奇；一泓因為太子而命名的清泉，在千餘年時光中潺潺流淌，潤澤一方；一段因為太子而留存的歷史，在中韓人民心中世代銘記，源遠流長。

芭蕉寺建於盛唐，宋代稱圓寂禪院，後歷經戰亂，院田幾盡。在清代重修後，立碑記事，上刻《中興芭蕉寺碑記》（石碑現保存於京山縣博物館），碑記這樣寫道：「原暹羅僧奉唐太宗敕，住錫於茲。」芭蕉寺位於石人山下，因滿山芭蕉而得名。地處崇山峻嶺的幽谷之中，四周古木參天，歷來為佛教聖地。芭蕉寺因新羅太子的入住而名氣大增，香火旺盛。清末時期芭蕉寺內供奉有十幾個菩薩，與天王寺、太陽寺、滴水寺一起並稱為四大皇廟。「文革」時期，寺廟被推倒，菩薩被燒燬，1979 年進行農田基本建設時，僧人墓葬缸被農民挖出，色彩花紋完好。「中興芭蕉寺碑」與葬缸現均存於縣博物館。現在的芭蕉寺遺址，只剩下躺在路邊的一個墊大廳時所用的石墩子，兩塊石碑，碑上分別刻著「帝道遐昌，皇圖鞏固」八個字，原來的寺院早已被稻田和玉米地覆蓋的了無蹤跡。

康熙年間《京山縣誌》載：「新羅太子墓：在縣東北七十里，墓甚高大，相傳新羅太子慕禪，隨其國僧入中國，居芭蕉寺，卒葬此。」唐太宗時期，今天的朝鮮半島同時存在著高句麗、新羅、百濟三個國家，呈三足鼎立之勢。

半島三國仰慕盛唐文化，常遣派唐使和皇室子弟到大唐學習。唐貞觀十一年（公元637年），新羅國女王金善德派遣國僧來唐讀經學佛，太子隨之。新羅太子奉唐太宗李世民之命居今京山縣的芭蕉寺學佛。新羅太子圓寂後，便葬於芭蕉寺東側山頭，山頂有高大石柱，酷似人身翹首東望，猶如太子日夜眺望故國，故名石人山。村民們盛傳，芭蕉寺後的石人山是思鄉心切的新羅太子化身。

「新羅泉」發源於芭蕉寺村的石人山，千百年來滋養著附近世世代代的村民。關於這條清泉，民間流傳著新羅太子「禱地為泉」和「劈魚養母」的故事。傳說芭蕉寺村自古就只有一條乾沖，用水缺乏。太子憐憫，用禪杖刺穿寺後山岩，注入隨身攜帶的新羅泉水，很快就有清冽泉水流出，取之不盡，用之不竭。村民們感恩於太子的恩德，將此泉命名為「新羅泉」。

京山芭蕉寺、新羅太子墓、新羅泉，見證了中韓兩國友好交往的歷史。

▍抱著金碗要飯

古時候，沙洋鎮沈家集有個老實人，名叫沈萬金，此人性格純善，從不殺生，但家中一貧如洗，一直單身。

在沈萬金家茅屋前，有一窪水塘，裡面養了很多青蛙。與其說是養，倒不如說放生是真。沈萬金這個人，打小有個習慣，特別喜愛青蛙，所以只要見著青蛙就會抱回來養著，生怕被其他人抓著給殺掉。

一天夜晚，躺著院子裡的沈萬金突然聽見不遠處傳來人聲，好像說著：「沈萬金，你來端！沈萬金，你來端！」他只覺奇怪，於是起身尋著聲音走到水池邊。定眼一看，只見池邊躺著一個變了形的盆子。沈萬金心想，家中正好缺個餵豬的盆子，於是便將這個不起眼的盆子帶回家中。

之後幾日，沈萬金便開始用這個撿回家的盆子給豬餵食，接下來怪事發生了。一日，他又來給豬餵食，低頭一看，盆裡的豬食一點沒見少。剛開始，沈萬金以為家中的豬得了什麼病胃口不好，可沒曾想，他卻發現那幾頭豬和平常一樣胃口好得很。再仔細一看，盆裡的豬食不減反增。

發現這一怪事的沈萬金大喜，心想難不成這就是傳說中的聚寶盆？於是，他將盆子抱回家中，用水洗淨，手握一把白米放入盆中。果不其然，眨眼間盆子裡的白米變多了，不一會兒就盛滿了一盆。

得到寶貝的沈萬金又尋來雞鴨魚肉，每放必滿。接著，他又往盆裡放銅錢，漸漸地，原本貧困的家庭轉眼成了富戶。已值而立之年的沈萬金置辦起房屋地產，還娶了個如花似玉的老婆。成了財主的沈萬金依舊沒有改變善良本性，將家中田地分給農戶耕種，分文不取。

轉眼過去十年，沈萬金終於在四十歲時求得一子，取名「沈狗」。如此一來，本來可謂是皆大歡喜，家庭美滿，卻不料這個兒子有個怪毛病，打娘胎出來就不會笑，整日木著個臉，這可急壞了沈萬金夫婦。

一日，僕人正給沈狗餵飯，不小心被他打翻了手中飯碗，落在地上打得粉碎。突然，只見沈狗「嘿嘿」乾笑兩聲，這讓在場的沈萬金興奮不已。

終於找到讓寶貝兒子露出笑容的方法，沈萬金便每天讓人抱一摞瓷碗放到兒子面前，讓他邊砸碗邊笑，就這樣又過去了幾年。沈狗也長大成人，這時候的他除了砸碗能讓他高興外，亂撒金銀也能讓他大笑。

一天，無聊的沈狗讓僕人將家中所有金銀磨碎挑到漢江邊，自己把好幾筐金銀一點點撒到江中，就這樣邊撒邊笑持續了三天，這讓沈萬金大為惱火。

家中瓷碗碎完，金銀灑完後，沈狗又想到一種玩法，將家中金碗放到聚寶盆中，不多時又聚滿了金碗。見碗就砸的沈狗拿起金碗往地上一扔，誰知用盡九牛二虎之力也砸它不破。生氣的沈狗二話不說，拿起一個金碗直向聚寶盆砸去。只聽哐噹一聲，地動山搖，聚寶盆被砸得粉碎。

沈萬金跑來一看，見地上撒滿了聚寶盆的碎片，頓時急火攻心，昏了過去，從此臥床不起。周圍佃農們聽說此事，紛紛跪在沈家門外，為沈老爺燒香禱告。

幾天後，沈萬金終於從昏睡中醒來，覺得自己時日無多，便囑咐佃戶們，說：「我租給你們的房、田都送給你們了，沈某人只求我歸西之後，你們能

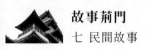
狗一家養一天沈狗。」話音剛落，沈老爺便斷氣了。下葬那日，其夫人也自我了斷隨夫去了。

孤身一人的沈狗在鄉親們輪流的照顧下又度過了幾年。可畢竟是寄人籬下的生活，年紀漸長的沈狗漸漸沒有顏面再麻煩其他人，於是抱起家中留下的唯一一個金碗走上了街頭……自此以後，沈家集上的老百姓經常可見一個抱著金碗的乞丐。

彩蓮船

每逢春節，京山民間有一種民族舞蹈——採蓮船，載歌載舞，十分熱鬧。採蓮船用竹木精製而成，下為船形，五六尺長，上是寶塔亭閣形蓋頂，船高兩米左右，船身用彩紙裱糊。一只彩蓮船由採蓮女、梢公和一醜角跑船，還配有敲鑼打鼓、拉琴等道具。京山彩蓮船的表演由採蓮女、艄公對唱，內容多為民間愛情故事，採蓮女隨著音樂翩翩起舞，醜角配合，動作滑稽引觀眾發笑。

相傳此舞有一段十分動人的故事呢。

很久以前，京山縣從石龍到永隆中間有一條泉水河，人們過往很不方便。這裡有位青年農民叫黎洪春，決心在河上架一座橋。可是橋只造了一半，小夥子就弄得傾家蕩產了。

就在那年正月初一這天，小夥子手敲蓮花落來到周圍富戶門前，邊敲邊唱，乞求捐款修橋。哪知一些富戶寧可花天酒地，都不肯施捨些錢修橋，反把黎洪春哄走了。小夥子來到河邊，望著半途而廢的大橋，無計可施，仰天長嘆。

這時河面上突然從遠處駛來一只花花綠綠的彩船，周圍的人們紛紛跑來看稀奇。只見划槳的是個赤腳老人，船上坐著一位美若天仙的姑娘。一人傳十，十人傳百，看的人越來越多。

這時，划槳的老者向岸上拱手說：列位君子！我們是由南海來的。我這女兒尚未許配人家，她一心要尋找與她有緣分之人，今日特來相會。恭請各

位公子，不惜金銀，投向我的女兒。若有人投中其身者，即為如意郎君；投不中者，金銀概不退回，休怪！

說罷，將船移近南岸，女子站在船艙，待這班公子少爺投金擲銀。

一霎那間，岸邊人擠人，見了這一位天姿國色的女子，怎不喜愛，大家爭先投銀，鬧得不可開交，於是就按先後次序排起隊來，無錢的人，只是袖手旁觀。一群富豪的子弟們一個個要碰好運氣，弄來大包小包的銀子，爭先恐後地對準那個女子向彩船投去，只聽「叭叭」的聲音，有的人一連投錢十幾次，直到把身上的錢投光了為止，都不肯罷休。接連幾日，採蓮船天天在此等人投錢。奇怪的是投了幾天，投去的銀子全都落進了船艙，竟無一人投中。

原來，那彩船上坐的是南海觀音娘娘，划槳的是赤腳大仙。這兩位神仙被小夥子造橋的精神所感動，才想出了這個辦法幫他籌款造橋。

後來，人們為了紀念那位為民造福的小夥子黎洪春，就透過採蓮船表演來讚頌其善舉。隨著時間的推移，採蓮船發展成為在重要節日以祝賀為主要內容的表演，特別是在春節期間，撐起採蓮船為每家每戶拜年、送上祝福。

▌德和理是兩盞引路的明燈

明太祖朱元璋建立明朝，年號「洪武」。因他大力興修水利，推行屯田積糧政策，人們都很擁護他，常用年號稱呼他，朱元璋也就成了朱洪武。朱洪武曾分封兒孫在鐘祥做藩王，鐘祥有很多朱元璋的後人，因此，鐘祥民間有許多有關「朱洪武」的傳說。

相傳，朱洪武小時候非常聰明能幹，讀書時特別用功，常常是清早出門上學，到深夜才回家。他很早就沒了父親，全靠母親勤扒苦做地供他讀書。因此，他十分孝敬母親，從小就成了遠近聞名的孝子。他母親也特別喜歡他，白天累了一天，晚上卻還站在門口，等兒子放學。年年如此，月月如此，天天如此。久而久之，母親突然發現一個奇怪現象，兒子在走夜路時，身前身

後各有一盞寫有「德」和「理」的燈籠伴隨著，走到家門口時，兩盞燈籠同時不見了。母親便知道兒子將來的命運不凡，就越發地對朱洪武管教嚴了。

朱洪武在母親和老師的管教下，學習長進很快，不到出學，便琴棋書畫樣樣精通，方圓十里無人不知他是個才子，找他寫個什麼，畫個什麼，也是常有的事了。

這天，朱洪武和往常一樣，很早就來到學堂，他正在溫習功課，有一對夫婦前來求他寫個休書。他提筆就寫，拿筆就畫，很快就寫好了，交給了那夫婦二人。

當天晚上，朱洪武下學回家，母親老遠就看見他身邊少了一盞「德」字燈，她知道這裡面有些蹊蹺，等朱洪武一進門，就問：

「兒呀，你今天做了些什麼？」

「媽，沒做什麼。噢，對了，有一對夫婦求我寫一封休書，我給他們寫了。」

「兒呀，凡做事情都得『理』『德』相通，這是做人的兩盞明燈。你今天給人寫休書，道理上講得通，但有違道德，是傷德之舉，你應該勸解才對呀。」

「母親說得對，我明天便去收回休書。」

第二天，朱洪武跑到那對夫婦家裡，對他們說：「哎呀，我昨天寫錯了個字，快將休書拿來我更改。」那夫婦二人把休書交給朱洪武，就見他「刷刷」幾下把休書撕成碎片，對那夫婦二人說：「夫妻之間應和睦相處，夫尊妻賢恩愛白頭，學生後悔昨日魯莽，給你們寫了休書，今日特來收回。」那夫婦二人一聽，臉紅一陣，白一陣。自從求得休書後，二人都有所後悔，現經朱洪武這麼一說，像是找到了下臺階的梯子，連連給朱洪武叩謝。

打那以後，朱洪武做任何事，都特別謹慎小心，心中時刻裝有「理」「德」二字作為做人的兩盞引路燈。據說，這兩盞燈一直把他送上皇帝的寶座。

顧蘭普抓賭

光緒年間，顧蘭普在京山做知縣，由於清朝政府腐敗，社會秩序混亂，京山的賭風盛極一時，在街巷裡隨處可見賭博的場所。由於賭博而引發的社會問題數不勝數，並導致好吃懶做的社會風氣，最嚴重的是毒害青少年一代。顧蘭普想了一個辦法來懲戒賭棍。

有一天，縣衙役抓來了四個賭棍，顧知縣親自審問說：「你們為何不務正業，嗜賭如命？」賭棍說：「大人，小的只不過是好玩兒消遣罷了。」顧知縣說：「既然你們不務正業，喜好抹牌賭博，今天本縣要你們好好地玩兒，消遣個夠。」

衙役將四個賭棍收監，每人發給銅錢一千，拿出紙牌一副，骰子二粒，命令他們在牢裡賭三天三夜。但有一條，除吃飯拉屎以外，不許睡覺也不許休息，每人一千銅錢除輸贏兌現以外，還要按規矩抽頭。四個賭棍莫名其妙，也不好問個究竟，只好遵照知縣吩咐，連賭三天三夜。結果，這四人賭得筋疲力盡，眼睛熬得通紅，個個叫饒。

三天過後，顧知縣提審四人：「你們玩夠了沒有？」賭棍異口同聲回答：「小人們真玩夠了。」「你們還想不想賭？」「小的不想再賭了。」「那你們哪個輸了，哪個贏了？」「四個人都輸光了。」顧知縣故作驚訝說：「咦！那四千個銅錢到哪裡去了？」「錢都抽進罐子裡去了。」顧知縣呵呵一笑說：「這就叫久賭神仙也要輸的道理！這個道理你們懂了吧？」

說罷，叫人拿出紙筆，寫了一首詩：「貝者是鬼不是人，只為今貝起禍根，有朝一日分貝了，到頭成為貝戎人。」四人看後不得其解，顧蘭善解釋道：「貝者為『賭』，今貝為『貪』，分貝為『貧』，貝戎為『賊』，賭、貪、貧、賊正是賭徒的必由之路。」四個賭徒幡然悔悟，當堂認罪求饒，並對顧知縣感激涕零，從此戒了賭。

當下在一些地方賭博成風的現象仍存在，而清代吳獬勸人戒賭的經典語句《戒賭歌》則有著很強的警示意義：

切莫賭，切莫賭，賭博為害甚於虎，猛虎有時不亂傷，賭博無不輸精光；

切莫賭，切莫賭，賭博惟害絕無樂，妻離子散家產破，落得頸項套繩上；

切莫賭，切莫賭，賭輸無錢去做賊，賭輸無錢去搶劫，鐐銬沉重銀鐺響；

切莫賭，切莫賭，為賭殺人不留情，床上屋裡血淋淋，兒哭崽啼驚街坊。

耕作勤！耕作勤！唯有勤勞出富人。賭博贏錢水中月，鋤頭底下出黃金。

耕作勤！耕作勤！唯有勞動出能人。好逸惡勞終受苦，勤勞致富美前程。

關公斷案車帽冢

位於沙洋縣紀山鎮地界內有一方土冢，當地百姓稱之「車帽冢」，相傳在這裡上演了關公斷案的精彩故事。

關雲長奉命駐守荊州時的一天，身騎赤兔寶馬的關雲長帶領一行人馬出城視察防務。不多時，來到距城二十餘裡的紀山。行至一處，出現一方氣派的土冢，想必是某位達官貴人身後長眠之所。突然，只見一陣狂風襲來，驚得赤兔寶馬奮蹄揚首，長嘯不止。奇怪的是，這陣狂風竟圍著關雲長不離去，直至將他的頭盔給吹歪。關雲長何許人也，身經百戰，戎馬一生，什麼大場面沒見過，可這次卻也被這無端端的陰風給攪亂了心緒。

見在場的士兵面露駭然之色，關雲長穩了穩心神，正好頭盔，說：「勿要逗留，繼續前行！」然而，在他心中卻始終放不下這件怪事。回到荊州城，關雲長便立即召見周倉，命其務必細查究竟。

第二日，周倉便帶隊來到土冢附近。一番仔細搜查後，一行人並未發現什麼問題。但大將軍有令，周倉不敢怠慢，於是再次仔細勘察。就在此時，一陣狂風再次襲來，正巧將周倉的冠帽吹落到土冢旁不遠的池塘裡。見此情形，周倉不禁發冷，急忙命士兵下水撿回帽子。

等到這人下至池塘，發現官帽早已沉入水中，於是只好下水打撈。一位士兵潛入水中，不多時發現一個大麻袋，便將麻袋抬上岸。好奇的一行人將麻袋打開，沒曾想裡面竟是一具無頭男屍，屍體身穿灰布袷襖。周倉覺得事情蹊蹺，即刻命人將這具男屍運回城中。

荊州城內，關雲長面對這具被打撈上來的無頭男屍陷入沉思。思忖良久，他下令於城內張貼告示：「近日，府衙於紀山發現一男屍，三日內如有家人前來認屍，官府可賞紋銀五十兩幫其安葬。」

告示貼出的第二日，果然府中就來了位少婦報官，說自己相公五日前外出收錢，一直未歸。見到無頭男屍，這位少婦倒是認也不認，便趴在屍首邊哭得死去活來。

這一切被一旁的關雲長看在眼裡，心中一陣疑慮。只覺這婦人好生奇怪，為何如此斷定這具男屍就是她的丈夫，於是下令將此少婦收監。

隨後，關雲長又命人在荊州城中貼出告示：「現官府懸賞男屍不見之頭顱，尋得屍首頭顱者有求必應！」

不多時，城西頭的一位屠夫，名叫王大，很快便來到官府，聲稱自己一早出城時，在城門外的一處水田裡撿到一顆人頭。

關雲長立即升堂，問王大：「你要什麼賞賜，本官都可依你。」跪在堂下的王大欣喜異常，想也不想便說：「小人不要金錢，只求老爺將死者的妻子賞賜於我。」關雲長道：「本官答應你，不過你也要看看那婦人合不合你心意才是。」不料王大想也不想便連聲答道：「不用看，不用看，肯定合小人心意。」

審理到此處的關雲長心中已有定數，拿起驚堂木一拍，大聲喝道：「大膽王大，我用計誆你二人，原來果真是你二人將男子殺死！」

此時，已被帶上堂的少婦和王大頓時嚇得面無血色，矢口否認。關雲長冷笑道：「堂下賤婦，你來認屍之時，認也不認，見屍便哭，可見你事前就知道是你家官人。王大，你說你一早出城在水田裡看見了人頭，彼時天色尚黑，你怎地會在水田裡看見人頭？！還有，本官要你看看女子合不合你心意，你卻看都不看便說合適。可見你二人早已勾搭成奸，合謀殺死了這男子！本官說的是也不是！還不認罪！」

堂下二人一聽，早已雙雙癱軟在地。兩人將犯罪經過一五一十供述，原來這二人早已相好，後來被女子丈夫察覺，恐事情敗露，二人便起了歹心。

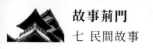

關雲長立即下令將這二人收監，待秋後行刑。而這處吹歪了關雲長的頭盔，惹的他最終發現男屍的土冢，也被當地百姓稱之為「車帽冢」。

關公巧斷盜衣案

三國時期，後港邊界處有一村，名叫「瓦子湖村」。由於這裡地處偏遠，村裡人便從荊州城請來一位姓全的讀書人來村裡開設私塾，給村裡的小孩子講學。這位全先生為人謙卑、尊老愛幼，很受村裡人敬重。

恰逢端午節這日，全先生早早地給學生放了假，起身去好友家拜訪。剛走到村口，看見身懷六甲的李家媳婦挺著大肚子正在推磨，而此時的李氏早已衣衫濕透，步履沉重。全先生眼見著心生不忍，又看時間還早，便走過去幫忙推了一番，直到幹完手中的活才離開。

常言道「無事生非」。李家媳婦回到家中，其婆婆發現兒媳婦的貼身胸衣不見了。本來這李家媳婦長得就有幾分姿色，家中婆婆一直對媳婦不放心，這日見媳婦出趟門把胸衣給丟了，便咄咄逼問。李家媳婦自己一時也記不起衣物去處，只道是天熱給脫在一旁，於是支支吾吾說不出個緣由，這便使得婆婆疑慮叢生。待兒子回到家中，聽母親如此一說，便也斷定是全先生拿走了媳婦衣物。

第二天，氣急敗壞的李家兒子帶了一幫人來到學堂，讓全先生交出其媳婦的衣衫。全先生問清緣由後覺得有辱斯文，只道是秀才遇上兵，百口莫辯，於是便要到官府說道說道。

公堂上，關公問清案由，思考片刻，對全先生說：「讀書人，你讀孔孟之書，懂得禮義廉恥，怎能做出這種事呢？」

聽言，堂下的全先生只道是啞巴吃黃連，有苦難言，只好對天起誓：「關老爺，小人自小熟讀聖賢書，斷不會做出如此下作之事，還望老爺明察！」

話音剛落，關公大怒道：「大膽！明明是你做錯事，本官不與你計較，要你還給人家便是，無須多言，退堂！」

事後，滿肚子委屈的全先生又上了幾次官府，請求查明真相，卻都吃了閉門羹，最終也被村裡人趕出了瓦子湖村。

被趕出村子的全先生，雖然沒有再到公堂申辯，但心中的悶氣一直難以疏解。原本想著要考取個功名光耀門楣，這下也沒了心思，便整日在荊州城中晃蕩。

這日，突然有官爺找到全先生，說關羽關大人請他府中一敘。來到府中，關公開門見山地說道：「讀書人，我知你心中對我不滿，今日請你前來就是為了說清楚這事。盜衣一事不是我糊塗斷案，而是另有打算。你細想下，如果當日我斷得你清白，那李家媳婦可真是百口莫辯，還有什麼面目見人，說不定還會鬧出人命來。你是大丈夫，受點委屈，等日後真相大白之時，你的清白自會還你。」

聞聽此言，全先生方才醒悟。

果然，不久後的一天，人們在李家附近的一棵樹上發現了一個鳥窩，爬上一看，窩裡不是李家媳婦的衣衫又是何物！這時，村裡百姓才知道錯怪了全先生，便一起趕到荊州城全先生家中登門道歉，又請他回來給孩子們教書。

而這位全先生，也得到了關公的重用，在江陵縣為官。上任後的全知縣始終感念關公的知遇之恩，立志做一名好官，造福一方百姓，終被百姓譽為「全清官」。

▌過生日與吃荷包蛋

京山有個不成文的風俗，每年春節凌晨，每家都要出天方（臘月三十晚，過了 12 點鐘，正月初一凌晨，燃放鞭炮敬神，辭舊迎新，祈求來年風調雨順）、吃荷包蛋（稱為元寶上荷包）。後來，這一風俗演變成了人們過生日也要吃荷包蛋的習俗。這一習俗，是什麼時候傳下來的呢？

據說，春秋全楚功臣申包胥（京山人，楚國大夫）出生於農曆臘月三十日夜晚，正是新舊年交替的時候。申包胥一歲到四歲的生日都是臘月三十日過的。五歲生日的那年，臘月小，沒有三十日，他的父母就在臘月二十九給

申包胥做生。申包胥問父親：「我是臘月三十生的，今天是臘月二十九，還差一天，怎麼今天給我做生呢？」他父親笑著說：「今年臘月沒有三十，只好提前一天給兒子做生日。」申包胥說：「我是臘月三十半夜生，離初一只差半個時辰，何不將五歲生日改為明日做六歲生日呢？半個時辰而增一歲，豈不更好？」全家聽了覺得有道理，都贊成做虛年生日。次日凌晨，全家迎新年，又幫包胥做生日，雙喜臨門，喜上加喜，包胥媽給全家每人煮四個荷包蛋吃，並說：「今天吃荷包蛋，是外包白銀，內藏黃金，圓圓整整，四季如意。」說得全家滿堂大笑，熱鬧非凡。

申包胥後來做了楚國的大夫，是一個治國良臣，成為千古不朽的愛國忠君的典範。人們敬仰他，效仿著過生日吃荷包蛋，做虛年生日，慢慢地這個習慣和規矩就留下來了，形成了過生日吃荷包蛋的習俗。

雞蛋是圓的，剝開後蛋清白白嫩嫩很是乾淨，蛋黃是圓的，圓圓滾滾金黃黃，孩子過生日吃雞蛋預示著這一年小孩會像雞蛋一樣潔白無瑕，像雞蛋一樣「骨碌、骨碌」就過去了，無病無災，順順利利。更何況雞蛋既有營養，又能應彩頭，過生日吃荷包蛋何樂而不為？

隨著人們生活水平的提高，雞蛋也不算什麼稀罕菜了，現在的小孩子從小就吃雞蛋，很多都吃膩了，於是把過去的過生日吃荷包蛋改成了現在的過生日吃蛋糕，並且這蛋糕前面也加了個定語，叫「生日蛋糕」。其實還是覺得傳統意義上的生日荷包蛋的味道更深、更遠、更彌香……

和尚橋的故事

古時，距紀山寺東約十里的九店村村邊，有一座木橋，當地人稱之「和尚橋」。關於這座橋的來歷，坊間流傳著這樣一個故事。

不知哪朝哪代，兩家人為躲避戰亂來到村中。其中一家姓金，一家姓全，兩家人發現村口有條小溪流，於是便在此處安頓下來。為了各取所需，兩家人商定各自在溪流兩邊建屋耕田，溪上由兩家共同搭造一座小木橋，方便彼此往來。就這樣，兩戶人家在這裡勤勞苦做，日子倒也過得寧靜。

漸漸地，憑著自力更生和互幫互助，這兩家慢慢變得殷實起來，草屋變瓦房，當初的小木橋也換成了大橋，全、金兩家人也交往甚密，日子過得好不歡喜。

一年夏天，酷暑難耐，金家豢養的一頭母豬在夜晚拱出豬圈，經過木橋跑到了全家稻田裡避暑。當然，畜生造訪少不了把全家的稻田拱得亂七八糟。為此，金家主人第二天便專程趕到全家賠不是。

事有湊巧，第二天傍晚，全家的牛也從牛圈裡翻出來，跑到金家田裡吃了一大片秧苗。得知此事，全家主人也立即向金家道歉。雖然兩家表面上和和氣氣化解了這兩起意外，但卻在各自心中產生了隔閡。從此以後，兩家開始很少來往，幾年以後，由於年久失修，這座連通兩家的木橋也垮塌下來。

隨著兩家人口增多，雖然金全兩家不相往來已久，但仍時常會有摩擦糾紛產生，甚至到了要對簿公堂的地步。老話說得好，和氣才能生財。這樣的日子又持續了一段時日，兩家人三天兩頭就要到衙門鬧鬧，兩家皆賣田賣房傾盡全力打官司，因此也漸漸敗落了。

距離不遠的紀山寺內的一位老和尚聽說了這件事，只為金、全兩家落得如此田地感到惋惜，決心要感化這兩家人。

於是，老和尚每日拄著拐杖四處化緣，一段日子下來終於籌到一些銀兩，便將這些錢全部用來重新建橋。老和尚這一舉動不禁讓金、全兩家人倍感慚愧，同時又感激不已。

一日，兩家人一同前往紀山寺，找到老和尚，意欲好好感謝一番。見到一行人來到寺中，老和尚雙手合十，平靜地說道：「阿彌陀佛，我佛慈悲，是法平等，無有高下。出家人以和為尚，貧僧只是修行，施主無須言謝。」說完，老和尚帶領眾人一起來到新修成的大橋上，輕輕握住兩家主人的手疊放在一起，不多時便圓寂了。

經此一事，金、全兩家人又和好如初，日子漸漸好了起來。為了感激這位老和尚的付出，兩家人在橋中央豎了一塊碑石，上面寫著「和尚橋」三個字，以此紀念。從此，這裡更是風調雨順，五穀豐登，人丁興旺。

滄海桑田，這座木橋歷經百年早已不復存在。然而，這座橋背後所蘊含的故事卻流傳至今，其中蘊含的「和為貴」的思想也為當地百姓代代傳承。

▌懷抱竹杖歸故里

明朝嘉靖年間，京山人高岱（字伯宗，號鹿坡居士）考中了進士，後任刑部郎中（正五品）的官職。

高岱性格怪僻，但為官清正，秉性耿直，不畏權勢，敢鬥權奸。並且，他不喜歡玩官味，不善交際，也不修邊幅。身為朝廷官員，常常穿著破衣舊衫，有的人看見了都譏笑他，有些好心的人勸他要講究一點，像個官樣子，而他卻不以為然，依舊那副模樣。但是高岱精於史事，「書記之文，翩翩尤其擅長者。」工於詩文，時人稱高岱、高啟、高岎三兄弟為「三高」，有與宋代三蘇（詩文家蘇洵、蘇軾、蘇轍父子三人）相比之說。文人學士對其推崇備至，被譽為明代的賈誼和董仲舒。高岱雖木訥少言，但辦起事來，一不懼怕權勢，秉性剛直；二不捧強欺弱，秉公辦事；三不貪財刮民，廉政一生。

一次，下官吳時、董傳策等上疏彈劾奸賊嚴嵩，被昏君下詔入獄，要施重刑致死。高岱不顧生命危險，出面以理斡旋，皇上改旨，輕判吳時摘戍邊防，高岱親自為吳時準備行裝並送出京城。吳時的好友諫官楊忠知道後，上朝直諫嚴嵩，反遭嚴嵩陷害。楊忠死後，高岱賦詩哭悼，並折斷根青松插在楊忠的墳墓上。他哭啊哭，他的眼淚滴在青松上，奇怪的事發生了，插在墳上的新松枝居然活了！幾年後長成了一棵大松樹。吳時戰死在邊防，高岱趕去哀悼，他在吳時的墳上插了一根柏樹枝，他的眼淚滴在柏枝上，奇怪的事發生了，柏樹枝也活了！幾年後長成了一棵大柏樹。

高岱因多次與權臣嚴嵩對抗，嚴嵩勃然大怒，對高岱懷恨在心，極力想害死高岱，恰逢景王外出就藩，嚴嵩將其黜為景王長史司右史，後人亦稱其為「高長史」。

高岱看破紅塵，憂國憂民而病倒了，他手執一根竹杖，入朝求見皇帝，請求辭朝，抱竹回鄉。皇帝問他為何要抱竹還鄉，他說：「我淚灑斷松，松

發青，淚滴斷柏，柏返活，懷抱竹仗歸故里，竹杖還青思良友。」說完大哭不止，又從懷中拿出他寫的《鴻猷錄》《樵論》《楚漢余談》《酉雜集》等著作呈上皇帝后，悲痛大哭而死。

奇怪的事又發生了，皇帝看見他懷裡抱的竹梗居然活了！還長出了綠皮青葉。仔細品讀了他著的幾部書，都是收集整理明朝的史料，寫得入情入理。尤其是《鴻猷錄》，主要透過對「誠萬世定保之謨」的「赫赫鴻猷」的宣揚，使當權者「思創業之艱難，必嚴保太（祖）之訓；睹守成之功烈，則必慎防患之圖。」這時，皇帝幡然醒悟，恸哭起來，哭罷下令，將奸賊嚴嵩推出午門外斬首。後來人們都稱高岱是個憂國憂民的大清官。

高岱死後葬於京山京源山西麓。1986 年 3 月，在今新市鎮高嶺村，發現高岱為其大弟高啟墓撰寫的墓誌銘，現藏於縣博物館。

▌紀山空心柳的故事

相傳，古時紀山寺門前栽有一棵古柳。古柳倒也多見，稀奇的是這顆柳樹竟是中空樹心，遠遠看來像極了一個巨人守衛著寺院。

唐朝末年，皇帝昏庸無能，沉迷酒色娛樂，終日不理朝政，宦官趁機專權。地方上，藩鎮興起，苛捐雜稅，橫徵暴斂，民不聊生。民眾被官府所逼，各地百姓紛紛揭竿而起。

這其中當屬號稱「沖天大將軍」的黃巢領導的農民起義發展迅速，攻下長安建立起「大齊」政權。中和二年（公元882年）大齊的同州（今陝西大荔）防禦使朱溫叛變降敵，加之沙陀族李克用應唐朝的乞援，敵方軍力大大增強，黃巢兵敗。

兵敗後的黃巢，一路撤退，來到紀山寺，見這寺院四周環山，不失為一個好的藏身之所。於是，他打扮成僧人模樣，假借出家之名隱居於此，靠墾荒種茶為生，等待日後東山再起。

恰逢此時紀山寺中，一名法號「在劫」的和尚與黃巢交情不淺，得知黃巢兵敗一事便為他提供藏身之所，供他招兵買馬。

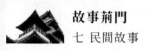
　　一日，二人正在吃飯，黃巢告訴在劫，說：「師傅，經過這些時日的修整，我手下的人馬已經準備就緒，準備擇日起兵。起兵之日需要人血來祭旗，到時我們會殺些附近村民。」

　　話分兩頭說。說起黃巢這個人，生性殘暴。年輕進京趕考落榜時就寫了首《不第後賦菊》：

　　待到秋來九月八，

　　我花開盡百花殺。

　　沖天香陣透長安，

　　滿城盡帶黃金甲。

　　等到舉兵起義之時，黃巢軍隊所到之處濫殺無辜，當時民間就有這樣一句歇後語：黃巢殺人八百萬——劫數難逃。

　　對黃巢瞭解頗深的在劫怎會不知道他的生性和為人，聞聽他要以人血祭旗，心中默誦阿彌陀佛：「我佛慈悲，弟子當使寺院附近的百姓免遭血光之災。」

　　坐在一旁的黃巢見到在劫自顧出神，以為他害怕自己也被殺害，便說道：「師傅請放心，你我情同手足，無論如何我也不會殺害你，到了祭旗當日，還請你務必躲避。當然，對於『祭旗』一事，還望師傅能夠為我保守秘密，以免貽誤大事！」

　　在劫又問道：「若祭旗當日四下無人可殺，你要怎麼辦？」黃巢回答說：「倘若無人可殺，便只有屠殺有血有肉的牲畜！」

　　一頓飯畢，二人各懷心思回到房中。

　　轉眼間，到了祭旗之日。一大早，黃巢便命手下之人四處搜尋，一番下來沒有發現人跡，連牛馬雞犬也未看見一隻。得知消息後，黃巢大怒，提刀走出寺門，眼前只見一棵空心古柳，頓時氣不打一處來，喝道：「我無以祭旗，就拿你開刀！」便揮刀向樹幹砍去。

手起刀落，只見一時間血雨紛飛，樹洞中滾出一個血淋淋的人頭來。走進一看，黃巢大驚，刀下之人竟是好友在劫和尚，心中後悔不已。

事後，躲避回來的鄉親們感念在劫和尚救命之恩，便將這棵空心古柳挖出製作成壽棺，將其安葬。

▌九十九間屋

荊門市東寶區馬河鎮院子河村，北依群山奔馳的荊山餘脈，南傍風景秀麗的漳河水庫。在該村豬頭嶺西麓的一個馬蹄形山坳裡，坐落著一座擁有 99 間屋，建於清代嘉慶年間的古老民居。

當地人稱這個古老民居為老屋灣，老屋灣背枕青山，坐東朝西，南北兩邊各有一個小山頭，左為青龍嘴，右為白虎埂，蜿蜒伸入莊前的小河裡，好似人之股脛。大凡看見此地的人，都說這裡的地貌特殊，形如人身，昔日的風水先生稱此山是「將軍打坐」。

據老屋主人周氏七代幺房周良謀老人介紹，清代康熙十六年，清軍為消滅農民起義軍，濫殺無辜，當地人口殆盡，一片荒蕪。清廷下詔，江西、湖南、湖北眾多居民被迫遷居。民間把這次大移民稱之為「江西填湖廣，湖廣填四川」。

周姓在院子河村老屋灣擇地營造居所，繁衍子孫後代。到了第三代長房才發跡了，孫子周堤一舉中第，官到朝廷侍郎。嘉慶九年（公元 1780 年），周堤告老還鄉，仿照在山東做官時所見當地房屋結構修建起九十九間青磚大瓦房。以表示「上沐天恩聖德，下賴先賢福佑」。

九十九間屋分左、中、右三大院，每院前後共有七重，相互之間都有門徑相通，九九之數，每一間唇齒相依。另有南、北、前、後四個花園，其中前花園設室內，其他三個花園均附在室外。

九十九間屋的興建，在當地流傳著這樣一個故事：有一天，村裡來了一位風水先生，到這裡後東瞧瞧西望望，徘徊數日，不肯離去。周堤見過世面，於是將風水先生邀到家裡好酒好肉招待。

時間長了，風水先生終於忍不住，將周堤引到離現在九十九間屋不遠的地方對他說：「實不相瞞，這裡有個好地方，只是我照實說了，我的眼睛要瞎。」周堤趕緊向風水先生作揖道：「如果是這樣，你的下半輩子我來養活。」風水先生指著九十九間屋的那個地方說：「那是左青龍，右白虎，後面靠的是金山。」話音剛落，風水先生的眼睛一陣劇痛，雙眼就瞎了。

在風水先生的指點下，周堤大興土木，修建了一棟房子。當時建的房子只有九十九間屋中間的那部分。房子建好後，風水先生又讓周堤在大門前的兩旁各挖一口水井。水井挖好後的第二天早晨，風水先生對周堤說：「你到前面河裡中間的那塊石頭處看看，有沒有什麼東西。」周堤去了沒多久就笑容滿面地回來了，手裡提了一串小鯉魚。風水先生說：「以後天天都會有。」

果然，此後每天早晨，周堤的家人都能從中間的那塊石頭下方水流過的一小石窩裡撈到一碗小鯉魚，不多不少剛好一碗。

從此，周堤家道更興旺，日進鬥金，買下了周圍良田三百畝，並擴建房屋，形成了氣勢恢宏的九十九間屋。

傳說畢竟是傳說，傳說附會了人們的從善心理，風水理論終究不能解釋時代的變遷。如今，九十九間屋在風雨搖曳中坍塌了不少，現在我們所能見到的，僅剩下二三十間殘垣斷壁⋯⋯

九十九間屋在經歷了 200 多年的風霜雪雨之後，昔日的雄風早已蕩然無存。東寶區政府十分重視這些古民居的保護，對九十九間屋已實行了掛牌保護，希望這棟古宅能永遠地保存下去。

▌流行全國的京山民歌《小女婿》

20 世紀 50 年代初，京山民歌《小女婿》經湖北天門民歌手蔣桂英演唱後，迅速流行全國，並走向世界。1988 年，《中國民間歌曲集成·湖北卷》（人民出版社出版）中，將其定位京山民歌。

楊集是京山西北部的一個山區集鎮，民歌《小女婿》的人物原型就在此地。這裡群山環抱，地勢險峻，人稀土薄。舊社會的楊集十分貧窮。特別是

婦女，除了長期受到舊的婚姻和族權的支配外，還要受到夫權等封建宗教制度的約束。小女婿娶大姑娘的現像在舊社會的楊集已逐漸演變成一種當地風俗。

20世紀20年代的某天，楊集的民間藝人項幺（又名項明倫）同其舅侄、算命盲藝人鄧萬祿在項家玩。項家門前有一棵兩人粗的紫樹。樹上有一鴉鵲窩，鴉鵲在樹上飛來飛去，嘴裡還不停地叫唱，兩人觸景生情，興之所至，商量能不能把此情此景編成一個故事唱。項幺同舅侄以楊集本地幾家「小女婿」的生活故事為內容，以本地民歌《對面黃土坡》為基調，用了整整兩天時間，編了五段詞。然後用胡琴拉唱。這樣，民歌《小女婿》就隨著那個特定的年代和人物背景應運而生。

此後二人走鄉串戶邊唱戲、邊算命，其他民間藝人也跟著學。項幺後來組成「項幺戲班」，演出足跡遍佈京山、鐘祥、隨州、安陸、應城、天門等地。演戲同時，主唱《小女婿》和其他民歌小調，引起很大反響，使《小女婿》逐步傳唱於江漢平原及鄂中各地。

1952年，省水利廳在京山石龍興建石龍水庫大壩。當時供職縣新華書店的項幺在工地演唱民歌《小女婿》，引起了在京山采風的省民歌采風小組人員的重視，經湖北省音樂專家在京山錢場采風後記譜、整理，載於湖北省解放初期的音樂資料。20世紀50年代後期，天門女歌手蔣桂英在赴武漢、北京舉辦的文藝匯演中，多次演唱此歌，擴大了此歌的影響，使之流傳全國和海外。

《小女婿》湖北民歌的優美代表。成為京山民間文化的瑰寶，它以其優美流暢的旋律、生動風趣的唱詞和對人物形象活靈活現的刻畫，受到了各地民眾的喜愛，成為江漢平原經久流傳、家喻戶曉的民歌。2007年夏，以《小女婿》為代表的京山民歌入選湖北省首批非物質文化遺產保護名錄。2007年秋，在湖北舉辦的「第八屆中國藝術節」中，男聲四重唱《小女婿》獲文化部第十四屆「群星獎」金獎。京山縣文化館改編的民俗舞蹈《小女婿》獲省級獎。

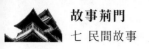

　　「小女婿」是封建社會的產物，「小女婿」現像是舊時代醜惡特徵和當地民俗相互滲透的自然結果。「小女婿」的舊風俗自編歌唱出來以後，當地群眾覺得「小女婿」不是件光彩的事，至此，「小女婿」現象就少了。但是，由這一特定時期產生的民歌《小女婿》卻得以流傳，成了幾乎家喻戶曉的民歌。

▌《小女婿》

　　丫鵲子架幾架耶，（丫鵲子：喜鵲）

　　老鴰子哇幾哇耶，（老鴰：烏鴉）

　　人家的女婿是多麼的大，（女婿：丈夫）

　　我的媽媽啥，

　　我的女婿一嘀嘎呢，（嘀嘎：很小）

　　我的女婿一嘀嘎！

　　說起他一嘀嘎呀，

　　他人小鬼又大耶，

　　我與那旁人說閒話，

　　我的媽媽啥，

　　他橫眉鼓眼啥呢，

　　他橫眉鼓眼啥耶！

　　隔壁的王大媽耶，

　　跑過來勸奴家耶，

　　一年小來兩年大，

　　我的媽媽啥，

　　好壞都不說他耶！

站在那踏板上耶，（踏板：古時放在床邊的踏板）

還冒得兩尺長耶，

我把他拖去喂豺狼，

我的媽媽啥，

他嚇得像鬼汪耶！（汪：哭）

睡到雞子叫耶，

他扯起來一趴尿耶，

把我的花臥單屙濕了，

我的媽媽啥，

他真是一個急著寶耶，

他真是一個急著寶！

▌智賺嘉靖築大堤

明正德年間，漢江流域水患連年，原本修築的大堤早已被大水沖毀，每當洪水肆虐之時，當地百姓被迫四處逃荒，日子苦不堪言。

正德二年，適逢八月酷暑時節。一日，被賜封安陸（現鐘祥市）的興獻王朱祐杬的王妃蔣氏即將臨盆，焦急等待的朱祐杬為平復心緒，便約上純一道人前來府中對弈一番。

這位純一道人，世代居住沙洋，其自幼便在武當山參學道法，據說能上知五百年，下知三百年，是方圓百里的高人。恰好這位興獻王爺重道，便經常與純一道人談論道法，一來二去，兩人交情深厚。

再說回這日兩人下棋，厮殺正酣之時，突然府中來報，蔣王妃誕下一子。純一道人抬頭望天，只見男嬰誕生的鳳翔宮上空一片紅光籠罩，頓時一道彩虹向北方騰空而起。見此奇象，純一道人自言自語道：「上天保佑，江漢百姓有救了！」而這位出生頗具傳奇色彩的男嬰，就是日後的嘉靖皇帝朱厚熜。

轉眼間，這位小王子已至束髮之年。15歲時，其父興獻王朱祐杬離世，年紀輕輕的朱厚熜被冊封為王爺。這日，京城來報，武宗皇帝病重，恐時日無多。此時，京城各派勢力正抓緊活動，預謀對皇位下手。得知這一消息的朱厚熜深知，自己處江湖之遠，不聞朝堂之事，加之勢力有限，奪位一事，恐怕沒有希望，想到此，不禁心中鬱悶。

一天，朱厚熜帶著幾位隨從，順江而下微服私訪。不多時，一行人乘坐的大船在沙洋鎮停靠。

自從興獻王爺離世後，純一道人便回到沙洋老家，於漢江邊建了一座道觀安心修行。雖然他隱遁於道觀中，卻人脈廣博，與京城中的高官也能聯繫一二，他得知朝中為了皇位一事早已是暗潮湧動，並且朱厚熜也在皇位繼承人人選之中。掌握這一重要消息後，純一道人立即與安陸府大總管加緊聯繫，以便從中掌握朱厚熜的最新消息。

要說起純一道人為何對朱厚熜繼位一事如此上心，全因他同情百姓疾苦。他算出這小王爺前途不可限量，恰逢家鄉的老百姓生活貧苦，全因了這條漢江。要從根本上解決這個問題，只需得到皇帝一聲令下，便可迎刃而解。於是，這日，純一道人得知道朱厚熜可能會停靠沙洋，便想試一試運氣。

朱厚熜一行停船靠岸後，途經沙洋江踏街，只見一群人正圍在一處看熱鬧，於是朱厚熜便也走上前去看個究竟。原來人群中間坐著一位道士正在給人測字，圍觀的人群不時驚嘆：「先生算得真準啊！」好奇的朱厚熜往人群裡擠，這一切被純一道人看在眼裡。於是，他走近朱厚熜拱手道：「老道看這位相公面相不凡，可否為您算上一卦？」

朱厚熜自小便受其父影響，同樣痴迷道法。見到眼前這位道人頗有點仙風道骨的氣質，好感油然而生，便隨手在籤筒裡抽出一支籤。純一道人接過籤文，故作驚嚇狀，鎮靜下來說：「煩請相公再抽一簽。」待朱厚熜又抽一簽後，純一道人果斷說：「這一卦我不算了！」說完便趕緊收拾東西離開。

朱厚熜見狀抓住純一道人問：「道長這是為何？我的命如何，不妨直說。」純一故意說：「這位相公，不是我不敢說，而是怕我說的您也不信！」他接

著說道：「相公，我們這一行的大忌是說出十分的真話，否則雙眼會瞎的！」越發好奇的朱厚熜聞言道：「道長放心，你儘管說，我可養你一生。」

聞聽此言，純一暗自高興，這一切都在他的掌控之中。於是，對朱厚熜說：「這位相公，貧道的命不值錢，但你得保證要養活這江漢兩岸的百姓啊！」朱厚熜一聽，心想這裡本就是自己的封地，這裡的百姓當然得我養。於是對天起誓，絕不食言。

純一說：「相公，您方才抽的兩個簽，一個『問』字，一個『王』字。『問』字正反看都是一個『君』字，再加上『王』，正是『君王』啊。您再看，『王』字加一點就是『主』，這是說相公差還一點可以做皇帝啦！」

朱厚熜一聽頓時嚇得面無血色，低聲喝道：「大膽！竟敢胡說！」純一冷笑道：「我早已聲明，如果我說了真話，就會眼瞎！」說完便將雙眼摳出，這一幕將在場的人驚嚇住。朱厚熜滿懷歉意地說：「道長，我將來可以為鄉親們做什麼？」純一答道：「相公，你要起誓，一旦他日登上皇位，一定要將這漢江兩岸的大堤整治好，讓沿江百姓免遭水患之苦！」聽完，朱厚熜對天發誓：「若有一日果然如道長所言，我定會修築漢江大堤，造福一方百姓！」

事後，皇位之爭果然如純一道人預料的那樣，最終由朱厚熜於正德十六年（1521 年）登基稱帝，改年號嘉靖。第二年，嘉靖便兌現自己的誓言，撥出專款重築漢江大堤，在此後的一百多年間，保得兩岸百姓平安。

▌乞丐婆婆救和尚

許家寨有個太陽寺。太陽寺，又名太陽長慶禪寺，位於京山縣大洪山脈許家寨（綠林寨）東南山谷間，是湖北最大皇廟之一（新中國成立前，寺毀，僅存龜碑兩座）。太陽寺院占地面積近 30 餘畝，殿堂僧舍 100 余間，可容僧眾五百餘人。太陽寺作為佛教聖地，千百年來香火旺盛，周圍數百里地香客遊人都趕往太陽寺燒香拜佛，許願求神。

太陽寺不僅香火多而且地也多，周圍的農民都種太陽寺的田，每年秋收，佃戶們交給太陽寺的租谷租麥堆積如山，和尚們過著衣食無憂的日子。飽日

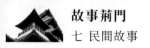
子過久了，和尚們把吃不完的米飯隨便浪費，整碗整盆的剩飯剩菜往路邊、山坡、水溝亂潑亂倒，有的隨著山泉水流掉……

　　寺旁住著一對夫妻，租種了寺裡幾畝地，從未少交過寺裡的一粒租子。後來，男的在瘟疫中死去，留下了一個孤寡婆婆，屋漏偏遭連夜雨，和尚們抽走了她的租地，婆婆的「飯碗」被打破了。婆婆沒有飯吃，走投無路，就去討米。

　　一天婆婆到寺內來討飯吃，看見和尚們把大碗的白米飯吃一半，丟一半，滿地拋撒，哀求他們給碗飯吃。老和尚厭惡婆婆，不但沒給婆婆飯吃，而且喝斥著把婆婆趕出了寺門。婆婆餓著肚子回到家中，悲傷地痛哭了一場，想到老頭子活著的時候，總是把最好的穀麥按時地、一粒不少地交給和尚們，如今他們寧願把米飯丟棄浪費也不願給她吃，以後怎麼活啊？婆婆越想越傷心，欲投河一死了之。

　　尋死的婆婆走到山溝泉邊時，她愣住了，啊！順著山溝流來了很多白花花的白米飯，婆婆趕緊收撿了一些，拿回家中煮了吃。此後，婆婆提著籃子，每天到山坡、山溝收撿和尚們倒掉的白米飯，洗淨曬乾，吃不完就屯起來。

　　後來，一連幾年，天乾地旱顆粒無收。佃戶們沒有穀麥交租，和尚們斷了糧食，餓得把山上的野菜樹皮都吃光了，年輕的和尚們餓跑了，剩下的就幾個老和尚。

　　有一天，老和尚們饑腸轆轆，餓著肚子去化緣，沿路乞討，一粒米也沒化到，餓倒在山坡下。婆婆看見了趕快用倉裡的乾大米飯煮了一大盆讓他們吃，和尚們狼吞虎嚥，一口氣把一盆飯吃了個底朝天。啊！真是香如肉，甜如蜜。不停地向婆婆道謝，唸佛，並問從哪裡弄來的這麼好的大米。婆婆說：「是我從你們那裡撿的。」幾個和尚感到納悶，齊聲說：「我們什麼時候丟過這些大米呢？」婆婆說：「十年前，你們奪了我的佃，打破了我的飯碗，我變成了一個討米佬，向你們討碗飯吃，你們把我趕出了門，我就在山坡、山溝旁撿你們拋撒的大米飯來度日，吃不完就曬乾屯起來。你們每人背一袋回寺去度荒吧。」幾個和尚又是感激又是慚愧地背著大米飯走了。

嚴嵩討米

明嘉靖皇帝朱厚熜還在鐘祥當王子的時候，嚴嵩就已經跟在他身邊伴讀了，所以嘉靖皇帝對嚴嵩很是信任。但嚴嵩卻利用皇帝對他的信任胡作非為，害過不少好人。

常言道「不做虧心事，不怕鬼敲門」，嚴嵩怕他做的壞事日後被嘉靖皇帝曉得，就一直想要嘉靖皇帝給他一張免死金牌。

嘉靖十八年，嚴嵩隨皇帝回鄉葬母，住在鐘祥皇城。到了夜裡，嚴嵩偷偷來到後花園裡，在一棵大樹上，用糖稀寫了四個大字。

第二天，嚴嵩有意陪皇上到後花園散心，他把皇帝帶到那棵有字的樹下，只見那糖稀字上爬滿了螞蟻。皇上好生奇怪，走攏一看，認出四個大字，念道：「誓不斬嵩」。嚴嵩連忙跑到皇上的面前，說：「謝主隆恩！」皇上被他搞糊塗了，問他這是為何，嚴嵩說：「皇上金口玉言，立誓不斬嚴嵩，為臣理當叩謝。」說完，又在皇上面前磕起頭來。皇上連忙扶起，發現自己剛才失言，本想把話改過來，又見是螞蟻聚字，這也是天意，就不再說什麼了。

後來，嚴嵩因為壞事做得太多，果然被人告倒。皇帝要殺他，嚴嵩大聲喊道：「萬歲親口說過『誓不斬嵩』，怎麼忘了？望萬歲看在老臣份上，賜我一個飯碗，臣死也不忘龍恩。」嚴嵩一席話，把萬歲的心說軟了，就叫內侍拿出一個金碗，遞給嚴嵩，將他趕出了宮廷。

嚴嵩愛財如命，得了金飯碗，捨不得賣掉，後來沒有錢吃飯了，他寧願抱著金碗去討米，也不賣金碗。哪曉得，他討米時，每走一家，都把別人嚇一跳，別人見他手裡拿的是御賜的金碗，都不敢惹他，有的朝金碗磕幾個頭，便馬上把門關上。就這樣，嚴嵩整天難吃上一頓飯，不久就餓死了。死的時候，他手裡還緊緊地抱著個金飯碗。

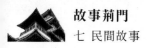
▌無常鬼呵鴉片煙

過去，京山城區中心地帶有座城隍廟，歷史上規模宏大，是城區廟宇之最。城隍廟裡沒有陰曹五殿，但每殿門口修有兩個無常鬼，一邊站一個。傳說無常鬼是專門拿人魂魄的鬼。

清朝晚期，城隍廟旁邊有一個鴉片煙館，館老闆把來呵鴉片的人，分為三等，各等的稱呼不同，有錢有勢的，躺在床上叫姑娘陪點火呵煙的，叫鴉片煙客；有點錢的自己點火呵煙的，叫鴉片煙佬；沒有錢來賒鴉片煙呵的，叫鴉片煙鬼。

鴉片煙客、鴉片煙佬是煙館裡的常客，個個呵得骨瘦如柴，神情恍惚，人不像人，鬼不像鬼，他們特別怕死，常到城隍廟向閻王裝香磕頭，祈求保佑他們長命百歲。鴉片煙鬼沒有錢呵煙，煙癮大又戒不下來，一旦煙癮犯了，四肢無力，鼻涕眼淚一把流，全身上下像有無數的蟲子在啃噬。

一天，煙鬼們想出了一個鬼招，到處說：「陰間與陽間是一樣的，無常鬼也要呵鴉片煙，如果大家不向他進貢，就要拿掉你的魂，大家用鴉片煙膏子塞堵無常鬼的嘴就行了。」以訛傳訛，煙客、煙佬們信以為真，都拿鴉片膏子去堵無常鬼的嘴。

堵來堵去，無常鬼嘴裡的鴉片膏子一直流到肚臍窩裡。鴉片煙鬼每天夜裡便去無常鬼嘴裡、肚臍窩裡刮煙膏，拿回來燒著呵。無常鬼的嘴今天堵滿了，明天又乾淨了，人們都說無常鬼的煙癮真大，只有多堵點。

有個鴉片煙客，早晨空肚子呵醉了鴉片煙，白天迷迷糊糊、昏昏沉沉，晚上到城隍廟進貢，發現幾個鴉片煙鬼在無常鬼身上刮鴉片煙膏子。之後，他告訴別人：「什麼無常鬼的煙癮大，是煙鬼們把煙膏刮去呵了，今後大家不要上當，只要拿煙灰在無常鬼嘴上抹一下，意思意思就可以了。」

煙鬼們斷了鴉片煙膏來路，受不了沒有煙呵的日子，幾天後，又有一招說：「有錢的人做生意可以玩狡猾，敬菩薩半點狡猾都不能玩。哪個不向無常鬼敬貢煙膏子，無常鬼拿走他的魂的話，活該！」一傳十，十傳百，煙客們又去無常鬼嘴裡抹煙膏子，鴉片煙鬼又有煙片煙呵了。

有錢的人仗著無常鬼的「保佑」，以日作夜地吞雲吐霧，由富到窮，傾家蕩產，無錢的人到無常鬼嘴裡摳著呵，貧病交加！日久天長，個個呵得病入膏肓，燈盡油枯，到閻王那裡報到去了。這家死人，那家抬喪，哭的哭，汪的汪。最後人們都說：「城隍廟裡無常鬼真厲害！只要是呵鴉片煙的，管他有錢沒錢，統統把魂都拿走了！」

這個故事從側面深刻揭露鞭撻了晚清吸食鴉片的社會弊端，告誡人們，凡是吸毒的，必然導致家破人亡。

孝子石春耀割肝救母

相傳一百多年前，甘家沖（現栗溪鎮栗樹灣村一組）農民石萬成，娶妻陳氏，生有四子。三兒子生於光緒壬午年（公元 1882 年）四月初九酉時，取名石春耀。他自幼聰明過人，讀過五年私塾，知書達禮，溫恭善良，備受當地人推崇，曾被聘為先生，從教十年之久。他透過自學，懂得一些醫學知識，常在教書之餘上山採藥，為當地貧苦農民治病。

春耀 25 歲那年，母親患了眼病，經春耀精心治療，仍不能愈。治好母親的病成了春耀最大的心願。為此，他常常夜不能寐。

一日雞叫時分，他好不容易剛剛迷糊而睡，就夢見菩薩報夢，說要治好他母親的眼睛，只有一個辦法，那就是在不讓別人看見的情況下，剖胸割下自己的一葉肝，煎了湯端給母親喝下，母親的眼病就能治癒。

醒來後，他又驚又喜，接著便一翻身起床，跑去把夢中的情形告訴了母親。母親堅決反對，死活都不同意。可他此意已決，毫不動搖，只是怕母親傷心，才假裝按母親的意見點了點頭。接著就回到了自己房中，開始計劃割肝的事情。

過了幾天，趁家人到田間鋤草去了，他便在家裡神龕前焚香祈神，後剖腹取肝一指多寬，傷口有三寸長。他用青布包紮後，親自煎湯，並端到田間給母親喝，陳氏不知是什麼藥，便喝了。不久，眼病果然好了。

當時，春耀為不讓家人發覺，還與家人一道在田間鋤草。回到家裡，便支持不住了。母親問他怎麼了，春耀只好實言相告。家人知道後十分感動，也十分著急，便一邊用草藥敷傷口，一邊請符師用符醫治。在家人的細心護理下，傷口慢慢癒合了，卻留下了後遺症。春耀拖著孱弱的身體生活，沒幾年就病逝了。

石春耀的事跡在當地迅速傳開。甲內（相當於現在的村組）首士（組長）方乾一，以及族中長輩石延鬥等人，為宣講其割肝醫母的事跡，揚其孝名，決定為石春耀樹碑立傳，冠以孝子之名。於光緒三十二年（公元 1907 年），請石匠嚴心林刻孝子碑立於衝口大路旁。

一百多年來，滄海桑田。1959 年興修象河水庫，孝子碑被淹沒於水中。1988 年，興修孝子碑泵站時，將碑撈出，後被輾轉多次，一直未立。1998 年 3 月 12 日，羅章元（栗樹灣村一組組長）、石家後人石德甫等人組織村民將碑重立於離原位約 40 米的青龍溝左岸山坡上，以紀念古人，教育後人。

▌平易近人的張自忠將軍

1938 年 11 月，張自忠率部來到荊門。為了安全，他並沒有住在司令部所在地龍泉中學，而是住在龍泉中學以北的白龍山。有時住在山腳下的老鄉劉南家，有時住在山上的白龍觀中，100 多名警衛分住在白龍山周邊的老鄉家裡。

劉南一直記得第一次和張將軍見面的情景。警衛和通信設施佈置好後，警衛員將張自忠將軍帶到了劉南家中，向劉南介紹張自忠：「這是我們的王長官。」劉南恭敬地說：「您老好，是稀客。」張自忠也客氣地說：「不客氣，以後給你添麻煩了。」

劉南單身一人，種十二畝田，早晚到屋後的白龍山放牛。有一天，張自忠上山去白龍觀，見劉南放牛，大聲喊道：「劉老闆，你在放牛啊！」劉回答說：「是的，長官。」「嗯，以後不要這樣客氣。我們來到這裡，是為了打走小日本，保衛國家和你們的家園，得到你們地方和老百姓的幫助，還要

謝謝你呢！」劉南忙說：「不用謝，不用謝！」張自忠邊說邊走，來到劉南跟前拉起了家常，問劉南家裡的情況，問種了多少田，有什麼困難等等。劉南都一一做了回答，並連連說：「長官，家裡沒有困難，沒有困難！」張自忠笑了：「你怎麼又客氣了？」劉南摸摸自己的頭，笑著說：「沒有客氣，長官。」張自忠聽了哈哈地笑了。

劉南不知道「王長官」就是張自忠將軍，因為往來熟了，見了面不僅直呼「王長官」，還常常跑去找張自忠拉家常。這天，劉南又到白龍山上放牛，和往常一樣，把牛丟在山上，就跑進道觀裡找張自忠聊天。張自忠講累了，就躺在道長的床上睡著了。劉南沒什麼別的事，也坐在椅子上休息。

忽然警衛進來報告說：「馮司令上山來了，說有要事報告。」劉南見「王長官」半睜開眼說：「叫他進來再說。」劉南聽說是司令要來報告，吃了一驚，站起來準備出去，只見穿呢子服的馮司令走到床前立正、敬禮，報告說：「報告司令！」「王長官」只欠了欠身子，擺了擺手說：「你先坐下再說吧！」劉南見此情景很不好意思，急步退了出去。邊走邊想，我的媽呀！堂堂國軍馮司令來報告事情，「王長官」竟然連身子都沒坐起來，難道比馮司令還大？平時不知情，還滿不在乎地和「王長官」開玩笑！想著想著，劉南害怕了，趕忙拉牛下山，嚇得幾天不敢露面。後來打聽，才知「王長官」就是張自忠將軍。

過了幾天，看到張將軍來了，劉南怕誤了將軍的事，剛想繞道走，張自忠將軍還是像以前那樣熱情地喊道：「劉老闆，地裡幹活去？」劉南說：「是的，總司令。」張自忠說：「田裡事多，人手夠不夠？」劉南忙說：「事不多，總司令。」又說，「謝謝您老關心。」張自忠說：「不要客氣，有空了，不要忘了去我那兒。」「好，好，我一定去，我一定去，總司令。」

與張自忠和他的部隊住在一起，劉南感到很安全很放心。劉南見部隊穿的、吃的都不怎麼好，但是部隊有時有了稀奇的食品，還送點給劉南嘗鮮。為了還禮，劉南也送些白菜、蘿蔔之類的小菜給他們應一下急。部隊紀律很嚴，經常幫老鄉幹一些劈柴、擔水的家務活，從不白要老鄉的東西。有一天，劉南看見一個炊事兵不知從哪裡弄來一些香菜，說是做湯喝。此事被上級知

道了，立即詢問他。當得知是老鄉送的，不但要他給送菜的老鄉賠付菜錢，還罰他在門前禾場上站半天。當時劉南和老鄉說情也沒用，那個炊事兵硬是站了足足半天。

張自忠將軍在白龍山居住的日子令劉南終生難忘，並且經常講給晚輩和鄉親們聽。

八 傳說故事

▌帶河金蝦

荊門城西有座西寶山，西寶山東麓有座小山崗，山崗上有一口堰塘。從城內望去，這口堰塘有如懸接天上，故稱天心堰。金蝦河發源於此堰，流經荊門城區。

傳說很早以前，天心堰邊住著一位勤勞、善良的年輕人，日出而作，日落而息，過著自給自足的生活。西寶山的土地公公很是欣賞他，有天夜裡託夢給這個年輕人，說他門前的棗樹是打開西寶山的鑰匙，並教給他打開西寶山的方法。

第二天，年輕人醒來後，很是好奇。按照夢中的方法，砍倒了門前的棗樹，沿著天心堰邊的一塊大石轉了三圈，只聽「轟隆」一聲，西寶山開了一個大門。他拖著棗樹進去山門，隨手把棗樹丟在門角落裡，仔細一看，只見裡面金人銀馬，活靈活現，各種珠寶，應有盡有。他正要再往前走，忽然有一個白鬍子老頭拉住他，說：「你知道這是什麼地方嗎？這裡不是你這種人應該來的。你既然進來了，也算是有緣之人，給你一筐蝦子，出去吧！」說著，就把他推了出來。只聽「轟」的一聲，山門又合上了。

年輕人後悔不該把開山的鑰匙放到山裡。他看著筐裡的蝦子，長長的鬍鬚，大大的鉗子，甚是好看，於是他把這些蝦子全都倒進腳邊的天心堰中。那些蝦子一到水裡，一個個金光閃閃，排著隊，沿著堰塘邊游了三圈後，來到年輕人腳下，一起舉起大大的蝦鉗，像是敬禮一樣。然後，這些蝦子順著連接天心堰的小河游進了荊門城。從此以後，荊門城中的這條河裡總有金色的蝦子游來游去，人們就把這條河取名為「金蝦河」。

當然這只是傳說，其實真正追溯金蝦河的來歷，要從明朝說起。

明朝正統年間，荊門城區水渠淤塞。直到正統十年（公元1345年），丁濟任荊門知州，才下決心治理荊門水患。他率領軍民穿越城牆鑿出一條河

渠，引天心堰水進城，繞過鳳凰臺，經過城隍廟、高家橋，然後順著北辰門左側的剅眼頭，排入護城河。這麼一來，古城內有了一條自西向北的河渠，既可排天心堰漫進城的害水，又可排城內生活廢水，極大地改變了古城的環境衛生條件。蚊蠅也少了，病疫不再折磨市民，州城官民無不拍手稱道。

這條河渠在城內曲曲彎彎，像一條綵帶，所以取名為「帶河」。每當早晨太陽升起，帶河波光粼粼；夜幕降臨時，河裡游出一種金黃色的蝦群，立岸看去，好像點點螢火閃爍在水中。這就是荊門「三臺八景」之一的「帶河金蝦」。

後來，帶河年久失修，剅眼阻塞，河水四處漫溢。清朝乾隆九年（公元1744年），因陰雨綿綿，河水猛然上漲，浸坍幾十處城牆，民房傾坍無數，成了一場災亂。乾隆十三年（公元1748年），荊門知州舒成龍再度發動州城軍民徹底整治帶河，挖深、拓寬各五尺，並在河岸用磚石砌築護坡。帶河恢復水清流暢、波光粼粼的原貌。

民國二十四年（1935年），荊門發生特大洪水，使城區和周邊農村遭受重大損失。金蝦河護坡崩塌，河床淤積，兩岸房屋損毀。後來戰亂不斷，特別是日軍飛機狂轟濫炸，荊門城內房屋倒塌，金蝦河河床再次淤塞，沿河街道面目全非。

新中國成立後，荊門城區變化很大，尤其是改革開放以來，城市建設突飛猛進，排水系統不斷完善。金蝦河周邊高樓林立，機關眾多，新的排水系統縱橫交錯。往日的金蝦河已成為歷史，在人們頭腦中留下美好的記憶。

西寶曇光

在荊門西寶山南坡下，有十八個山嘴從西向東羅列成半月形。這十八個山嘴奇形怪狀，各有各的形態，細細看去，好像十八尊羅漢，日夜守護著西寶山。它們有的挺胸，有的彎腰，有的蹲著，有的靠著；有的似乎兇猛的鷹鷲，有的彷彿巨大的蛇蟒。這十八座峭拔崢嶸的山嘴，就是聞名數百年的勝景——十八羅漢坡。

　　這裡經常會出現一種奇異的自然景觀：每當盛夏季節的午後，雷電挾持著一場暴風驟雨咆哮遠去，盛氣凌人的酷暑熱浪躲得無影無蹤，西寶山四周茂密的林木綠得簡直要冒出油來。這時天空已是一片晴朗，荊門城上空懸著一弓鮮麗奪目的彩虹，紅艷艷的夕陽依依不捨地吻著西寶山頭，晚霞聚合在山嶺上空，寶色迷離，瞬息萬變。加之有山下的十八座「羅漢」烘托，恍若佛教神話中描述的西天極樂世界的幻景展現在人們面前。這就是荊門「三臺八景」之一的「西寶曇光」。

　　十八羅漢坡和「西寶曇光」的由來，至今還流傳著一個動人的故事。

　　傳說在王母娘娘舉行蟠桃大會的那天，玉帝去參加蟠桃會，留下金童玉女看守宮殿。他倆自從七仙女下凡後，就嚮往人間，可惜一直沒有機會。這天玉帝一走，他倆樂得心花怒放──好機會到了。借觀花為名，先到御花園逛了一圈，然後各自施展隱身術，出了南天門，悄悄地降落人間。

　　他倆落腳在荊門的馬鞍山。金童選擇了西寶山的山洞居住，後人稱之為仙人洞。玉女在西去二十里的山崗上居住，後人稱這裡為仙女山。他倆早出晚歸，遊山玩水，碰到病人就治病，遇見窮人就施捨，天旱就降雨，為百姓們做了不少好事。

　　春去秋來，一晃三年過去了。這天，不知從哪裡來了十八個奇形怪狀的和尚，原來他們是天上的十八羅漢，王母娘娘開蟠桃會沒有請他們參加，他們趁玉帝出宮之機，想去御花園偷吃人參果，碰巧看見金童玉女偷越南天門跳到人間。他們想，只要找到了金童玉女，便可回去向玉帝邀功請賞，因而他們也跟蹤下來。誰知遲了一步，追到半空就失去了目標，只好到下界東遊西蕩，邊玩邊找。不料三年後的今天，終於在荊門被他們發現了，這可真是踏破鐵鞋無覓處，得來全不費工夫。

　　十八羅漢剛走到西寶山腳下，碰到了金童玉女。於是一個個如狼似虎，將他倆團團圍住，在西寶山上大戰起來。若論道行法力，金童玉女比他們任何一個都強。但他們人多勢眾，以九對一，金童玉女就吃了虧。金童擔心玉女的安危，一不小心，被胖羅漢一腳踢下了山坡。玉女一見金童被打倒，心中一驚，也挨了大肚子羅漢一拳，差點跌倒。

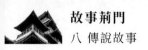
這時眼看眾羅漢蜂擁而上，就要被捉，玉女急中生智，迅速從腰間取出王母娘娘送她的粉盒，撒向空中。一霎那間，空中佈滿了白茫茫的彌天大霧，眾羅漢雙眼都被迷住，一個個目瞪口呆，迷失了方向，只有挨打的份兒。玉女毫不留情，用重手法點倒了他們。

玉女下山去救金童，將他醫治好之後，再上山看眾羅漢時，發現十八羅漢已經自行解開穴道，用金蟬脫殼之計逃之夭夭了。

這裡留下的十八副軀殼，就是現在的十八羅漢坡。玉女當時沒有收完白粉，至今仍然殘留在西寶山上空，每當夕陽西下之時，西邊天空就出現白茫茫的幻景，成為荊門「三臺八景」之一的「西寶曇光」。

▌呂洞賓伏虎白雲觀

白雲觀坐落在荊門市中心城區白雲大道東側、東寶山西麓，東高西低，呈多級臺階狀，占地面積近 2 萬平方米，中軸線上依次排列著山門、白雲洞、斯臺、白雲樓、三皇殿、純陽殿，南北兩側建配殿、招鶴亭、碑廊、屏壁、財神殿、文昌閣等建築。建築物飛檐凌空，鬥拱別緻，石雕工藝精細，內涵豐富，是荊楚地區道教古建築中不可多得的瑰寶。

白雲觀歷史悠久。其所在地最初僅有一洞，名太平洞，始創年代可上溯至張角創建「太平道」的東漢時期。相傳，唐代著名道教人物呂洞賓曾駕白鶴來此一邊修煉，一邊懲惡揚善，民間至今仍流傳著「呂洞賓伏虎」的故事。

據傳，白雲觀附近的南山有個虎牙洞，洞中有大小兩只飛虎精，經常出沒於山林、村莊殘害人畜，方圓數百里的百姓慘死無數。玉帝得知後，為拯救百姓於水火，遂降旨呂洞賓前去降伏。呂接旨後乘白鶴下凡至荊門青龍山（今東寶山）白雲洞暫時棲身，伺機將其除掉。

一天傍晚，飛虎出洞覓食。呂即刻乘白鶴拔劍刺向飛虎，劍中飛虎臀部時金光四射，堅如鋼鐵。正要刺第二劍時，被飛虎一掌擊翻在地。白鶴見狀忙扶起呂駕雲離去，伺機再戰。飛虎撲空，獸性大發，遂騰雲隨後緊追。未追到呂洞賓，也只好飛回虎牙洞伺機報復。

次日，呂飲酒歸途中，遇一妙齡女子哭訴道，父母上山祭拜途中被一陣狂風捲走，下落不明，自己走投無路，望呂將其帶走，並稱願終生服侍，以謝搭救之恩。呂見此女無依無靠，甚是可憐，頓起憐憫之心，答應將其帶回洞中，以後再作打算。白鶴見狀，力勸呂，恐防有詐，但呂善心已定，白鶴無奈，只好依從，一同回到洞中。

其實，那妙齡女子便是飛虎所變。深夜，飛虎見呂和白鶴漸已入睡，就變回原形。呂因白日飲酒過量，起來喝水，猛然發現飛虎，酒意頃刻全無，隨手拔出寶劍與飛虎展開廝殺。白鶴被打鬥聲驚醒，在旁助戰。打鬥中，呂洞賓抓住機會，一劍刺中飛虎腿部，飛虎落敗而逃。白鶴同時也為了保護呂被飛虎猛咬一口，氣絕身亡。呂見白鶴死去，緊抱白鶴傷心至極。待呂從悲傷中覺醒時，飛虎已不見蹤影。

為保荊門百姓的安寧，為替身亡的白鶴報仇，呂把悲痛化作仇恨，直奔虎牙洞而去。悄然入虎牙洞中，發現飛虎已沉睡，呂趁機一劍刺中小虎心臟。另一只飛虎驚醒發現小虎喪命，暴跳如雷，一聲巨吼，與呂在洞中連戰數個回合，經過一場驚心動魄的殊死搏鬥，呂終將飛虎刺死。

荊門百姓為答謝呂洞賓伏虎恩德，在他曾棲身之處——青龍山白雲洞修建了白雲觀以示紀念，每逢初一、十五，設壇燃香供奉參拜。

▌八卦金錢的故事

沙洋縣紀山鎮境內古墓眾多，其中最大的墓地是尖山墓地。在尖山墓地腳下，有一方青石，外圓內方孔，形狀好似古時銅錢，當地人稱之為「八卦金錢」。圍繞這「八卦金錢」有一個美麗的愛情傳說。

有一年，恰好是陰曆二月十九廟會，這一天也是觀音娘娘的生日。這日，玉皇大帝在蟠桃園大擺宴席為觀音賀壽，酒足飯飽後，玉皇大帝興致大發，帶領眾仙下凡，到人間走一遭。只留下一位小仙女獨自看守著蟠桃園。

　　留守的這位仙女自小便聽其他神仙講述過人間美景，心中早已對凡間嚮往不已。這日，見只留自己一人，想來也不會出事，便偷偷離去，來到人間瀟灑一回。

　　果然，初來凡間的仙女立馬被這繁花似錦的人間深深吸引。只見街頭店鋪林立，車水馬龍；田野上，男耕女織，兒童嬉戲，當真是勝過天堂。

　　就這樣，仙女一路遊玩，不知不覺已到日薄西山之時。正在紀山附近行走的她突然聽見不遠處傳來呻吟，循聲找去，只見一個年輕男子靠在石頭邊，滿臉痛苦之色。

　　第一次見到凡人的仙女頓時慌亂不已，正想轉身逃走之時，男子有氣無力地喊道：「這位大姐，能否行行好，救救我！」仙女猶豫片刻，轉身來到男子面前，輕聲問道：「大哥喚我，有何事？」男子見來人折回，便知定會得到援助，高興說道：「大姐，我就是這山中之人。剛剛我在打柴時不小心從山上滾落下來，怕是傷著了腿，還請大姐扶我一把，感激不盡！」

　　聞言，仙女仔細看了看眼前的男子，發現倒是個俊朗的後生。只見他面色蒼白，滿頭豆大的汗珠，恐怕傷勢不輕，便動了惻隱之心。於是，連忙從懷中掏出一枚丹藥遞給男子，說：「大哥快快服下這顆丹藥，興許可以治好你的傷勢。」

　　男子接過丹藥往嘴裡一送，果然，不多時便覺神清氣爽，疼痛全無。他對眼前這位女子感激不盡，便請女子到家中歇息歇息，喝口涼茶。仙女本已對這俊朗後生心生好感，眼見天色已晚，便隨男子一同回到家中。在二人一路閒聊中，她得知這位後生姓劉名大海，自幼父母雙亡，孤身一人生活，靠打柴度日，不免心生同情。

　　不多時便來到男子家中，仙女見家中略顯雜亂，便親手收拾起來。這一切被劉大海看入眼中，記在了心裡。心想，如若能討個這樣的女子做老婆，當真是八輩子修來的福氣。

　　就這樣，郎有情妾有意的二人在同一屋簷下共同度過了七日，此時的二人早已彼此傾心，只求能長長久久在一起。

轉眼間，到了仙女回天宮的日子。而天宮之中也發現有仙女私自下凡並與凡間男子私會之事。於是天庭派遣天兵天將來到劉大海屋前，要將仙女捉拿回去。事已至此，臨走前，仙女送個劉大海一枚八卦金錢，說：「大哥，這個物件你要好生保管，危急時刻可幫你化解脫險。」話音剛落，仙女便隨同一眾天兵天將騰空而起，轉眼間消失不見。

劉大海自與仙女分開後，終日鬱鬱寡歡，相思成疾，不久後便離開人世。而那枚八卦金錢也落入尖山附近，化成一方青石，成為二人愛情的永遠見證。

▎包公斷案紀山寺

始建於隋朝的紀山寺，歷來香火鼎盛。北宋年間，這座古寺卻發生了一椿疑案。

話說這日正值農曆二月十九日，恰逢一年一度的廟會盛事。當地一個叫劉月英的少婦，因為婚後幾年一直無子，於是夫婦二人想趁著廟會拜拜菩薩，求得一兒半女。這日，夫妻二人來到寺中，一路三拜九叩至觀音殿上。此時，劉月英丈夫正欲起身，卻發現妻子不見了蹤影，待尋遍整個紀山寺也沒看見妻子的身影。焦急萬分之下，劉月英丈夫便來到縣衙求知縣大人幫忙尋人。

江陵縣衙受理此案後，一查就是兩年有餘，一直沒有半點頭緒。更讓人意想不到的是，幾年中陸續有許多美麗端莊的女子或少婦前來紀山寺燒香拜佛，卻都有去無回。這事鬧得當地百姓人心惶惶，越傳越奇，終於傳到了皇帝耳中。於是，皇帝下令時任開封府龍圖閣大學士包拯徹查紀山寺婦女失蹤案。

這日，包拯肩挑胭脂水粉等物件，扮成貨郎模樣來到紀山寺。寺中法號慧元、慧本的兩位僧人見狀，立即將他攔阻，道：「你這貨郎好生奇怪，佛門清淨之地皆是修行之人，哪裡有人會買這些女子所用之物，還不速速離開！」

　　包拯見狀，一邊往外走一邊高聲叫賣：「胭脂水粉……」這叫賣聲恰好傳入了被囚禁在後殿地洞裡的劉月英。要說這劉月英怎會在此處，還要慢慢說來。

　　兩年多前，這紀山古寺裡來了三個和尚，師傅名叫劉智公，兩位徒兒法號一名慧元、一名慧本。這三人憑著武藝高強趕走了老住持，留在了這紀山寺。原來這劉智公，出家人是假，採花大盜是真。憑著在紀山寺中出家，竟命人在後殿挖出了一個大密室，機關就設在後殿的觀音座前。見到有點姿色的女子拜觀音，便機關一開，使跪在觀音像前的女子跌入洞中。這兩年包括劉月英等無故失蹤的女子全都被囚禁在這地洞之中。

　　再說這日，身處地洞的劉月英突然聽見有貨郎叫賣，便對劉智公說：「大師，你將我們這群姐妹關在這裡不見天日，我們許久都沒梳妝打扮了，您能不能行行好，為我們買點胭脂水粉，好讓姐妹們打扮打扮。」

　　智公和尚心想，反正這地洞無人知曉，料也無妨。於是留住了正要離去的包拯，買下了一些胭脂水粉。這一舉動不禁讓包拯暗自欣喜，他斷定這古寺中定有蹊蹺。

　　次日，包拯便命王朝、馬漢帶領一眾人馬包圍寺院，命人入殿仔細搜查。

　　智公和尚見狀，不僅沒有慌亂，反而惡向膽邊生，不知使起了什麼妖法，頓時陰風四起，砂石滿天。見此情景，包拯立即下令撤兵。夜晚，正當他伏案苦思之時，夫人李氏說：「依相公所言，這和尚倒似會些邪門歪道，相公何不睡睡遊仙枕，上天入地看看？」

　　李氏這話提醒了包拯，於是立馬擺上香案，祭拜一番，枕上這遊仙枕。上天入地走了一遭，終於來到西天佛祖處。待包拯向佛祖說明來意，佛祖掐指一算，原來是他的一個燈座和兩個香插趁著佛祖午睡片刻，幻化成人，來到這紀山寺，禍亂一方。佛祖喚包拯附耳略說一二……

　　次日，包拯再次帶兵來到紀山寺。囂張的劉智公正欲再施妖法，包拯喝道：「大膽妖孽，私自下凡，危害百姓，還不受降！」說罷拿出前日佛祖給

的降妖袋，瞬間將這劉智公三人收入囊中。隨即又下令護衛展昭、白玉堂帶人入殿搜救出劉月英等被囚禁女子，紀山寺女子失蹤案告破。

姑嫂橋的傳說

大洪山景區屬國家級風景區，綠林鎮綠林寨景區系大洪山核心景區，而姑嫂橋又是綠林寨景區富有感人傳說的一個著名景點。

明朝中期，大洪山一帶有姑嫂二人，她們聰明智慧，美麗動人又樂善好施。畢生積善行德，冬去春來，姑嫂倆做的好事裝滿了一條河，人們把它取名叫「富水河」，姑嫂倆做的好事堆成了一座山，人們把它取名叫「大洪山」。其中，姑嫂建橋的故事，在方圓百里流傳最廣，被傳為佳話。

一天，姑嫂二人到太陽寺去燒香。剛到三步嶺，遠遠地看到一個老太婆獨自在哭泣，姑嫂倆前去安慰：「老人家，您怎麼在這裡哭呀？這裡的風大，小心哭壞了身子呀！」老太婆說：「二個姐姐不曉得，昨天，我家娘屋人託人帶來口信說大兄弟病了，趕清早我想去看看，哪知道前幾年還能跳過這裡，今天一看不行哪！唉，該怎麼辦啊！唉，年年收錢的官府為什麼不在這裡修座橋啊……」

姑嫂聽後，深感同情。老太婆的話也提醒了姑嫂倆：「對！修橋！」

嫂子說：「有了，我把全部的嫁妝和首飾去當了，就是差點也可以再想辦法。」姑子說：「不行，嫁妝和首飾是你娘家的心意，你的爹娘就是不反對，心裡也會不高興。我的嫁妝剛做不久，還是新的，肯定好賣。」嫂子說：「不行，下月你就要出嫁，沒有嫁妝怎麼能行呢？還是由我來想辦法吧！」姑嫂二人，情真意切，各不相讓，誰也說服不了誰，急得快要「翻臉」。

老婦人連忙說：「修路搭橋，積善行德，世人敬仰，萬世銘記。既然你們都樂於助人，老婦不妨給你們出個主意。姑子你建座橋，長一點，窄一點，專供行人走；嫂子你建座橋，寬一點，短一點，好讓牛馬車過。這樣的話，既可以節省開支，保護橋樑，也可以了卻你們的心願，你們看如何？」說完，老婦不見了人影。顯然是仙人指點，姑嫂二人更是堅定了修橋決心。不久，

姑子在谷西建了一座長 6 米、寬 1.3 米的石橋；嫂子在谷東建了一座長 3 米、寬 3.6 米的石橋，兩橋相距 32 米。從此，這條峽谷變成了通途。人們為了紀念她們，把這二座橋取名叫「姑嫂橋」並且編了歌謠，流傳至今：「三步嶺上的姑嫂橋，嫁妝首飾來建造，人間多有姑嫂好，世上不愁無通道。」

天長日久，橋有毀損，當地人又捐資進行了多次的重建，並在嘉慶 22 年間（公元 1817 年）的桂月吉日，在兩橋北端的岩石下，橫嵌了一塊長 2.15 米，寬 0.9 米的石碑，記述了二橋的起因、年代以及重修捐資人的姓名和銀兩金額。後來，這塊石碑險些被撬下偷走，幾經周折，又立此地，雖有破損，但仔細辨認，文字大意猶在。

在兩橋間的峽谷裡，有姑嫂二人的雕像，展示著她們抬石築橋的情景，旨在謳歌勞動婦女勤勞、智慧、善良的美德，更是寄託了人們對美好事物的追求和嚮往。

棺材裡伸出手來

唐朝年間，馬良襄河（漢江中游的一段）邊有個大地主，名叫周遠福。要說這個人，可是當地有名的富人，在小江湖擁有千畝良田，在鎮上開著幾家店鋪，家中房屋成片。然而，他也是個有名的「鐵公雞」，為人尖酸刻薄，一毛不拔。

這年，漢江水患頻發，屋漏偏逢連夜雨，又趕著蟲害肆虐，使得這一代的老百姓生活苦不堪言。眼瞅著一年的收成還沒到手轉眼就要打水漂，周遠福便抓緊向農戶討債。

在眾多被壓榨的農戶之中，有個名叫汪老四的老實人，向周遠福租了幾畝薄田，指望著趕上好收成掙點娶老婆的本錢。只怪天公不作美，一年下來，不僅老婆本沒掙到，反而欠下了不少債。眼見著年關逼近，周遠福天天派人上家收錢，汪老四被逼無奈，唯有四處躲藏。可是跑得了和尚跑不了廟，終於，大年三十的夜晚，周遠福在汪老四家中堵住了他。

見到汪老四，周遠福陰陽怪氣地說道：「老四啊，原本以為你是老實人，誰知你如此不講信用，欠債還錢，天經地義，你就是跑到天皇老子那說，不也得還錢嘛！」

汪老四見狀，委屈地說：「東家，您老人家是知道的，我汪老四不是那沒有良心的人。可今年遭了災，我實在是沒錢了啊！您看我能抵債的東西也都抵給您了，剩下的等明年收成了再還您行嗎？」

周遠福惡狠狠地說：「你這說的是什麼話！人人都像你這樣，那我喝西北風去！我看你身上的這件棉衣還勉強能抵一點錢嘛。」見話已說到這份上，汪老四無奈只好脫下身上的衣服抵債。

待周遠福一行人離去，汪老四對著家徒四壁的茅屋，想著大年三十竟是這樣一番悽慘景象，不禁悲從中來。便仰頭指著天大罵：「老天爺啊老天爺，你是太不開眼！周遠福家產萬貫，壞事做絕，可日子越過越好。像我這樣的窮人那麼多，苦了一年，一點收成不見，還受盡壓迫！我真想找根棍子捅破天，讓你掉下來嘗嘗我們窮苦人的滋味！」

俗話說「舉頭三尺有神明」，汪老四的叫罵聲傳入玉皇大帝的耳中。不食人間煙火的玉皇大帝奇怪道：「灶君，人間還有這等事情，這個汪老四是怎麼回事？」

這位灶王爺，管的就是人間之事，像汪老四這樣的煩心事太多，管也管不來。見到玉皇大帝詢問，趕忙答道：「回稟天帝，汪老四說的不假，請天帝裁決。」

玉皇大帝聽言，心想這人也就是抱怨缺衣少食，這要求不算過分，於是說：「那就給他碗飯吃，給他件衣穿！免得他日後又來罵寡人！」

果然，汪老四得到了天宮的賞賜，從此吃穿不愁。

天宮賜福汪老四的事傳到周遠福耳中，於是等到次年除夕晚上，他也對著上天念叨：「老天爺，汪老四一個窮光蛋，從沒供奉過您，您卻讓他衣食無憂。我可是天天給您上香，你怎的不讓我發大財啊！」

此話傳入玉皇大帝的耳中，他對群仙說：「凡人真難伺候，人人都有要求，不能有求必應就要罵寡人！」於是派一位天神打開天門問周遠福：「我見你豐衣足食，怎的還不知足？」

周遠福說：「大富大貴誰嫌多呀！我想發大大的財！」

天神向玉皇大帝回稟。身旁的一位神仙想了一陣，說道：「這人如此貪心，既然他要大大的財，依臣看，不如就給他一口棺材。」玉皇大帝一聽覺得有趣，便下令照做。

果然，一口棺材從天而降落到了周遠福面前。他見狀便高興地立馬爬進棺材。誰知，進去一看，棺材裡卻空空如也。不多時，棺材蓋突然慢慢合攏。周遠福害怕地大叫：「我不要棺材！我不要棺材！快來人救我出來！」聞訊趕來的家人立馬跑過來將他往外拉，可終於還是沒能將他拉出棺材外。

奇怪的是，雖然家人們聽不到周遠福的喊叫聲，卻看見他的一隻手還伸在棺材外。其中一個人說：「剛剛聽見周老爺一直在喊『錢啊錢』。」知父莫若子，於是周遠福的兒子抓來一把錢，放在周遠福的手掌中，說：「爹啊，我給你送錢來了。」果然，周遠福拿到錢的手立馬縮了進去。

自此，馬良一帶的人便笑稱周遠福是「棺材裡伸出手來──死要錢！」這句歇後語流傳至今。

▌漢江的傳說

作為長江最大支流的漢江，養育了江漢平原一代又一代的百姓。對於這條美麗的母親河，自然也少不了神奇的傳說。

上古時期，江漢平原所處的這個地方叫「雲夢澤」，沒有一條成形的河道，有的只是星星點點的沼澤，以及時斷時流的無數條的小水溝。由於那時的人們過的是刀耕火種的生活，對於大自然依賴程度極高，所以每逢天旱時節，這裡便滴水成金；到了水澇頻發的季節，又是洪水泛濫。

百姓的疾苦終於被玉皇大帝知曉，於是決定下界走一遭。

這天，玉皇大帝在眾仙家的陪同下來到此處，舉目一望，滿是荒涼，感嘆道：「不久前寡人看這裡甚是美好，這沒幾日怎地變成如此模樣了！」

身邊的一位仙人提醒道：「玉帝，您別忘了，天上方一日，地下已千年啊！」

聞言，玉皇大帝長嘆：「時不我待，得加緊想想法子了！」說完，帶領一眾仙人巡視了整個江漢平原。

回到天庭，玉皇大帝即刻找來掌管水利的神仙，請他們出出主意，說道：「造福蒼生，乃我等天職。我想聽聽眾仙家的意見，看如何方能為雲夢澤的百姓解決水的事情。」

天庭上的各位神仙各抒己見，最後達成了一致意見，開挖漢江。然而，在如何開挖問題上，大家又有不同看法。有的說組織老百姓開挖，有的說在上游降雨沖刷後自然形成。一陣討論過後，玉皇大帝決定，派東海龍王帶領手下的蛟龍負責此事，同時派穿山甲配合。

一天夜晚，東海龍王略施法術，天空頓時電閃雷鳴，風雨如注。穿山甲抖擻精神，走在前面，無論山水田疇，都不在話下，不多時，便將這裡的土石拱得鬆鬆軟軟。接著，蛟龍搧動巨大的龍尾，遇山劈山，遇石開石。一陣折騰後，這裡便出現了一條寬闊的河道。站在一旁的龍王施展法術，頓時暴雨傾盆……

一夜酣戰，大功告成。第二天天剛亮，當地的老百姓出門竟然看到一條波浪寬闊的漢江呈現在眼前。從此，漢江兩岸的百姓結束了天乾地旱的苦日子，世代豐衣足食。而這個「龍尾拖出漢江來」的傳說也世代流傳。

▌金雞冢的傳說

沙洋縣曾集鎮金雞村境內，古時有一處土冢，曰「金雞冢」。正因有了這一方冢，保得當地百姓世代安居樂業，福祉綿長。關於這「金雞冢」，還有一段美好的故事。

　　相傳元朝年間，當地來了一對逃難的夫妻，男的姓呂，女的姓郭。由於夫妻二人身無分文，便就地取材搭了個草棚，靠著幾畝荒地勉強度日。不久後的一個夜晚，這對年輕夫婦喜得一子。為了給妻子補補身子，丈夫冒著風雨出門找點吃食。可惜造化弄人，男子這一去便再也沒能回來，只剩得母子二人在家中艱難度日。

　　轉眼過去六年，小孩已漸漸長大，為了補貼家用便在大戶人家裡放牛。而此時的郭氏，由於積勞成疾經常臥床不起。一日，母子二人在草棚前挖地。臨近夜幕時，兒子忽然看見鋤下金光一閃，瞬間飛出一只金燦燦的大母雞，走進一看，下面還有一窩小雞仔和兩枚雞蛋。這下可樂壞了母子倆，於是兒子繼續在原地挖，不曾想卻又挖出了一些碎銀子來。

　　歡天喜地的母子二人將金雞抱回家中，更奇怪的事發生了。這只大母雞白天揣著小雞不動，每天天亮就會產一窩金蛋。每日，兒子便將這些金蛋拿去賣給有錢人，一段日子以後，郭氏母子二人的生活也漸漸寬裕起來，開起了店鋪。

　　此時正值災荒之年，越來越多的難民走上街頭乞討。過過苦日子的母子二人同情這些和自己一樣的窮苦人，便時常接濟左鄰右舍和乞討之人。漸漸

地，一些無處落腳的人彙集在此處安家，形成了一個小小的村落，取名金雞村。

這件事被當地一個貪財的財主看在眼裡，想著何不偷走這幾隻金雞，也來發回橫財。一夜，趁著月黑風高之時，這人來到郭氏母子家中，正欲伸手捉住大金雞時卻被金雞啄瞎了一隻眼。無奈之下，只得抓住一只小雞便溜回家中。

回到家中，這個財主見自己弄瞎一隻眼卻只偷回一只小雞，便氣不打一處來，舉手便將小金雞摔在地上。萬萬沒想到，落在地上的小金雞眨眼間變成了一堆碎金子。財主轉怒為喜。但被母雞啄的傷口卻爛了起來。財主到處醫治，等傷口好不容易治癒時，花的錢正好可以買一只金雞了。人們都說，傷天害理的不義之財是要不得的。

財主心生怨恨找來一位風水先生想破壞金雞村這塊風水寶地。一番察看後，風水先生對財主說：「小人倒有一法可破了此地風水。」財主依照這風水道人的法子，不到十天，在金雞現身之處上下五里修了「向家廟」「興龍廟」「曾家廟」三座廟宇。果如那風水道人所言，三廟建成之日，便是金雞嚥氣之時。

得知金雞已死，母子倆和村民們自發前來刨土將金雞掩埋。巨大的土冢高十米有餘，長近五十米，這就是日後的「金雞冢」。從此，在「金雞冢」的庇佑下，這裡的百姓世代安良，繁衍生息。

如今，金雞村是荊門油菜花旅遊節景觀點之一。每年三月，菜花金黃、麥綠泛青、桃花爭艷之時，她那古老的傳說和美麗的田園風光，吸引著無數遊客來到這裡賞花、踏青。

京山狀元過銅橋

京山縣出過狀元沒有？出了幾個，狀元是誰？眾說紛紜，有的說出過，有的說沒出，還有的說出的不是京山人。流傳廣的，最出名的是過銅橋的武狀元楊正升（今天門市皂市五華山人，以前皂市的五華山屬京山管轄）。

　　過去，京山城內的文廟，大門口嵌有一塊雙龍面，前面是狀元橋。文廟的大門，只有狀元才能進去。楊正升考取武狀元後，來文廟朝拜至聖孔夫子，成為京山第一個過狀元橋走雙龍面從大門進去的狀元。

　　奸臣在皇帝面前告狀，說楊正升是楊令婆的後代，他如果不去拜見楊令婆的話就是不孝，不孝就是不忠。皇帝聽信小人讒言，要楊正升先到海外去拜謁楊令婆，回來後再上任。

　　傳說中的楊令婆長生不老，能知古算今，隱居在海外小島上，要去拜見她，必須要過一道銅橋。這銅橋是魯班親手建造的，人稱銅橋「萬丈高，晃晃搖，八寸寬，在雲霄。」

　　楊正升歷經千辛萬苦來到銅橋邊。看到眼前的銅橋，他痛哭著說：「大鵬過橋要歇腳，看來神仙都難過。我是無能為力越過這座銅橋去見楊令婆的，可回朝也只能是自投羅網，今天只有連人帶馬摔下萬丈深淵來祭橋了。」哭完之後，楊正升擺起香案，焚香跪拜了三天三夜，才端槍上馬，準備跳海祭橋。

　　忽聽空中大喊一聲：「楊將軍休要跳海！」原來是楊正升淚滴大海，香煙沖天，驚動了關公老爺。關公提刀上馬，騰空來到橋頭。楊正升看到關老爺，翻身下馬就拜。關公說：「你快上馬，我來救你，看吾大刀！」說時遲，那時快，關公大刀一揮，幫助楊正升騰空順利地越過了銅橋。

　　楊正升向公關拜了三拜，來到了楊令婆隱居的小島。楊令婆說：「是你感動了雲長，他來相助，一刀把你連人帶馬挑過了銅橋，你自己搬把椅子坐吧，我有話說。」楊正升使盡全身力氣搬不動椅子，楊令婆說：「一把椅子都搬不動，還算武狀元？」楊正升說：「我只有在馬上才顯威風。」說完就上馬用槍挑動了椅子。楊正升坐下，楊令婆端出一簸箕自己脫落的牙齒，叫他拿幾顆。相傳拿幾顆楊令婆的牙齒，就能有幾代人當官。可楊正升翻來翻去只拿了一顆牙齒。最後楊令婆搖頭嘆息地說：「我送你過銅橋回去吧，你只有一代人當官，可惜我楊家與官場無緣啊！」

於是，京山當地流傳開這樣一個歇後語：京山狀元過銅橋──只有一代人的官。

空山洞的傳說

空山洞位於京山縣城南 9 公里處的群山峽谷（七寶山）之中，屬於天然溶洞。幽谷兩麓，林木叢生，山花爛漫，清幽聖境，令人心曠神怡。空山洞洞內空間大，氣勢磅礡；彎道多，曲徑通幽；起伏強，層次分明；鐘乳發育，景觀逼真。洞內石開七竅，泉奏八音，筍柱峭拔，乳花繽紛，泉流潺潺。天造地設四百景，鬼斧神工八千奇。石柱石筍能奇蹟般地發出鐘鳴、鼓響、磬吟，儼然一座大自然的藝術宮殿。空山洞風景區屬大洪山風景區的組成部分，為京山旅遊勝景之一。

空山洞所在的七寶山下有個人口稠密的甘家大灣，傳說這裡住著一位百歲老人──甘運鵬，終生吃齋，好善樂施。一天，一個老爺爺到南山去，走累了，在甘運鵬家門口歇歇腳，看到門前的梨樹上結滿了黃燦燦的大梨，於是向甘運鵬討要梨子吃，一連吃完上十個後，繼續向甘運鵬討要，甘老人說：「要吃的話，您自己隨便摘著吃。」

一會兒，樹上的梨被老人吃的一個不剩。老人揩了揩嘴，說：「感謝你的梨解了我的渴，我手上沒帶多少錢，這樣吧，我教你一門手藝，你們這裡經常發生乾旱，到時可能派上用場。」說罷，眼睛一閉，口中唸唸有詞，抬手一指，手指指向哪裡哪裡便電閃雷鳴，風雨交加。甘運鵬剛把老人的話在心裡默念了一遍，回頭老人就不見了，於是朝天拜了三拜，感謝老人的教導。

從此，甘運鵬說話、做事有了幾分靈氣，找他求雨的人總是：來時乾裂口，去時雨淋頭。

幾年來，當地風調雨順，老百姓過上了豐衣足食的日子。甘運鵬放心地雲游天下。十年後，回到家，還沒進門，求雨的百姓就在半路上攔住了他，請他施法以解旱情，挽救黎民百姓。甘運鵬念動咒語，用手指了幾指，卻總

是不見雨水下來，反覆再指幾次，仍無反應。甘運鵬想了想便對他兒子說：「我到空山洞裡看看，如果洞裡有水出來，你就用木鉤子把水裡的東西鉤上來。」

甘運鵬拿著一把鍬，來到空山洞，只見一條碩大的烏龍攔在洞口睡懶覺，把水死死地擋在洞裡面了。甘運鵬大怒道：「孽畜，還不動身！」哪曉得連喝幾聲，烏龍竟然一動不動。甘運鵬一氣之下，拿起鐵鍬向龍尾剷去，被鏟掉了尾巴的烏龍迅速地游進了洞裡。一剎那，滾滾的洪水從洞中流出，沖垮了洞口的岩石，洪水猛漲，甘運鵬被大水沖走了。

黑水濁浪滔滔而來，一棵一丈多長水桶般粗的烏桕樹在水中上下翻滾，甘運鵬的兒子想起父親的交代，拿著耙子把烏桕樹鉤上了岸，黑水旋即變成了血水。

從此，人們再也沒有看到甘運鵬老人。大家用打撈起來的烏桕樹為他塑造雕像，供在村頭，每逢乾旱，人們便會向雕像求雨，而且有求必應。人們親切地稱雕像為「法灌」老爺，以讚美他不惜以自己的生命換取人們豐衣足食的大愛情懷。

▌樂善好施的仙女

在荊門市掇刀區境內，有個美麗的小村落叫仙女村。仙女村因仙女山而得名。仙女山，山體長 600 米，高 148 米，呈南北走向。仙女山有一段美麗的傳說。

相傳很早以前，仙女山是一個小山坡，坡前有一塊小草坪，這裡住著一個容貌美麗、心地善良的仙女。平時誰也沒有見過她，但誰有什麼困難，需要什麼東西，只要到坡前訴說，馬上就會得到幫助。

村裡有個小夥子，常常為此事感到納悶，總想探個究竟。可老人們都不讓他去，說是仙女見了人是會受到驚嚇的。小夥子偏不信邪，有一天獨自來到坡前，燒上一炷香，輕輕喚著仙女：「仙姑啊仙姑，我們家明天要請客，還差桌椅板凳，今天特來請你幫幫忙。」說著閉上眼睛，跪在地上，拜上三拜。

等到眼睛睜開時，嗬！面前已擺好漆得亮晃晃的八仙方桌一張，長板凳四條。他高興得嘴都合不攏，扛起桌凳回到家裡。

第二天，他又扛著桌凳來到坡前，放好後，說了聲「謝謝仙姑」，就躲在旁邊的石頭後面，偷偷地等著仙姑出現。過了一會兒，坡上冒出了一片雲霧，只見一位美麗的少女，從霧中飄來，小夥子看呆了。仙姑走到桌邊，正準備收拾桌凳，小夥子猛地從石頭後面跳了出來，跪到仙姑面前，邊磕頭邊說：「謝謝仙姑！謝謝仙姑……」仙姑嚇了一跳，見是個凡人，趕忙拂袖而去。一瞬間雲消霧散，仙姑和方桌、長凳無影無蹤了。而小夥子面前的山坡陡然變得又高又大，從此再也沒有出現那位美麗的仙女了。

後來，人們為了紀念這個樂善好施的善良仙女，就將這座山取名為仙女山，在仙女山頂上修建了一座祠，名「華林古院」，祠中有「米、鹽、油」三個小窩專供祠內人員食用。傳說，不管祠內人員有多少，這三個小窩都會自動根據人員的多少增減數量。一天，有位貪心的和尚想多弄一點積攢下來，便請來石匠將三個小窩分別進行擴大。結果到第二天，三個窩中不但沒有了油、米、鹽，而且全變成了水窩。

而今，這三個水窩尚存，警示著那些貪心不足的人們。

▍魯班與王母娘娘打賭

在荊門城北仙居的仙居山（古名靈峰山），有一石崖洞室，洞上有一百步見方的平地，在此建有一寺廟名仙居寺。「仙居」因此寺廟而得名。

相傳公元前四百多年，魯國人公輸班（民間稱之為魯班）受邀到楚國，幫助楚王製造兵器與宋國交戰。宋人墨子（墨家思想的代表人物）前往楚國勸說公輸班，要他將自己的發明用於生產，而非戰事，不然就會殃及百姓。

魯班正在為此猶豫不決的時候，王母娘娘顯靈了，她告誡魯班要聽從墨子的勸告，不能執迷不悟。為了讓魯班痛下決心，王母娘娘就與魯班打賭，讓他在楚國境內的靈峰山（今東寶仙居）與香爐山之間修一座橋。如果他修

橋成功便可以位列仙班，輸了的話，就永世不得製造兵器。魯班聽聞甚喜，這樣既可以展現他建築工匠的天賦和才能，又可以成為仙人，於是欣然同意。

工期如火如荼，時至寅時，僅僅欠缺三塊石材就大功告成了。魯班在靈峰山的山腰上尋覓了三塊巨石，這三塊石頭形態方正，六面平整光滑，乃建橋良材，只是苦於搬運。魯班於是拿出自己的「金扁擔」，挑起兩塊巨石，而剩下的一塊卻落下了。時間一分一秒地過去，魯班來不及細想，貪婪地將剩下的一塊巨石也夾在了腋下。

誰知道此時的一幕恰恰被王母娘娘看見，她擔心魯班找來石材建成橋樑，情急之下，隨手拿起身邊的簸箕抖動，嚇得人間滿籠子的雞咯咯直叫。寂靜的夜空突然被雞群的叫聲劃破，魯班下意識地一抖，他腋下的巨石首先滾了出去，隨後扁擔上的兩塊也滾了出去，掉下了山。

這三塊立體方正而又平整光滑的巨石順著山坡一直滾到了靈峰山的山腳下，至今仍在。雖然時隔多年，巨石上殘留著歲月的痕跡和汙垢斑斕，但由於石塊平坦矩正，加之形態龐大，錯落有序，仍然特別醒目。可能因為當時巨石掉落時的高度有所不同，故而「三兄弟」也被摔得兩個在前，一個在後。後人稱這「三兄弟」為魯班石。

因為巨石的掉落，魯班肩上的「金扁擔」也飛到了對面香爐山山腰的一片雄偉的石群裡。由於龐大的石群裡有著各式大小的間隙，「金扁擔」也插進石群的縫隙裡不見了。如今，香爐山山腰上的那一片石群依然矗立在原地，放眼望去，巍峨高大，雄偉壯觀。時逢晨曦，或時值黃昏，會隱隱約約閃現出一道絕倫的「金色光影」，形似扁擔，據說僅有緣之人才能偶爾瞧見。

最終這場賭注因王母娘娘暗中干預，魯班沒有贏，他覺得是天意，應該聽取墨子的建議。所以，他將自己的發明用於生產，造福人類。後來，魯班成了真正的「木匠祖師」，流芳百世。

時至唐朝，後人為了紀念魯班，在靈峰山建造了寺廟，這就是後來的仙居寺。

美人潭的傳說

京山美人谷景區是綠林山景區的核心景區之一，位於綠林鎮東南的萬福大峽谷之中，面積約 23 平方公里，全長 2 公里，由 20 多處景點組成。沿途驚世駭俗的丹霞地貌、童話般的夢幻景觀，罕見的瀑布群讓人大開眼界，流連忘返……這裡被譽為「人間瑤池」「鄂中小九寨」。

在美人谷中，有一個煙籠霧繞、清澈無瑕的美人潭，潭不大，卻深不可測。美人潭邊，有一塊望美石。這裡流傳著一個無限淒美的民間傳說。

相傳很久以前，向沖河上游村莊裡有一位聰慧善良、貌若天仙的少女，她每天來到水潭邊沐浴梳妝，神奇的潭水讓她越洗越漂亮，村裡的男人都稱她「小美人」。她聽了總是甜甜一笑。無獨有偶，村裡有一位小夥子生得英俊瀟灑、儀表堂堂，他也每天來到潭邊讀書、舞劍，撈魚摸蝦。天長日久，二人互生情愫，相知相愛了。男的說，我愛你愛到潭枯石爛；女的說，我愛你愛到地老天荒。

可是月有陰晴圓缺，人有悲歡離合。就在這一年，恰逢王莽在天下普選秀女，小美人自然被選中了。她早就聽他的情郎哥哥說過，王莽篡奪了漢室江山。美人心想，自己早已與情郎訂下終身，寧死也不願意嫁給這個歹毒的皇帝，於是連夜逃進了美人谷裡。

小美人逃進美人谷裡以後，半夜時分觀音娘娘託夢給她，叫她吃下洞口佛臺上的一顆仙丹，就可以躲過此次劫難，她在迷迷糊糊中聽錯了，吃了七顆仙丹。當她昏睡了七天七夜後走出洞口的時候，才知道洞中方七日，世上已千年，人世間早已改朝換代了，而她的情郎早已變成了一尊滿臉滄桑的石雕像。

原來，當年的情郎哥哥聽說小美人被長安來的官差帶走了，痛不欲生，義無反顧地投奔綠林山，跟隨王匡、王鳳起義造反。幾年後，他殺進長安，殺死王莽，可是找遍整個長安城，也找不到自己心愛的美人，只好回到潭邊等待著奇蹟的出現。千年過去了，他把自己站成了一座石雕──望美石。這望美石，稱得上千古情聖。

小美人千般感動萬分憂傷，決心終身不嫁，天天伴隨在情郎身邊。現在，每逢霧氣朦朧的早晨或是傍晚，在美人潭邊都可以見到美人的影子，面部輪廓清晰可見，柳葉眉、李子眼、櫻桃小口一點點。

現在，在京山縣政府的打造下，美人谷景區成為綠林山景區的核心景區之一，而美人潭景點成為人們尋找愛情、見證愛情、情定終身的福祉之地。

新羅泉和比目魚

京山縣宋河鎮附近有座芭蕉山，山腳有座芭蕉寺。過去這裡有一叢叢翠竹，一樹樹芭蕉，還有奇形怪狀的各種石頭。旁邊山頭上有根高高的石柱像人形站立，遠望東方。山腰有一股很大的泉水，叫新羅泉，曲曲彎彎，流向東方。據說，這水裡有一種奇怪的魚，當地人把它叫「半邊魚」，書上叫「比目魚」。這一切，聽說與古時候的新羅國（現在韓國）有關係呢。

唐太宗年間（公元 627—649 年），中國與新羅國為友好鄰邦，兩國之間交往很多。有一年，新羅王派自己的太子隨一名國僧到中國學習，唐太宗吩咐他們來南方的這處山中禪院立身。二人來此後，國僧學佛教，太子學農商，他們立下決心好好學習，多帶些知識回國。

新羅太子很熱愛自己的故國，把從家鄉帶來的芭蕉苗栽在山上，好讓自己看到芭蕉就像看到了家鄉。日子一天天過去了，山上的芭蕉長成了一大片。太子在緊張的學習之餘，望著芭蕉出神，望呀望呀，一顆心飛到了萬里之外的故鄉。太子的心意被南海觀音知道了。一天夜裡，太子在夢中看到觀音駕著荷花雲來到這裡，賜給他一柄石手杖，留下話說：「石杖開石鎖，石鎖兩頭搖。」第二天，太子拿著石杖，滿山尋找石門，找到一處亂石成堆的地方，用石杖戳了幾下，只見石頭鬆動處，一股清泉湧了出來。太子大喜，忙捧起泉水連喝了幾大口，品品味道，原來和家鄉的泉水一樣，美極了！以後，太子每天來這裡取水飲用，還給泉水取名觀音泉。有了這股和家鄉水一樣的泉水，太子的心得到了不少安慰。

一天，太子來取水時，發現水中游動著一條魚，望著太子搖尾戲水，特別可愛。太子用手去捉，誰知那魚直往他手心裡鑽。他撈起來帶回去，下鍋之時，他想到年老的母親，不知現在身體如何，自己身負學習重任，還不知何日才能見到她老人家。想到這裡，他不由拿刀將魚從頭到尾劈為兩半，只煎吃了一半。他提起另外半條魚，來到觀音泉邊，把魚放在水中，含淚低聲說道：「魚啊魚，我離家鄉多年，暫時還不能回去，我請你順著這條水，游到我母親身邊去吧，老人家見了你，就會明白我的心。」話音剛落，那魚真的擺了擺尾巴，順水遊走了，游到附近的富水河，又順河游到長江，一直游到新羅國的海裡去了。

再說這魚游到新羅國，太子的母親見它長得奇巧，就撈起來帶回家中。半夜裡，她夢見了太子，隱隱約約聽見太子的聲音在叫她：「母親！母親！」她驚醒後，發現竟是那條魚在叫喚。母子的心都連在這魚兒身上了。她把魚捧在手心，念兒之情化作一滴晶瑩的淚珠，滴在了這魚只剩一顆眼睛的邊上，一動也不動。她把魚又送回了海水中，那顆淚珠馬上變成了又一顆眼珠。魚兒對著母親擺了擺頭，悄悄遊走了。以後這魚兒一直生活在淺海裡，成了現在的比目魚（又叫偏口魚），長著一副扁平的身子，一側平臥海底，另一側長著兩隻眼睛，人們見了它，非常喜愛。

太子「劈魚探母成比目」的故事，千百年來一直在這裡流傳。人們說，他的石手杖飛到山頂變成了人形，那是他在日夜眺望故國。芭蕉山因此又叫做石人山，觀音泉又叫做新羅泉。太子的墳塋今天還可看到。每逢夜深人靜，雨露降落，那蕉葉上滴滴答答的聲音，好像新羅太子在與親人輕聲細語。人們稱這片風景為「芭蕉夜雨」，成為京山八大名景之一。

▌興雲作雨小白龍

相傳大禹治水之時，荊門盤踞著兩條小龍，分別是東海龍王之子青龍和西海龍王之女白龍。它倆趁全國水路暢通之機，相約私奔，來到荊門，將荊門變成一片澤國，鬧得這裡的山神土地無法安身。眾地仙於是聯合起來向玉

皇大帝奏了一本，玉帝傳旨命呂洞賓前往荊門降伏雙龍，令其退走洪水返回龍宮。

呂洞賓立即駕著白鶴，來到荊門上空，向二龍喝道：「青白二龍聽旨：玉帝命你二龍，立退洪水，返回龍宮，不得拖延，違令者斬！」誰知青、白二龍不但不聽聖旨，反而火冒三丈，喝斥道：「呂洞賓，你這專門討好賣乖的卑鄙小人，有什麼資格在你龍太子面前發號施令，難道我青龍怕了你不成？有本事你就下水來與我大戰一場！」

呂洞賓大喝道：「你這不知天高地厚的無知小輩，膽敢不聽聖旨，違抗玉帝命令，若非看在老龍份上，定斬不饒！」

青龍聞言，躍出水面，與呂洞賓大戰。不到三個回合，他的青龍寶劍，被呂洞賓斬為兩段，接著呂洞賓又一劍將其龍角斬斷一只，青龍嚇得魂飛魄散，跪在水面求饒。

呂洞賓本極仁慈，念青龍年幼，下令道：「從今以後，你就住青龍山（今東寶山）下不準東遊西逛，將水患治好，讓百姓安居樂業，眾山神土地各就各位，只準你造福地方，不準危害百姓，如不遵命後果自負，我將住山下常年監視你的行動。」

白龍在青龍受制之後，逃往雨山。呂洞賓處理好青龍後，立即趕到西寶山。白龍早已嚇得魂不附體，見呂洞賓趕來，立即跪下求情道：「請大仙饒命，小龍一切聽從處置，絕不違抗。」呂洞賓見龍女嚇得面色煞白，撫慰道：「公主莫怕！我不會傷害你，青龍我已寬恕了，讓他在青龍山下戴罪立功，為民造福不回龍宮了。對你要求也一樣，就住在雨山，為民造福，將來一定得到善報。」

二龍從此就在荊門定居下來。

後來，荊門兵禍連年、賦貢纍纍，壓得百姓喘不過氣來。荊門父老聯名請求減賦薄貢，不料觸犯了天庭，玉帝責罰乾旱三年。眼看稻禾焦枯，田地龜裂，百姓們無可奈何，只好以虎腦骨投擲山中，禱雨遙拜，請在雨山修仙的白龍施雨。

　　白龍為救荊門萬民於火熱之中，冒著毀棄千年修行之功和斬頭的巨險興雲作雨。瞬間，穀雨並降，雨滿田垅，穀物成山，荊門百姓得到了拯救。後來白龍為了躲避玉帝的追殺，逃進了海慧溝旁的溪谷深處。

　　人們為了紀念捨己救民的白龍，把這溪谷命名為白龍潭，把山命名為白龍山，並在山上建白龍寺、霖蒼觀、甘雨亭，書「白龍神潭」鎸於石壁，朝夕香火供奉。

鴛鴦溪的傳說

　　京山縣綠林鎮的鴛鴦溪緊傍綠林寨，是綠林寨景區的國家一級景點。鴛鴦溪水流淌在山高嶺峻、峽谷險幽之間，水碧林翠，鳥語花香，有「九曲鴛鴦溪、十里水畫廊」之稱。漂流河段全長 6.7 千米，為探險漂流聖地，被譽為「中華第一漂」。鴛鴦溪的由來，有段美麗動人的傳說。

　　相傳在許家寨（原名太陽山，為紀念許真人生前的功德而改名）的山坡上，住著一位許真人和一條青龍。他們在此修煉道法，但青龍好逸惡勞，急於求成，有一日它偷偷跑到天界去偷飲「瑤池」的仙水而惹惱了玉帝，玉帝大怒，罰三年不給楚地降雨。天乾地旱，百姓顆粒不收，苦不堪言。許真人決定替百姓懲治青龍，他將青龍捉住鎖在山腰的青龍亭上。青龍痛定思痛，決意痛改前非，懇求許真人放了它，以便繼續修煉。許真人同意了他的請求，但提了一個條件，就是要求青龍在一夜間造出一百條河流，以緩解旱情，造福黎民百姓。

　　天快亮時，青龍已造出九十九條河流，即將大功告成時，青龍發現有一對鴛鴦相擁熟睡在其爪下，青龍不願打擾它們的美夢，於是繞開它們，修了一條「幾」字形的河道，也就是今天的鴛鴦溪。湊巧的是，「幾」字形的兩條溪，它們的長、寬、形以及流速、流量、流向幾乎是一模一樣，站在高處俯視，宛如一對恩愛的鴛鴦在雲海裡嬉遊。為了紀念青龍立功贖罪的經歷，當地人便把「幾」字形的兩條溪水起名為象徵幸福吉祥的鴛鴦溪。

　　鴛鴦溪剛柔並濟，疾緩相間，時而寬闊，時而狹窄，時而深不可測，時而清澈見底。沿途大小觀賞景點數十處，山隨水動，景隨船移，一步一景，美不勝收，令人流連忘返，嘆為觀止⋯⋯

九 美食故事

▌鐘祥盤龍菜

鐘祥盤龍菜又稱卷切、蟠龍菜。它紅黃相間，肥而不膩，柔滑油潤，味香綿長，系明朝宮廷御膳佳餚。盤龍菜首創於湖廣安陸州（今鐘祥）興獻王宮邸，為宴席上的美食上品，是當地名優土特產品之一。

關於盤龍菜的傳說很多，而在民間流傳最廣、認可度最高的是有關嘉靖繼位的故事。

相傳明正德十六年（公元 1521 年），明武宗朱厚照駕崩，無子繼位，遵奉「兄終弟及」之祖訓，是立湖廣安陸州已故興獻王朱祐杬之子朱厚熜呢？還是立壽定王朱祐搘、汝安王朱祐梈呢？最後，由孝皇張太后主傳懿旨，將武宗的遺詔發往安陸州的同時，也給居住在德安的壽定王朱祐搘、衛輝的汝安王朱祐梈發了遺詔。三詔齊發，太后命三人「先到為君，後到為臣」。

朱厚熜接到遺詔後，有悲有喜有驚。悲的是皇兄晏駕新崩，啼泣號恸；喜的是奉遺詔即將恭膺大統，君臨天下；驚的是安陸州距京城 3000 多里，德安和衛輝距京城僅數百里，以三千之遙對數百之近，何以先到？

正當他急得手足無措之時，卜師嚴嵩獻計說：「唯世子（朱厚熜的尊稱）假扮欽犯，穩坐囚車，方能日夜兼程，既無人敢阻，亦無人迎接，不過 20 日便可到京都。想那壽定王、汝安王，自以為路近無憂，必大張旗鼓，各地官員必爭相迎送，20 里一小宴、30 里一大宴，如此定會延宕。」

直說得朱厚熜手舞足蹈，為了當皇帝，也不在乎臉面好看不好看了。忽然，他想到了坐囚車必吃那囚飯，囚糧粗食何以下嚥？若不吃囚食，萬一被人看出破綻，或故意作奸，或中途加害，不僅帝位付諸東流，而且身家性命難保。

朱厚熜的擔憂讓他的心腹們認識到此事舉足輕重，不能不慎。經過磋商，於是給全城廚子下了一道諭令，命 20 多位廚子即刻進府連夜做出一種「吃

肉不見肉」的菜餚，做得出來，重重有獎；若做不出來，滿門抄斬！二更之內，廚子們全部聚齊，盡數集於側宮廚廳之內，因關係全家人的身家性命，人人不敢馬虎，個個絞盡腦汁，怎奈題目太難，只有長吁短嘆，眼看月過中天，時近四鼓，仍然沒有個頭緒。

廚子中有個叫詹多的紅案師傅新婚宴爾，忽遭這等冤禍，正傷心不已。他的妻子見他久出不歸，怕他餓了，遂拿了幾個蒸紅薯來讓他充饑。詹多正為做不出「吃肉不見肉」的菜餚而煩惱，哪有心思吃紅薯，夫妻倆在推讓中把紅薯皮弄破了，露出了白薯肉。詹多頓時眼睛一亮，大叫「我有辦法了」。

眾廚子圍了上來，詹多如此這般地細說了一遍，廚子們聽了拍手叫好。於是他們取白膘豬肉、精瘦肉與魚肉等分剁成肉泥，用食鹽、香蔥、生薑為佐料，用澱粉雞蛋調和均勻，再用紅薯皮包裹蒸熟，其形同紅薯，而實為肉肴。於是，朱厚熜就靠吃「紅薯」就食於囚車，風餐露宿，快馬加鞭，第一個趕到北京，登上了金鑾寶座。

嘉靖二年，朱厚熜懷念「紅薯」的味道。詹多廚師又奉旨進京，再對「紅薯」進行改進，做成了一尺半長、一寸半寬、七分半厚的圓筒，包裹的薯皮也換成了用雞蛋黃和食用紅色素調出的雞蛋皮，蒸熟後涼透備用。想吃的時候，切成薄片，盤於碗中，復蒸一遍，倒扣入盤，紅黃相間，宛如龍形。如此一改，色、香、味俱佳，嘉靖更是鍾情，正式定名為「蟠龍」御菜。此菜又因為先卷後切，又俗稱「卷切」，後來，人們在盤子裡將其擺放成龍形，又名「盤龍菜」。

盤龍菜的吃法有很多種。一是將其切成薄片，蒸熟後蘸醬油、醋、蔥花吃；一是切成一分厚片上漿，大熱油落鍋炸成金黃色起鍋，再蘸醬油、醋、蔥花吃；一是切成薄片放在火鍋湯裡，和其他菜一起涮著吃。總之，你還可以發揮你的想像力，創造出其他花樣翻新的吃法。

長湖魚糕

　　後港長湖魚糕已有數千年歷史，因其外黃內白、色澤明亮、細膩柔軟、香滑有彈性而成為頗負盛名的美食。關於它的來歷，也同樣有著一段美好的傳說。

　　相傳遠古時期，舜帝帶著兩位愛妃南巡，其中姐姐就是傳說中的湘妃。不料，南巡路途中，因車馬勞頓，加之水土不服，湘妃忽然病倒，滴水不沾，夜不能寐。不出幾日，一個美人轉眼憔悴似個老婦人。恰好舜帝一行人來到巫後港一帶，見到此處人丁興旺，便安營紮寨於此，同時命隨行巫醫為湘妃診病。

　　然而，幾服藥過後，湘妃的病仍不見好轉，依舊茶不思飯不想，這可急壞了舜帝。一日，隨行的一位大臣對舜帝說：「臣聽這裡的人說，本地有一名大廚，他做出的菜餚天下無人不愛吃。不妨請他試一試。」舜帝當即命人請來這位大廚，對他說：「湘妃病體難痊，今日命你做出一道菜讓愛妃吃上幾口。」說罷命人拿出一百兩白銀和一把軍刀。

　　聰明的大廚頓時明白此次前來，如果不能如舜帝所願，便只能一命嗚呼。冥思苦想一番後，最終決定做一道他的拿手菜，至於結果只好聽天由命。

　　於是，大廚命人到長湖邊打上大白鱗魚，取其腹部鮮肉去刺，配上肥豬肉、雞蛋等佐料，再配以蔥白、蛋清、澱粉、生薑，將一眾食材攪拌成泥狀，最後用薄面皮將肉泥裹起成扁圓條狀。此時的大廚細想，既然是給皇家做菜，還是配上紅、黃二色為好，便又在肉條表面塗抹紅、黃兩種顏色。待將肉條放入蒸鍋中蒸熟後，取出切片，裝盤勾芡，這道菜便完成了。

　　大廚將菜呈送湘妃品嚐，本是臥倒在床的湘妃見到盤中食物五顏六色好生驚訝，還有一股清香撲鼻而來，頓感稍有食慾。於是，湘妃拿起筷子夾了一片送入口中，只覺這食物入口即化，滿嘴的魚香，便一連吃了好幾塊。

　　一連幾日，湘妃頓頓都想著要吃這道菜，不知不覺竟慢慢康復起來。從此這道用長湖魚做成的糕便得「魚糕」一名，這裡的人更是用「食魚不見魚，

逢餐不離糕」來評價長湖魚糕。當然，因為這道菜被湘妃喜愛，因此也被叫做「湘妃糕」。

春秋戰國時期，楚莊王也同樣喜好食長湖魚糕，特命人將會做長湖魚糕的師傅請到宮中為自己烹飪。因此，長湖魚糕又得了「楚糕」一名。

後世的宋徽宗、乾隆皇帝也是長湖魚糕的愛好者，乾隆皇帝吃完後脫口說道：「食魚不見魚，可人百合糕」，於是長湖魚糕在清代被叫做「百合糕」。

再後來，歷史悠久的長湖魚糕開始被外國人接觸，不少異國食客品嚐後更讚歎不已，因此聯合國特意為長湖魚糕頒發了「聯合國健康食品基金會人文進步獎」。來自後港的長湖魚糕真可謂譽滿天下。

▌太師餅

太師餅又名茶花點心，是荊門市的一種傳統名點，已有近千年的歷史，相傳為南宋理學家陸九淵任荊門知軍時所喜愛。此餅以精粉、熟豬油揉合為皮，麵粉、熟豬油為酥，再用熟麵粉、砂糖、桂花、橘餅、桃仁、冬瓜糖為餡，經擀皮包餡成形後，入溫油中氽炸而成。吃一口酥鬆清香，綿軟不膩，風味別具一格。

關於太師餅，至今仍流傳著一段與陸九淵有關的佳話。相傳陸九淵在荊門為官，深受朝中老太師的器重。陸九淵每次進京，老太師總要邀請他到府邸，一邊品茶，一邊吃糕點，探討學術方面的問題。離開京城時又饋贈宮廷的膳點，讓陸九淵帶回荊門，分贈他人。太師最常贈予的是茶花點心，陸九淵非常喜愛，除自己品嚐外，還常將這種點心當作禮品送給自己的親朋好友。為銘記老太師對他的關愛和深情厚誼，陸九淵將茶花點心改名為「太師餅」。

荊門所處的軍事地理位置顯要，自古以來就是兵家必爭之地。陸九淵剛到荊門時，發現這裡沒有城牆，明顯缺失堅固的防禦能力。而駐軍的管理混亂、民風荒蠻、盜匪蜂起，著實讓他憂心。思量再三，陸九淵上奏了《與廟堂乞築城札子》，極言荊門軍事要地的重要性，請求朝廷撥款修築城郭。與此同時，也不管朝廷款項到不到位，當年十二月初四，緊急啟動築城工事。

由於資金缺乏，人手不足，他在廣泛發動民眾投入築城勞動的同時，帶領妻兒老小投入勞動。此舉立即博得了民眾的稱讚。

築城工事過半，陸九淵累倒了，血疾再發，休整了兩天病情好轉。第三天，陸九淵召集各分片管事頭人議事，拿出從京城帶來的「太師餅」招待大家，並說明了「太師餅」的來歷，大家非常感動。不過幾天，幾位志士叫本地糕點師仿照做出了第一批荊門「太師餅」，送過來給他品嚐，陸九淵喜出望外，大加稱讚，下令分發築城將士和民眾品嚐。築城隊伍歡呼叫好，情緒高漲。

由於計劃周密，統籌兼顧，眾人齊心協力，經過二十多天的奮戰，一道周長約 3000 米、高 7 米的城牆宣告完成。原來預算需要二十萬緡錢，只用了五千緡錢，只是預算的四十分之一。城郭完成不久，朝廷撥付的三萬緡錢工程款才下來。不過，也正好解燃眉之急，陸九淵用這筆款進一步地完善了城樓、護城河、角臺、兩扇小城門、觀敵哨樓、沖天渠、荷葉渠、護險牆等附屬設施。這樣一來，整個荊門城郭防禦系統非常完備，頗為堅固。

陸九淵很高興，揮毫潑墨，將大南門定為「南薰門」，取古代虞舜《南風歌》中的「南風之薰兮，可以解吾民之慍兮」之意；又將文廟前的小南門定名「鳳鳴門」，取《詩經》中《大雅·卷阿》中的「鳳凰鳴矣，於彼高崗」之意。

荊門城郭從此屹然矗立於江漢之間，治內百姓扶老攜幼蜂擁而來，爭睹風貌。直到年關，還有很多人特意趕來參觀。在如此短的時間裡，在沒有增加老百姓經濟負擔的前提下，能建成這麼一座高規格、高質量的新城郭，真是不可思議！

千百年來，人們一提到荊門古城郭，就唸唸不忘陸九淵的功績。今天，人們品嚐「太師餅」的時候，一定不會想到這種「餅」蘊含著「官與民」血濃於水的情感力量，它見證了二十天內造就荊門城郭的歷史。

八角雪棗

八角雪棗因產於荊門市東寶區子陵鋪鎮八角街而得名。雪棗外形如棗、色白如玉、銀絲滿腹、入口即化。它是明末清初八角街上民間老藝人劉之芳首創，是具有濃郁地方特色的傳統食品。

據《東寶文史集萃》上記載，民間藝人劉之芳攜家帶口，從江西吉安府吉水州玉石橋牧種玉村，遷到現東寶區子陵鋪鎮八角村。劉之芳利用當地盛產的優質糯米，憑藉本人高超的食品生產加工技藝，經多年試驗和潛心鑽研，開發出一種適合大眾口味的傳統食品——八角雪棗。八角雪棗生產工藝已傳承了十幾代人，地域流傳十分廣泛，社會影響久遠。

關於八角雪棗，民間有一段傳奇佳話。明朝末年，江南有八個書生赴京趕考，經過八角，盤纏耗盡，得到雪棗名師劉氏解囊相助，才得如期進京應試。八個書生進京後，均名登金榜，一舉成名。衣錦榮歸時，為感劉氏恩義，專程到八角建造八角亭，聊表贈金之報，從此八角雪棗聞名遐邇。到了清乾隆二年（公元 1737 年），乾隆皇帝出巡江南，慕名來到八角，親口品嚐劉氏雪棗後，大加讚賞，欽定為歲納貢品。從此，八角雪棗譽滿天下，製作技藝更是廣為流傳。

八角雪棗有大小兩種，以優質糯米蒸熟搗茸，加上黃豆、石膏粉以及白糖等配製成坯，經發酵膨化，曬乾，再用小磨麻油炸熟，裹以酥衣，色白如玉，雪亮晶瑩，外形如棗，內似銀絲鏤空。其皮薄瓤松，落口清甜，酥脆爽口，吃後回味無窮，為男女老幼喜愛之佳品。

如今，八角雪棗繼續延續著它的「美譽」。20 世紀 80 年代，在湖北省名物產品評比會上被評為全省同類產品第一名，被選送北京參加過中國首屆食品博覽會，還曾遠銷廣東、港澳臺等地區，深受國內外客商歡迎。20 世紀90 年代，在鄂、豫、川、陝毗鄰地區及江漢平原協作區的經濟文化交流會上，八角雪棗被評為最佳產品，還被國務院發展研究中心管理世界雜誌列入《中國企業產品薈萃》一書。2004 年，八角雪棗榮獲湖北省首屆農業博覽會名優

特獎。2005 年，又榮獲省農博會金獎。同年 12 月，榮獲全國食品博覽會、綠色產品博覽會金獎。

八角雪棗是荊門地區特有的、具有濃郁地方特色的傳統食品，這門傳統的食品生產工藝已有 400 多年，是荊門非物質文化遺產中的瑰寶。2012 年 1 月，荊門市將「八角雪棗」命名為第二批市級非物質文化遺產，就是為了對這門有著悠久歷史的民間傳統工藝進行更好地傳承與保護。

▎丁家沖的蘿蔔

丁家沖位於京山縣羅店鎮石板河，這裡除了具有豐富的紅色歷史外，還有很多美麗傳說。丁家沖蘿蔔就是其中的一個。

丁家沖的蘿蔔個兒大，顏色紅潤，外面光滑，咬一口，又脆又甜又多汁。為什麼那裡的蘿蔔特別可口呢？

相傳，很久以前京山發生了一場百年罕見的旱災，河流乾涸，樹木枯死，農民顆粒無收，哀鴻遍野。

慘狀驚動了山中一條正在修煉的龍。他很同情人們的遭遇，但苦於自己還未修成正果，無法呼風喚雨，只得上天稟告玉帝。事不湊巧，他到達天庭時，玉帝已經退朝。「天上一日，人間百年」，等上一天就來不及了，怎麼辦？它最終想出了一個無奈的辦法——偷取天寶玉瓊瓶。它冒著天大的危險，趁守護寶瓶的神仙不注意的時候，悄悄地把寶瓶偷了出來。天神發現玉瓊瓶丟失，飛速趕來擒拿。眼看，它就要被追上了，心一急手一慌，玉瓶從他手中滑落，掉落人間，正好落在丁家沖。當即瓶中的水化為一股清泉，變成了石板河，碎片化為片片農田，瓶蓋化為了紅蘿蔔。蘿蔔吸收了玉瓶裡的寶水，長得水靈靈的，吃起來特別脆甜。因此就有了「有女要嫁丁家沖，紅紅的蘿蔔養顏容」的民謠。

至於那條龍，金光一閃，頓時煙消雲散。有的說，那是玉帝念龍慈悲之心，將它度入天界；也有的說，龍觸犯了天條，被處死了。

每當丁家沖的人吃蘿蔔時，總會想起那條龍，說起那條龍。

京山白花菜

　　白花菜是京山傳統地方特產，是湖北珍稀名產蔬菜作物之一。主要分佈在京山縣境內與安陸市接壤的漳水河兩岸，京山以羅店鎮種植較為集中。京山白花菜為農產品地理標誌產品。早在 2000 多年前即為貴族宴賓珍肴，唐太宗李世民品嚐後讚其質優、味美，並將它定為每年的貢品。

　　白花菜葉綠花白，枝梗為綠色，色澤均勻一致。生長期特別是開花期散發出獨特的清香味。腌製品不僅酸甜可口，風味獨特，而且富含多種維生素、氨基酸、乳酸和碳水化合物以及人體所需的鈣、鋅、鐵、鎂等微量元素，其含量明顯高於雪裡蕻和其他闊葉蔬菜。或與雞蛋同煎，或與肉絲燴炒，或烹煮湯，扣肉等，吃起來酸中帶甜，妙不可言，回味無窮。

　　白花菜與詩人李白有著一段美妙而又辛酸的傳說。

　　李白來到安州（京山縣的近鄰安陸市）後，他的才華遠颺荊楚大地。安州府城西南涓水河畔有一個天燈村，村裡有一位姓白的私塾先生，膝下有一獨生女兒名叫白花。白花詩詞歌賦皆能成章，琴棋書畫無不通曉，長得眉清目秀，婀娜多姿。才貌雙全的白花雖然出生窮家小戶，可她卻是一位不貪圖富貴虛榮的女子。遠近不知有多少富家子弟、官宦少爺前來提親，她就是不答應。就連有權有錢的州官裴長史的兒子也遭到拒絕。

　　一日，李白郊遊至天燈村，不期同白花邂逅。兩人一見鍾情，並私定終身。臨別時，白花送給李白一塊繡著一朵紅枝綠葉白花的綾羅手帕，表明自己願與李白「白頭偕老，痴心不變」的心跡。

　　正當他們憧憬美好未來的時候，災難已經臨頭——當朝皇帝下詔要在天下大選妃子。白花因為得罪過裴長史，這個官員就將白花的名字寫進了入選名單！白花知道自己逃不脫這場劫難，在州府準備「護送」她到京都長安的頭天晚上，縱身投進了波濤滾滾的涓水河。

　　訪友歸來的李白聞此噩耗，悲憤交加，撲在白花的墳上竟哭得昏死過去！白花託夢給他說，她現在已位列仙班，成了白花仙女，並安慰李白，如果想念她，可將她贈予他的那塊手帕攤放在她墳前，田地裡就會長出凝聚著她無

盡的辛酸淚水和心血的紅枝綠葉開白花的植物──如同見到她一樣。李白醒來後，將那塊手帕攤在地上，轉眼間手帕變成了一塊田地，地裡果然長滿紅枝綠葉開白花香味四溢的植物。人們見這種不似花卉，卻無比芬芳，看似蔬菜，吃起來卻又非常苦澀的植物特別新奇，就將它切碎用鹽腌製起來。兩三天后開壇，一股香味撲鼻而來。人們就把它叫做「白花菜」。

後來，有人將白花菜的種子拿到京城去播種，想以此討好皇帝，結果一無所獲。他們哪裡知道啊，這白花菜要是播種在其他地方，也只長稈不開花。人們都說這是白花依戀故土的緣故。為了讓人們能夠品嚐到這道過去只有帝王天子、皇親國戚才能問津的菜餚，京山縣每年生產幾千噸左右的瓶裝、袋裝白花菜遠銷全國各地，讓天下百姓都能飽口福。

▌京山橋米

京山橋米，湖北省京山縣特產，中國國家地理標誌產品。因原產於京山縣孫橋鎮而得名，其顆粒細長、光潔透明、可口不膩、清香味美。有民謠：「橋米長，三顆米來一寸長；橋米彎，三顆米來圍一圈；橋米香，三碗吃下渾身香。」京山橋米早在明代就被御定為「貢米」。

據傳明朝嘉靖皇帝朱厚熜少年時不喜歡吃飯，老王爺十分發愁，四處張貼告示說有誰能讓小王爺一餐吃一碗米飯，大大有賞。王爺府有個小廚子是京山人，聽說後想起半頓（孫橋鎮古稱半頓）姑媽家的大米飯噴香饞人、糯而不膩、粳而糍軟，讓人吃了還想吃，於是向姑媽家要了一鬥三升稻米，專為小王爺做飯。小王爺吃了一碗，竟又添了兩碗，越吃越想吃。老王爺高興不已，就將京山小廚子選作朱厚熜的伴讀，伺候朱厚熜的生活起居。

京山小廚子見朱厚熜愛吃姑媽家的大米，便將他帶到姑媽家小住了幾天。朱厚熜大飽口福，吃得高興，便問：「這飯這麼好吃，是什麼米做的？」小廚子姑媽用手朝門外一指，說：「就是前面孫家橋邊田里長的，大概就叫橋米吧。」

　　後來，朱厚熜做了明朝皇帝，唸唸不忘橋米飯，每年派廚子回半頓籌糧，專供御膳，欽封為「御米」。後來下旨將此處田地劃給興獻王府，專為皇帝生產稻米，稱為「貢米」。清代至今，京山人都用橋米招待最尊貴的客人。1990年亞運會期間，京山橋米專供亞運會25萬千克。主導產品「國寶牌」橋米已進入沃爾瑪、家樂福、中百、中商、武商等大型超市。

　　「京山橋米」的特點是乾、整、熟、白，青梗如玉，腹白極小。並且其顆粒細長、光潔透明。用橋米做的飯鬆軟略糍，噴香撲鼻，可口不膩。橋米還富有藥用價值，利肺化痰、清熱解毒。但由於自然環境的限制，產量很低。

　　專家指出，橋米產地的土壤成分與其他農田不同，同樣的稻種，在橋米原產地生產的就比其他地方的好吃。京山這一方水土，孕育了「橋米」這一絕世佳品。京山工業園區，建立起國內一流的大米生產工業園──湖北國寶橋米工業園。國寶橋米相繼榮獲綠色食品、國家免檢產品、國家原產地域保護產區、中國名牌產品等稱號。

龍鳳緣

　　龍鳳緣是沙洋縣後港長湖一帶的傳統佳餚。

　　相傳清初順治年間，荊門人王三薦（字克生）中了進士後，在福建漳州任推官。當時鄭成功經常攻襲漳州一帶，王三薦被迫到京城避禍，投靠在靖南王耿繼茂門下，同時也想看看能不能換個崗位。正趕上耿繼茂之子耿精忠奉旨娶和碩格格為妻。

　　王三薦因是避禍到北京，本身帶的盤纏不多，人情上多了，錢不夠，上少了，靖南王看不上，也記不住王三薦這個人。為討好靖南王，王三薦冥思苦想，想起了在家鄉吃過的一道菜餚，這道菜以鱔魚和雞肉同烹，鱔魚酥香焦脆，雞肉白嫩爽口，香醇撲鼻，一「龍」一「鳳」又正好應了新婚之景。王三薦馬上命身邊的荊門籍廚師做了一道，取名「龍鳳緣」，給靖南王送了過去，憑著三寸不爛之舌把美好的故事一講，靖南王品嚐後特別喜歡。

此菜造型美觀，寓意生動，立刻名噪一時，並傳入宮廷，被順治皇帝列為御膳。

其具體做法是：將鱔魚剁成四釐米長大片，加鹽，薑片、蔥段醃制，然後取成型模具，整齊擺放好，上籠蒸熟。取平盤一只，鋪上蛋皮，用熟雞肉和黃花菜擺成鳳凰圖案，淋澆味汁，上籠蒸。將雞蛋、麵粉、菱粉、麻油製成酥糊抹在籠蒸過的鱔魚上，蓋上模具蓋扣緊，入九成熱油鍋炸至鱔魚色澤金黃、焦脆時起鍋，然後去掉模具蓋扣在盤中，再將蒸好的「鳳凰」瀝盡湯汁，擺在鱔魚盤上，以蒜苗絲圍在外圍一圈。然後起鍋下雞湯、薑汁、味精、辣油、白醋，下熟雞油推勻澆上即可。

米粉粑粑

每天早晨，京山城關街頭巷尾隨處可見賣米粉粑粑的攤點。米粉粑粑溜溜圓圓，兩塊一合攏，外面焦，裡面軟，甜中帶酸，咬一口噴香，好吃。如果兩片間夾一根油條，外加一杯豆漿，那便是一頓完美的早餐。米粉粑粑的來歷還有一段故事呢！

傳說，天上有個勤勞善良的仙女，會做美味的米粑。每逢神仙盛會，有吃不盡的山珍海味，可他們還是喜歡吃這種米粑。

仙女想把米粑的手藝傳給地上的人們，好心的仙姑們給了她一根扁擔，一副磨子，一口鐵鍋，一袋白米，送她下凡，千叮嚀萬囑咐，叫她在四十九天內趕回天庭。

仙女來到人間，她把磨子放下，舀了幾瓢清泉水，把米淘淨拌勻磨起來。一會兒雪白的米漿磨了出來。她又撿了些松果，挖了灶，架起鍋，點著火，把濃米漿一瓢一瓢地攤在鍋底上，火一燃，蓋子一蓋，一會兒工夫，圓溜溜、香噴噴的米粑就熟了。

仙女把香味四溢的米粑送給人們品嚐，大家誇獎是人間美味。一傳十，十傳百，附近的人們都來學做米粑，仙女毫無保留地把手藝教給人們。

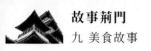

不知不覺四十九天過去了，人們依依不捨地挽留仙女，仙女也喜歡上了凡間質樸的人們，不願回天庭。

玉皇大帝知道這件事後，大發雷霆，命天將捉拿仙女問罪。一剎那間，飛沙走石，天昏地暗。仙女挑起扁擔、磨子、鐵鍋、白米一路狂奔，翻過鴨子山（今京山城南），向西（今石龍方向）逃去，天將在仙女後面窮追不捨。突然，仙女絆了一跤摔倒了，扁擔斷了，鐵鍋打翻了，白米撒了一地，瞬間變成了米糧川（京山一帶），仙女化作了仙女山（今石龍鎮）。

後來，人們為了紀念勤勞善良的仙女，便在仙女山頂修建了一座仙女廟。仙女傳教的米粑手藝也一直留傳到了至今。

▌南橋包子

南橋包子，是東寶區子陵鋪鎮南橋街上的特色食品。

據記載，南橋包子早在清朝嘉慶年間（1796—1820 年），在當地就十分有名。

南橋位於荊襄古道上，是平原進入山區的必經之地，同樣又是秦楚古道上的戰略要塞和車馬驛站，人流和通商往來十分活躍。南橋包子作為人們的日常飲食中最普通的一種麵食，又是一般人都消費得起的方便食品。因而，流傳久遠，聲名遠播。

據說，南橋這個地方，在民國二十六年（1937 年）修了公路後，開始出現人力車和汽車，來往的商人也漸漸多了起來。有經過此地到漢江去搭船的商人，也有經過此地到荊州或襄陽的人，還有從南方過來賣藥材和燈草（點油燈用的燈芯，也可做藥材）的商人，南橋的繁華與公路的修建有關。

在南橋古石橋橋頭，就是過去鄉公所旁邊，有一家兩個門面的饃行（白案早點鋪），老闆人稱「張老壽」。公路沒修前，張老壽的生意並不是很好，公路一修，他的生意便紅火起來。張老壽做生意很活泛，不像別人那麼小氣。再加上他家有幾畝旱田，每年可收 20 多石小麥。反正是自家田裡收的小麥，

有足夠的麵粉作為本錢，他做的麵食也就比別人的大許多，過路人買一個就能夠吃飽。

傳說南橋包子個大，是因為包子裡包的是豆腐渣，這是誤傳。

據考證，南橋這地方不產豆子，做豆腐用的豆子都是買的，沒有那麼多豆腐渣，也捨不得用豆腐渣作為包子餡包在面皮裡賣給客人吃，因為在當時來說，豆腐渣已經是比較好的食物了。那時，張老壽饉行裡賣的包子，冬天用蘿蔔、白菜做餡，夏天用腌菜或用澹過水的青菜做餡。

張老壽有三個兒子，幫他種田、推磨，大兒媳和二兒媳則在包子店裡幫忙張羅生意。那時的饉行不單做早點，還兼有客棧功能，南來北往的客人睡的都是通鋪。張老壽的店子由於「功能」齊全，常常客滿。因為生意太好，兩個兒媳婦忙不過來，為了節約時間，在做包子時，就把每個包子的個頭做得很大，裡面的餡還是只有原來小包子那樣多。

每天從柏坪、姚河一帶挑柴到南橋街上賣的人，如果柴賣不出去，就用柴換包子吃。都是做體力活的人，看到這麼大的包子，誰不想吃？況且，餓了一天，不吃真是要後悔。等咬開包子皮，發現包子裡面包的餡並不多，並且都是蘿蔔和腌菜，又開始後悔了。於是，「南橋包子——吃了後悔，不吃也後悔」這句話，成了流傳甚廣的民間歇後語。被人們口口相傳，進入老百姓的日常生活，用來形容「進退兩難」時的選擇。

▋人間美味石頭魚

石頭魚，沙洋馬良特產。外形近似鰻顙魚，光滑無鱗，其身呈灰白色，脊呈灰石色。「石頭魚」一名，因其外表石頭般斑紋而得來。

相傳遠古時期，百義與軒轅因家族紛爭產生矛盾，兩部落在襄河邊的馬良山開戰。百義與軒轅，使盡渾身解數，水攻、石擋，打得日月無光、星辰暗淡。二人長時間的激戰，使得怪石嶙峋，山石直潛入河底。原本富裕的襄河流域被亂石堵塞，洪水泛濫，良田被淹，哀鴻遍野。

　　這一人間慘相被天上的玉皇大帝知曉，本以為二人爭鬥一番便會作罷，誰知雙方越戰越勇，這一仗持續了數年。玉帝心想，如若再不插手，恐怕此處要大亂。於是便降下聖旨，派雷公前往劈山開石，疏通襄河。

　　雷公奉旨來到這裡，剎那間，只見襄河上激揚起成千上萬塊五色石，好似天女散花一般，這些石塊落入河中瞬間變成了活蹦亂跳的魚兒。這一切讓已被饑餓折磨許久的兩岸百姓欣喜不已，沿岸百姓紛紛湧到河邊捕捉魚兒。這些由山石幻化而成的魚兒，被當地百姓稱為「石頭魚」。

　　世事變幻，滄海桑田，轉眼間便到了大清同治年間。這年春節，直隸總督北洋大臣李鴻章奉命招待各國駐華使節和外交大臣。為了博得外國使臣歡心，李鴻章特命人八百里加急購回上等的石頭魚。

　　大年三十晚上，李府中張燈結綵，貴客盈門。宴會廳中，滿漢全席，八大菜系輪番上場，在場使節大快朵頤，好不快活。即便如此，李鴻章仍然擔心這些佳餚雖然美味，但都是些常見菜系，恐怕在場各位不會有新鮮感。

　　於是，李鴻章朝屏風後拍掌三聲，只見一群御廚抬上爐火，在席間擺開案板，拿出整套傢伙什。在這之中，最引人注目的就是案板上的幾條石頭魚，讓在場的外國使節好生新奇。

　　待一群御廚收拾停當退下後，李鴻章換上廚子衣服，取了三斤石頭魚、裡脊瘦肉三斤、冬筍一兩，一眾調料適量，便自顧自做起菜來。

　　忙活一陣，終於停當下來。李鴻章滿面笑容，對著各國使節拱手道：「李某不才，今日獻醜為各位做出一道『一魚三吃』，請各位品嚐。」

　　客人們早已被桌上色香味俱佳的美食饞得垂涎三尺，於是迫不及待地品嚐起來。片刻之後，盤淨鍋乾。在場的使節無不讚不絕口：「哦，李，這真是人間美味！這是什麼魚？產於何地？」

　　李鴻章高興地說道：「此乃石頭魚，產於湖廣，是上天賜給我們的聖物。此物只應天上有，人間難得品一回啊！」說罷大笑。

　　自此，人間美味石頭魚享譽全球。

▌尚香風乾雞的來歷

風乾雞，主產於沙洋縣十里鋪、紀山兩鎮，因其來歷與劉備夫人孫尚香有關，所以又被稱作「劉皇叔婆子雞」「尚香風乾雞」。

劉備一生共娶了四位妻子，其中一位是東吳孫堅之女、吳主孫權之妹孫尚香。說起劉備與孫尚香的婚姻，雖說是政治聯姻，但婚後夫婦二人卻也舉案齊眉、相敬如賓。

兩人成婚後居住在荊州古城以北，長坂坡以南的十里鋪。話說劉備此人特別喜歡吃雞，孫夫人體恤丈夫，便經常變著法地做出各種以雞為主食的菜餚，頗得劉備喜愛。

一年入冬時節，恰好又快到了劉備生日，孫尚香便開始為丈夫的壽宴張羅起來。由於丈夫愛吃雞，於是她買回上等雞，將殺後洗淨的雞用各式調料醃制起來，就等著在劉備壽宴上擺一桌「百雞宴」，好好招待客人。

不料，還未等劉備生日到來，便有軍報傳來稱曹操將率五十萬大軍，南下攻打荊州。緊要關頭，無心過生日的劉備準備率兵迎戰，臨走前對孫尚香說：「有勞夫人了，怎奈戰爭吃緊，今年的生日恐怕不能在家中度過了。」

孫尚香依依不捨地說：「夫君莫說此話，等你打敗曹軍歸家之日，我再為你烹製『百雞宴』。」於是，劉備離家與曹軍交戰，這一戰就是半年。

孫尚香見家中已醃制好的雞再不想法子就要壞掉，只好將雞一只只取出，用竹枝支撐固定後晾曬起來。為了防止時日久了這些雞會變味，她還在雞身上又塗抹了一層香料。

話說，這年江漢平原正好遇上百年不遇的寒冬，整個冬天都是寒風凜凜。掛在室外的雞就在寒風和陽光下一放就是幾個月。之後，這些雞早已不再是先前那般色澤鮮艷，而變成了醬褐色，奇的是卻聞不到一點腥味，反而散發出陣陣香味。

半年後，劉備凱旋。一日，孫尚香特意取下幾隻雞蒸熟讓劉備品嚐。劉備吃完一塊後，稱讚道：「夫人好手藝，這雞油而不膩，香味讓人回味無窮。敢問夫人，此雞是如何做成的？又喚何名？」

孫尚香想也沒想，便隨口答道：「這是我自己試著醃制的，又用冬日寒風吹了數日，就叫『尚香風乾雞』好了！」自此，劉備逢餐便要上一道風乾雞。

由於這風乾雞是自然風乾而成，所以易於攜帶存放。因此劉備外出征戰時，軍隊夥夫總會為他隨行帶著風乾雞供其食用。

千百年來，沙洋十里鋪鎮的尚香風乾雞早已成為江漢一帶百姓逢年過節的必備佳品，直至現代更成為招待貴客的上好佳餚。

石牌豆腐的傳說

如果你有機會到「國家歷史文化名鎮」「中國豆腐之鄉」鐘祥市石牌鎮，別忘了品嚐一下這裡的豆腐宴，那花樣繁多、色香味俱全的豆腐美食一定會讓你回味無窮。一塊小小的豆腐讓勤勞聰明的石牌人做出了一個美食系列、一種文化品牌、一個特色產業，這不得不令人讚嘆。

石牌豆腐白如雪，形如玉，嫩如羹，既可涼拌吃，又可做湯喝，在炎熱的夏季，還可拌皮蛋清涼祛火。這種豆腐石牌人稱「嫩豆腐」，又叫關公豆腐。

傳說，早在三國時期，關公鎮守荊州。有一年夏天，關公收復襄陽樊城後，回荊州路過石牌這個地方，看到百姓個個雙眼發紅，眼角生屎，便問道：「你們為何都是這等模樣？是不是染上了眼疾。」

一個小夥答道：「稟告將軍，我們已經請郎中看過，他說我們這是內火過重所致。」

關公又來到幾個農戶中，看到幾個百姓正在吃飯便問：「你們為何光吃饃饃喝稀飯啦？」

幾個農夫答道：「稟告將軍，近來天氣炎熱，氣候乾燥，我們不願吃乾飯。」

關公看了看菜又問道：「怎麼每道菜都放辣椒？」

農夫們又答道：「將軍有所不知，大熱天下地幹活，流汗多，胃口不好，加些辣椒刺激一下胃口，好下飯。」

關公是個忠義孝道之人，聽農夫這麼一說，連忙點頭稱是。隨後又對軍中將士們說：「今年這裡天氣炎熱，氣候乾燥，大多百姓都染上了眼疾，我們要想盡辦法，盡快幫百姓清熱降火。」說完，騎上了自己心愛的赤兔馬，便向荊州方向奔去。

回到荊州，關公一直在想怎麼醫治這裡百姓內火過重、眼角生瘡的問題。他打開了醫聖寶典，在「清涼解熱篇」發現豆腐有清涼解熱瀉火之功能，於是便叫來糧草官，命令他先準備好黃豆、石膏、石磨、水桶等運到石牌去。

第二天，關公親自來到石牌，先安排人將黃豆浸泡於水中，分派推磨、擔水、燒火、搖漿等各種活路。晚上，這些人又按照關公的分派，支起鐵鍋，把磨好的豆漿放入鍋中煮，豆漿煮好之後，關公親自點石膏，然後裝入包袱擠壓水分。

最後，一塊又白又嫩的豆腐出來了，關公令人拿來扁刀，把豆腐劃成一塊一塊，叫軍中將士分別送到百姓手中。說也奇怪，這豆腐不知是哪來的神威，一塊豆腐下肚，頓感渾身清涼，三天之後，這裡百姓的內火全部清除，眼疾迅速好轉。

後來，這種豆腐的製作方法就在石牌流傳開來，並慢慢地被人們搬上了餐桌。

到了 20 世紀 80 年代，精明的石牌人把這種豆腐越做越精，不僅傳遍了鐘祥乃至全國各地，而且還流傳到了俄羅斯、韓國、日本、中國香港等國家和地區，成了人們生活中不可缺少的美味佳餚。如今，勤勞的石牌人還把豆腐做成了一個巨大的產業，全鎮有近三萬人在全國乃至世界各地從事豆製品加工，每年可創造數十億元的豆腐利潤。

▌天下好米在紀山

紀山，位於沙洋縣最南端的紀山鎮境內。據考證，早在兩千多萬年前，這一帶曾出現火山爆發，後形成紀山。

紀山這塊寶地，自古就有「楚地紀山三大寶，龍米龍酒龍花好」的說法。常言道「好水出好米」，紀山四周分佈有白龍、烏龍、青龍、赤龍、黃龍五個龍潭，從未乾涸。

關於這五龍潭，流傳著「五龍捧聖」的傳說。

相傳，真武當年在武當山南岩修煉。一日，當他來到梳妝臺前，紫氣元君想考驗一番，便變身為一位美人來到真武身前。面對眼前的美人，真武卻不為美色所迷惑，而是趕緊避到飛昇臺。美人絲毫不退讓，又追著過來徑直向真武懷中撲來。真武見狀，又是一個躲閃，不料美人止步不及掉下了崖去。真武大驚，心想這是自己失德所致，唯有以命償還方能救贖，於是也縱身跳下懸崖。

此時，崖下突然出現一團祥雲，只見五龍出現，簇擁著真武飛昇而去。

來到天庭的真武得到玉帝的召見，玉帝感念其潛心修行之功，冊封其為太玄元帥、盪魔天尊，乘九龍寶玉輦，統領三十萬天兵天將，掌管三界，懲惡揚善，降妖伏魔，而這五龍則成為他的手下大將。

一日，真武大帝巡遊到紀山一帶，發現這裡是一處上好的風水寶地，便命五龍潛入紀山，幻化成五潭，保一方平安。

春秋戰國時，荊楚大旱，楚國農業生產遭受重創，楚王急派大臣到各地視察災情。一行人來到紀山，見五龍潭中水源不斷，周圍農田稻米飄香，好生驚喜。官府便命人將這裡所收糧食送入宮中，楚王品嚐後無不稱讚，於是便將此處所產的稻米作為王宮特供大米，因此這裡的米也叫做「御米」。此後歷代楚王也一直將其定為皇家御用貢品，而這米也被稱為「楚地之寶」，又因只有皇帝才能享用，又被賜名「龍米」。

據民間傳說，紀山龍米稱為御用貢品後，曾有人試圖將其谷種移植他處種植。令人稱奇的是，紀山龍米的谷種栽種到其他地方後，便再沒有了紀山龍米特有的香味，當真是「一方水土養一方人」。

直至今日，紀山龍米一直被視為米中珍品，被譽為全國七種名米之一，江漢地區至今仍流傳著「天下好米出江漢，江漢好米在紀山」的說法。

永隆稀米茶

京山永隆一帶民間歷來有食用稀米茶的獨特傳統。一來填飽肚子，二來消熱解暑，還有股淡淡的焦香味。每逢炎炎夏日，稀米茶是家家必備，老幼皆愛。當地人無論走到哪裡，此飲食習慣很難改變。稀米茶還有一段傳說故事。

話說清朝乾隆皇帝三下江南時，曾在京山永隆歇駕。當時正值盛夏，烈日當空，天氣酷熱難當，隨行太監不停給皇帝扇扇子，乾隆還是汗流浹背，一個勁地喊熱。天氣太熱，中午皇帝沒有食慾，信口吟了一首詩：「天熱無奈何，飲食怎麼做，既要能飽肚，最好可止渴！」

這下子把御廚嚇壞了，哎呀，我的媽呀！御廚從來沒做過這種飲食，只好到永隆街上向一位會做飯菜的陳師傅請教。陳師傅想了一個食譜，先把生麥米（大米）放在鍋裡炒至黃色時盛起來，用簸箕揚去細渣糠，放入鍋內加水煮熟，待米開花時，再加點生薑，少許食鹽，盛起來冷後食用，美其名曰「稀米茶」。

稀米茶送到乾隆皇帝面前，乾隆皇帝一下子喝了兩碗，但覺得還應配點什麼菜才好。陳師傅在鎮上買來了生黃瓜，切成細片，拌上麻油、鹽，取名叫「涼拌黃瓜」，又找東家要了一碗豌豆，一塊火燒粑，端在御桌上。乾隆嘗了幾片黃瓜，幾粒豌豆，一塊火燒粑，頓覺異常清爽，不僅解了渴，而且飽了肚，於是大加讚賞，當即就封陳師傅為「御廚之師」。

從此，喝稀米茶、伴醃黃瓜、吃袪暑豌豆和火燒粑便成了永漋河人們夏天不可缺少的飲食。人們編了歌謠：「永漋河禮性大，進門一碗稀米茶，鹽豌豆，醃黃瓜，火燒粑粑兩邊「噶」（擺放之意），自己吃，自己拿……」

附錄 1 荊門方言

▌荊門方言

方言詞彙：

切兒（前天）；戳兒（昨天）；機兒（今天）；磨兒（明天）；中蓋（中午）；晚蓋（晚上）；正暫子（現在）；白日滴（白天）；早先（以前）；一哈哈（一會兒）；清早八早（大清早）；濛濛亮（天微明）；慫時候（什麼時候）；

兩嘎（您）；自干（自己）；阿子（小孩）；答答（姑姑）；夭夭（小姨）；挨也（叔叔）；大爸（伯伯）；老巴子（老年婦女）；嬌嬌（寶貝）；邪子（瘋子）；掰子（瘸子）；阿巴（啞巴）；別過（別人）；強頭（小偷）；莫器（笨蛋）；麻懵（不清醒的人）；

腦闊（頭）；俺清子子（眼珠）；皮孔（鼻子）；耳桶（耳朵）；嘴陀子（嘴巴）；下巴陀子（下巴）；九黃（脖子）；嘎止窩（腋下）；庹子（拳頭）；直嘎闊子（指甲）；倒拐子（肘部）；克雞包子（膝蓋）；連巴獨子（小腿肚子）；羅絲拐子（腳踝）；jüó（腳）；打赤寶（半裸）；打挑肚（全裸）；

達都（摔跤）；達牯牛子（摔了一跤）；板高子（走路不小心摔倒）；被奶噠（手或者腳被刀、玻璃割傷）；糊人（開水很燙）；襲人（烤人）；膈人（冷）；摻闊水（睡覺）；

克馬（青蛙）；蛐蟮（蚯蚓）；馬眼子（螞蟻）；嘰油子（蟬）；檐老鼠子（蝙蝠）；丁丁（蜻蜓）；老哇（烏鴉）；爬爬子（小蟲子）；穿條子（一種小魚）；古油（水牛）；黃油（黃牛）；鹽須（香菜）；皮秋（荸薺）；鬲噠（焦脆的食物變軟）；

條足（掃帚）；幅子（毛巾）；孩子（鞋）；剎電影（拖鞋）；套孩（膠鞋）；滾衫子（棉襖）；幔衫（罩衣）；領褂子（馬甲、背心）；活補（口袋）；扯閃（閃電）；令勾子（屋簷下或樹上等處結的冰柱）；麻哄子雨（小雨）；

七（吃）；克（去）；扎覓子（潛水）；浩水（淌水）；豁鬥（抓住）；逞鬥（按住）；砸（zuá）（踢）；跩（zuái）（蹲）；尬（gà）（放）；日白（聊天）；日決（嘲笑）；決人（罵人）；無交過（無聊）；掰人（騙人）；翻翹（惹事）；嬲（liáo）（惹）；黑人（嚇人）；喔搓（髒）；國老（角落）；滑溜（光滑）；搞麼猴（幹什麼）；聳嘛子（什麼）；拉哈（哪裡）；找滴都啵（知道嗎）；找不逗（不知道）；窩死（使勁地）；赫（hě）馬（很、非常）；詫（cà）（約）；一閣（老是、不斷地）；三不之一（有時候）；一滴卡（很小、很少）；希乎（差點兒、險些）；

嘎事（開始）；燎撇（乾脆）；溜耍（很利索）；七得飽（多管閒事）；招呼（小心）；跳古子（故意的）；心裡發條（害怕、忐忑）；

裏不清白（說不清、理不順）；自自默默（指不善與人交流）；不上賢（不講道理）；對磨（不靠譜）；二皇（不清白的人）；洋盤（精力不集中）；亘古（不好與之對話）；嘿寶（辦事不顧後果）；芝麻乎子（辦事不認真）；醜性（拿不出手）；造業巴撒（同情別人的一句感嘆）；黑汗八流（滿身是汗）；巴家（勤勞持家、一心想著家）；巴心巴肝（嘔心瀝血）。

方言句子：

荊門方言：我切兒才從娘屋裡回來，機兒安排割谷，磨兒計劃扯黃豆務子，後兒打算胥油菜秧子，門舟還有一個人嘎要克。

普通話：我前天才從娘家回來，今天安排割谷，明天計劃拔黃豆藤子，後天打算種油菜苗，明天還有個人情要去。

荊門方言：戳兒我嘎嘎在天鵝廣場遇到戳伯佬打，活補哈洗光打。

普通話：昨天我外婆在天鵝廣場遇到小偷了，口袋被偷乾淨了。

荊門方言：一個滾審子，汏厚汏厚，把裡頭滴汗褂子都捂濕打。

普通話：一件棉襖，太厚了，熱的裡面的內衣都汗濕了。

荊門方言：是現在嘎事，還是等哈兒再嘎事？

普通話：現在開始，還是等會開始？

荊門方言：他咧個人很賤扒，一般人把他腌不寒。

普通話：他那個人很賤，一般人管不住他。

荊門方言：他咧個人是個悶頭子貨，蠻不夥群，一天到晚悶頭雞子啄米吃。

普通話：他那人不愛說話，不愛與人交往，一天到晚自己做自己的。

荊門方言：他咧個人蠻不講淋敢，屋裡屋外不想好喔搓。

普通話：他不愛乾淨，家裡家外都很髒。

荊門方言：他咧個人像是找不倒晃頭滴，說話不想得好羅果，幾句話都拉不撐吐。

普通話：他不清白，說話很囉唆，很簡單的幾句話也講不清楚。

荊門方言：他有滴嘎日白扯，說話不兌現滴，老代信人嘎挨嚷。

普通話：他有時候愛騙人，說話不算話，經常害得別人背過。

荊門方言：他九黃裡一轉長了不少小疙瘩子，開頭只是一滴嘎，現在都幾齣來打。

普通話：他脖子一圈長了很多包，開始只一點點，現在都長出來了。

荊門方言：他家滴小伢子不想好調皮，不是打赤包，就是打挑肚。

普通話：他家的孩子不知道有多調皮，不是半裸，就是全裸。

荊門方言：他列個人蠻不上賢，拉不撐，扯不直滴。

普通話：他那個人蠻不講道理，很不清白。

荊門方言：兩嘎是哪哈滴？七噠飯波？我們倆個克咪兩口克。

普通話：您是哪裡的？吃了飯沒有？我們倆去喝點小酒去。

荊門方言：你不想過蠻大個細，烘兩個胎圓子，再弄滴嘎疙答子七就行打。

普通話：你不要太客氣了，煮兩個湯圓再煮點麵疙瘩吃就行了。

荊門方言：他像糯輩子沒睡磕睡滴，一錯下來就拜拜裡穿。

普通話：他上輩子好像沒睡過覺一樣，一坐下來就打瞌睡。

荊門方言：他不會打繡泡子，一下克就秤砣落水。

普通話：他不會游泳，一下水就像秤砣一樣往下沉。

荊門方言：你吃飯消停滴嘎沙，又沒哪個趕齊來，好吃不痴脹。

普通話：你吃飯慢點吃，又沒誰來和你搶，好吃也要小心脹到了。

荊門方言：說滴鋪鋪神，跑滴瘕瘕神，走滴旋旋神，看滴鼓鼓神，聽滴嗡嗡聲，長滴汰汰神。

普通話：說得口若懸河，跑得氣喘吁吁，走得風風火火，看得興致勃勃，聽得雲裡霧裡，長得肥頭大耳。

荊門方言：請你克七油如面，克不克？

普通話：請你吃牛肉麵，去不去？

荊門方言：你把它拾哪哈噠，我圈圈滴行行不鬥。

普通話：你把它藏哪裡了？我到處找都找不到。

附錄 2 荊門箴言

▌荊門箴言

早起三光，遲起三慌。

早上要吃飽，中午要吃好，晚上要吃少。

松馬種子傳松馬苗，松馬葫蘆格松馬瓢。

身上無衣受人欺，肚裡無食人不知。

跟好人學好人，跟著告花子學流神。

穿滴像油子，凍滴像猴子。

長嘴滴要七，生根滴要肥。

賺錢不賺錢，賺個肚兒圓。

賺錢滴粥米背時滴生。

七人滴口軟，拿人滴手軟。

端噠人嘎滴碗，就受人嘎管。

一個魚臭打一籃子魚。

一把草把驢子脹死打不成。

要得一天不快活，每天弄點早酒喝；要想一生不快活，就去討個小老婆。

家有一千一萬，每天一粥兩飯。家有一千一萬，不喂扁嘴大漢。

七十二樣小買賣，趕不上種田打土塊。

吃不窮，穿不窮，算計不週一世窮。

天旱無露水，老打無人情。人老不值錢，牛老不耕田。久病無孝子，久病成良醫。

黃混人膽大，雞蛋碰石頭。

一寸不補等尺五，鍋漏要趕急處補。

大巫小喊，小鬼難纏。

賣滴不同買滴心。

牽起不走趕起走，敬酒不七七罰酒。

好打架滴狗子落不到一張好皮。

不求官大富有，只求一竿子撐到頭。不嫌丈夫醜，只要腳頭有。弄一千個，趕不上一先個。

成人滴樹不用柯，柯柯打打節巴多。

谷爛打在田裡，肉爛打在鍋裡。

出門觀天色，進門看臉色。

人窮地不窮，坐吃山也空。

人狠我不纏，酒狠我不喝。

不要只看鬥強頭七肉，沒看鬥強頭受罪。

生不帶來，死不帶克。

左眼跳財，右眼跳禍來。

看戲滴不怕臺高。

會說人滴說別人，不會說人滴說自己。

買不盡滴便宜上不盡滴當，掉不盡滴底子玩不盡滴味。

人睡橫噠捉鬥床車。

死豬子不怕開水燙。

伢兒看即小，豬子看蹄爪。

是福不是禍，是禍躲不脫。

飽漢不知餓漢饑，騎馬不知路行人。

積積攢攢，一把雨傘。狂風一吹，一根光桿。

窮人不害病，如當走大運。

滿口飯七得，滿口話說不得。

打起挑肚困，一夜長一寸。

天河朝南你不做，天河朝西悔已遲。

吃酒不還席，臉上像靴皮。

人活八十八，不知跛和瞎。

吃飯打赤保，做事穿胖襖。

瞎子見錢把眼睜。

人糊地皮，地糊肚皮。

人不哄地皮，地不哄肚皮。

人勤地不懶。

人有不如自己有，夫妻有還隔雙手。

爺有娘有不如自有，自有不如懷裡揣的有。

父母有不如自己有，哥嫂有不如腰裡有。（腰裡指自己口袋裡）

丈夫有還要伸個手。

牛死不放草，人死不放財。

天高不為高，人心第一高。

秧好一半谷，妻好一半福。

妻賢夫禍少，子孝父心寬。

三人當家，七扯八拉。

會說話滴兩頭瞞，不會說話滴兩頭傳。

外面要個好哈扒，屋裡要個好別簍。

叫人不折本，舌頭打個滾。

忍得一口之氣，免得百日之憂。

早睡早起，多谷多米，遲睡遲起，拖棍討米。

人攆人吃中飯，人背人吃晚飯。（過去民間無鐘，憑人的影子判斷吃飯時間）

地是刷金板，人勤地不懶。

只有懶人，沒有懶田。

樹怕剝皮，人怕護短。

金山銀山，不如一座板栗山。

叫貓無能，能貓不叫。

好叫滴貓懶，不叫滴貓勤。

家有母雞三只，不缺油鹽開支。

水如明鏡，釣魚不行。

大生意要走，小生意要守。

生意不好車櫃臺。

有錢交錢，無錢交言。

七十二行，趕不到打榨熬糖。

藝多不養家。

一個雞公四兩力，兩個雞公舂米吃。

有拐棍不跌倒，有商量錯不了。

摸工出細活。

猴子不上樹，多打幾遍鑼。

臨陣磨槍，慌慌張張。

心急上不得高樓，心慌吃不得滾粥。

吊倒乾魚吃寡飯。（指只有米飯，沒有菜）

一回生，二回熟，三回四回是朋友。

交人交心，澆樹澆根。

絆人滴椿不高，咬人滴狗不叫。

好看不好吃，喳口蘿蔔像蜂蜜。

忠厚鼓，撞不響，撞起來嘣嘣子響。

悶頭雞，啄米吃，顆顆啄滴是實滴。

嘴上無毛做事不牢。

人老話多，樹老根多。

言多漏嘴。（指講錯了話）

會說話滴後說話，不會說滴搶話說。

多管閒事多嘔氣，多吃雜糧多放屁。

人到廊檐下，誰敢不低頭。

站鬥滴菩薩站一生，坐鬥滴菩薩坐一生。

逢硬滴拖鍬過，逢軟滴挖一鍬。

草鞋怕洗，光棍怕鄙。

揭人不揭短，打人不打臉。

連巴腿子憋不過大胯。（連巴腿子指小腿）

人笨怪刀鈍。

痴馬多叫，痴人多笑。

不怕一萬，只怕萬一。

先苦後甜容易過，先甜後苦受折磨。

水不流要發臭，刀不磨要生锈。

偷個雞蛋吃不飽，一個臭名背到老。

癢要自己抓，好要別人誇。

飽谷刁子頭朝下，癟谷刁子頭朝上。

滿罐子不蕩，半罐子直蕩直蕩。

忍得一口之氣，免得百日之憂。

大人不見小人的過。（不見即不見怪）

秀才不怕襤衫破，只怕肚裡沒有貨。

三天不念口生，三天不撈手生。

今天滴事今天畢，留到明天更著急。

生成滴像，窩成滴醬。

鴨子死噠嘴殼子硬。

螞蝗聽不得水響，鯉魚見不得水漲。

舍財免災，因禍得福。

人是鐵，飯是鋼，一天不七餓得慌。

不吃不喝，小心閻王一冷撮。（指冷不防地死了）

鯿魚滴邊，鯉魚滴背，鯽魚滴腦殼蠻有味。

大火煮粥，小火煨肉。

一滾帶三鮮；一揭三把火。

開水不響，響水不開。

冷油扒花生，熱滴香又脆。

人盤窮，火盤熄。

晚飯少吃口，活到九十九。

吃不言，睡不語。

蘿蔔上噠街，醫生在屋裡歪。

站有站象，坐有坐象。

春不減衣，秋不加帽。

太陽是個寶，曬曬身體好。

心靜自然涼。

笑一笑，十年少；惱一惱，老得早。

清熱解涼，野柿子幫忙。

流鼻血不怕，快找藕結巴。

錢多不如日子多。

家庭不和，鄰居也欺。

小來摸針，長大摸金。

嚴是愛，松是害，不管不教要變壞。

在生不把父母孝，死後何必哭靈魂。

久病無孝子。

親兄弟，明算帳。

長哥長嫂勝爹娘，父母不在把家當。

犯法事不做，鬧人藥不吃。

菜無鹽有得味，話無理有得力。

騙子怕真理，假話怕知底。

頭次上了當，二回心明亮。

耳過千遍，不如手過一遍。

醫好疥瘡，湯堰泡湯。

附錄 3 荊門歇後語

▌荊門歇後語

五里人民搞建設──上洋當（楊樹垱水庫）

門國老放銃──荊門（驚門）

麻雀過喜事──蛟尾（交尾）

毛李公社──嘎事嘎事

南橋滴包子──七（吃）噠後悔，不七（吃）也後悔

劉集人民喊口號──這是怎麼回事？

長湖裡趕「弭究子」──越趕越深

兩口子挖泥巴──板倉（栗溪地名）

關季口滴鴨子──散打夥

拾回橋趕後港──迎臉

永隆河的禮性大──鹹黃瓜稀米茶

太陽當頂照旗竿──郢中（影中）

嘉靖的衣服──皇莊（皇裝）

老外滴兒──洋梓（洋子）

百歲老人──長壽

邪子跳舞──豐樂（瘋樂）

火燒嘴巴──胡集（胡急）

相親拿八字──雙河（雙合）

冰凍礦泉水──冷水

優秀短篇作品選——文集

花崗岩麻將——石牌

早看日出——東橋（東瞧）

杯弓蛇影——九里（酒裡）

笑掉牙齒——羅集（樂極）

臥床不起——長灘（長癱）

椅板雕花——客店（刻墊）

濟公洗澡——張集（臟極）

微服私訪——官莊（官裝）

熱風山谷——溫峽

鯰魚滴嘴——大口

八十歲滴老巴子圍紗巾——玩枯味

八十歲老巴子學吹打——上氣不接下氣

八十歲老頭子打翻叉——拿起命拼滴

老巴子滴牙齒——越長越松

老巴子喝稀飯——無恥（齒）下流

老巴子把豬食——拷瓢（指事情毀了）

老巴子滴裹腳電影——又臭又長

爹爹和媳婦看電視——渾身不自在

丈母娘看女婿——越看越喜歡

巧巧滴媽媽生巧巧——好巧好巧

鴨棚裡滴師傅睡懶床——不簡單（不揀蛋）

懶婆娘洗碗──一轉（酒桌上用的比較多）

吳三滴老幺──無事（吳四）

木匠師傅吊線──睜一眼，閉一眼

禿子腦殼上滴虱子──明擺的

掰子拔蘿蔔──歪扯

癆苞咳出血──沒得談（痰）頭

斷膀子挖藕──下毒（獨）手

腿子上頭綁繩子──拉倒

瘤火腿子遭蛇咬──總是個腫

肩膀上扛火盆──惱火

鬍子上貼膏藥──毛病

非洲人滴爸爸跳高──黑老子一跳

叫花子打年鼓──窮快活

剃頭佬滴挑子──一頭熱

背鼓上門──討打

一姑留搭在門檻上──兩頭不著實

打赤膊扛鯰魚──溜滑得很

穿蓑衣烤火──引火上身

地上滾到蓆子上──高一篾片

關起閘門過天乾──有條件不用

關起門作揖──自己恭維自己

棺材裡伸出手來──死要錢

頂著碓窩子唱戲——吃虧不討好

山尖上（牆頭）掛犁耦——俏得放光

牛尾巴伸到灶膛裡——攪火（合夥）

巷子趕豬——直來直去

殺豬殺屁股——各有各的搞法

自行車馱母豬——晃勁大

黑母豬笑烏鴉黑——自己不覺得

驢子窩屎——面子光

鴨子死噠——嘴嗯（硬）

螞蟻子坐沙發——談（彈）都不談（彈）

螞蟥叮住牯牛滴腳——要得脫不得脫

揚叉打兔子——盡在空裡搞

烏龜打翻叉——是（四）個腳

烏龜吃大麥——浪費糧食

王八吃秤砣——鐵噠心

蝦子過河——謙虛（牽須）

夜蚊子含秤砣——就一張嘴狠

陰溝裡地泥鰍——翻不起大浪

死廣皮趕鴨子——找死

老鼠子舔貓子鼻子——相當危險

老鼠拖葫蘆——大頭在後頭

狗子過門檻——嘴伸在前頭（比喻事還沒做，先到處張揚）

狗子坐家椅子——不識抬舉

肉包子打狗——有克無回

麻雀七酒糟——雲裡霧裡

麻雀子孵鵝蛋——鋪翅不來

癩蛤蟆打哈欠——好大滴口氣

螃蟹夾雞蛋——爬滴爬，滾滴滾

死魚滴尾巴——不擺噠

太平間里拉二胡——鬼扯

肉圓子煮湯圓——混蛋

雙黃雞蛋——二黃

豆腐落在灰堂裡——拍不得，打不得

三九天滴蘿蔔——動噠心（凍了芯）

睡鬥床上吃豌豆——歪嚼

鍋裡滴粑粑——撿熟滴拿

盆子裡生豆芽——知根知底

老黃瓜刷綠漆——裝嫩

青西紅柿刷紅漆——裝成熟

荷葉包鱔魚——溜之秋之

繩子捆被窩——繼續（系絮）

刷子掉噠毛——光板眼

擀麵杖吹火——一竅不通

二兩棉花上彈床——免談（彈）

去年滴皇曆——看不得

關老爺賣豆腐——人硬貨瓤

局長請客——該來滴沒來，不該來滴來打

楊爹爹吃葫子——一個有

齊華瞎子看電影——硪雜

貴爹爹看病——不噠好

大應老頭子寫對子——形式太好

大玉老頭炸餜子——搞不攏

文清先生吃早茶——這好這好

趙大哥凍凍魚——你不動我動（凍）

泉有滴話——得霉血

這還差不多——還逢下回滴

京山狀元過銅橋——只有一代人的官

張木匠滴鋸子——不錯（銼）

王先生抓藥——一撮

丁先生賣谷——不屑（用）說

傳奎吃火鍋——內容豐富

永貴牽木梓——按規矩辦事

全老先生寫對聯——慢慢來

興仁挑草頭——人是大事

郭先生打籮櫃——各搞各

附錄 4 荊門諺語

▍荊門諺語

不懂二十四節氣，白把種子撒在地。

雷打立春節，驚蟄雨不歇；清明桃花水，立夏田乾裂。

過了驚蟄下夜雨。

過了驚蟄節，春耕不能歇。

過了驚蟄節，一夜一片葉。

驚蟄春分，麥子一晚一針深。

驚蟄動蟲，穀雨斷霜。

春分秋分，晝夜平分。

明前採茶正當時，大麥出穗拜清明。

清明前，泡秧田。

清明前，好種棉；清明後，好種豆。

清明要晴，穀雨要淋。

清明斷雪，穀雨斷霜。

穀雨前後，種瓜種豆。

過了穀雨，不怕風雨。

立夏不下，犁耙高掛。

過了立夏，走起裡說話。

過了立夏種芝麻，只有尖上一朵花。

立夏小滿，田滿堰滿。

麥到立夏死，谷到處暑黃。

芒種忙忙種。

芒種打夥夜插秧，栽秧割麥兩頭忙，一天要辦九天糧。

夏至種田分早晚。

夏至起東風，屋簷溝裡釣蝦公。

夏至五月頭，不種芝麻也吃油；夏至五月中，種了芝麻要落空；夏至五月尾，種了芝麻活見鬼。

小暑大暑，熱死老虎。

小暑吃粟，大暑吃谷。

立了秋，萬事休。

立秋一日，水冷三分。

立秋十天遍地黃。

處暑種蕎麥，白露種蔬菜。

白露腳不露，寒露身不露。

白露秋分夜，一夜涼一夜。

遇上寒露風，晚谷一場空。

寒露籽，霜降麥。

望門霜降好種麥。

冬至晴，年必雨。

過了冬至夜，一天長一線。

冬至鎖九。

進九腌臘貨，不會擔心臭。

頭九一場雪，九九像六月。

一九二九不出手，三九四九冰上走，五九六九，楊樹發紐。七九河開，八九燕來。九九加一九，耕牛遍地走。

春打六九頭，種田滴兒郎不用愁。

七九六十三，皮襖脫滴狗子穿。

頭伏蘿蔔二伏菜。

熱在三伏，冷在三九。

三伏天不熱有滴嘎悶，三九天不冷有滴嘎清。

早稻不插「五一」秧，晚稻不插「八一」秧。

公秋滴蕎麥，母秋滴菜。

鋤淨四邊草，害蟲子孫跑不了。

麥倒一把糠，谷倒壓滿倉。

正月裡打雷黃土堆，二月裡打雷穀米堆。

正月滴雨，麥子滴命；二月滴雨，麥子滴糞；三月滴雨，麥子滴病。

三月三，三月裡荷花抽藕占。

四月八，吃黃瓜。

五月五，過端午。五月五，五月龍船挑花鼓。

五月十三看天氣，你不賜我磨刀水，我不賜你龍曬衣。

五月十三磨一刀，渴死蛤蟆無柴燒。

五月草，賽馬跑；六月草，棒打倒。

有錢難買五月旱，六月連陰吃飽飯。

六月裡不起空北風。

六月初一風起北，扯了棉花種蕎麥。

六月裡下雨隔牛背。

六月六，龍曬衣。

六月下連陰，點點是黃金。

六月烏雲接，黃土曬成鐵。

七月七，牛郎銀河會織女。

過了七月半，放牛滴伢兒坡下站。（變冷了）

七月七，七月滴櫻桃真好吃。

二八月天，老巴子臉，說變就變。

八月裡桂花開。

八月八，棉花桃子自個炸。

八月裡下陰雨，長苔。

八月裡雁門開，頭上帶霜來。

九月裡菊花開。

臘月裡梅花開，梅花香自苦寒來。

過了臘月八，家家都把年豬殺。臘八水好喝，每年不錯過。

春冷下雨，夏冷放晴，秋冷起風，冬冷落雪。

春有花，夏有蔭，秋有果，冬有青。

栽樹不等春曉得。

秋前滴北風秋後滴雨，秋後滴北風乾湖底。

秋風掃落葉。

吹了重陽風，百蟲都歸洞。

早看東南，晚看西北。

早上發霞，等水燒茶。晚上發霞，乾死克馬（蛤蟆）。

早上地上霧，儘管洗衣褲。

上怕初四雨，下怕十六陰；月逢初四雨，一個月只有九天晴。

有雨山戴帽，無雨山扎腰。

三日大霧，必有大雨。

望雨看天黃，望晴看天光。

久晴東風雨，久雨西風晴。

久晴逢霧雨，久雨逢霧晴。

南風送九九，乾死荷花氣死藕；北風送九九，船兒停在大門口。

春刮東風雨綿綿，夏刮東風火燒田。

月亮長毛，大水滔滔。

馬雲（彩虹）攔東，有雨是空。

馬雲攔西，騎馬穿蓑衣。（有雨）

馬雲攔南，大河翻船。（大暴雨）

馬雲攔北，大河裂殼。（大旱）

日落烏雲長，半夜聽雨響。

日雲漲江水，夜雲草頭枯。

東閃日頭紅，西閃雨重重。

今夜蚊子多，明早有雨落。

天上起了魚鱗斑，地上曬穀不用翻。

有雨先有風，雨來也不凶。

早東風，晚西風，下雨滴祖宗。

早上薄薄雲，中午曬死人。

早上朵朵雲，中午曬死人。

早上泡泡雲，午後雨淋淋。

雲發狂，快搶糧。

一滴一個泡，還有大雨到。

霜多見晴天，雪多兆豐年。

下雪不冷化雪冷。

冬雪是財，春雪是災。

貓子洗臉，天到要變。

雞子上籠早，明天天氣好。

麻雀子縮頭叫，陰雨天在明朝。

螞蟻搬窩，雨水多。

板田炕過勁，頂上一遍糞。

歇田如歇馬，空田如上糞。

糞是田的爹，水是田的娘，無爹無娘活不長。

三擔生草皮，當擔水牛糞。

有錢難買豬踩糞。

不冷不熱，五穀不結。

谷種是個怪，播前要勤曬。

經得十日乾，經不住一日淹。

冬耕深一寸，春天省道糞。

毛田毛田一年疊幾年，過細過細收個大屁。

知了叫，白米跳。

知了叫，割早稻。

八成熟，九成收；十成熟，九成丟。

割谷九成熟，十成熟兩成丟。

油菜遲了不出油，小麥遲了有搞頭。

花生壓藤，多收一成。

山上有得樹，水土保不住。

春到人間，植樹當先。

泡桐一把傘，三年鋸成板。

要想發家致富，多栽油桐木梓樹。

莧菜是個鬼，對倒太陽潑水。（指曬得最猛時潑水）

茄子栽莢，辣椒栽花。

韭菜盛，施灰糞。

後記

　　《故事荊門》是中共荊門市委黨校整合全市黨校系統科學研究力量，歷時一年，共同收集、整理、編撰的一本荊門本土文化讀物。

　　常務副校長、黨組書記郭強同志擔任本書主編，多次組織召開編委會議，對本書框架結構和內容提出了指導性意見，確定了書名和整體寫作思路，並審定了編寫提綱和書稿；桂柯同志具體負責全書的提綱擬定、編寫內容安排、審稿統稿及組織協調工作；陳景同志協助桂柯同志完成了提綱擬定、審稿統稿、印刷出版工作。

　　本書分 9 章 186 個故事，收錄部分荊門方言、箴言、歇後語、諺語等作為 4 個附錄，分別由荊門市委黨校桂柯、陳景，京山縣委黨校朱國娥，沙洋縣委黨校王越，鐘祥市委黨校張偉、呂長青，東寶區委黨校羅慶華等同志收集、整理、編撰。荊門市委黨校黃月慧同志參與了資料收集及書稿文字校對工作。

　　編寫過程中，參編的同志都付出了辛勤勞動，查閱了大量荊門本土資料，參考吸收了社科聯、黨史辦、政協文史委、檔案館等單位研究人員的研究成果，深入民間收集、瞭解了部分荊門民間傳說、本土方言、箴言、歇後語、諺語等來龍去脈、流傳範圍，我們在此對相關人士一併表示衷心感謝！

　　根據書稿體系結構的需要，還有不少民間傳說和故事未能收集到本書之中。由於時間和水平有限，疏漏再所難免，竭誠歡迎讀者批評指正。

編者

2017 年 12 月

國家圖書館出版品預行編目（CIP）資料

故事荊門 / 郭強 主編 . -- 第一版 .
-- 臺北市：崧博出版：崧燁文化發行，2019.07
　　面；　公分
POD 版

ISBN 978-957-735-912-4(平裝)

1. 人文地理 2. 歷史故事 3. 湖北省荊門市

672.59/405.4　　　　　　　　　　　　　108012081

書　　名：故事荊門
作　　者：郭強 主編
發 行 人：黃振庭
出 版 者：崧博出版事業有限公司
發 行 者：崧燁文化事業有限公司
E - m a i l：sonbookservice@gmail.com
粉 絲 頁：　　　　　網　址：
地　　址：台北市中正區重慶南路一段六十一號八樓 815 室
8F.-815, No.61, Sec. 1, Chongqing S. Rd., Zhongzheng
Dist., Taipei City 100, Taiwan (R.O.C.)
電　　話：(02)2370-3310 傳　真：(02) 2370-3210
總 經 銷：紅螞蟻圖書有限公司
地　　址: 台北市內湖區舊宗路二段 121 巷 19 號
電　　話:02-2795-3656 傳真 :02-2795-4100　　網址：
印　　刷：京峯彩色印刷有限公司（京峰數位）

定　　價：650 元
發行日期：2019 年 07 月第一版
◎ 本書以 POD 印製發行